추천의 글 1

이 태 웅 박사
한국글로벌리더십포커스 원장

지난 수년간 범세계적으로 종교적 세계화(globalization of religion)가 급속도로 진행되는 중에 팬데믹과 아프가니스탄 사태 등으로 종교 지형도가 급속히 변하고 있다. 한국의 종교적 다변화는 유럽과 서구 국가와 비교하면 좀 늦은 감은 있지만, 종교적 세계화를 통해 알게 모르게 이미 많은 변화를 경험하고 있다.

이런 상황 중에 출판하는 본서는 한국의 복음주의 교회와 선교계가 반드시 알아야 할 중요한 내용을 제시했다. 무엇보다 두 공동 저자는 복음주의 학자들로서 종교신학 분야에 관한 연구와 실제적인 적용이 일어나는 현장에서 그들 생애의 중요한 부분을 보낸 사람들이다.

따라서 저자들은 단순히 이론적으로만 종교신학을 정립한 것이 아니다. 그들은 실제로 타종교 지도자들과 다원주의자들에게 복음주의 신앙의 우월성과 정당성에 대해 집필을 통해서나 종교적 논의를 통해서 충분히 입증한 경험이 있는 학자들이다.

저자들의 풍부한 경험과 학문적 성찰을 통해서 볼 때, 이 책은 한국 복음주의 교회와 선교계가 현재의 종교적 세계화 추세에 대비하는 데서 그치지 않고, 타종교 신자들과 다원주의자들을 향해서 적극적으로 삼위일체 하나님의 선교(missio Dei)를 실행하는 데 적지 않은 도움이 될 것이다. 실제로 어떤 부분이 그런 도움을 줄 수 있을 것인가 몇 가지 예를 들고자 한다.

첫째, 이 책을 통해 복음주의 종교신학에 대한 이해를 넓힐 수가 있을 것이다. 이 책은 복음주의자로서 타종교 신자들과 차별화해야 할 영역과 협력 그리고 대화의 영역을 넓혀 줄 뿐만 아니라, 그리스도의 복음을 효과적으로 증거할 수 있도록 돕는 지침서가 될 수 있다. 특히, 현재의 선교신학적 변화에 따른 삼위일체 하나님의 선교(missio Dei)의 관점에서 종교신학에 대한 이해를 어떻게 하는 것이 바람직한가를 숙고할 기회가 될 것이다.

둘째, 이 책은 필연적으로 특별 계시와 자연 계시와의 관계에 대해서도 복음주의 종교신학적 관점에서 재평가를 가능하게 해 줄 것이다. 그 결과, 복음주의 진영과 타종교 신자들과의 대화의 장을 넓혀 줄 것이다. 한국은 이미 오래전부터 다종교 사회를 경험해 왔고 앞으로도 그런 추세가 더욱 더 심화될 것이다. 정부는 현재의 국내 무슬림 인구가 약 30만 명 정도인 것으로 추산하고 있다. 이들은 우리 문 앞에 나타난 귀중한 선교 대상자들이기도 하다. 이 책은 우리가 그들에 대해 무관심 혹은 혐오 대상으로 취급하지 않아야 한다고 도전한다. 오히려 그들의 세계관과 종교를 이해하는 가운데 복음을 전함으로써 한 영혼에게 회심의 기회와 경험을 제공할 수 있을 것이다.

셋째, 특별 계시를 절대시하는 복음주의 진영과 자연 계시를 신봉(信奉)하는 타종교 세계와의 대화가 과연 가능한가에 대해서도 저자들은 복음주의 종교신학적 관점에서 대안을 제시했다. 타종교를 통해서도 구원받을 수 있으며 종교 간의 대화를 위해 모든 부분을 타협해야 한다고 주장하는 종교다원주의의 주장을 성경적 관점에서 분명히 거부한 가운데 복음주의자들이 어떤 선택을 할 수 있는가를 충분히 고려할 수 있도록 길을 열어 놓았다.

넷째, 구원(Salvation)과 회심(Conversion)의 차이에 관한 복음주의의 관점은 종교신학을 정립하는 데 있어서 중심 논제가 아닐 수 없다. 필연적으로 타종교에서 주장하는 구원과 회심은 복음주의 입장과는 타협의 여지가 없다는 것이 저자들의 입장이다. 저자들은 이와 같은 차이에도 종교와 문화와의 관계 및 다종교 상황에서 그리스도를 증거하는 삶과 종교 간의 대화는 그 어떤 부분도 소홀히 취급할 수 없는 분야들이라고 주장한다. 이 부분은 독자들이 이 책을 여러 차례에 걸쳐 반복해서 읽기도 하고, 에큐메니컬 진영의 다종교 간 대화와 복음주의가 말하는 삼위일체신학에 근거한 선교적 관점에서 본 대화가 어떻게 다른가를 자세히 대조하고 평가한다면, 빠른 속도로 다종교 사회가 되어 가고 있는 한국과 세계에서 복음주의자로서 어떻게 참된 증인의 역할을 할 것인가에 대해 큰 도움을 받을 것이라 확신하고 이 책을 적극적으로 추천하는 바이다.

이 책을 번역한 엄주연 박사는 동아시아의 도시 무슬림 사회에서 복음주의 선교사인 필 파샬(Phil Parshall) 박사와 함께 선교 사역을 한 바 있다. 영국의 옥스퍼드선교대학원(OCMS)에서 선교학 박사 학위(Ph.D.)를 취득한 복음주의 선교사 훈련 전문가인 그는 다수의 선교신학, 선교 전략 그리고 종교신학과 관련된 핵심적인 선교학 문헌을 번역한 바 있다.

추천의 글 2

안 점 식 박사
아신대학교(ACTS) 선교학 교수

오늘날 우리는 종교가 다원화된 사회를 살아가고 있다. 가족, 친척, 친구, 직장 동료가 다양한 종교를 가지고 어울려서 살아가고 있다는 말이다. 이런 사회 환경 가운데 복음주의 그리스도인들은 모든 시대, 모든 민족, 모든 문화권 그리고 모든 사람에게 예수 그리스도가 구원의 유일한 길이라는 믿음을 가지고 있다.

이런 믿음 때문에 종종 그리스도인들을 매우 편협하고 맹목적이며 배타적인 사람들이라는 이미지를 형성한다. 그리스도인들도 종교가 다원화된 사회에서 자신들의 신앙적 확신을 흔들어 놓는 여러 가지 주장과 상황의 도전에 직면한다. 그리스도인들의 마음속에서도 신앙적 혼란과 불확실성이 커지면서 많은 의문이 떠오르고, 때로는 믿음을 유지하는 데 어려움을 느끼기도 한다.

종교다원주의의 도전은 종교 다원적 사회라는 실제적 상황(descriptive pluralism)과 종교적 다원성을 규범으로 강조하는 사상(prescriptive pluralism)이라는 양쪽 방면에서 다가온다. 다원주의적인 사회 환경은 다양성과 관용을 강하게 요구하는 사회적 압력으로 그리스도인들에게 가해진다. 규범적 차원의 종교다원주의는 기독교 외부에서만 주장하는 것이 아니라, 기독교 내부에서도 이를 강하게 주장하는 사람들이 있어서 혼란과 혼동은 더욱 가중된다.

획일성 대신 다양성, 절대주의 대신 상대주의를 강조하는 포스트모더니즘의 흐름 안에서 종교다원주의는 더욱 탄력을 받게 되었고, 전통적으로 기독교가 고백해 왔던 신앙들에 대한 신학적 도전도 더욱 거세졌다.

이런 상황에서 1990년대 이후 종교신학은 복음주의 진영에서도 중요한 영역으로 떠오르고 있다. 그전에도 자유주의 신학의 진영에서는 종교신학이 중요한 비중을 차지했다. 그러나 대체로 이런 종교신학은 종교다원주의 사상의 영향을 받았고 비교 종교학적 측면이 강했다.

이 책의 저자들인 제럴드 R. 맥더모트(Gerald R. McDermott)와 헤럴드 A. 네틀랜드(Harold A. Netland)는 복음주의 진영에서 종교신학 분야에 중요한 업적을 쌓고 있는 세계적인 학자다. 이 책의 강점은 예수 그리스도의 유일성에 대한 전통적인 복음주의 신앙 고백을 견지하면서 종교다원주의로부터 제기되는 여러 가지 질문에 대해서 깊이 있는 논의를 펼쳤다는 것이다. 저자들이 그들의 삶을 통해서 이런 질문에 대해서 얼마나 성실하고, 정직하고, 치열하게 학문적으로 고민했는지를 엿볼 수 있다.

이 책의 미덕은 사람들이 혼란스럽게 생각하는 여러 가지 주제나 질문들을 회피하거나 얼버무리지 않고 성실하고 정직하게 대면하고 있다는 점이다. 이 책은 복음주의 종교신학을 삼위일체의 기초 위에 굳건히 놓으려고 하는 시도다. 삼위일체 위격의 불가분성을 강조함으로써 예수 그리스도의 십자가와 부활이라는 복음 사건의 독특성의 관점을 견지한다.

이 책은 성부와 성자를 분리하고, 성자와 성령을 분리하는 일부 종교신학적 경향에 대해서 반대한다. 그러나 저자들은 타종교에 대해서 문외한이 아니며 매우 높은 수준의 식견을 가지고 있다. 타종교와 기독교의 공통점과 차이점을 예리하게 파악하고 있으며, 피상적 공통점의 배후에 있는 세계관의 차이에 대해서도 정확하게 파악하고 있다.

이 책은 저자들은 단순히 교리적 차원에서만 종교신학을 다루고 있는 것은 아니다. 데이비드 웰스(David Wells)는 『신학 실종』에서 고백(confession), 성찰(reflection), 덕목(virtue)이라는 신학의 세 가지 영역을 말했는데(2006:151-64), 이 책은 세 영역에서 모두 종교신학의 주제들을 다루고 있다. 우선 신앙 고백의 영역에서 삼위일체와 복음주의 신앙에 대해서 다룬다. 성찰의 영역에서 이런 교리적 차원의 신앙이 타종교의 교리와 어떻게 연속성과 불연속성을 갖는지를 성찰한다. 그리고 덕목의 영역에서 타종교 신자들과 더불어 어떻게 살아야 하는지 실천적 차원에서 종교신학의 주제들을 다룬다.

세계의 종교들 안에 일반 은총에 대한 반응, 인간의 죄성과 반역성, 사탄의 역사와 영향력이라는 세 가지 요소가 섞여 있다고 보는 것이 건전한 복음주의 종교신학의 전제다. 이 책의 저자들은 균형 잡힌 복음주의 신학에 기초해서 타종교에 대해서도 정당하고 객관적으로 평가하려고 노력한다. 타종교에 복음과 동일한 권위를 부여하지도 않지만, 그렇다고 해서 타종교를 무지한 방식으로 매도하지도 않는다. 리처드 마우(Richard Mouw)가 『무례한 기독교』(2014)에서 지적한 '무례한 기독교'가 되지 않기 위해서는 무엇보다도 이처럼 건전하고 균형 잡힌 종교신학이 필요하다.

복음주의 관점에서 종교신학적 주제들을 포괄적으로 다루는 책들이 한국 교회에는 많이 소개되지 않았다. 가뭄을 해갈하는 비와 같은 이 책은 많은 그리스도인의 진지한 질문에 대한 성실한 답이 될 것이고, 복음주의 종교신학의 중요한 초석으로서 역할을 할 것으로 기대된다. 이렇게 복음주의 관점에서 종교신학과 관련된 다양한 주제를 망라하는 대작을 저술한 저자들에게 그리고 상당한 분량의 어려운 번역 작업을 감당하며 수고를 아끼지 않은 엄주연 박사에게 종교신학에 관심이 있는 한 사람으로서 감사의 박수를 보낸다.

추천의 글 3

문 상 철 박사
카리스교차문화학연구원 원장

우리 신앙의 전통을 이해하는 것과 함께 타종교를 이해하는 것도 중요하다. 타종교 신자들과 현실적으로 같이 살아가야 하는 상황에서 그들에 대해 신학적으로 바르게 이해하는 것은 필수적이다. 다른 사람들의 종교적 입장에 대해 성경적 관점에서 바르게 이해할 때 그들에게 더 효과적으로 복음을 증거하고 변증할 수 있을 것이다.

타종교를 이해함에서 종교철학적 접근이 필요하지만, 궁극적으로는 종교신학적 접근이 필요하다. 타종교에 대해 성경에 근거해서 판단하고 접근할 필요가 있다. 성경을 통해서 타종교를 이해하려고 할 때 성경의 일부가 아니라 전체적인 조망을 하면서 균형 있는 판단을 할 필요가 있다.

종교신학의 이슈 가운데는 종교다원주의가 20세기 중반 이후 중요한 논의의 주제가 되었다. 상당수 지역에서 이런 전통이 있었지만, 이 논의는 서구 세계에 있어서는 현대에 들어와서 체계적으로 논의되기 시작했다. 처음에는 종교철학 분야에 국한되어 전개되는 듯했던 종교다원주의는 여러 분야에서 보편적으로 수용되고, 최근에는 대중문화를 이끌어 가는 사람들 가운데 상당수가 이런 사조의 영향을 받고 일반인들에게 영향을 주고 있다. 성경적 신앙을 가진 사람들은 수용할 수 없는 이런 현상에 대해서 신학적으로 바르게 다루어야 할 필요가 있다.

이 책은 종교신학에 대해서 또한 종교다원주의의 이슈에 대해서 복음주의적인 균형과 조화를 이루면서 다루고 있다. 성경적 근거를 토의하면서도 학문적인 논의의 과정들을 충실히 설명하고 있다. 학문적 논의를 세밀하게 하면서도 복음주의 신학의 기반 위에서 중요한 주제들을 일관성 있게 다루고 있다. 이 과정에서 더욱 최근의 이론적 논의를 추적하면서 소개한 것이 이 책의 큰 장점이라고 여겨진다.

종교신학과 관련되어 이 한 권의 책을 통해 복음주의 시각을 정립하는 데 많은 도움을 받을 수 있기를 바란다. 저자들의 오랜 연구를 통해 정립된 관점이 타종교와 관련된 신학적 이슈들에 대해 세밀하게 이해하는 데 많은 도움을 주리라 믿는다. 이 책의 전체적인 조망과 균형감을 통해서 유익을 얻을 수 있기를 바란다.

저자와 논찬자 소개

저자

제럴드 R. 맥더모트(Gerald R. McDermott)는 로녹대학(Roanoke College)의 종교학 교수로 재직하고 있다. 또한, 베일러종교연구소(The Baylor Institute for Studies of Religion)의 선임연구원이며, 남아프리카공화국의 프리스테이트대학교(The University of the Free State)에 소속된 조나단에드워드아프리카연구소(The Jonathan Edwards Centre Africa)의 연구원으로 활동하고 있다.

헤럴드 A. 네틀랜드(Harold A. Netland)는 일리노이(Illinois) 주 디어필드(Deerfield) 소재의 트리니티복음주의신학교(Trinity Evangelical Divinity School)에서 종교철학과 선교학 교수로 재직하고 있다.

논찬자

라민 사네(Lamin Sanneh)는 예일대학교에서 역사학을 가르쳤고, 예일대학교 신학대학원의 세계기독교학 교수로 재직했다.

벨리-마티 케르케이넌(Veli-Matti Kärkkäinen)는 캘리포니아의 파사데나(Pasadena)에 있는 풀러신학교와 핀란드의 헬싱키대학교에서 조직신학을 가르치고 있다.

비노스 라마찬드라(Vinoth Ramachandra)는 스리랑카 출신의 국제복음주의학생회(International Fellowship of Evangelical Students, IFES)의 '대화와 사회참여' 분과에서 총무로 활동하고 있다.

크리스틴 쉬르마허(Christine Schirrmacher)는 벨기에의 루뱅대학교(The University of Leuven)와 독일의 본대학교(The University of Bonn)의 이슬람학 교

수다. 또한, 독일, 오스트리아 그리고 스위스 복음주의연맹의 이슬람연구소 소장으로 재직하고 있으며, 세계복음주의연맹(The World Evangelical Alliance)의 이슬람 관련 자문위원으로 활동하고 있다.

복음주의 관점에서 본
삼위일체 종교신학

A Trinitarian Theology of Religions: An Evangelical Proposal
Written by Gerald R. McDermott and Harold A. Netland
Translated by Jooyun Eum

Copyright © 2014 by Gerald R. McDermott and Harold A. Netland
Originally published in English under the title
A Trinitarian Theology of Religions: An Evangelical Proposal
by Oxford Publishing Limited,
Great Clarendon Street Oxford OX2 6DP.
All rights reserved.

Translated and printed by permission of Oxford Publishing Limited.
License arranged Eric yang agency through, Seoul, Korea.
Korean Edition Copyright ⓒ 2022 by Christian Literature Center, Seoul, Korea.

복음주의 관점에서 본 삼위일체 종교신학

2022년 8월 26일 초판 발행

지 은 이 | 제럴드 R. 맥더모트, 헤럴드 A. 네틀랜드
옮 긴 이 | 엄주연

편　　 집 | 박지영
디 자 인 | 박성숙
펴 낸 곳 | (사)기독교문서선교회
등　　 록 | 제16-25호(1980. 1. 18.)
주　　 소 | 서울특별시 서초구 방배로 68
전　　 화 | 02-586-8761~3(본사) 031-942-8761(영업부)
팩　　 스 | 02-523-0131(본사) 031-942-8763(영업부)
이 메 일 | clckor@gmail.com
홈페이지 | www.clcbook.com
송금계좌 | 기업은행 073-000308-04-020　(사)기독교문서선교회
일련번호 | 2022-89

ISBN 978-89-341-2470-2(93230)

이 한국어판 저작권은 Eric yang agency 에이전시를 통해 Oxford Publishing Limited.와(과) 독점 계약한 (사)기독교문서선교회가 소유합니다.
신저작권법에 의하여 한국 내에서 보호를 받는 저작물이므로 무단 전재와 무단 복제를 금합니다.

복음주의 관점에서 본
삼위일체 종교신학

제럴드 R. 맥더모트 · 헤럴드 A. 네틀랜드 지음

엄주연 옮김

CLC

목차

추천의 글　이 태 웅　박사 한국글로벌리더십포커스 원장　　1
　　　　　　안 점 식　박사 아신대학교(ACTS) 선교학 교수　　4
　　　　　　문 상 철　박사 카리스교차문화학연구원 원장　　7

저자와 논찬자 소개　　9
서문　　17
한국어판 서문　　20
역자 서문　　22

제1부　핵심 논제　　25

제1장　종교신학과 복음주의　　26
1. 복음주의 신학?　　27
2. 종교신학　　34
3. 성경과 종교적 타자들　　35
4. 배타주의, 포용주의, 다원주의　　39
5. 타종교에 대한 초기 기독교의 관점　　42
6. 현대 선교와 타종교　　53
7. 제2차 바티칸 공의회와 타종교　　63
8. 다원주의로의 전환　　72
9. 복음주의자의 논쟁　　75

제2장　삼위일체 하나님　　88
1. 삼위일체 종교신학의 중요성　　89
2. 사도적 증거　　93
3. 삼위일체의 불가분성　　98
4. 성령과 아들의 분리　　100
5. 예수를 그리스도와 영원한 말씀으로부터 분리　　104
6. 아버지와 아들의 분리　　109
7. 삼위일체적 기준의 확립　　127
8. 삼위일체의 유형　　133
9. 삼위일체의 충만한 이야기　　141

제3장 계시와 종교　　　　　　　　　　　　146
1. 정의　　　　　　　　　　　　　　　　　149
2. 수단과 방법　　　　　　　　　　　　　152
3. 자연 계시?　　　　　　　　　　　　　　153
4. 계시는 역사적 사건인가 명제적 진리인가?　159
5. 계시는 말씀인가, 말씀을 넘어서는 것인가?　162
6. 계시와 성경　　　　　　　　　　　　　167
7. 계시의 유형　　　　　　　　　　　　　170
8. 이스라엘과 교회 밖에서의 하나님에 대한 지식　175
9. 공통점과 차이점　　　　　　　　　　　180
10. 타종교의 계시?　　　　　　　　　　　183

제4장 구원과 회심　　　　　　　　　　　　198
1. 종교 간의 경쟁에서 일치로　　　　　　201
2. 종교다원주의와 구원론　　　　　　　　205
3. 죄　　　　　　　　　　　　　　　　　212
4. 구원　　　　　　　　　　　　　　　　216
5. 예수, 유일한 구세주　　　　　　　　　225
6. 복음을 듣지 못한 사람들에 관한 질문　232
7. 타종교를 통한 구원?　　　　　　　　　247
8. 회심　　　　　　　　　　　　　　　　254
9. 보편적 구원?　　　　　　　　　　　　264

제5장 그리스도인의 삶　　　　　　　　　　287
1. 서구 사회의 법　　　　　　　　　　　293
2. 교의신학과 윤리신학의 본질적 연관성　296
3. 행위를 통한 구원?　　　　　　　　　　299
4. 기독교 윤리신학과 타종교　　　　　　301
5. 신학적 차이와 윤리적 유사성　　　　　304
6. 공통의 선을 위한 협력　　　　　　　　308
7. 타종교로부터의 배움?　　　　　　　　311
8. 윤리성에 대한 유교의 일편단심　　　　313

제6장 종교와 문화　　　　　　　　　　　　321
1. 상황화와 종교　　　　　　　　　　　　323
2. 종교와 문화: 역사적 사례　　　　　　　328

    3. 문화   334
    4. 현대 개념의 종교   340
    5. 종교의 신학적 이해   349
    6. 종교의 현상학적 이해   358
    7. 현대화와 세계화가 종교에 미치는 영향   361
    8. 불교의 변화   363
    9. 종교와 문화   375
    10. 일부 성경 주제와 종교   380
    11. 결론   388

제7장 다종교 세계에서의 복음 전도   389
    1. 기독교 선교   394
    2. 증인   403
    3. 다종교 사회에서의 전도   409
    4. 종교 간의 대화   419
    5. 종교 간의 변증   428

제2부 논찬   440

논찬 1 라민 사네   441

논찬 2 벨리-마티 케르케이넨   450

논찬 3 비노스 라마찬드라   456
    1. 믿음과 실천의 관계 해체   459
    2. 분류의 해체   464

논찬 4 크리스틴 쉬르마허   468
    1. 이슬람과 기독교의 역사   470
    2. 무함마드, 유대인 그리고 그리스도인   471
    3. 그리스도인과 무슬림: 만남과 대화   474

맺음말 계속되는 대화   476

인명 색인   482

주제 색인   485

서문

제럴드 R. 맥더모트 로녹대학 종교학 교수
헤럴드 A. 네틀랜드 트리니티복음주의신학교 종교철학과 교수

21세기 초 세계 종교는 비록 항상 건강하지는 않았지만, 역동적으로 살아 있다. 종교가 필요 없다고 주장하는 사람들도 증가하고 있지만, 기독교, 힌두교 그리고 이슬람도 급격하게 성장하고 있다. 종교와 국제 정치를 전공한 한 저술가는 "1900년도에 세계 인구의 50퍼센트를 차지했던 가톨릭, 개신교, 이슬람 그리고 힌두교 신자의 비율이 2000년도에는 64퍼센트로 증가했다. 세계적으로는 79퍼센트에 달하는 수많은 사람이 종교를 갖고 있다. 이 숫자는 1980년대 말부터 1990년도 초까지의 73퍼센트에서 다소 증가한 것이다"라고 보고한 바 있다.[1]

그리스도인들이 종교적 타자에 대해 많은 관심을 가져온 것은 사실이지만, 세계화, 전 방위적인 대규모 이민 그리고 통신 체계의 발달 등이 가져온 변화가 종교적 다양성에 관한 관심을 불러일으키고, 종교적 타자(religious others)를 어떻게 이해하고 반응해야 하는가에 대한 근본적 질문을 제기하고 있다. 지난 수백 년 동안 많은 기독교 신학자와 선교학자가 '타종교'에 대해 연구해 왔고, 그 결과 엄청난 양의 문헌이 쏟아져 나왔다. 복음주의자들도 1980년대와 90년대를 전후로 이 논의에 참여하기 시작했다.

---

1 Monica Duffy Toft, *Daniel Pilpott and Timothy Samuel Shah, God's Century: Resurgent Religion and Global Politics* (New York: W. W. Norton, 2011), 2.

이 책은 이 주제에 관한 최근의 논의를 검토하고 타종교와 종교적 타자에 대한 복음주의의 신학적 관점을 제시하는데 그 목표가 있다. 이 목표에 도달하기 위해 성부, 성자, 성령의 삼위일체 하나님에 관한 기독교의 핵심적 신학의 관점에서 현재의 주요 쟁점을 살펴볼 것이다. 이 책은 복음주의 학자들이 주로 복음주의자들을 위해 저술한 것이지만, 다른 신학적 관점을 가진 사람들도 읽을 것을 희망한다.

제1부는 이 책의 핵심 논제로서 본론에 해당한다.

제1장은 복음주의 종교신학이 어떻게 발전해 왔는가를 개괄적으로 설명한 것이다.

제2장은 삼위일체 교리를 중심으로 복음주의 관점에서 기독교 신학의 삼위일체적 본질을 왜곡했다고 평가할 수 있는 종교신학의 주요 쟁점을 다루고 있다.

제3장과 제4장은 기독교의 중요한 교리인 하나님의 계시와 구원을 타종교가 제기하는 신학적 질문에 따라 살펴본 것이다. 종교신학은 단순히 타종교를 올바로 이해하는 것뿐만 아니라, 우리가 그리스도인으로서 어떻게 종교적 타자들과 함께 살아야 하는가에 관한 질문도 포함한다.

제5장은 종교적 다양성의 차원에서 그리스도인의 삶과 관련된 주제들을 다루고 있다. 종교신학이 종교적 현상에 관한 이해와 적절한 반응을 탐구하는 학문이기 때문이다.

제6장에서는 '종교'라는 용어의 의미와 종교와 문화와의 관계를 규명한다.

제7장은 종교적으로 다변화된 세계에서 그리스도인이 어떻게 살아야 하는가에 대해 다시 논의한다. 여기서는 주로 이와 같은 상황에서 어떻게 그리스도의 복음을 선포할 것인가에 초점을 두고 있다.

우리는 전 세계의 다양한 신학과 문화의 배경을 가진 네 명의 학자를 초대해 위의 내용에 관한 그들의 논찬을 열거했다. 라민 사네(Lamin Sanneh), 벨리-마티 케르케이넌(Veli-Matti Kärkkäinen), 비노스 라마찬드라(Vinoth Ramachandra) 그리고 크리스틴 쉬르마허(Christine Schirrmacher)가 이 요청을 관대하게 승낙해 주었다.

제2부는 이들의 글을 게재한 것이다. 이 책은 이들의 반응에 대한 우리의 간략한 응답으로 결론을 맺고 있다. 이 책은 테리 머크(Terry Muck)이 창안한 작품이다. 그는 우리에게 이 책을 집필하도록 동기를 부여했고, 이 책이 완성되기까지의 전 과정에서 매우 유익한 조언과 비평으로 함께 해 주었다. 우리는 그의 비전과 지혜에 큰 빚을 졌고, 그가 이 결과물에 만족하길 바랄 뿐이다.

신디아 리드(Cynthia Read)는 탁월한 편집자였다. 그녀는 이 책을 집필하기 시작할 때부터 출판할 때까지 큰 관심을 두고 필요한 조언을 아끼지 않았다. 무엇보다도 신디아가 끈기와 인내를 발휘해 이 책의 마감일을 거듭해서 연장해 주었다.

다른 학자들처럼, 우리도 많은 사람의 도움을 받았다. 고든 니켈(Gordon Nickel), 로버트 벤(Robert Benne), 폴 힌리키(Paul Hinlicky), 네드 위스네프스키(Ned Wisnefske), 제임스 피터슨(James Peterson), 아모스 영(Amos Young) 그리고 톰 맥콜(Tom McCall) 등이 이 책의 원고를 읽고 귀중한 의견을 제시해 주었다.

그들은 이 책에 여전히 남아 있는 결함에 대해 어떤 책임도 없다는 것을 밝혀두는 바이다. 제럴드(Gerald)의 보조원인 주디 핑크니(Judy Pinckney)도 이 책을 집필하는 전 과정에서 많은 도움을 주었다. 저자들의 아내인 진(Jean)과 루스(Ruth)가 이 책을 집필하느라 바쁜 남편들을 헌신적으로 도와주었다. 또한, 냉철한 독자로서 그리고 비판자로서 그들의 귀중한 지식적 조언도 받을 수 있었기에 우리는 행복한 남편들이 아닐 수 없다.

그러나 무엇보다도 그들의 사랑과 인내에 감사할 따름이다.

한국어판 서문

제럴드 R. 맥더모트 로녹대학 종교학 교수
헤럴드 A. 네틀랜드 트리니티복음주의신학교 종교철학과 교수

『복음주의 관점에서 본 삼위일체 종교신학』 한국어 번역판 출간이 종교신학이라는 주제에 대해 다시 한번 성찰하는 계기가 되었다. 이 책을 처음 펴낸 지 7년이 지난 지금, 우리는 종교가 국가와 문화에 가장 강력한 영향력을 발휘하는 중요한 권력들 가운데 하나로 인식하고 있는 격동과 혼란의 시대에 살고 있다. 더 나아가, 세계화(globalization) 현상 그 자체가 불만의 원인이 되고 있는 것도 사실이다.

여러 면에서 세계가 '축소'되는 것처럼 보이지만, 서로 멀리 떨어져 있는 다양한 집단이 정치, 경제, 사회, 문화를 통해 매우 밀접하게 상호 연관되어 있음을 알게 되면서 반세계화운동이 이 오랜 연관성을 깨뜨리고 새로운 변화를 일으키고 있다. 인류 공동의 선을 위한 긍정적인 원동력이 될 수 있는 '종교'가 오히려 전 세계적으로 긴장을 고조시키는 것으로 보인다. 따라서, 그리스도인이 이 시대의 종교의 본질과 기독교와 타종교의 관계 그리고 종교적으로 다변화된 세상에서 예수님의 제자로 산다는 것이 무엇을 의미하는지 이해해야 할 필요성이 그 어느 때보다도 높아지고 있다.

기독교 신학자들과 선교학자들은 종교신학에 관한 저서를 계속해서 출판하고 있다. 이 책은 종교신학에 대한 최근의 발전을 단순히 요약하기보다는 종교신학을 삼위일체신학의 관점에서 조명한 것이다. 우리는 기독교와 타종교의 관계를 탐구할 때 확고한 삼위일체 종교신학이 필수적이라고 확신한다.

    성경의 하나님은 성부, 성자, 성령의 역동적 삼위일체이시며, 진정한 기독교 종교신학은 하나님의 세 위격의 불가분성에 기초해야 한다. 하나님의 계시와 활동에 있어서 세 위격의 고유한 속성과 역할을 인정해야 하지만, 우리는 성령을 아들과 분리하고, 아버지를 아들과 성령으로부터 분리하려는 유혹을 극복해야 한다.

    지난 몇 년은 또한 경험적 종교로서의 기독교와 예수 그리스도의 복음의 차이점을 이해하고, 복음과 타종교의 신자와의 관계에 관심을 가져야 할 필요성을 보여 주었다. 우리 주님의 명령은 그리스도께서 자신의 교회를 세우신 것처럼 모든 족속으로 예수님을 제자로 삼으라는 것이다(마 28:18-20). 사람들이 예수 그리스도의 제자가 됨과 함께 그리스도를 따르는 지역 교회 공동체의 일부가 되어야 하지만, 그들의 본질적 정체성은 특정 기독교 공동체의 회원이 아니라 예수 그리스도의 제자가 되는 것이다.

    최근 몇 년 동안 종교적 정체성과 관련된 문제는 국가 및 민족 정체성이 곧 종교적 정체성으로 형성하면서 그 중요성이 더욱 주목받았다. 여기에서도 모든 언어, 문화 및 민족 가운데 그리스도를 따르는 공동체를 세우시는 아버지와 아들과 성령의 삼위일체에 대한 강조가 필수적이다. 더 나아가, 그리스도인은 사람들이 어떻게 평화롭게 공존할 수 있는지 그리고 어떻게 공동의 선을 증진하기 위해 타종교의 신자들과 협력할 수 있는지를 보여 주어야 한다. 우리는 그들에게 예수 그리스도의 제자가 되고 삼위일체 하나님을 경배하는 자가 되도록 촉구해야 한다.

    이 책을 번역해 준 엄주연 박사와 출판을 담당해 준 기독교문서선교회(CLC)에 깊은 감사의 마음을 전하는 바이다. 우리의 기도는 『복음주의 관점에서 본 삼위일체 종교신학』 한국어판이 한국 교회를 강화하고 격려하는 데 사용되는 것이다.

역자 서문

엄 주 연 박사
한국선교훈련원(GMTC) 교수
한국선교정책연구소 소장

    2008년 4월 10일 오후 7시, 미국 일리노이주 소재의 트리니티복음주의 신학교(TEDS)의 강당은 일찌감치 발 디딜 틈도 없이 청중들로 가득 차 있었다.
    "그리스도인은 종교다원주의자가 될 수 있는가?"
    이런 주제로 헤럴드 A. 네틀랜드(Herold A. Netland) 박사와 폴 니터(Paul Knitter) 박사의 '역사적' 논쟁이 시작될 무렵, 무슨 일이 벌어질지 아무도 모르는 상황에서 팽팽한 긴장감이 감돌았다. 청중 가운데 한 사람이었던 필자의 관심은 양측의 신학적 논증 그 자체보다는 기독교 종교신학 거장들의 대화 방식이었다.
    첨예하게 대립되는 주제를 다루는 이 논쟁이 과연 성공적으로 진행될 수 있을까?
    그러나 이 우려는 기우였다. 서로의 인격과 견해를 존중하는 가운데서 냉철하면서도 절제된 언어로 자신의 신념을 명확하게 표현하며 치열하게 논쟁하는 성숙한 토론 문화를 발견할 수 있었다.
    이 논쟁은 필자에게 복음주의 종교신학에 대한 깊은 확신을 하게 해 주었다. 또한, 필자의 학문적 스승이며 인생의 멘토의 역할을 담당해 준 네틀랜드 박사의 학문적 전문성과 성숙한 인품 그리고 포용력과 설득력을 겸비한 대화와 소통 방식에서도 큰 배움을 얻는 계기가 되었다.

만약 그리스도를 믿는 자들이 영생을 얻는다면, 믿지 않는 사람은 어떻게 되는가?
예수 그리스도를 믿는 것이 하나님을 기쁘시게 하고 영생을 얻는 유일한 길인가?
타종교가 하나님의 구원 은혜를 얻는 데 도움이 될 수 있는가?
그리스도의 복음을 듣지 못했거나, 이해하지 못한 사람이 타종교를 통해 하나님의 진리를 따르고자 한다면 그 사람의 운명은 어떻게 되는가?

이런 종교신학적 질문에 관한 신학적 배타주의(exclusivism)와 다원주의(pluralism)의 대화 차원에서 이 논쟁이 이루어졌다.
놀랍게도 이 논쟁 이후 종교적 상황의 급격한 변화 추세는 이 일련의 질문들이 여전히 유용할 뿐만 아니라 과거 어느 때보다 더 치열한 종교신학적 대화와 소통의 중요성을 일깨워주고 있다. 기독교는 전 역사에 걸쳐서 위에 제기된 종교신학적 질문에 대해 일치된 견해를 가져 본 경험이 없다. 이와 같은 역사적 전례를 고려할 때, 비록 일치된 견해를 갖기는 어렵다 하더라도 이 주제의 필요성과 중요성에 관한 일치된 인식을 해야 할 필요가 있을 것이다.
한국 교회와 선교사 공동체는 이 시대의 종교신학적 대화의 필요에 적절하게 부응하고 있는가?
그리스도인이 타종교 신자들을 만나는 것은 어떤 의미가 있는가?
우리의 종교신학적 관심은 타종교의 교리 체계나 종교적 경험 그 자체가 아니다. 그리스도인의 신학적 체계나 종교적 경험을 대체하거나 보완 혹은 수정하기 위해 타종교 신자와 대화하는 것이 아니기 때문이다. 크리스토퍼 J. H. 라이트에 따르면, 모든 인간은 하나님의 형상을 따라 창조되었기 때문에 "우리가 '타종교 신자'를 만날 때마다, 우리는 창조주 하나님과 중요한 관계가 있는 사람을 만나는 것이다"(Wright, 1984:5).

 이 책의 모든 독자가 저자들의 모든 견해에 동의하지는 않을 것이다. 만약 동의할 수 없는 부분을 발견한다면 그것은 성경적이면서도 이 시대의 종교적 현실을 반영한 우리 자신의 종교신학 체계를 확립하기 위한 귀중한 비판적 성찰의 기회가 될 것이다.

 반면 만약 이 책의 저자들의 견해들 가운데 동의할 수 있는 논지가 있다면, 한국 교회와 선교사는 "남에게 대접을 받고자 하는 대로 너희도 남을 대접하라"(마 7:12)라는 말씀의 준거에 따라 하나님의 영광과 그의 나라를 위해 타종교 신자들과 역동적으로 상호 작용해야 할 것이다. 이것이 필자가 이 책을 번역해 한국 교회와 선교사 공동체에 소개하는 이유다.

목동 언덕에서

제1부 핵심 논제

제1장 종교신학과 복음주의

제2장 삼위일체 하나님

제3장 계시와 종교

제4장 구원과 회심

제5장 그리스도인의 삶

제6장 종교와 문화

제7장 다종교 세계에서의 복음 전도

제1장

종교신학과 복음주의

이 책은 그리스도인이 어떻게 타종교[1]를 이해하고, 종교가 다른 사람들과 더불어 살아가야 하는가에 대해 복음주의 신학자들이 탐구한 종교신학에 관한 책이다. 우리는 이 책의 모든 독자가 복음주의자일 것이라고는 예상하지 않는다. 다양한 배경을 가진 그리스도인들과 심지어 종교적 정체성이 다른 사람들도 이 책을 통해 유익을 얻기를 바란다.

우리가 종교신학에 대해 다양한 신학적 배경을 가진 공동체로부터 많이 배운 것처럼 복음주의 신학도 예수 그리스도와 종교에 관한 논의에 기여할 수 있기를 바라는 것이다. 복음주의 종교신학을 논하기 전에 복음주의 신학이 무엇인가에 대해 살펴볼 필요가 있다. 이 부분을 명확하게 규명한 다음 타종교 전통에 대한 기독교 역사의 성찰을 평가하고 이 주제와 관련

---

[1] 이 책의 제6장에서 우리가 타종교에 대해 더 자세히 다루겠지만, 이 책에서 우리는 타종교에 유대교를 포함하지 않는다는 점에 주목해야 한다. 유대교는 기독교와 특별한 관계를 갖고 있다. 기독교 신앙은 그 자체로 유대교의 다양성을 방증하는 것이다. 여기에는 기독교가 유대교의 성취라는 신념도 포함되어 있다. 예수님과 사도들은 유대인이었고, 그들의 헌신이 유대인 메시아에 관한 것이라고 믿었으며, 그들의 예배와 삶을 율법과 예언자들이 약속한 하나님의 계시의 완전한 성취라고 인식했다. 대다수의 유대인은 이 논지에 동의하지 않겠지만, 그것은 유대인에 대한 기독교의 박해로 거의 2천 년 동안 고통을 겪어 왔던 것을 감안하면 충분히 이해할 수 있다. 그러나 우리는 그 불행했던 역사가 우리로 하여금 경전, 공통의 희망 그리고 부분적으로는 하나의 믿음을 공유했다는 인식을 흐리게 해서는 안 된다고 믿는다. 존 하워드 요더(John Howard Yoder)가 말했듯이, "유대교는 비기독교가 아닌 유일한 종교다." *The Jewish-Christian Schism Revisited*, edited by Michael G. Cartwright and Peter Ochs (Grand Rapids, MI: Eerdmans, 2003), 147-159.

된 최근의 복음주의 관점에 대해 논의하는 것으로 결론을 맺을 것이다.

1. 복음주의 신학?

복음적(evangelical)이라는 용어는 '반가운 소식'(glad tidings), '기쁜 소식'(good news) 혹은 고대 영어로 거슬러 올라가면 '하나님의 이야기'에 해당하는 '복음'(gospel)의 의미가 있는 헬라어 "*evangelion*"에서 유래된 것이다. 신약성경에는 '우리의 죄를 위해 죽으신 그리스도의 복음을 선포하는 자'라는 뜻을 가진 '전도자' 혹은 '복음 전하는 자'라는 용어가 세 번 언급되어 있다(행 21:8; 엡 4:11; 딤후 4:5).

특정한 운동으로서의 '복음주의'(Evangelicalism)는 언제나 그리스도의 죽음으로부터 오는 구원의 선포를 특별히 강조한다. 따라서 리처드 피에라드(Richard Pierard)와 월터 엘웰(Walter Elwell)은 복음주의를 '신앙의 기본 교리와 긍휼 그리고 선교 사명의 실천을 강조하는 초교파적 신앙 공동체를 뜻하는 현대 기독교 운동'이라고 정의했다.[2] 마크 놀(Mark Noll)은 복음주의가 경건주의, 18세기의 대각성 운동 그리고 계몽주의에 그 기원을 두고 있다고 주장한 바 있다.[3]

또한, 데이비드 베빙톤(David Bebbington)이 제시한 회심주의(conversionism), 성경주의(biblicism), 행동주의(activism) 그리고 십자가 중심주의(crucicentrism)를 포함하는 사중적 정의가 폭넓게 받아들여 지고 있다.[4] 놀(Noll)

---

[2] Richard V. Pierard and Walter A. Elwell, "Evangelicalism," in *Evangelical Dictionary of Theology*, 2nd ed., edited by Walter A. Elwell (Grand Rapids, MI: Baker, 2001), 405.

[3] Mark Noll, "What Is 'Evangelica'?" in *The Oxford Handbook of Evangelical Theology*, edited by Gerald R. McDermott (New York: Oxford University Press, 2010), 19-32.

[4] David Bebbington, *Evangelicalism in Modern Britain: A History from the 1730s to the 1980s* (London: Unwin Hyman, 1989), 2-17.

은 이 네 가지의 표지를 다음과 같이 설명한다.

- **회심주의**: 복음주의자는 그리스도 안에서 죄로부터의 절대적 회심의 필요를 강조하는 사람이다.
- **성경주의**: 복음주의자는 기독교에 관한 이해를 돕는 교회의 전통과 지식, 이성 그리고 과학 등을 존중하는 가운데 성경을 기독교 신앙과 실천의 궁극적 권위로 받아들이는 사람이다.
- **행동주의**: 복음주의자는 하나님을 경험하는 삶을 바탕으로 구제, 사회적 변혁 그리고 무엇보다도 그리스도의 구원 메시지를 전파하는 사역 등을 실천해 온 사람이다.
- **십자가**: 복음주의자는 기독교 신앙의 핵심으로서 십자가에서의 그리스도의 죽음과 그 죽음으로부터 승리한 증거인 그리스도의 부활을 믿는다. 복음주의자는 그리스도께서 인간의 죄로 인해 형벌을 받고, '그리스도 안에' 거하는 자들에게 영적 생명을 주시는 이 속죄의 대속적 성격을 강조해 왔다.[5]

복음주의는 유럽 개신교에 뿌리를 두고 있으며, 20세기 중반까지 주로 서구 세계에서 확산되었지만, 21세기 초부터 아시아, 라틴 아메리카 그리고 아프리카에서 급격하게 성장해 거대한 분포의 변화가 발생했다.[6] 비록 유럽이나 북아메리카와는 사회적, 역사적 상황이 다르지만, 대다수의 비서구권 개신교는 기본적으로 복음주의 신학을 추구하고 있다.[7]

---

5   Noll, "What Is 'Evangelical'?" 21-22.
6   Lamin Sanneh, *Whose Religion Is Christianity? The Gospel beyond the West* (Grand Rapids, MI: Eerdmans, 2003); Douglas Jacobsen, *The World's Christians: Who They Are, Where They Are, and How They God There* (Oxford: Wiley-Blackwell, 2011).
7   Philip Jenkins, *The New Faces of Christianity: Believing the Bible in the Global South* (New York: Oxford University Press, 2006).

세계 복음주의 공동체들은 1974년에 스위스 로잔에서 개최된 세계복음화를 위한 국제대회(International Congress on World Evangelization)를 위해 존 스토트(John Stott)가 정립한 로잔언약(The Lausanne Covenant)을 받아들이고, 세계복음주의연맹(World Evangelical Alliance, WEA)을 중심으로 연합해 왔다.[8]

칼 바르트(Karl Barth)는 오늘날의 영국이나 미국의 관점에서 볼 때는 복음주의자라고 말할 수는 없겠지만, "복음주의자는 16세기의 종교개혁을 통해 예수 그리스도의 복음으로부터 영향을 받아 성경으로 돌아가고자 하는 사람을 뜻한다"라는 그의 정의는 대다수의 복음주의자가 받아들이고 있다.[9] N. T. 라이트(N. T. Wright)와 토마스 오든(Thomas Oden)과 같은 일부 복음주의 사상가는 복음주의의 근원을 종교개혁에 두는 것에 대해 의문을 제기한다.[10] 그러나 모든 복음주의자는 알리스터 맥그래스(Alister McGrath)가 제안한 다음의 '복음적 신념들'에 동의한다.[11]

- 하나님을 아는 지식의 원천이며, 그리스도인의 삶의 지침으로서의 성경의 절대적 권위
- 성육신하신 하나님이시며 주님이시고 죄인의 구세주이신 예수 그리스도의 위엄
- 성령의 주권
- 인격적 회심의 필요성

---

8   로잔언약은 [www.lausanne.org/en/documents/lausanne-covenant.html]에서 열람할 수 있다. 여기에서 다양한 신학적 주제에 대한 로잔운동과 세계복음주의연맹을 포함한 복음주의 관점을 요약한 문헌을 찾아볼 수 있다. J. I. Packer and Thomas C. Oden, *One Faith: The Evangelical Consensus* (Downers Grove, IL: InterVarsity, 2004).
9   Kart Barth, *The Humanity of God* (Louisville, KY: Westminster John Knox, 1960), 11.
10 N. T. Wright, *What Saint Paul Really Said* (Grand Rapids, MI: Eerdmans, 1997); Thomas Oden, *The Rebirth of Orthodoxy* (San Francisco: HarperOne, 2002).
11 Alister McGrath, *Evangelicalism and the Future of Christianity* (Downers Grove, IL: InterVarsity, 1995), 55-56.

• 복음 전도에 관해 그리스도인과 교회의 사명
• 영적 양육, 친교, 성장을 위한 기독교 공동체의 중요성

대다수의 다른 신학적 배경을 가진 그리스도인도 이 여섯 가지의 신념을 공유하고 있을 것이다. 그러나 복음주의와의 차이는 복음주의 신학이 이 여섯 가지의 신념을 강조하는 정도와 이 신념을 취하는 방식에 있다. 예를 들어, 모든 그리스도인이 전도를 어떤 수준에서든 중요하다고 말하지만, 모두가 복음주의자들만큼 중요성과 긴급성을 부여하지는 않는다. 일부는 사회 봉사를 전도로 간주하고, 어떤 그리스도인들은 그리스도에 대한 믿음을 고백하는 회심이 꼭 필요한 것은 아니라고 생각한다.

빌리 그래함(Billy Graham)이 뉴욕에서 최초의 전도 집회를 개최했을 때, 일부의 주류 개신교 지도자는 그가 구조적인 사회 개혁을 강조하지 않았다는 이유로 그리고 라인홀드 니버(Reinhold Niebuhr)와 같은 신학자들은 개인 전도를 비뚤어진 신앙이라고 조롱하기도 했다. 그 교회들이 오늘날에는 전도를 교회 성장의 핵심이라고 주장하지만, 복음주의 교회에 비하면 선교사를 파견하지 않고 교회의 성도들에게 전도의 과업을 실천하기 위한 교육이나 훈련을 시행하지도 않는다.

모든 그리스도인이 세상 사람들이 그리스도에게로 돌아와야 할 필요에 대해 말하지만, 복음주의자들은 조나단 에드워즈(Jonathan Edwards), 조지 휫필드(George Whitefield) 그리고 존 웨슬리(John Wesley)가 배웠던 청교도와 경건주의 전통을 이어받아 회심의 중요성을 더 많이 강조하고 있다.

언론이나 학계에서 복음주의 신학을 근본주의와 비슷한 것으로 간주하는 경향이 있다. 사실상 복음주의와 근본주의는 매우 뚜렷한 차이가 있다. 대다수의 복음주의 신학자는 근본주의와의 차이를 다음과 같이 지적하고 있다.

(1) 성경 해석

복음주의와 근본주의는 진리로서의 성경의 권위를 전적으로 인정한다. 그러나 근본주의는 성경을 문자적으로 해석하지만, 복음주의 신학자들은 성경 본문의 문학적 양식(genre)과 역사적 맥락 등을 주의 깊게 다룬다. 달리 말하면, 근본주의자들은 각각의 성경 본문에는 오직 하나의 절대적 의미가 있다고 확신하는 경향이 있는 반면 복음주의는 본문의 양식과 맥락의 신학적 중요성에 더 큰 의미를 부여하고 있다.

(2) 문화

근본주의자는 문화가 성경이나 기독교와 관련이 없다고 간주하는 반면 복음주의자는 하나님이 인간의 문화 속에서 혹은 문화를 통해 역사하시는 하나님의 일반 은총을 발견할 수 있다고 확신한다. 복음주의자는 모차르트(Mozart)가 비록 정통적인 그리스도인이 아니고 도덕적으로 완벽한 사람도 아니었겠지만, 그의 음악은 하나님의 보배로운 선물이었다고 생각한다. 문화는 다른 모든 인간의 산물과 마찬가지로 죄로 인해 타락했음에도 하나님의 영광을 반영하고 있다.

(3) 사회 참여

1920년대의 현대주의 논쟁(1920년대와 1930년대에 미국 북장로교회에서 발생한 기독교의 본질적 주제들에 관한 근본주의와 현대주의의 신학 논쟁 – 역자 주)에서 사회 참여를 지지하는 사람들이 주로 자유주의 신학자들이었기 때문에, 근본주의자들은 가난한 사람을 돕는 것을 자유주의 신학의 상징으로 간주했던 때가 있었다. 최근까지도 일부 근본주의자는 기독교의 사회 참여 범위를 종교적 자유와 낙태 반대 운동으로 제한하고 있다. 비록 모든 주제에 동의하는 것은 아니지만, 복음주의자들은 그리스도의 복음이 인종 차별, 성차별 그리고 빈곤을 포함한 모든 불의에 맞서 싸울 것을 요청하고 있다고 믿는다.

(4) 분리주의

20세기에 근본주의자들은 복음주의자들을 포함한 '자유주의자들'과 심지어 자유주의자들과 교제했던 보수주의자들로부터도 그들을 분리해야 한다고 주장했다. 예를 들면, 빌리 그래함이 전도 집회의 회심자들을 양육하기 위해 주류 개신교회와 가톨릭교회 등과 협력했다는 이유로 빌리 그래함 전도 집회를 지원하는 것을 거부했다. 복음주의 신학은 변혁을 목적으로 문화와의 상호 작용을 추구하며, 공통의 종교적 그리고 사회적 목표를 성취하기 위해 다른 신학적 배경을 가진 그리스도인들과 함께 일하는 것을 추구한다.

(5) 자유주의와의 대화

근본주의자들은 예수 그리스도의 몸의 부활과 인간의 본질적 죄성 그리고 그리스도의 대속의 중요성을 부정하는 자유주의자들로부터는 배울 것이 없고, 신학적 차이에 대해 대화할 여지가 전혀 없는 명목상의 그리스도인들일 뿐이라고 간주하는 경향이 있다. 반면 복음주의적 접근은 자유주의자들의 주장을 경청하고, 그들에게 복음주의 신학을 고려하도록 설득하기 위해 노력하는 것이다.

(6) 분열

많은 복음주의 공동체가 후대의 사람들이 볼 때는 사소한 문제로도 끊임없이 분열하는 경향을 보였다. 그러나 복음주의 신학은 본질과 비본질의 차이를 구분했고, 개신교 주류 교회 속에 남아 있고자 했으며, 복음주의 교회의 신자들은 비본질적 부분에 대해서는 서로 의견을 달리할 수 있었다. 반면, 매우 사소한 교리적 차이조차도 교회와 교단 분열의 충분한 이유가 될 수 있다고 본 근본주의자들은 훨씬 더 극심한 분열을 초래했다.

(7) 이스라엘에 대한 지지

근본주의자들은 현재의 이스라엘의 상태가 성경적 예언의 성취라고 보는 경향이 있고, 이스라엘을 지지하는 조건으로 하나님이 미국을 축복하신다고 믿고 있다. 복음주의자들은 1948년에 이스라엘이 건국한 것은 적어도 예언의 간접적인 성취로 볼 수도 있지만, 선지자들이 예언했던 영적 부흥은 일어나지 않았기 때문에 완전한 성취는 아니라고 주장한다.

상당수의 이스라엘 국민은 영적 부흥이 일어났다고 말하지만, 외부자가 인정하기는 어려운 것이 사실이다. 복음주의의 입장은 이스라엘의 정책에 대한 지지와 반대 사이의 전 영역에 걸쳐 있다. 비록 많은 그리스도인이 이스라엘을 여러 국가 가운데 하나일 뿐이라고 간주하지만, 근본주의자들과 복음주의자들은 모두 오늘날의 이스라엘이 여전히 신학적으로 중요한 의미가 있다고 생각한다.

복음주의와 근본주의의 사고방식은 그 내용과 실천이 서로 다를 뿐만 아니라, 신학의 방법(method)에도 차이가 있다. 복음주의는 '오직 성경'(sola scriptura)의 원리를 이것이 태동하고 성장한 근본주의 신학보다는 더 급진적으로 사용하는 경향이 있다. 복음주의가 교회의 어떤 신조를 받아들이는 것은 그 신조 자체의 특별한 권위 때문이 아니라, 그 교리가 성경의 지지를 받고 있다고 믿기 때문이다.

복음주의 신학자들은 기독교의 위대한 교부들이나 성 마크리나(Saint Macrina), 시에나의 카타리나(Catherine of Siena), 아빌라의 테레사(Teresa of Avila) 그리고 마더 테레사(Mother Teresa) 등을 비롯한 성인들의 업적이나 역사적 전통을 전적으로 거부하는 것은 아니지만, 신중하게 평가해야 한다고 주장한다. 전통과 성경적 가르침이 서로 충돌할 때 복음주의는 전통이 아닌 성경을 권위 있는 판단 기준으로 삼고 있다. 일부 복음주의 신학자는 성경에 대한 전통적인 해석을 보호하기 위한 하나의 방법으로 초기 기독교가 주요 교리를 확립하는 과정에 성령의 섭리적 인도가 있었다고 확신하고 있다.

복음주의 신학자들은 인간의 경험을 진리와 도덕성의 최종적인 규범으로 받아들이는 자유주의 신학을 거부한다. 모든 신앙의 보편적 종교성을 강조하는 자유주의 신학의 추세와는 반대로, 복음주의 신학은 기독교 계시의 특수성과 기독교 영성의 독특성을 강조한다. 자유주의자들은 개인의 자율성과 양심 혹은 종교적 경험과 같은 내면적 규범(internal norms)을 높이 평가하는 반면, 복음주의자들은 성경과 예수 그리스도를 통해 외면적 규범(external norms)을 주신 하나님에 대한 인간의 책임을 강조한다.

복음주의자들은 그리스도를 강조한 결과로 삼위일체신학에서 벗어나 지나칠 정도로 그리스도 중심적 신학에 집중하고 있다는 비판을 받기도 한다. 이 비판이 어느 정도는 설득력이 있지만, 복음주의자들이 삼위일체신학에 매우 큰 의미를 부여하고 있다는 고무적인 증거가 많이 있다. 진정한 기독교 종교신학은 철저히 삼위일체적이어야 하며, 삼위일체적 종교신학은 성경과 교회의 전통적인 신학에 충실해야 한다. 이것이 이 책의 핵심 주장이다.

2. 종교신학

20세기 후반에 비로소 신학자와 선교학자들이 종교신학을 전문화된 학문 분야로 인식하기 시작했다. 아직도 여전히 이 분야에 관한 연구의 타당성과 방법론에 대한 논쟁이 계속되고 있지만, 이 새로운 학문 분야의 필요성이 제기되고 있다.

벨리-마티 케르케이넌(Veli-Matti Kärkkäinen)은 "종교신학은 타종교의 의미와 가치를 신학적으로 설명하는 신학 연구 분야로서, 그리스도인이 타종교 신자들과 함께 사는 것이 무엇을 의미하는가에 대해 그리고 기독교와 타종교와의 관계에 대해 신학적으로 탐구하는 학문 분야다"라고 정의한 바 있다.¹² 종교신학에 대한 관심은 계속 증가하고 있지만, 주로 로마가톨릭교회와 개신교 신학자들이 이 주제를 다루고 있다. 1990년대부터 복음주의자들도 이 연구에 참여하고 있다.¹³

비록 종교신학이 학문 분야로서는 새로운 것이지만, 기독교 신앙과 타종교와의 관계는 교회의 역사만큼이나 오래된 주제로 다루어져 왔다. 그리스도인들은 기독교 초기의 교부 시대부터 타종교에 대해 신학적으로 탐구해 왔다. 여기서 우리의 관심은 주로 복음주의 관점에 있지만, 2천여 년에 걸친 그리스도인과 종교적 타자들과의 관계의 넓은 맥락 속에서 이 주제를 다루어야 한다는 것이다. 다음 단락에서는 과거 그리스도인들이 타종교를 어떻게 이해했는가를 파악함으로써 최근의 복음주의적 논의가 어떤 맥락 속에서 발전해 왔는지 살펴보고자 한다.

3. 성경과 종교적 타자들

성경이 종교에 대한 신학을 포괄적으로 설명하지는 않지만, 다른 종교 전통을 이해하고 이에 대응하기 위한 신학적 체계를 정립할 수 있는 풍부한 자료를 제공하고 있다. 구약과 신약성경 모두 이스라엘 주변 국가 사람들의 종교적 신념과 관습을 자주 언급하고 있다. 타종교의 관습에 대한 성

---

12 Veli-Matti Kärkkäinen, *An Introduction to the Theology of Religions* (Downers Grove, IL: InterVarsity, 2003), 20.
13 물론 앤더슨(J. N. D. Anderson)과 스테판 닐(Stephen Neil)과 같은 복음주의 사상가들이 20세기 초에 타종교에 관해 관심을 보였지만, 1990년대가 되어서야 많은 복음주의자가 이 주제에 관심을 두기 시작했다. J. N. D. Anderson, *Christianity and Comparative Religion* (Downers Grove, IL: InterVarsity, 1970); Sir Norman Anderson, *Christianity and World Religions: The Challenge of Pluralism* (Downers Grove, IL: InterVarsity, 1984); Stephen Neill, *Christian Faith and Other Faiths: The Christian Dialogue with Other Religions* (London: Oxford University Press, 1961).

경의 가르침은 대부분 매우 명확하다. 그러나 어떤 부분은 모호하거나 놀라운 요소들도 있다. 종교신학은 하나님의 유일성과 오직 하나님만 예배를 받으시기에 합당하신 분이라는 성경의 명확한 증거뿐만 아니라 불확실한 본문이나 이야기들도 포괄적으로 다루어야 한다.

타종교의 신념과 관습에 관한 성경의 가르침은 매우 분명하다.[14] 성경은 하나님은 오직 한 분밖에 없다는 하나님의 완전한 유일성과 배타성에 대한 명확한 입장을 견지하고 있다(사 44:6; 45:22; 출 8:10; 15:11; 신 6:4; 고전 8:5-6). 모든 인간은 오직 한 분의 진정한 하나님만을 경배해야 한다(출 20:2-3; 신 5:7; 6:5, 13; 마 4:10; 행 14:15). 타종교 공동체의 특정한 관습들은 심판을 받을 것이다(출 20:4-5; 34:17; 레 19:4; 5:8-9; 신 7:1-5, 16, 25; 13:1-14:2; 렘 10:8-9; 11:9-10; 44:1-30; 호 1-3장; 9:10; 행 19:17-20; 롬 1:18-32; 고전 10:14-20; 갈 5:19-20). 우상 숭배는 일반적으로 이스라엘 주변 사람들의 종교적 관습에서 나타난다.

구원은 오직 모든 인류를 위한 유일한 구세주이신 예수 그리스도의 인격과 사역으로 나타나는 하나님의 은혜를 통해서만 이루어질 수 있다(사 43:11; 45:21-22; 49:6; 요 3:16-18, 36; 14:6; 행 4:12; 16:30-31; 롬 3:21-26; 5:8, 10; 엡 2:4-10, 16; 딤전 2:5-6; 히 9:26; 벧전 3:18). 따라서 모든 사람은 구원을 위해 회개하고 하나님과의 관계를 회복하도록 부르심을 받았다(시 67편; 96편; 사 45:22; 55:7; 마 28:19-20; 요 20:21; 행 1:7-8; 벧후 3:9). 복음주의자들은 종교적 타자를 생각할 때 이와 같은 주제와 성경의 가르침을 염두에 두고 있다.

---

14 Ida Glaser, *The Bible and Other Faiths: Christian Responsibility in a World of Religions* (Downers Grove, IL: InterVarsity, 2005); Christopher J. H. Wright, "The Christian and Other Religions: The Biblical Evidence," *Themelios* 9, no. 2 (1984): 4-15; Wright, "The Uniqueness of Christ: An Old Testament Perspective," in *A. D. 2000 and Beyond: A Mission Agenda*, edited by Vinay Samuel and Chris Sugden (Oxford: Regnum, 1991), 112-124.

그러나 성경에는 다소 모호한 요소들도 포함되어 있는데, 이는 주변의 타종교 전통을 부분적으로 수용한다는 것을 암시한다. 이 부분은 성경적 종교신학의 연구 과제로 남아 있다. 예를 들어, 족장들이 숭배했던 유일신을 뜻하는 '엘'(El)은 멜기세덱과 아비멜렉이 인정한 신으로서(창 14:18-20; 20:1-17; 21:22-24), 일반적으로 가나안 종교에서 '지극히 높으신 분'을 뜻하는 용어로 사용되었다.

창세기 14:18-20에서 살렘 왕 멜기세덱은 '지극히 높으신 하나님(El Elyon)의 제사장'으로서 천지의 주재이시오 지극히 높으신 '엘 엘리온'(El Elyon)이라는 이름으로 아브람을 축복한다. 아브람도 천지의 주재이시오 지극히 높으신 하나님 여호와(El Elyon)께 손을 들어 맹세하는 것을 볼 수 있다(창 15:22).

구약 학자인 크리스토퍼 J. H. 라이트(Christopher J. H. Wright)와 존 골딩게이(John Goldingay)는 "그 의미는 아브람과 창세기 자체가 멜기세덱 혹은 이스라엘과 다른 방식으로 '엘'(El)을 예배하던 가나안의 다른 사람들도 이 지극히 높으신 하나님을 섬기지만, 그 하나님에 대해 알아야 할 모든 것을 알지는 못한다는 것을 인식했던 것으로 보인다"라고 주장한 바 있다.[15]

또한, 구약의 지혜 문학과 고대 메소포타미아와 이집트의 일부 문헌 사이의 유사점도 찾아볼 수 있다.[16] 그리고 이집트 종교 지도자인 '온'(On)의 제사장 보디베라(Potiphera)의 딸 아스낫(Asenath)을 아내로 취한 요셉에 관한 수수께끼 같은 이야기도 있다. 그녀를 통해 므낫세(Manasseh)와 에브라임(Ephraim)이 태어났고, 이스라엘의 열두 지파 중에 두 지파가 나왔다

15　C. Wright and J. Goldingay, "Yahweh Our God Yahweh One," in *One God, One Lord*, 2nd ed., edited by Andrew Clarke and Bruce Winter (Grand Rapids, MI: Baker, 1992), 48.
16　위의 책, 44-45. Michael Pocock, "Selected Perspectives on World Religions from Wisdom Literature," in *Christianity and the Religions*, edited by Edward Rommen and Harold Netland, Evangelical Missiological Society Series No. 2 (Pasadena, CA: William Carey Library, 1995), 45-55을 참고하라.

(창 41:45, 50-52; 46:20). 흥미롭게도 성경은 이에 대해 긍정적이든 부정적이든 판단하지 않는다.

신약성경의 사도행전 17:28에서 바울이 이교도 시인의 말을 인용한 "우리가 그를 힘입어 살며 기동하며 존재하느니라"라는 부분은 크레타의 시인 에피메니데스(Epimenides)의 작품일 수도 있고, 칼리마쿠스(Callimachus)의 제우스(Zeus) 찬송 시에도 등장한다. 이 본문의 "우리가 그의 소생이라"라는 부분은 길리기아(Cilician)의 시인 아라투스(Aratus)의 '파이노메나'(Phainomena)에서 나온 것으로 스토아파(Stoic)의 신적 존재인 제우스(Zeus)에게 드리는 기도문의 첫 부분이었다.[17]

우리는 또한 마태복음 2:1-12에 언급되어 있는 동방 박사의 흥미로운 이야기에 주목해야 한다.[18] 동방 박사의 신원은 확실하지 않지만, 아마도 그들은 별과 꿈을 해석하는데 능숙한 페르시아 출신의 점성가나 현자였을 것이다. 만약 그렇다면 그들은 초기 조로아스터교의 후손으로서 사제 계급의 사람들이었을 가능성도 있다. 이런 요소들 가운데 어떤 것도 하나님의 유일성과 독특성에 대한 성경의 확고한 가르침을 훼손하지 않는다. 물론 이 불분명한 성경 본문에 과도한 의미를 부여하는 것은 적절하지 않지만, 포괄적인 성경적 종교신학을 탐구하는 데는 간과할 수 없는 것이다.[19]

17　F. F. Bruce, *Commentary on the Book of the Acts* (Grand Rapids, MI: Eerdmans, 1980), 357-358.
18　Ben Witherington III, "Birth of Jesus," in *Dictionary of Jesus and the Gospels*, edited by Joel B. Green, Scot McKnight, and I. Howard Marshall (Downers Grove, IL: InterVarsity, 1992), 72-73
19　구약성경 전체에서 반복적으로 언급되고 있는 '신들'(the gods)의 존재론적 지위와 역할에 관한 더 많은 논의는 Gerald McDermott, *God's Rivals: Why Has God Allowed Different Religions?* (Downers Grove, IL: InterVarsity, 2007)을 참고하라.

4. 배타주의, 포용주의, 다원주의

1980년대부터 타종교에 대한 기독교의 관점을 배타주의(exclusivism), 포용주의(inclusivism) 그리고 다원주의(pluralism)로 구분하는 것이 하나의 관례가 되었다. 이 용어들이 기독교의 종교적 담론에서 오랜 역사가 있을 뿐만 아니라 그 의미가 명확하게 구분된 세 가지의 관점이라고 생각하기 쉽다.

그러나 사실은 그렇지 않다. 비록 존 힉(John Hick)이 그 이전부터 다른 용어들을 사용해 타종교에 대한 기독교의 관점을 크게 세 가지로 구분하기는 했지만, 1983년에 알렌 레이스(Alan Race)가 이 용어들을 최초로 제시했고,[20] 그 이후부터 각종 문헌에서 광범위하게 사용되고 있다.

이 용어들에 대한 통일된 정의는 없지만, 배타주의는 일반적으로 종교적 진리와 구원은 오직 기독교 신앙에만 한정된다는 견해로 이해할 수 있다.[21] 레이스는 배타주의를 타종교에 대해 호의적이지 않은 매우 부정적인 용어로 사용하고 있다. 그는 배타주의를 "의심의 여지가 없이, 기독교의 역사에서 이 지배적인 교회의 태도는 종교적 타자를 진리와 빛의 영역 밖에 있는 죄와 어둠의 존재로 간주하고 있다"라고 평가했다.[22] 복음주의자들은 일반적으로 그들 스스로나 다른 사람들로부터 배타주의자로 분류되고 있다.

반면 포용주의는 창조적 긴장 속에서 다음의 원칙을 따르는 폭넓은 입장을 견지하고 있다.

---

20   Alan Race, *Christians and Religious Pluralism* (London: SCM, 1983); John Hick, *God Has Many Names* (Philadelphia: Westminster, 1980), 29-39.
21   타종교와 관련하여, 진리에 대한 배타주의와 구원에 대한 배타주의 사이에는 중요한 차이가 존재한다. 그리고 어느 한 부분에 대해서는 배타주의적 관점을 갖고 있지만, 다른 영역에서는 그렇지 않을 수도 있다. Paul J. Griffiths, *Problems of Religious Diversity* (Oxford: Blackwell, 2001), 21-65, 138-169; Robert McKim, *On Religious Diversity* (New York: Oxford University Proess, 2012), 14-100.
22   Alan Race, *Christians and Religious Pluralism*, 10.

(1) 예수 그리스도는 타종교의 인물들보다 더 독특하고 뛰어난 존재라는 인식이 있으며, 어떤 의미에서 그리스도를 통한 구원이 가능하게 되었다.
(2) 예수 그리스도를 통한 하나님의 은혜와 구원은 신실한 타종교 신자들에게도 주어진다.
(3) 따라서 타종교는 인류를 위한 하나님의 목적 일부로서 긍정적으로 바라보아야 한다.

포용주의자들 가운데서도 이 원칙을 어떻게 이해하는가에 따라 엄청난 다양성이 존재한다. 그러나 제2차 바티칸 공의회 이후 대다수 로마가톨릭 신학자와 주류 개신교 신학자가 이 범주에 속해 있다.

다원주의는 배타주의와 포용주의를 넘어 세계의 주요 종교를 하나의 신적 실재(one divine reality)에 도달하는 동등한 가치를 지닌 효과적이고 정당한 대안으로 인정해야 한다는 신학적 관점이다. 종교다원주의는 이 시대의 종교적 다양성을 설명하는 대표적인 용어로 사용되기도 한다. 그러나 이 책에서는 이 용어가 단순히 다양성을 인정하는 차원을 넘어 종교적 진리와 구원론적 유효성과 관련된 종교의 동등성에 대한 그들의 주장도 포함한다.

거의 모든 주요 종교가 구원, 해방 그리고 계몽 등의 용어를 사용하고 있다. 모든 종교가 그들 나름대로 역사적으로나 문화적으로 신적 실재에 반응하는 정당한 방법이기 때문에 어떤 종교도 다른 종교들보다 더 우월하다고 주장할 수 없다는 것이다. 이런 의미에서, 종교다원주의는 오늘날의 대중문화 속에 널리 퍼져있고, 일반 대학교의 종교학 연구에 깊은 영향을 주고 있다.

타종교에 대한 많은 관점을 이 세 가지로 구분하는 것이 도움이 될 수도 있지만, 이와 같은 분류 체계는 오해의 소지가 있을 뿐 아니라 지나치게 단순화한 것이다.²³ 예를 들면, 이 용어들의 의미에 일관성이 없기 때문에 이와 같은 방식으로 범주를 구분하는 것은 혼란을 초래할 수 있다.

더 나아가, 이 용어들은 주로 구원에 대한 관점을 중심에 두고 있지만, 종교신학은 구원론 외에도,

타종교 전통에 진리나 선(goodness)이 있는가?
타종교와 기독교의 교리, 관습 및 제도 사이에 어느 정도의 연속성이 있는가?
기독교 복음의 상황화에 있어서 타종교의 용어나 관습을 어느 정도까지 수용할 수 있는가?
그리스도인들이 종교적 다양성과 불일치 속에서 어떻게 살아가야 하는가?

등을 포함한 매우 다양한 주제를 다루고 있다.

이 모든 문제는 단순히 '예' 혹은 '아니오'로 대답할 수 없으며, 특정 문제에 대해서는 타종교에 대해 개방적일 수 있지만 다른 문제들에 대해서는 그렇지 않을 수도 있다. 신중한 접근이 필요한 복잡한 문제들을 고려할 때, 이런 질문에 대한 다양하고 미묘한 차이를 단순히 세 가지의 범주로 나눌 수 없다는 것이 분명해진다.

마지막으로, 이 세 가지의 신학적 관점이 1980년대 이후부터 사용되었다는 점에 주목할 필요가 있다. 타종교에 대한 초기 기독교의 논의는 이 분류 체계가 아닌 다른 방식으로 이루어졌다. 따라서 이 세 가지의 정형화

---

23 Terry C. Muck, "Instrumentality, Complexity, and Reason: A Christian Approach to Religious Diversity," *Buddhist Christian Studies* 22(2002): 115-121; Harold Netland, "Religious Exclusivism," in *Philosophy of Religion: Classic and Contemporary Issues*, edited by Paul Copan and Chad Meister (Oxford: Blackwell, 2008), 67-80.

된 관점이 도움이 될 수는 있지만, 서로 명확하게 구분된 독립적인 관점이 될 수 없으며, 사안에 따라 하나 혹은 다른 관점에 해당할 수 있다.

5. 타종교에 대한 초기 기독교의 관점

종교적 타자에 대한 기독교 전 역사의 모든 관점을 여기에서 언급하는 것은 불가능하지만, 초기 기독교의 주요 사상과 관점을 살펴볼 필요가 있다. 예를 들어, 2세기와 3세기에 일부 신학자는 헬라 시대 초기의 종교적, 철학적 사상에 대한 신학적 관점을 확립한 바 있다. 그들은 대중적인 종교 관습에 대해 비판적이었지만, 고도로 발전한 헬레니즘 문화를 높이 평가했으며 그 문화 속에 있는 진리(truth)와 선(goodness)을 탐구하는 데 관심을 두고 있었다.

예를 들어, 순교자 저스틴(Justin, 165년경)은 요한복음 1장(특히 9절)에서 영감을 얻어 모든 사람이 신성한 '진리의 씨앗'(logos spermatikos)을 소유하고 있다고 확신했다. 플라톤(Plato)과 소크라테스(Socrates)와 같은 이교도 사상가들도 후대에 큰 영향을 준 진리의 씨앗을 가지고 있었기 때문에 그들이 가르친 진리를 효과적으로 정립할 수 있었다고 본 것이다.

> 그러므로 의심할 여지없이 우리의 가르침은 다른 모든 사람의 가르침보다 더 고귀하다. 왜냐하면, 우리를 위해 이 땅에 오신 그리스도가 로고스 즉 말씀과 육체와 영혼이 되셨기 때문이다. 철학자와 법학자들이 발견하고 표현한 모든 것은 로고스 일부를 발견하고 탐구함으로써 얻어진 것이다. … 이 땅의 사람들이 밝혀낸 모든 진리는 우리 그리스도인의 것이다. 사실상 모든 철학자는 그들에게 심어진 말씀의 씨앗을 통해 진리를 희미하게

엿볼 수 있었다.²⁴

오랫동안 많은 논쟁을 불러일으킨 용어 문제에 있어서, 저스틴은 비기독교 종교 사상가들이 진리를 발견했다는 것을 인정하는 차원을 넘어 어떤 방식으로든 그런 사상가들을 그리스도인과 동일시하고 있는 것으로 보인다.

> 이성(*logos*)을 따라 살았던 사람들은 무신론자로 여겨졌지만 그리스도인들이다. 그들 중에는 그리스의 소크라테스(Socrates), 헤라클레이토스(Heraclitus) 그리고 그들과 비슷한 사람들, 이방인 중에는 아브라함(Abraham), 엘리야(Elias), 아나니야(Ananias), 아자리야(Azarias), 미스라엘(Misrael), 이 밖에도 우리가 지금 열거할 수 없는 많은 사람이 있다. 따라서 그리스도 이전에 이성으로 살지 않은 사람들은 쓸모없는 사람이거나 그리스도의 적 혹은 살인자였다. 그러나 이성으로 살아왔고 지금도 그렇게 살고 있는 사람은 그리스도인이다.²⁵

저스틴에 따르면 진리를 가르치는 모든 시인과 철학자는 어떤 의미에서 그 진리를 따르는 한 그리스도를 따르는 사람이다. 그러나 그는 철학자들이 예수 그리스도에 대한 개인적인 지식과 믿음이 없기 때문에 하나님에 대한 완전한 지식을 가지고 있지 않다고 주장했다.²⁶

---

24 Justin Martyr, "The Second Apology," 10 and 13, in *The Fathers of the Church: A New Translation*, vol. 6, translated by Thomas B. Falls (Washington, DC: Catholic University of America Press, 1948), 129, 133-34.
25 Justin Martyr, "The First Apology," 46, in *The Fathers of the Church: A New Translation*, vol. 6, translated by Thomas B. Falls (Washington, DC: Catholic University of America Press, 1948), 83-84.
26 저스틴은 또한 악마가 하나님의 진리와 양립할 수 없는 종교적 신념과 관습에 대한 책임이 있다고 가르쳤다. 저스틴에 대한 자세한 내용은 McDermott, *God's Rivals*, 85-98

리용(Lyon)의 위대한 선교사이자 주교였던 이레니우스(Irenaeus, 145-202)는 하나님이 항상 말씀으로 세상에서 일하신다고 가르쳤다. 하나님이 자신과 그의 계획을 단계적으로 나타내셨고, 역사를 통해 점진적으로 그의 백성을 단련시켰듯이, 로고스는 열방이 복음의 충만함을 받을 수 있도록 준비하게 하셨다.

복음은 그리스도의 성육신 이전에 다양한 방법으로 '예고'되었었다. 욥과 같은 이교도도 멀리서 이 선포를 들었다고 해서 이레니우스가 반드시 타종교를 통해 하나님의 구원을 받을 수 있다는 뜻으로 말한 것은 아니었다. 의로운 이교도는 성 토요일(부활절 전날)에 하데스(Hades)에서도, 사도시대와 교부의 역사 속에서도 그리고 현재에도 오직 그리스도의 복음을 통해서만 구원을 받는다. 그러나 이레니우스의 신학에서 하나님이 역사적 상황에 따라 다양한 방식으로 그리스도의 진리를 나타내신 것처럼, 하나님도 역사적 특수성에 따라 종교를 사용하실 수 있다는 그의 논지를 추론할 수 있다.[27]

알렉산드리아의 클레멘트(Clement, 150-215)는 하나님이 모든 역사를 주관하고 있으며 종교는 그리스도 안에서 모든 것을 완성하는 하나님의 계획 일부라는 데 있어서 이레니우스의 주장에 동의한다. 그는 하나님이 유대인들에게 준 율법의 언약에 필적하는 어떤 종교를 이방인들에게 '언약'으로 주셨다고 주장한다. 이 언약은 사람들을 그리스도께로 인도하기 위한 것이었다.

클레멘트는 일부 이방인 종교 교사는 하나님이 보낸 '선지자'(그러나 근본적으로 성경의 예언자들과는 다르다)이며, 종교적 타자들이 멸망하는 것을 막기 위해 일부 결함이 있는 종교적 전통을 허용하신 것이라고 담대하게 주장했다. 그 종교들은 그리스도를 믿는 충만한 믿음으로 가는 부차적인 방

을 참고하라.
27 Irenaeus, *Adversus Haereses* IV, 34. McDermott, *God's Rivals*, 99–116.

법으로 허용되었다는 것이다.[28]

오리겐(Origen, 185-253)은 타종교를 탐구하는 것은 위험하며 어린 신자들에게 잠재적으로 파괴적인 결과를 초래할 것이라고 경고했다. 특히, 그는 타종교의 영적 본질을 강조하면서 악한 영이 기독교와의 대립 이면에 도사리고 있다는 사실을 강조했다. 타종교에 대해서는 진리를 발견하도록 돕는 기독교 교사들을 통해 배워야 하며, 제대로 다루지 않으면 타종교는 영구적인 피해를 줄 수 있는 불타는 석탄과 같다고 주장했다.[29]

기독교 역사의 첫 천 년 동안 대다수 그리스도인은 "교회 밖에는 구원이 없다"(*extra ecclesiam nulla salus*)라고 확신하고 있었다. 키프리아누스(Cyprian, 258)는 "어머니를 위한 교회가 없으면 아버지를 위한 하나님도 없다"라고 말한 바 있다.[30] 그는 복음이 이미 모든 곳에 선포되었고, 모든 사람에게 이 복음을 받아들일 기회가 주어져 있다고 생각했기 때문에 이렇게 선포할 수 있었다. 일부 아프리카 부족이 아직 복음을 듣지 못했다는 것을 아는 어거스틴(Augustine, 354-430) 조차도 오직 교회를 통해서만 구원받을 수 있다고 주장했다. 그는 복음을 듣지 못한 아프리카 사람들에게는 실제로 그리스도를 증거해도 받아들이지 않을 것이라고 하나님이 예견했다고 믿었다.[31]

기독교 역사의 두 번째 천 년기가 시작되면서 이 태도가 바뀌기 시작했다. 아벨라드(Abelard, 1079-1143)는 욥, 노아 그리고 에녹과 같은 이교도 배경을 가진 믿음의 사람에 대해 논의한 바 있다. 교황 그레고리 7세(Pope Gregory VII, 1085)는 꾸란의 가르침에 복종한 무슬림이 아브라함의 영향으로 구원받을 수 있다고 주장했고, 성 프란치스코(St. Francis, 1181-1226)는 무슬림을 '형제'라고 불렀다.

28　McDermott, *God's Rivals*, 117–132.
29　위의 책, 133–156.
30　Cyprian, *Epistles* 73.21; 4.4.
31　Augustine, Letter 199.12, 46; translated in Francis A. Sullivan, *Salvation Outside the Church?* (New York: Paulist, 1992), 36.

토마스 아퀴나스(Thomas Aquinas, 1225-1274)는 비록 복음을 듣지 못했지만, 기회가 주어졌다면 받아들였을 사람들을 위해 '맹목적 믿음'(implicit faith)과 '화세'(baptism of desire, 혹은 '욕망의 세례')의 개념을 제시했다.[32]

단테(Dante)의 '신곡'(*Divina Commedia*)은 이슬람 신학자인 아비센나(Avicenna, *Ibn Sina*)와 아베로에스(*Averroes*) 그리고 무슬림 통치자 살라딘(*Saladin*)은 그리스도를 미처 알지 못하고 그를 통해 구원받지 못한 사람들의 영혼이 잠시 머무는 림보(*limbo*)에 있는 사람들로서 그리스도와 로마 현자 및 고대의 영웅들과 대등한 사람들로 간주했다.[33] 실제로 16세기의 일부 재침례교도(Anabaptists)는 유대교, 기독교, 이슬람을 세 개의 언약을 가진 영적 셈족(Semites)의 '종파를 초월한 교회'(interfaith church)라고 불렀다.

1492년은 유럽 기독교가 타종교 전통을 이해하는 방식에 있어서 분수령이 되었다. 콜럼버스(Columbus)의 신대륙 발견은 유럽인들에게 세계가 실제로 얼마나 광대하고 다양한지를 보여 주었다. 신세계 사람들의 엄청난 숫자와 다양성은 유럽인, 기독교 그리고 세계에 대한 오랜 편견에 의문을 제기했다. 이 의문 중에는 미국, 아프리카 그리고 태평양 제도 원주민의 지위에 관한 것도 있었다.

이 신세계의 생물체들도 인간인가?
이들에게 구원받아야 할 영혼이 있는가?
그들을 노예로 삼거나 죽여도 되는가?

이 의문들은 지리학뿐만 아니라 사회학, 경제학, 정치학 그리고 신학에 관한 심오한 질문을 제기하는 것이었다.

---

32 Thomas Aquinas, *Summa theologiae II*, Q.2.A.7; III, Q.68.A.2.
33 Dante, Inferno, Canto IV.

1537년에 교황 바오로 3세는 노예제를 금지한 교황 칙령(*Sublimis Deus*)에서 "원주민(The Indians)도 인간이다"라고 선언했다.

만약 그렇다면, 그리스도인들은 그들을 어떻게 대해야 하는가?

그 대답은 "원주민은 이교도이고 야만인들이다"라는 것이었다. 그들은 기독교 이단 분파도 아니고 기독교 진리를 거부한 무슬림들도 아니었다. 그들은 단지 예수 그리스도의 복음을 들을 기회가 전혀 주어지지 않았던 사람들일 뿐이었다.[34] 1492년 이전에는 대부분의 세계가 이미 교회의 가르침에 노출되어 있었기 때문에 이단자, 유대인 그리고 무슬림과 같이 교회 밖에 남아 있던 사람들은 의도적으로 그들의 신념에 따라 행동했으며, 그 가운데 일부는 불신앙에 대한 죄책감을 느끼고 있었다는 인식이 보편화되어 있었다. 그러나 지금은 많은 사람이 아직 교회에 대해 들어보지 못한 것이 분명해졌다.

자크 뒤퓌(Jacques Dupuis)는 "콜럼버스의 신대륙 발견은 신학자들에게 구원이 필요한 모든 경우에 대해 재검토해야 할 필요성을 제기했다. 예수 그리스도를 믿는 신앙과 교회에 속하는 것이 구원의 절대 조건이라는 주장을 더 이상 유지할 수 없게 되었다"라고 주장했다.[35]

탐험가, 상인 그리고 선교사들의 경험담은 전 세계 사람들의 문화와 종교에 관한 관심을 불러일으켰다. 그 가운데 베르나르 피카르(Bernard Picart)와 장 프레데릭 베르나르(Jean Frederick Bernard)가 1723년부터 1737년까지 3천 쪽이 넘는 분량을 일곱 권으로 나누어 펴낸 『세계 종교의 의식과 관습』(*Cérémonies et coutumes religieuses de tous les peuples du monde*)은 가장 주목할 만한 작품이다. 이 책은 1700년대 초기 유럽인들의 종교에 대한 광범위한 조사를 통

---

[34] Paul Hiebert, "Critical Issues in the Social Sciences and Their Implications for Mission Studies," *Missiology* 24, no. 1 (1996): 67.

[35] Jacques Dupuis, *Toward a Christian Theology of Religious Pluralism* (Maryknoll, NY: Orbis, 1997), 110–111.

해 "종교적 신념에 대한 유럽인의 태도에 중요한 전환점을 맞이하게 했다. 종교는 공정하게 비교해야 하며, 따라서 모든 종교가 존중과 비판을 받을 가치가 있다"라는 급진적인 사상을 갖게 해 주었다.[36]

17세기와 18세기의 많은 기독교 신학자가 종교적 타자에 대한 질문을 제기했다. 예를 들어, 네덜란드의 법학자이자 신학자인 휴고 그로티우스(Hugo Grotius, 1583-1645)는 이슬람을 비롯한 타종교 신자들을 대상으로 사역하는 사람들을 위해 기독교 진리의 증거를 위한 훈련 교재인 『기독교의 진리에 대하여』(On the Truth of the Christian Religion, 1627)를 저술했다. 타문화와 타종교와의 접촉의 증가는 16세기와 17세기에 널리 퍼진 회의론이 확산하는 원인이었다.[37]

더 나아가, 종교적 다양성과 불일치에 대한 인식의 증가는 기독교의 고유한 진리에 대한 신뢰를 약화시키는 결과를 초래했다. 종교개혁 이후 유럽을 괴롭혔던 종교적 갈등으로 고통스러워하던 쉐버리의 허버트 경(Lord Herbert of Cherbury)은 종교적 진리에 대한 명확한 기준을 확립해야 할 필요성을 제기했다. 그는 "비참한 폭력에 시달리는 대중은 신학과 철학에 대한 의심에서 벗어날 수 있는 보편적인 동의에 기반을 둔 부동의 진리가 확립되지 않는 한 피난처가 없다"라고 주장했다.[38] 허버트 경은 종교에서 다음과 같은 다섯 가지의 공통된 개념이 보편적 동의 때문에 확립될 수 있다고 제안했다.

---

36 Lynn Hunt, Margaret C. Jacob, and Wijnand Mijnhardt, *The Book That Changed Europe: Picart and Bernard's "Religious Ceremonies of the World"* (Cambridge, MA: Harvard University Press, 2010), 1.

37 Richard Popkin, *The History of Skepticism from Erasmus to Spinoza* (Berkeley, CA: University of California Press, 1979); Franklin L. Baumer, *Religion and the Rise of Skepticism* (New York: Harcourt Brace, 1960), 96–111; *Atheism from the Reformation to the Enlightenment*, edited by Michael Hunter and David Wooten (Oxford: Clarendon Press, 1992).

38 Lord Herbert of Cherbury, *On Truth in Distinction from Revelation, Probability, Possibility, and Error*, 3rd ed., translated by Meyrick H. Carre (Bristol, UK: University of Bristol Press, 1937), 117–118.

(1) 하나님이 존재한다.
(2) 하나님을 경배해야 한다.
(3) 경건과 선행이 모든 종교적 실천의 핵심이다.
(4) 불의와 악행은 오직 회개를 통해 용서받을 수 있다.
(5) 내세에는 보상이나 형벌이 있다.[39]

허버트 경의 보편적 기준에서 도덕적으로 수용 가능한 모든 종교를 동일한 궁극적 절대자에 도달하는 대안적 접근으로 보는 유신론적 다원주의의 초기 형태를 볼 수 있다. 다른 사람들은 종교적 다양성으로 인해 발생하는 회의적 도전에 맞서 기독교의 진리를 옹호하는데 더 많은 관심을 가졌다.

만약 기독교가 유일한 진리라면, 왜 그토록 다양한 종교적 전통이 존재하는가?

종교적 충돌이 만연해 있는 상황 속에서 기독교 진리의 정통성을 주장하는 것이 합리적인가?

위대한 화학자이며 철학자인 로버트 보일(Robert Boyle, 1627-1691)은 이 문제에 대해 매우 신중하게 접근했다. 보일은 종교적 다양성이 제기하는 도전에 대해 설득력 있는 견해를 제시했다.

> 다시 말해서, 우리가 세상에 얼마나 많은 나라가 있는지 살펴본다면, 그 안에 수많은 사람이 기독교, 유대교, 이슬람 그리고 이교도 등의 네 개의 큰 종파에 속해 있으며, 각각은 여러 분파로 세분되어 있다는 것을 알 수 있을 것이다. 그리고 각 사람이 종교적 진리를 갈망하고 있다는 사실을 고려한다면, 신중하고 사려 깊은 사람은 그처럼 다양한 견해와 첨예하게 대

---

39 위의 책, 58-60.

립하는 분파에 속해 있는 타종교의 덕망이 있는 사람들이 유일하고 참된 진리의 종교를 받아들일 가능성이 전혀 없다고 단정하지 않을 것이다. 특히 대다수의 타종교 신자가 자신의 종교가 진리이며 그들의 종교가 유일한 참된 종교라고 믿고 있지만, 그 가운데는 어떤 종교도 전적으로 완벽하지는 않다고 생각하는 사람들도 있다.[40]

보일은 그의 생애 동안에 출판되지 않은 문헌에서 우리가 종교적 주장의 정당성을 평가할 수 있는 원칙이 실제로 있으며, 그리스도인은 타종교의 교리를 알고 있음에도 기독교 신앙이 진리라는 확신을 가질 수 있다고 주장하는 것으로 이 비판에 대응했다. 그는 기독교의 윤리적 가르침(교리 그 자체의 거룩성)과 기독교의 우월성을 보여 주는 성경적 기적의 증거를 제시했다. 보일의 주장은 놀랍도록 정교하며, 종교적 불일치를 인정하는 것이 곧 자신의 종교가 명백한 진리라는 인식론적 정당성을 제거하는 것을 의미하는지 아닌지와 같이 300년이 지난 후에도 여전히 격렬한 논쟁이 되는 문제를 다루었다.

조나단 에드워즈(Johathan Edwards, 1703-1758)는 18세기의 가장 뛰어난 종교신학자 가운데 한 사람일 것이다. 17세기의 지리학자들은 지구상의 6분의 1만이 복음을 들은 것으로 추정했기 때문에 당시 일부 칼빈주의자는 세계 인구의 6분의 5 이상이 지옥에 갇혀 있다고 믿었다. 허버트 경을 시작으로 이신론자들은 이와 같은 결과에 책임이 있는 기독교의 하나님이 괴물이라고 주장했다. 이 이신론자들은 신학적으로는 문제가 있지만, 도덕적으로 선한 이방인과 구원을 받았지만, 도덕적으로는 악한 그리스도인

---

40 Robert Boyle, "De diversitate Religionum (On the Diversity of Religions)," in *The Works of Robert Boyle*, edited by Michael Hunter and Edward B. Davis (London: Pickering and Chatto, 2000), vol. 14: 237-238.

사이의 구분을 대중화하는 데 성공했다.⁴¹

이신론자들이 예수회(Jesuit)가 쓴 동아시아의 '이교도'(heathens)에 대한 보고서를 이용해 하나님의 선하심과 의로우심을 비난하는 가운데, 에드워즈는 이교도의 종교에 대해 연구했다. 그는 그 당시에 접할 수 있었던 각종 여행 견문록, 사전, 종교백과사전 등을 탐독했다. 그가 '카탈로그'(Catalogue)라고 이름을 붙인 문헌에는 조지 세일(George Sale)의 꾸란 번역본, 중국에 대한 예수회 보고서, 중세 유대교 신비주의 전통인 카발라(Kabbalah)에 대한 분석, 비교신화론 그리고 무신론자인 피에르 베일(Peter Bayle)의 『역사-비평적 사전』(*Historical and Critical Dictionary*)에서부터 다니엘 디포(Daniel Defoe)의 『고대와 근대 종교 사전』(*Dictionary of All Religions Ancient and Modern*)에 이르기까지 방대한 자료가 포함되어 있다.

에드워즈는 이신론에 맞서 기독교의 신앙을 지키기 위해 세 가지 전략을 개발했다.

첫째, 그는 고대 신학(*prisca theologia*)을 사용해 헬라인들과 타종교 전통의 가르침에 참된 종교의 흔적이 있다는 것을 증명하고자 했다. 따라서 그는 세계 인구의 6분의 5가 복음의 기본 진리로부터 소외되지 않았다고 결론지었다.

둘째, 그는 자연, 역사 그리고 심지어 종교의 역사 속에서도 눈으로 볼 수 있고 귀로 들을 수 있는 곳이면 어디에서나 하나님이 끊임없이 신성한 진리를 전달하고 있음을 보여 주기 위해 정교한 분류 체계를 만들었다.

41　Gerald McDermott, *Jonathan Edwards Confronts the Gods: Christian Theology, Enlightenment Religion, and Non-Christian Faiths* (New York: Oxford University Press, 2000); Michael McClymond and Gerald McDermott, *The Theology of Jonathan Edwards* (New York: Oxford University Press, 2012), 580–598.

셋째, 에드워즈는 내면적인 '성품'(disposition)이 믿음의 정확성보다 영적 부흥의 더 나은 증거라고 말했다.

에드워즈는 이런 발전을 주로 자신이 선호하는 개혁주의 전임자인 프란시스 튜레틴(Francis Turretin, 1623-1687)과 페트루스 판 마스트리히트(Petrus van Mastricht, 1630-1706)가 허용한 것보다 이교도의 종교적 진리를 더 광범위하게 인정하는 데 사용했다.[42] 그는 개인적인 기록에서뿐만 아니라 공적 설교에서도 성령의 영감에 대해 언급했다. 『사랑과 그 열매』(Charity and Its Fruits)의 두 번째 설교에서 그는 노스햄턴(Northampton)교회에서 성령이 발람, 사울 왕 그리고 유다와 같은 악한 사람을 통해서도 말씀하셨다고 가르쳤다. 또한 『신학 묵상집』(Miscellanies)에서 그는 "소크라테스와 같은 이교도 철학자들과 플라톤은 어느 정도의 영감을 받았다"라고 기록했다.[43]

따라서 에드워즈는 하나님이 비기독교인, 심지어 사악한 비기독교인에게 허용하신 종교적 진리가 분명하게 존재한다고 인식했다. 그는 사악한 비기독교인들이 구원을 받았다고 믿지는 않았지만, 이교도들이 그리스도의 공로로 구원받을 가능성을 제기했다. 그러나 그는 리처드 백스터(Richard Baxter)나 존 웨슬리(John Wesley)와 같이 광범위한 희망적 용어로 말

---

42 Francis Turretin, *Institutio Theologiae Elencticae* (orig. ed. 1679–1685), handwritten translation by George Musgrave Giger at Princeton Theological Seminary, 1:9–16; Petrus van Mastricht, *Theoretica-practica theologia*, 2nd ed. (Utrecht, 1724), I.i.xxii–xxv. 물론 고대 신학(*prisca theologia*)에는 두 가지의 상반된 견해가 있다. 정통파는 20세기까지 전통을 지지하기 위해 그것을 사용했지만, 같은 시대에 이신론자들과 추종자들은 예수 이야기를 고대 근동 출산 신화들 중의 하나라고 해석하기 위해 고대 신학을 사용했다. Michael J. McClymond, *Familiar Stranger: An Introduction to Jesus of Nazareth* (Grand Rapids, MI: Eerdmans, 2004), 23–24, 162–163 nn. 66–68.

43 Jonathan Edwards, "Ethical Writings", vol. 8 of *The Works of Jonathan Edwards* (New Haven, CT: Yale University Press, 1989), 157, 159–160, 162; Edwards, The "Miscellanies" 1153–1360, vol. 23 of *The Works of Jonathan Edwards*, 84–85.

한 것은 아니었다.[44]

6. 현대 선교와 타종교

일반적으로 윌리엄 캐리(William Carey, 1761-1834)가 『이교도 선교 방법론: 이교도 개종 방법을 모색하는 그리스도인의 책임에 관한 연구』(*An Enquiry into the Obligation of Christians to Use Means for the Conversion of the Heathens*)를 펴낸 1792년을 기점으로 현대 선교 운동에서 종교적 다양성에 관한 서로 다른 반응들을 찾아볼 수 있다.

캐리는 1793년에 인도로 떠났고, 그곳에서 40년 동안 활발하게 선교사로 봉사했다. 캐리의 사례에서 영감을 받아 19세기 초에 유럽과 미국의 수많은 개신교 선교사가 예수 그리스도를 통한 구원의 메시지를 아시아와 아프리카에 전파함에 따라 많은 선교 단체가 설립되었다. 선교사들은 새로운 세계의 사람들이 죄악으로 잃어버린 바 되었고, 구원을 위해 예수 그리스도의 복음을 받아들여야 한다는 확신으로 가득 차 있었다.[45]

---

[44] 리처드 백스터(Richard Baxter)는 "성육신하신 그리스도"에 관한 지식이 없는 사람도 구원받을 수 있다고 단도직입적으로 주장했다. *The Reasons of the Christian Religion* (London, 1667), 201-202. 그리고 존 웨슬리(John Wesley)는 이교도들은 주어진 빛에 따라 살아야 한다고 말했다. Sermon LXVIII, "The General Spread of the Gospel," in *The Works of the Rev. John Wesley*, A.M., 14 vols. (London, 1837), 9:234. David Pailin, *Attitudes to Other Religions: Comparative Religion in Seventeenth and Eighteenth Century Britain* (Manchester, UK: Manchester University Press, 1984), 48.

[45] 기독교 신앙의 유일성과 배타성을 전파하던 바로 그 선교사들 가운데 일부는 인도와 중국의 주요 종교 경전을 번역하고, 힌두교, 불교, 이슬람 및 중국 종교에 대한 학술적 분석과 종교 언어 연구를 위한 사전을 편찬했다. Eric Sharpe, Comparative Religion: A History (LaSalle, IL: Open Court, 1986), 44-45. 종교다원주의자들과 정통 기독교 신앙을 비판하던 사람들이 타종교를 이해하기 위해 처음에는 복음적인 선교사들의 연구에 의존했다는 사실은 매우 놀라운 역설이 아닐 수 없다.

유럽과 북아메리카의 그리스도인들이 복음을 들어 본 적이 없는 수많은 사람에 대해 점점 더 많이 알게 되면서 수천 명의 선교사가 선교 현장에 그들의 삶을 바쳤다. 물론 선교의 동기는 다양했다. 그 시대의 선교사들은 오늘날의 그리스도인들과 마찬가지로 그 당시의 시대적 산물이었다. 데이비드 보쉬(David Boshch)는 선교사들의 선교 동기에 대해 다음과 같이 평가했다.

> 대다수 선교사의 주된 동기는 다른 사람들에 대한 진정한 관심에서 비롯되었다. 선교사들은 하나님의 사랑으로 그들을 위해 죽으신 분을 위해 기꺼이 자신을 희생했다.[46]

1920년대와 1930년대의 근본주의-현대주의 논쟁이 벌어지기 전까지 19세기의 많은 개신교 선교사에게는 기본적인 신학 문제에 대한 합의가 있었다.[47] 제임스 패터슨(James Patterson)은 이 논란이 있기 전에 대다수 개신교 선교사에 대해 다음과 같이 말한 바 있다.

> 해외 선교의 궁극적 목표는 모든 사람에게 예수 그리스도를 전해 그분을 구세주와 주님으로 받아들이고 제자가 되도록 설득하는 것이라는 1920년 미국 장로교해외선교회(the Board of Foreign Missions of the Presbyterian Church)의

---

46 David Bosch, Transforming Mission: Paradigm Shifts in Theology of Mission (Maryknoll, NY: Orbis, 1991), 287

47 19세기 말과 20세기 초의 성경의 권위, 동정녀 탄생, 생물학적 진화, 사회복음, 예수 그리스도의 신성 등과 같은 문제에 대한 신학적 논쟁이 기독교 교파와 신학교를 보수주의와 자유주의로 나누었다. 보수주의의 정통 신학을 옹호하는 사람들은 신학적 자유주의의 표류에 대응하기 위해 『근본주의』(The Fundamentals, 1909-1915)를 출간했다. 교회, 교단, 신학교에서 이 두 진영 사이의 갈등이 '근본주의-현대주의' 논쟁으로 알려 졌다.

사명 선언문을 받아들였다.⁴⁸

대다수 선교사는 타종교의 교리와 관습에 대해 부정적인 관점을 갖고 있었다. 구원은 타종교 전통이 아닌 오직 예수 그리스도에 대한 믿음을 통해서만 가능하다고 주장했다. 타종교 신자들이 그들의 종교에 어떤 의미를 부여하든지 상관없이, 타종교는 구출되어야 할 죄의 노예인 '이교도' 영혼의 사회-문화적 모체일 뿐이었다. 모든 사람이 동의하는 것은 아니지만, 전도자 D. L. 무디(D. L. Moody, 1839-1899)는 말했다.

> 나는 이 세상을 난파선으로 본다. 하나님은 나에게 구명정을 주셨고, "무디야, 할 수 있는 한 많은 사람을 구하라"라고 말씀하셨다.⁴⁹

그는 예수 그리스도를 모든 문화권의 모든 민족을 위한 유일한 주님이자 구세주로 믿었을 뿐만 아니라 기독교를 모든 인류를 위한 유일한 참된 종교로 간주했다. 19세기의 많은 개신교 선교사의 타종교에 대한 태도는 1896년에 미국선교위원회(American Board of Commissioners for Foreign Missions)의 위원이었던 저드슨 스미스(Judson Smith)가 "기독교가 대체하지 못할 어떤 타종교도 없고, 대체하지 못할 운명에 처한 믿음도 없다. 이 세상을 이슬람, 불교 혹은 다른 종교들과 공유할 수 없다. 동양과 서양에서 1세기부터 20세기에 이르기까지 그리고 인류가 존재하는 한 기독교는 인간을 위한 유일한 참된 종교이다"라는 주장에 잘 반영되어 있다.⁵⁰ 그리고 많은

48　James Alan Patterson, "The Loss of a Protestant Missionary Consensus: Foreign Missions and the Fundamentalist-Modernist Conflict," in *Earthen Vessels: American Evangelicals and Foreign Missions,* 1880-1980, edited by Joel A. Carpenter and Wilbur R. Shenk (Grand Rapids, MI: Eerdmans, 1990), 74.

49　D. L. Moody, "The Second Coming of Christ," in *The Best of D. L. Moody: Sixteen Sermons by the Great Evangelist,* edited by Wilbur M. Smith (Chicago: Moody, 1971), 194.

50　Judson Smith, "Foreign Missions in Light of Fact," *North American Review* (January 1896):

사람이 유럽 혹은 미국의 경험적 기독교와 예수 그리스도의 복음을 거의 구분하지 않았다.

그러나 20세기 초에 영향력 있는 개신교 선교사들과 선교학자들이 타종교에 관해 연구하기 시작했고, 그 가운데 일부는 타종교 전통에 대해 더욱 긍정적인 견해를 보이기도 했다.51 이와 같은 현상은 어느 정도 유럽과 미국에서 일어난 광범위한 신학적 변화의 산물이었다. 성경에 대한 고등비평적 접근의 영향이 커졌고, 신학적 자유주의는 성경의 권위와 예수 그리스도에 대한 전통적 관점에 대한 확신을 약화했다.

또한, 종교에 관계없이 모든 사람이 구원받을 것이라는 구원론적 보편주의에 대한 인식이 확대되기 시작했다. 그리고 인도, 중국, 일본 등의 전통문화 유산에 관한 관심이 커지면서, 그들의 종교에 대한 개방성도 높아졌다. 보수적인 신앙을 가진 선교사들도 구세주와 주님이신 예수 그리스도에 대한 헌신이 확고하다고 해서 반드시 '어둠의 영역'에 불과한 타종교를 완전히 거부하는 것이 아니라 타종교의 진리, 선함 그리고 아름다움을 존중할 수 있다는 확신을 하게 되었다.

타종교에 대한 긍정적인 관점은 당시에 많은 주목을 받았었고 논쟁의 여지가 있던 선교사들 가운데 한 사람이었던 존 니콜 파커(John Nicol Farquhar, 1861-1929)의 저술에서 잘 나타난다. 영국 애버딘(Aberdeen)에서 태어나 옥스퍼드(Oxford)에서 교육을 받은 파커는 1891년에 런던선교회(London Missionary Society) 소속의 선교사로 인도에 파견되었다. 그는 인도 YMCA와의 협력하에 캘커타(Calcutta)의 한 대학에서 강의, 전도 그리고 저술 등 다양한 활동에 참여했다.

25, as quoted in Robert E. Speer, *The Finality of Jesus Christ* (New York: Revell, 1933), 161–162.

51   Kenneth Cracknell, Justice, *Courtesy, and Love: Theologians and Missionaries Encountering World Religions*, 1846-1914 (London: Epworth, 1995); Timothy Yates, *Christian Mission in the Twentieth Century* (New York: Cambridge University Press, 1994).

그는 건강상의 이유로 1923년에 본국으로 돌아가 맨체스터대학교에서 비교 종교학 교수로 재직했다. 파커의 관점은 힌두교에 대해 긍정적인 평가를 요청하는 『힌두교의 왕관』(*The Crown of Hinduism*, 1913)으로 잘 알려져 있다.[52] 파커는 20세기 후반에 펼쳐진 세계화(전 세계의 상호 연결성 증가)의 개념에 대해 잘 이해하고 있었다. 그는 "우리는 새로운 시대를 맞이했다. 마침내 세계의 모든 영역에서 서로 소통하게 되었다. 우리는 아침 식탁에서 모든 나라의 뉴스를 접할 수 있다"라고 말했다.[53]

또한, 파커는 "기독교 선교사들이 인도 문화와 종교에 대해 더욱 긍정적인 태도를 보여야 하고, 기독교의 복음으로 힌두교 전통을 대체하기보다는 힌두교의 불완전한 것을 완성하는 결과를 가져와야 한다"라고 주장했다.[54] 더 나아가, 예수 그리스도를 타종교의 숭고한 갈망을 성취한 분으로 이해해야 한다고 말했다.

> 힌두교에서 찾아볼 수 있는 불결하고 저질스럽고 무가치해 보이는 관습들의 진정한 동기는 무지한 자, 병든 자 그리고 죄인을 위한 사역을 통해 충만하게 성취한 그리스도 안에서 찾아볼 수 있다. 그리스도의 밝은 빛이 힌두교를 빛나게 하고 있다. 그는 인도 신앙의 왕관이다.[55]

파커는 당시의 지배적인 사상에서 영향을 받았다. 당시에는 종교가 정령 숭배적 '하등 종교'에서 유일신을 믿는 '고등 종교'로 진화해 기독교에서 절정을 이룬 것으로 보았다. 따라서 그는 힌두교를 거짓 종교로 간주하

---

52 J. N. Farquhar, *The Crown of Hinduism* (1913; reprint New Delhi: Oriental Books Reprint Corp., 1971).
53 위의 책, 11.
54 Eric J. Sharpe, *Not to Destroy but to Fulfill: The Contribution of J. N. Farquhar to Protestant Missionary Thought in India before 1914* (Uppsala, Sweden: Gleerup, 1965), 330.
55 Farquhar, *The Crown of Hinduism*, 458.

지 않고, 기독교를 통해 완성될 불완전한 종교로 보았다. 비록 그가 힌두교에 대한 긍정적인 입장을 취했지만, 오늘날 우리가 말하는 다원주의자는 아니었다. 그는 힌두교를 기독교와 동등한 종교 혹은 참된 종교라고 생각하지 않았다. 그는 하나님이 오직 예수 그리스도를 통해서만 자신을 계시하셨고, 문화와 종교와 관계없이 인간의 참된 구원은 오직 그리스도 안에 있다고 믿었다.

그러므로 전도는 선교사의 필수적인 활동이었다. 1905년 5월에 개최된 콜카타선교대회에서 파커는 "우리의 임무는 복음을 전파하고 영혼을 주님께 인도하는 것이다 이 위대한 결과를 가져올 수 있게 하려고 우리의 모든 활동은 이 일에 집중되어야 한다"라고 주장했다.[56] 더 나아가, 그는 힌두교의 믿음과 관습에는 거짓이거나 악한 것이 많기 때문에 거부해야 한다고 주장했다. 따라서 그리스도를 힌두교의 성취로 인식하는 것이 힌두교의 믿음과 관습을 있는 그대로 받아들이는 것은 아니라는 것이다.

기독교는 힌두교 자체에서 발생하는 질문과 힌두교가 제기하지 못한 질문에 대한 완전한 답을 제공한다는 의미에서 힌두교를 성취한다는 것이다. 오직 예수 그리스도의 복음을 통해서만 인도가 현대 세계에서 자기 자리를 찾기 위한 갈등 가운데 직면해 있는 많은 문제를 해결할 수 있기 때문이다.

비록 파커의 관점이 논란의 여지가 있지만, 다양한 형태의 성취 모델이 20세기 종교신학의 핵심 주제가 되었다. 기독교 신앙과 타종교에 대한 질문은 에딘버러(1910), 예루살렘(1928) 그리고 인도 탐바람(1938)에서 개최된 첫 세 번의 선교 대회에서 핵심 논제로 다루어졌다. 성취 모델은 1910년 이전부터 이미 많은 선교사가 기독교 복음과 타종교 사이의 연속성을

---

56   J. N. Farquhar, "Missionary Study of Hinduism," as quoted in Eric Sharpe, "J. N. Farquhar," in *Mission Legacies: Biographical Studies of Leaders of the Modern Missionary Movement*, edited by Gerald H. Anderson et al. (Maryknoll, NY: Orbis, 1994), 293.

인정함에 따라 영향을 미치고 있었다.57

1910년에 개최된 에딘버러대회에서는 전도의 필요성을 일반적으로 받아들였지만, 그 이전과 다른 점은 타종교 신자들에게 복음을 전할 때 더 큰 문화적 민감성과 복음과 타종교 사이의 연속성을 발견하는 데 있어서 더 큰 개방성이 요구된다는 것이었다.

그러나 1928년에 개최된 예루살렘대회 당시에는 전도의 사명과 회심의 필요성을 인정하는 사람들과 거부하는 사람들 사이에 분열이 있었다. 선교의 본질에 대한 관점의 변화는 신학적 자유주의의 영향력이 커짐에 따라 더 심층적인 신학적 변화의 영향을 받았다. 보수적인 선교 지도자들은 이와 같은 신학적 타협에 대해 경각심을 갖게 되었다. 티모시 예이츠(Timothy Yates)는 "기독교와 타종교의 관계를 다루는 과정에서 혼합주의로의 뚜렷한 변화가 있었고, 선교 운동이 '사회복음'(social gospel)으로 변질된 후 북미에서 널리 채택되었다"라고 주장했다.58

예루살렘대회 이후 10년은 타종교의 문제에 대한 선교학적 관심이 증가한 시기였다. 이 시기가 논란이 많았던 아시아 기독교 선교 현황에 관한 일곱 권으로 구성된 '평신도해외선교조사보고서'(Laymen's Foreign Missions Inquiry)를 제출한 때였다. 침례교 평신도인 존 D. 록펠러(John D. Rockefeller)가 기금을 지원하고, 북미의 8개 선교위원회가 후원하고, 하버드대학교의 철학 교수이자 평신도 회중주의자인 윌리엄 어니스트 호킹(William Ernest Hocking)이 이끄는 15명의 진상조사단이 미얀마, 인도, 일본 그리고 중국을 방문했다. 그들은 이 조사를 통해 발견한 내용을 1932년에 『선교에 대한 재고』(Re-thinking

---

57 Cracknell, *Justice, Courtesy, and Love*, 221.
58 Yates, *Christian Mission*, 65. 예이츠가 언급한 사회복음 운동은 19세기 말과 20세기 초 미국의 새로운 도시 및 산업 문제에 대한 성경적 윤리 원칙과 관련된 하나의 관점이었다. 당시 복음주의자들은 사회 개혁에 적극적이었지만, 사회복음이라는 용어는 일반적으로 기독교 신앙을 도덕적 원칙과 사회 개혁으로 축소하는 경향을 보였던 자유주의 신학의 흐름과 관련이 있었다.

Missions: A Laymen's Inquiry After One Hundred Years)라는 제목으로 출판했다.[59]

이 보고서는 아시아 기독교 선교에 대한 많은 귀중한 정보를 담고 있었고, 당시의 선교 방식과 관련된 문제를 확인했지만, 기독교 선교의 본질과 목적을 재해석했기 때문에 엄청난 논란에 휩싸였다. 선교의 전통적 신학 관념에 의문을 제기했기 때문이다. 이 보고서는 당시의 신학적 분위기를 반영해, "타종교의 신실한 신자들 가운데 자신이 저주받을 것이라고 믿는 사람은 거의 없다. 또한, 그들이 추구하는 절대 선(supreme good)을 잃어버릴 위험보다 영원한 형벌로부터 구원받아야 할 필요에 대해 더 걱정하는 사람도 거의 없다"라고 언급했다.[60]

이 보고서에 따르면, 조사 대상 지역의 신학적 신념의 변화, 세속주의와 민족주의의 새로운 도전 그리고 저개발국가의 많은 육체적, 사회적 필요는 기독교 선교에 대한 새로운 접근을 요구하고 있었다. 전도는 더 이상 타종교에서 기독교 신앙으로 개종하려는 목적으로 예수 그리스도의 복음을 전하는 것으로 이해하지 않아야 한다는 것이다. 오히려 "그리스도의 정신으로 사람들의 세속적 필요를 채워 주는 것이 전도다"라고 주장했다.[61]

이 보고서는 "모든 종교 속에서 의를 추구하는 세력과 선교사 자신을 동역자로 여기는 '새로운 종류의 선교사'를 요청하고 있다. 선교사는 타종교의 파괴가 아닌 기독교와의 지속적인 공존을 모색해야 한다. 서로가 궁극적 목표인 완전한 종교적 진리 안에서의 연합을 위한 성장을 자극할 수 있을 것이다"라고 진술했다.[62]

---

59 William E. Hocking, ed., *Re-thinking Missions: A Laymen's Inquiry after One Hundred Years* (New York: Harper, 1932). William R. Hutchison, *Errand to the World: American Protestant Thought and Foreign Missions* (Chicago: University of Chicago Press, 1987), 158-175; Yates, *Christian Mission*, 70-93.
60 Hocking, *Re-thinking Missions*, 19.
61 위의 책, 68.
62 위의 책, 40, 44.

이 보고서는 자유주의 진영에서 열광적으로 받아들여졌지만, 상대주의적 경향과 신학적 표류로 인해 주류 선교 지도자의 강한 비판을 받았다. 스코틀랜드 선교사이자 프린스턴신학교 학장인 존 맥케이(John Mackay)는 "최첨단이기는커녕 이미 시대에 뒤떨어진 관점, 즉 '19세기 낭만주의의 저녁노을'에 불과한 보고서일 뿐이다"라고 일축했다.[63]

장로교 선교지도자이자 에큐메니컬 지도자인 로버트 스피어(Robert Speer)는 이 보고서가 단순한 선교에 대한 발상의 전환이 아닌 그 이상의 의미가 있다고 말했다. 그는 이 보고서가 예수를 티모시 예이츠(Timothy Yates)가 말한 '최고의 종교 교사이자 하나님과 연합해 살았던 삶의 모범'에 불과하다고 생각하는 대안적 기독론을 옹호하는 것이라고 비판했다.[64]

이 보고서가 출판된 해에 스피어는 프린스턴신학교에서 그 시대의 다원주의적 입장에 대한 직접적인 대응의 차원에서 '예수 그리스도의 최종성'(The Finality of Jesus Christ)을 주제로 한 강연을 통해 예수 그리스도에 대한 전통적 관점과 타종교 신자들에 대한 전도의 중요성을 재확인했다.[65]

성취신학의 인기와 『선교에 대한 재고』로 인해 제기된 문제는 1938년 인도 탐바람(Tambaram)에서 개최된 국제선교회의의 주요 논제가 되었다.

예수 그리스도를 통해 나타난 하나님의 계시는 타종교 신앙과 연속성이 있는가?
타종교 전통에서의 하나님의 임재와 활동을 어느 정도까지 인정할 수 있는가?

---

63   Gerald H. Anderson, "American Protestants in Pursuit of Mission: 1886– 1986," *International Bulletin of Missionary Research* 12 (July 1988): 107.
64   Yates, *Christian Mission*, 91.
65   Robert E. Speer, *The Finality of Jesus Christ* (New York: Fleming H. Revell, 1933)

회심을 목적으로 예수 그리스도의 복음을 선포하는 것이 기독교 선교의 목표인가?
아니면, 사람들의 신체적 혹은 사회적 필요를 채워 주는 것을 목표로 해야 하는가?

네덜란드 학자이자 자바(Java) 선교사였던 헨드릭 크래머(Hendrik Kraemer, 1888-1965)는 타종교에 대한 기독교 선교의 불확실성이 증가하고 있는 상황에 대응할 수 있는 자료를 준비해 달라는 요청을 받았다. 크래머는 불과 7주 만에 예수 그리스도와 복음의 유일성을 주장하는 450페이지 분량의 방대한 『기독교 선교와 타종교』(*The Christian Message in an Non-Christian World*, CLC 刊)라는 자료집을 발간했다.

당시의 상대주의적 추세에 맞서, 크래머는 "하나님을 증거하고 그리스도를 통한 구원과 구속의 권능에 대한 사도적 절박성이 있을 때 비로소 그리스도인과 선교사라고 불릴 수 있다"라고 단언했다.[66] 크래머에게 있어서 기독교는 유일한 '계시의 종교'이며, 하나님의 계시와 그리스도를 통한 구원의 '성경적 실재론'(biblical realism)과 타종교 사이의 절대적 불연속성을 강조했다.[67]

크래머가 나중에 타종교에 대한 그의 관점에 있어서 미묘한 차이를 보였지만,[68] 탐바람대회에서의 그의 관심은 성취모델에 관한 관심의 증가와 예수 그리스도를 통한 하나님의 구원 활동과 타종교와의 연속성을 강조했던 그 당시의 시대적 추세에 대응하는 것이었다. 크래머는 그리스도 안에서의 하나님의 활동과 모든 타종교 전통 사이의 근본적 불연속성을 주장했다.

---

66 Hendrik Kraemer, *The Christian Message in a Non-Christian World* (New York: Harper, 1938), vi–vii.
67 위의 책, 61–141.
68 Hendrik Kraemer, *Religion and the Christian Faith* (London: Lutterworth, 1956); Kraemer, *World Cultures and World Religions* (London: Lutterworth, 1960).

그의 주장은 탐바람선교대회에서 매우 큰 영향력이 있었지만, 논쟁의 여지는 남아 있었다. 그는 C. F. 앤드루(C. F. Andrews), A. G. 호그(A. G. Hogg), 윌리엄 페이튼(William Paton), T. C. 차오(T. C. Chao) 그리고 타종교 속에서의 하나님의 임재에 대해 긍정적인 관점을 가진 사람들과 격렬한 논쟁을 벌였다.

7. 제2차 바티칸 공의회와 타종교

1960년대 초까지, 기독교 신학자들은 선교사들과 함께 종교적 다양성의 신학적 의미를 진지하게 받아들이고 있었다. 예를 들어, 1961년에 이슬람의 저명한 역사가이자 학자인 윌프레드 캔트웰 스미스(Wilfred Cantwell Smith)는 신학자와 성경학자들에게 다음과 같은 질문을 던졌다.

> 인간의 종교적 다양성을 신학적으로 어떻게 설명할 수 있는가?
> 이것은 신학적으로 악(evil)을 어떻게 설명하는지에 대한 설명만큼이나 심각한 문제다. 그러나 기독교 신학자들은 종교적 다원주의보다 악의 문제를 훨씬 더 중요한 것으로 생각해 왔다. 나는 지금부터 기독교 신앙에 대한 진지한 논의가 그 목적을 이루기 위해서는 타종교에 대한 신학을 포함해야 한다고 제안하고자 한다.
> 우리는 은하수(the Milky Way)의 존재를 창조론으로 설명하지만, 힌두교의 경전 가운데 하나인 '바가바드 기타'(*Bhagavad Gita*)가 그곳에 있다는 것은 어떻게 설명하고 있는가?[69]

---

69 Wilfred Cantwell Smith, "The Christian in a Religiously Plural World," in *Religious Diversity: Essays by Wilfred Cantwell Smith*, edited by Willard G. Oxtoby (New York: Harper & Row, 1976), 15-16.

스미스는 기독교 신학자들에게 종교신학을 연구할 것을 촉구했고, 종교 다원주의에 대한 주요 논쟁에 자신의 관점을 제시했다.[70]

마찬가지로, 개신교 신학자인 폴 틸리히(Paul Tillich)도 그의 생애가 끝날 무렵에 종교신학의 중요성을 인정했다. 이 주제에 대한 그의 관심은 1960년의 일본 여행에서 비롯되었다.[71] 틸리히가 1961년부터 2년 동안 컬럼비아대학교에서 강의한 자료를 『기독교와 세계 종교의 만남』(*Christianity and the Encounter of the World Religions*)이라는 제목으로 출간했다. 그는 마지막 공개 강연에서 기독교 신학이 타종교 연구에 있어서 새로운 접근 방식을 채택하도록 요청한 바 있다.[72] 1970년대와 80년대에 이르러 점점 더 많은 개신교와 로마가톨릭 신학자가 그의 요청을 받아들이고 있었다.

이 분야의 가장 영향력 있는 신학자들 가운데 일부는 로마가톨릭 학자였다. 이 주제에 대한 로마가톨릭의 접근 방식을 결정하는 가장 중요한 사건이 바로 제2차 바티칸 공의회(1962-1965)였다.[73] 우리는 여기서 제2차 바티칸 공의회를 중점적으로 다루겠지만, 20세기 후반에 이 공의회가 제정한 타종교에 대한 일반적인 접근 방식을 많은 개신교 교단과 신학자가 많은 수정과 보완을 거쳐 채택하기도 했다.[74]

---

70 Wilfred Cantwell Smith, *The Meaning and End of Religion* (New York: Macmillan, 1963); Smith, *The Faith of Other Men* (New York: New American Library, 1965); Smith, *Faith and Belief* (Princeton, NJ: Princeton University Press, 1979); Smith, *Towards a World Theology* (Maryknoll, NY: Orbis, 1981). Hick's Foreword to the 1978 edition of Smith, *The Meaning and End of Religion*, ix–xvii.

71 "Tillich Encounters Japan," edited by Robert W. Wood, *Japanese Religions* 2 (May 1961): 48–71.

72 Paul Tillich, *Christianity and the Encounter of the World Religions* (New York: Columbia University Press, 1963); Tillich, "The Significance of the History of Religions for Systematic Theology," in *The Future of Religions*, edited by Jerald C. Brauer (Chicago: University of Chicago Press, 1966), 80–94.

73 종교신학에 대한 제2차 바티칸회의 이후의 가톨릭의 관점에 대한 가장 자세한 진술은 *Catholic Engagement with World Religions: A Comprehensive Study*, edited by Karl J. Becker and Ilara Morali (Maryknoll, NY: Orbis, 2010)를 참고하라.

74 Kärkkäinen, *An Introduction*, 190–255.

교황 요한 23세는 20세기의 새로운 현실에 비추어 가톨릭교회를 갱신(aggiornamento)하기 위해 제2차 바티칸 공의회를 소집했다. 제2차 바티칸 공의회가 오늘날의 교회에 미친 영향은 아무리 강조해도 지나치지 않을 것이다. 그리고 이 공의회는 과거 어느 때보다 타종교에 관한 입장을 더 분명하게 정립했다. 제2차 바티칸 공의회 이전에는 교회 내에서 타종교 신자에 대해 더 포용적인 접근을 요구하는 목소리가 있었지만, 대체로 로마가톨릭의 관점은 1442년에 피렌체 공의회(Council of Florence)에서 공식 교리로 채택된 "교회밖에는 구원이 없다"(extra ecclesiam nulla salus)라는 공리가 일반적으로 받아들여졌다.

그러나 20세기 중반에 이르러 일부 저명한 가톨릭 사상가가 타종교 신자들에 대해 매우 긍정적인 관점을 취했다. 제2차 바티칸 공의회에 큰 영향을 준 예수회 신학자 칼 라너(Karl Rahner, 1904-1984)는 '익명의 그리스도인'(anonymous Christian)이라는 개념을 도입해, 자크 뒤퓌(Jacques Dupuis)가 말했듯이 타종교를 '그리스도의 신비가 숨겨져 있고 알려지지 않았지만, 실효성이 있는 존재'라고 표현했다.[75]

라너는 특정 조건하에서 타종교의 경건한 신자들이 자신의 종교 전통 안에서 하나님의 은혜를 경험하고 적절하게 반응할 수 있으므로 기독교 신자나 교회와의 직접적인 접촉이 없더라도 익명의 그리스도인으로 간주될 수 있다고 주장했다.[76] 이와 같은 라너의 접근 방식은 구원과 타종교 문제를 다루는 제2차 바티칸 공의회의 여러 문서에 반영되었다.[77]

75　Dupuis, *Toward a Christian Theology*, 143.
76　Karl Rahner, "Christianity and Non-Christian Religions" and "Anonymous Christian," in *Theological Investigations* (Baltimore: Helicon, 1966), 5:115-134, 6:390-398; Rahner, "Anonymous Christianity and the Missionary Task of the Church," in *Theological Investigations* (New York: Seabury, 1974), 12:161-178. Gavin D'Costa, *Theology and Religious Pluralism: The Challenge of Other Religions* (Oxford, UK: Blackwell, 1986).
77　제2차 바티칸 공의회에서는 타종교에 대한 다른 관점들도 제기되었다. 다른 관점에 대해서는 다음의 자료들을 참고하라. Paul F. Knitter, *Jesus and the Other Names* (Maryknoll,

타종교와 관련된 제2차 바티칸 공의회의 가장 중요한 두 개의 문서는 '비그리스도교와 교회의 관계에 대한 선언'(*Nostra Aetate*, 우리 시대)과 '교회의 선교 활동에 관한 교령'(*Ad Gentes*, 만민에게)이다. 다른 두 개의 문서인 '현대 세계의 교회에 관한 사목 헌장'(*Gaudium et Spes*, 기쁨과 희망)과 '교회에 관한 교의 헌장'(*Lumen Gentium*, 인류의 빛)도 중요하다. 제2차 바티칸 공의회는 성육신하신 영원한 말씀이며, 모든 인류를 위한 유일한 주님이시며 구세주이신 예수 그리스도의 독특한 인격과 사역에 대해 명백한 입장을 취했다.

'비그리스도교와 교회의 관계에 대한 선언'(*Nostra Aetate*)에 따르면, "그리스도께서는 길이요 진리요 생명이시며(요 14:6) 그분 안에서 모든 사람은 풍요로운 종교 생활을 한다. 하느님께서는 그리스도 안에서 모든 사람을 당신과 화해시키셨다"라고 표명했다.[78] 더 나아가, 구원을 위해 교회가 여전히 필요하다고 선언한다. '교회에 관한 교의 헌장'(*Lumen Gentium*)에서 "공의회는 성경과 성전에 의지해 이 순례하는 교회가 구원에 필요하다고 가르친다. 왜냐하면, 그리스도 한 분만이 중개자요 구원의 길이시며, 당신 몸인 교회 안에서 우리와 함께 계시기 때문이다"라고 명시했다.[79]

예수 그리스도는 모든 인류를 위한 유일한 구세주이시고 교회가 구원을 위해 필요하기 때문에 제2차 바티칸 공의회가 모든 사람에게 예수 그리스도의 복음을 선포하는 교회의 책임을 확증한 것은 놀라운 일이 아니다. 따

NY: Orbis, 1996), 125–164; Thomas F. Stransky, "The Church and Other Religions," *International Bulletin of Missionary Research* 9 (October 1985): 154–158; Mikka Ruokanen, *The Catholic Doctrine on Non-Christian Religions according to the Second Vatican Council* (Leiden: Brill, 1992); and Dupuis, *Toward a Christian Theology*, 130–179.

78 *Documents of Vatican II*, edited by A. P. Flannery (Grand Rapids, MI: Eerdmans, 1975), 739. '제2차 바티칸 공의회와 타종교' 항목에 인용된 바티칸 공의회 문헌의 번역은 'Good News 가톨릭 길라잡이'에 개제된 '바티칸 공의회 문헌'의 해당 부분을 인용한 것이다. (https://maria.catholic.or.kr/dictionary/doctrine/doctrine_list.asp?menu=concil. 역자 주)

79 위의 책, 365–366.

라서 '교회의 선교 활동에 관한 교령'(*Ad Gentes*)에서 "모든 신자는 살아 계시는 그리스도의 지체로서 세례를 통해 또 견진과 성체성사를 통해 그리스도께 합체되고 동화되었으므로, 그리스도의 충만한 경지에 될 수 있는 대로 빨리 도달하게 되도록 그 몸을 넓히고 자라게 하는 데 협력할 의무를 지니고 있다"라고 선교의 의무에 대해서도 강력하게 천명하고 있다.[80]

그러나 동시에 제2차 바티칸 공의회는 타종교 신자들에 대해 훨씬 더 긍정적인 태도를 취할 것을 요청하고, 그들의 구원 가능성을 인정하고 있다. '교회에 관한 교의 헌장'(*Lumen Gentium*)에는 "복음을 아직 받아들이지 않은 사람들도 여러 가지 이유로 하느님의 백성과 관련되어 있다"라고 선언한다. 교회나 그리스도의 복음과 명시적으로 접촉하지 않은 사람들도 구원받을 수 있다는 것이다.

> 자기 탓 없이 그리스도의 복음과 그분의 교회를 모르지만, 진실한 마음으로 하느님을 찾고 양심의 명령을 통해 알게 된 하느님의 뜻을 은총의 영향 아래에서 실천하려고 노력하는 사람은 영원한 구원을 얻을 수 있다. 또한, 하느님의 섭리는 자기 탓 없이 아직 하느님을 분명하게 알지 못하지만, 하느님의 은총으로 바른 생활을 하려고 노력하는 사람들에게는 구원에 필요한 도움을 거절하지 않으신다. 사실 그들이 지닌 좋은 것, 참된 것은 무엇이든지 다 교회는 복음의 준비로 여기며, 모든 사람이 마침내 생명을 얻도록 빛을 비추시는 분께서 주신 것으로 생각한다.[81]

뒤퓌는 교회 밖에서의 구원의 가능성에 관한 문제가 더 일찍부터 논의되어 왔지만, 제2차 바티칸 공의회를 통해 새로운 낙관론이 제기된 것으로 보았다. 그는 "하나님의 무한한 자비와 어떤 경우에도 그의 뜻에 맡겨

---

80 위의 책, 817, 821.
81 위의 책, 367-368.

질 '가능성'이 있다는 것은 이전의 교회 문서에도 신중한 표현으로 나타나 있었지만, 타종교 신자는 자신에게 알려진 방법으로 하나님의 인도를 받을 수 있으며, 하나님은 자신의 잘못이 없이 복음에 무지한 사람들을 그 믿음이 없이는 하나님을 기쁘게 할 수 없는 믿음으로 인도하실 수 있다고 공의회가 전례 없는 확신으로 가르치고 있다"라고 주장했다.[82]

여기서 두 가지의 질문을 구분해야 한다.

첫째, 타종교 신자가 복음에 명시적으로 응답하지 않고, 교회에 소속되지 않고도 구원받을 수 있는가?

둘째, 타종교 즉 비기독교의 제도, 신념 그리고 관습 등을 통해서 하나님의 구원의 은혜를 받을 수 있는가?

대다수 사람은 제2차 바티칸 공의회 문서가 첫째 질문에 긍정적으로 대답했다는 데 동의하지만, 둘째 질문에 대해서는 견해가 일치하지 않는다.[83] 이 공의회 문서가 비기독교 종교를 통해서도 구원받을 수 있다고 언급하지 않은 것은 주목할 만하다.

'비그리스도교와 교회의 관계에 대한 선언'(*Nostra Aetate*)은 "가톨릭교회는 이들 종교에서 발견되는 옳고 거룩한 것은 아무것도 배척하지 않는다. … 그러므로 교회는 지혜와 사랑으로 다른 종교의 신봉자들과 대화하고 협력하면서 그리스도교 신앙과 생활을 증언하는 한편, 다른 종교인들의 정신적 도덕적 자산과 사회 문화적 가치를 인정하고 보호하며 증진하도록 모든 자녀에게 권고한다"라는 선언을 통해 타종교의 특정한 요소에 대해

82　Dupuis, *Toward a Christian Theology*, 161.
83　Kärkkäinen, *An Introduction*, 114–118; Dupuis, *Toward a Christian Theology*, 180–201; Paul F. Knitter, *No Other Name?: A Critical Survey of Christian Attitudes toward the World Religions* (Maryknoll, NY: Orbis, 1985), 120–130.

긍정적인 입장을 취하고, 그리스도인들이 타종교 신자들과의 대화에 참여할 것을 촉구하고 있다.[84]

그러나 제2차 바티칸 공의회는 "교회는 그리스도를 선포하며 또 끊임없이 선포해야 한다 그리스도께서는 "길이요 진리요 생명이시며"(요 14:6) 그분 안에서 모든 사람은 풍요로운 종교 생활을 한다 하느님께서는 그리스도 안에서 모든 사람을 당신과 화해시키셨다"라는 선언으로 예수 그리스도는 다른 어떤 종교 지도자와도 비교할 수 없는 분이라는 의미에서 타종교에 대한 기독교 신앙의 우월성을 명확하게 드러냈다.[85]

제2차 바티칸 공의회 이후 수십 년 동안 많은 로마가톨릭 신학자가 이 공의회가 제시한 새로운 접근 방식을 바탕으로 종교 간의 대화와 종교 신학의 발전에 참여해 왔다. 일부 신학적 모델은 이 공의회가 설정한 범위 내에 남아 있었지만, 다른 모델들은 그 경계를 벗어나기도 했다. 일부 교회 지도자들은 다원주의적 관점과 종교 간의 대화가 선교와 복음화에 대한 전통적인 믿음을 대체하고 있다는 사실을 인식하고 충격을 받기도 했다.

1975년에 교황 바오로 6세는 복음화의 본질과 중요성에 대한 권고를 담은 '현대의 복음 선교'(*Evangelii Nuntiandi*)를 공표한 바 있다. 스티븐 베반스(Stephen Bevans)와 로저 슈뢰더(Roger Schroeder)에 따르면, 이 권고는 '가톨릭 선교 운동의 재탄생 서막을 알리는 표지'였다.[86] 1990년에 요한 바오로 2세는 제2차 바티칸 공의회 25주년을 기념해 '교회의 선교 사명'(*Redemptoris Missio*)이라는 회칙을 발표했다. 이 회칙은 예수 그리스도의 복음을 아직 듣지 못한 사람들에게 선포하고, 아직 교회가 존재하지 않는 곳에 교회를

84　*Documents of Vatican II*, 739.
85　위의 책
86　Stephen B. Bevans and Roger P. Schroeder, *Constants in Context: A Theology of Mission for Today* (Maryknoll, NY: Orbis, 2004), 253.

세우는 데 중점을 둔 선교를 시행할 것을 요청하고 있다.

베반스와 슈뢰더는 "이 회칙이 그리스도 중심적이고 교회를 강조하는 것은 현재 그리스도의 중심성, 교회를 통한 구원의 역사 그리고 선교의 중요성을 경시하는 시대적 풍토에 맞서기 위한 것이었다"라고 평가했다.[87]

그러나 바티칸은 이 회칙이 선교에 있어서 복음 선포가 중심에 있어야 하지만 종교 간의 대화와 병존할 수 없는 것으로 해석하지 않아야 한다고 확언했다. 교황청 종교 간 대화 평의회(The Pontifical Council for Interreligious Dialogue)와 인류복음화성(Congregation for the Evangelization of Peoples)은 1991년에 공동으로 『대화와 선포』(Dialogue and Proclamation)를 출판했다.

그들은 이 문서에서 "대화와 선포가 복음화를 위한 교회의 선교의 중요한 구성 요소들이다. 이 둘은 모두 구원의 진리 전파를 지향한다"라고 선언했다.[88] 2000년에 가톨릭 신앙 교리성(Congregation for the Doctrine of the Faith)은 "종교다원주의를 정당화하려는 상대주의 이론에 의해 오늘날 교회의 지속적인 복음 선포가 위험에 처해 있다"라는 내용을 담은 『주님이신 예수님』(Dominus Iesus)을 펴냈다.[89]

---

87 위의 책, 254.
88 "Dialogue and Proclamation," in *New Directions in Mission and Evangelization 1: Basic Statements 1974–1991*, edited by James A. Scherer and Stephen B. Bevans (Maryknoll, NY: Orbis, 1992), 178.
89 Gavin D'Costa, "Christian Orthodoxy and Religious Pluralism: A Response to Terrence W. Tilley," *Modern Theology* 23, no. 3 (July 2007): 435. 종교다원주의에 대한 '주님이신 예수님'의 주장에 대한 흥미로운 논쟁에 대해서는 다음을 참고하라. Terrence W. Tilley, "Christian Orthodoxy and Religious Pluralism," *Modern Theology* 20, no. 1 (January 2006): 51–63; D'Costa, "Christian Orthodoxy and Religious Pluralism," 435–446; Tilley, "'Christian Orthodoxy and Religious Pluralism': A Rejoinder to Gavin D'Costa," *Modern Theology* 23, no. 3 (July 2007): 447–454; D'Costa, "'Christian Orthodoxy and Religious Pluralism': A Further Rejoinder to Terrence Tilley," *Modern Theology* 23, no. 3 (July 2007): 455–462; D'Costa and Tilley, "Concluding Our Quaestio Disputata on Theologies of Religious Diversity," *Modern Theology* 23, no. 3 (July 2007): 463–468.

나중에 교황 베네딕토 16세가 된 요셉 라칭거(Joseph Ratzinger) 추기경이 서명한 문서에서 그는 '상대주의적 사고를 바로잡기 위한 해결책으로 예수 그리스도 계시의 결정적이고 완전한 인격'을 강조했다. 이 문서는 또한 타종교에 대한 믿음은 "절대적 진리를 찾는 종교적 경험이며 여전히 자신을 계시하시는 하나님에 대한 믿음이 부족하다"라고 주장한다.

더 나아가, 성령의 영감을 받은 유일한 경전은 구약과 신약이며, 타종교는 "복음을 준비하는 역할을 하며, 하나님께서 성령의 능력을 통해 성육신한 말씀이신 그리스도를 통해서만 이해할 수 있다" 그리고 "타종교 신자들은 하나님의 은총을 받을 수 있지만, 객관적으로 말하면, 그들은 구원의 수단이 충만한 교회의 사람들에 비하면 매우 부족한 실정이다"라고 확증했다.[90]

타종교로는 불충분하다는 이 강력한 주장은 '예수 그리스도를 통한 하나님의 계시와 구원의 유일성과 규범성 그리고 하나님의 임재'와 '타종교에서의 하나님의 임재와 구원의 은혜'를 인정하는 두 가지 입장을 적절한 긴장 상태로 유지하기 위해 고군분투했던 제2차 바티칸 공의회 이후의 가톨릭 종교신학에서 나온 것이다. 이 긴장은 개신교 주류 신학자들의 접근 방식에도 영향을 주었고, 로마가톨릭과 개신교 사상가들은 이 이중적 개념을 발전시키려는 방법으로 삼위일체 교리를 적용하기 시작했다. 삼위일체 종교신학에 대해서는 제2장에서 살펴볼 것이다.

90　Dominus Iesus, pars. 4, 7, 12, 22; http://www.vatican.va/roman_curia/congregations/cfaith/documents/rc_con_cfaith_doc_20000806_dominus-iesus_en.html.

8. 다원주의로의 전환

1970년대 후반까지 예수 그리스도와 기독교 복음의 유일성에 대해 회의적인 입장을 가진 기독교 신학자들이 증가했다. 그 가운데 일부 영향력이 있는 신학자들이 우리가 진리와 구원에 대한 종교 간의 동등성을 공개적으로 인정해야 한다고 주장했다. 어떤 종교도 유일한 진리라고 주장할 수 없으며, 적어도 도덕적으로 존경받는 모든 종교는 다양한 민족이 그들의 복잡한 역사적, 문화적 상황 속에서 신적 실재(the divine reality)에 반응하는 방식으로 간주해야 한다는 것이다.

따라서 그리스도인들은 예수님이 그들에게 유일하고 규범적 존재라고 주장할 수 있지만, 모든 문화권의 모든 사람에게 절대적 규범이라고 주장하지는 않아야 한다는 것이다. 이 주장에 따르면, 예수는 그리스도인의 구세주일 수 있지만, 모든 사람을 위한 유일한 구세주는 아니라는 것이다.

현대 다원주의를 선도하는 피터 바이른(Peter Byrne)은 일반적으로 종교 다원주의라고 불리는 이 관점을 다음과 같이 요약했다.

첫째, 모든 주요 종교는 하나의 초월적 신적 실재를 공통으로 언급한다는 점에서 동등하다,

둘째, 모든 주요 종교는 인간 구원을 위해 어떤 수단을 제공하고 있다는 면에서 서로 동등하다.

셋째, 모든 종교적 전통은 신적 본질에 대한 수정 가능하고 제한된 설명을 포함하는 것으로 간주해야 한다. 어떤 것도 다른 사람의 해석에 기준을 제시할 만큼 절대적인 것은 없다.[91]

---

[91] Peter Byrne, "It Is Not Reasonable to Believe That Only One Religion Is True," in *Contemporary Debates in Philosophy of Religion*, edited by Michael L. Peterson and Raymond J. VanArragon (Oxford, UK: Blackwell, 2004), 204. Byrne, *Prolegomena to Religious Pluralism:*

이 관점은 이전에도 존재했었다. 고대 지중해 세계에서는 신에게 도달하는 길은 많이 있고, 각 민족과 문화는 그들 나름대로의 방식을 갖고 있다는 생각이 보편화되어 있었다.

로버트 윌켄(Robert Wilken)은 다음과 같이 말했다.

> 기독교에 대한 가장 오래되고 가장 지속적인 비판은 종교다원주의에 대한 주장이다. … 고대의 비평가들은 신적 실재에 도달하는 유일한 길은 존재하지 않는다는 데 의견이 일치했다.[92]

다원주의적 표현은 근대 초기 사상가들 사이에서도 찾아볼 수 있으며, 19세기 지식인들 사이에서도 반복해서 다루어진 주제였다. 에른스트 트뢸치(Ernst Troeltsch, 1923)는 다원주의를 명시적으로 수용한 최초의 기독교 신학자들 가운데 한 사람이었다.[93] 그러나 20세기 후반에 이르러 종교다원주의를 옹호하는 기독교 신학자와 철학자들이 대거 등장하기 시작했다.

종교다원주의에 대한 가장 영향력이 큰 신학은 신학자이자 철학자인 존 힉(John Hick, 1922-2012)이 확립했다. 그는 전통적인 기독교 신론을 따르던 존경받는 학자였지만, 1973년에 신학의 '코페르니쿠스적 혁명'(Copernican revolution)을 요구하는 『신과 신앙의 세계』(*God and the Universe of Faiths*)를 출간했다. 여기에서 그는 "기독교는 우리 종교를 포함한 인류의 모든 종교가 하나님을 중심으로 섬기고 공전한다는 깨달음의 중심에 있

Reference and Realism in Religion (New York: St. Martin's, 1995), 12.

[92] Robert Wilken, *Remembering the Christian Past* (Grand Rapids, MI: Eerdmans, 1995), 27, 42.

[93] Troeltsch's "The Place of Christianity among the World Religions," written for delivery before the University of Oxford in 1923. 트뢸치는 이 내용을 강의하기 전에 사망했다. 그의 강의 내용은 *Christianity and Plurality: Classic and Contemporary Readings*, edited by Richard J. Plantinga (Oxford, UK: Blackwell, 1999), 209–222에서 찾아볼 수 있다.

다"라고 주장했다.[94]

그 후 10년 동안 힉은 종교적 절대자에 대한 유신론이나 무신론적 관점에서 벗어나 종교다원주의 모델로 옮겨가서 자신의 견해를 계속 발전시켰다. 힉의 제안은 1986년부터 1987년까지의 길포드(Gifford) 강연을 바탕으로 한 『종교 해석』(Interpretation of Religion)에 가장 잘 나타나 있다.[95]

힉은 종교가 모든 것의 근원이자 근거이며, 특정한 종교적 전통이 구원 혹은 해방을 추구하는 한, 궁극적으로 설명할 수 없는 실재에 대한 문화적, 역사적 상황에 적합한 인간의 반응으로 간주해야 한다고 주장했다. 이런 전통은 신적 실재(the Real)에 대한 다양한 인간의 관념을 포함하며, 서로 다른 방식의 종교적 경험과 반응을 포함한다.[96]

1987년에 힉과 니터(Paul Knitter)는 그들의 '신학적 루비콘(Ribicon)의 교차점' 혹은 주요 종교에 대한 다원주의적 관점을 공개적으로 공표한 책인 『기독교 독특성의 신화』(The Myth of Christian Uniqueness)를 공동 편집했다.

그들은 "이 책을 통해 우리는 다원주의적 전환이 일어났고, 권위 있는 기독교 사상가들이 다원주의를 제시하고 있다는 것을 보여 주고자 한다 비록 아직은 시작 단계이고 논란의 여지가 있지만, 다원주의는 그리스도인의 선택 사항이 될 수 있다"[97]라고 단언했다.

---

94 John Hick, *God and the Universe of Faiths* (New York: St. Martin's, 1973), 131.
95 John Hick, *An Interpretation of Religion* (New Haven, CT: Yale University Press, 1989). A second edition of the book was published in 2004. Other works in which Hick develops his thesis include *Disputed Questions in Theology and the Philosophy of Religion* (New Haven, CT: Yale University Press, 1993), *A Christian Theology of Religions: The Rainbow of Faiths* (Louisville, KY: Westminster John Knox, 1995), and *The Fifth Dimension: An Exploration of the Spiritual Realm* (Oxford, UK: Oneworld, 1999).
96 Hick, *A Christian Theology of Religions* (Louisville, KY: Westminster John Knox, 1995), 27.
97 Paul F. Knitter, Preface to *The Myth of Christian Uniqueness*, edited by John H. Hick and Paul F. Knitter (Maryknoll, NY: Orbis, 1987), viii.

이 책에 기고한 사람들은 20세기 후반의 가장 영향력 있는 신학자들을 포함하고 있다. 사회 정의에 관한 관심과 불교와의 대화에서 다원주의에 대한 자신의 견해를 발전시킨 폴 니터는 이제 자신을 그리스도인이자 불교인이라고 밝히고 있다.[98]

또 다른 영향력 있는 다원주의자로는 윌프레드 캔트웰 스미스(Wilfred Cantwell Smith), 키스 워드(Keith Ward), 고든 카우프만(Gordon Kaufmann), 조셉 룬조(Joseph Runzo) 그리고 필립 퀸(Philip Quinn) 등이 있다.[99]

명시적인 종교다원주의는 기독교 신학자들 사이에 아직 소수의 관점으로 남아 있지만, 오늘날 가장 영향력 있는 신학자들 가운데 일부가 채택하고 있다. 또한, 이 다원주의는 학문의 세계에 널리 퍼져 있으며, 대중문화에 점점 더 큰 영향을 미치고 있다.

9. 복음주의자의 논쟁

복음주의자들은 1990년대 초부터 종교신학에 관심을 두기 시작했다.[100] 20세기에 등장해 복음주의의 정체성을 확립하는데 기여한 로잔운동(the

---

[98] Knitter, *No Other Name?*; Knitter, *Jesus and the Other Names*; Knitter, *One Earth Many Religions: Multifaith Dialogue and Global Responsibility* (Maryknoll, NY: Orbis, 1995); *The Uniqueness of Jesus: A Dialogue with Paul Knitter*, edited by Leonard Swidler and Paul Mojzes (Maryknoll, NY: Orbis, 1997); and Knitter, *Without Buddha I Could Not Be a Christian* (Oxford, UK: Oneworld, 2009).

[99] Smith, *Towards a World Theology*; Keith Ward, "Truth and the Diversity of Religions," *Religious Studies* 26, no. 1 (March 1990): 1-18; Gordon Kaufman, *God, Mystery, Diversity: Christian Theology in a Pluralistic World* (Minneapolis: Fortress, 1996); Joseph Runzo, "Pluralism and Relativism," in *The Oxford Handbook of Religious Diversity*, edited by Chad Meister (New York: Oxford University Press, 2011), 61-76; Runzo, *Reason, Relativism, and God* (London: Macmillan, 1986); Philip L. Quinn, "Toward Thinner Theologies," *International Journal for Philosophy of Religion* 38 (December 1995), 145-164.

[100] Harold Netland, "Christian Mission among Other Faiths: The Evangelical Tradition," in

Lausanne Movement)과 세계복음주의연맹(World Evangelical Alliance, WEA)이 복음주의 신학의 발전을 주도해 왔다. 세계복음화를 위한 로잔위원회가 이끄는 로잔운동은 로잔(1974), 마닐라(1989) 그리고 케이프타운(2010)에서 세계복음화 국제회의를 개최했다.

제1차 로잔대회에서 발표한 로잔언약은 전 세계적으로 복음주의적 정체성의 상징이 되었다. 공식 웹 사이트에 따르면, 6억 명이 넘는 복음주의 그리스도인들을 대표하는 129개국의 교회 네트워크인 세계복음주의연맹(WEA)은 타종교에 관한 협의에도 적극적으로 지원했다.[101]

처음에는 타종교에 대한 복음주의의 논의가 주로 전도와 선교에 직접 관련된 문제로 제한되어 있었다. 베를린 세계복음화대회(1966), 휘튼 세계선교대회(1966), 프랑크푸르트선언(1970) 그리고 로잔언약(1974)에 나타난 복음주의의 언약은 구원론적 보편주의를 거부하고, 예수 그리스도를 하나님과 모든 사람의 구세주로 인정하는 데 있어서 모호하지 않았다. 그러나 그들은 타종교 자체에 대해서는 거의 논의하지 않았다.

예를 들어, 로잔언약에 타종교와 관련된 언급은 단 두 개의 문장밖에 없다. 이 두 개의 문장은 "우리는 또한 모든 종류의 혼합주의를 거부하며, 그리스도께서 어떤 종교나 어떤 이데올로기를 통해서도 동일하게 말씀하신다는 식의 대화는 그리스도와 복음을 손상하므로 거부한다 … 예수님을 '세상의 구주'로 전파하는 것은 모든 사람이 자동으로 혹은 궁극적으로 구원받게 된다는 말이 아니며, 또 모든 종교가 그리스도 안에 있는 구원을 제공한다고 보장하는 것은 더욱 아니다"라는 혼합주의에 대한 거부와 타종교를 통해 그리스도의 구원을 받을 수 없다는 것이었다.[102]

Witnessing to Christ in a Pluralistic World: Christian Mission among Other Faiths, Regnum Edinburgh 2010 Series, edited by Lalsangkima Pachuau and Knud Jørgensen (Oxford, UK: Regnum, 2011), 45-56.

101　http://www.worldea.org/whoweare/introduction (accessed November 10, 2013).
102　*New Direction in Mission and Evangelization 1: Basic Statements* 1974-1991, edited by

마닐라 대회에서는 로잔언약을 바탕으로 마닐라선언문을 작성했다. 이 선언문은 다음과 같이 공표했다.

> 우리는, 다른 종교나 이데올로기가 하나님께 나아가는 또 다른 길이라고 볼 수 없으며, 그리스도만이 유일한 길이기 때문에 그리스도로 말미암아 구속되지 않는다면 인간의 영성은 하나님께 이르는 것이 아니라 심판에 이른다는 것을 단언한다.[103]

따라서 마닐라선언문은 그리스도인들이 제자를 삼아야 하는 종교적으로 다원화된 세계에 관해 직접 말하고 있으며, 타종교 신자들에 대한 우리의 증거에 있어서 겸손을 요구하는 새로운 방향을 제시했다. 이 선언문은 다음과 같이 확언했다.

> 과거 우리는 다른 종교를 신봉하는 사람들에게 무지, 거만, 무례 혹은 대적의 태도를 취하는 잘못을 범해 왔다. 우리는 이에 대해 회개한다. 그럼에도 타종교와의 대화를 포함한 모든 형태의 전도에서, 그리스도의 생애나 죽음과 부활에 있어 우리 주님의 유일성을 적극적으로 증거하며, 결코 타협하지 않을 것을 다짐한다.[104]

그러나 1992년에 타종교에 관한 서구 복음주의 신학자들의 다른 관점을 보여 주는 두 권의 책이 출판되었다.

James A. Scherer and Stephen B. Bevans (Maryknoll, NY: Orbis, 1992), 254-255.
103 위의 책, 293.
104 위의 책, 297.

첫째, 클라크 피녹(Clark Pinnock)의 『광대한 주의 자비』(*A Wideness in God's Mercy*)는 복음주의자들에게 복음을 듣고 예수 그리스도의 이름에 믿음으로 명시적으로 응답하는 사람들만이 구원받을 수 있다는 '제한적 사고'를 넘어서도록 도전했다.[105]

하나님에 대한 성경적 가르침을 거부하면서, 피녹은 '구원의 낙관론'을 주장했다. 그는 하나님이 예수 그리스도의 복음을 들어본 적이 없는 많은 사람을 구원하실 것이라고 예상했다.

둘째, 존 샌더스(John Sanders)의 『다른 이름은 없다』(*No Other Name*)는 본질적으로 피녹과 동일한 입장에 대한 역사적, 신학적 논증을 제공했다.[106]

피녹과 샌더스는 모두 예수 그리스도가 하나님의 유일한 성육신이며 모든 사람을 위한 유일한 구세주이자 주님이시지만, 우리는 성경적 증거를 바탕으로 그리스도의 구속 사역에 뿌리를 둔 하나님의 구원 은혜를 받을 수 있다고 주장했다. 십자가는 예수 그리스도에 대해 명시적으로 듣지 못한 많은 사람에게까지 확장되어야 한다는 것이다.

피녹과 샌더스의 책은 성경이 이 세상에서 예수 그리스도의 복음을 듣고 응답하는 사람들만이 구원받을 수 있다고 가르친다고 믿는 보수적인 복음주의자들의 반향을 불러 일으켰다.[107] 그러나 우리는 피녹과 샌더스가 '더

---

105 Clark Pinnock, *A Wideness in God's Mercy: The Finality of Jesus Christ in a World of Religions* (Grand Rapids, MI: Zondervan, 1992). Pinnock, "The Finality of Jesus Christ in a World of Religions," in *Christian Faith and Practice in the Modern World*, edited by Mark Noll and David F. Wells (Grand Rapids, MI: Eerdmans, 1988), 152-168; Pinnock, "An Inclusivist View," in *Four Views on Salvation in a Pluralistic World*, edited by Dennis L. Okholm and Timothy R. Phillips (Grand Rapids, MI: Zondervan, 1995), 93-148; Pinnock, *Flame of Love: A Theology of the Holy Spirit* (Downers Grove, IL: InterVarsity, 1996).
106 John Sanders, *No Other Name: An Investigation into the Destiny of the Unevangelized* (Grand Rapids, MI: Eerdmans, 1992).
107 Ramesh Richard, *The Population of Heaven: A Biblical Response to the Inclusivist Position on Who Will Be Saved* (Chicago: Moody, 1994); John Piper, *Let the Nations Be Glad!* (Grand

넓은 희망'을 제시한 최초의 복음주의자들은 아니었다는 점에 유의해야 한다. 존경받는 영국의 복음주의자이자 이슬람 전문가인 J.N.D 앤더슨(J.N.D. Anderson)은 이와 같은 관점을 옹호했다. 20여 년 동안 앤더슨은 『기독교와 비교 종교』(Christianity and Comparative Religion, 1970)와 『기독교와 세계 종교』(Christianity and World Religions, 1984)에서 기독교 신앙과 타종교와의 관계에 관한 복음주의 관점을 제시했다.

그러나 앤더슨의 글은 별다른 논란에 휩싸이지 않았다. 그의 관점은 타종교에 관한 일종의 비공식적인 주장으로 받아들여지면서 복음주의 지도자들이 그가 계속해서 이 주제로 강연하고 글을 쓰도록 요청하기도 했다.[108]

복음화의 문제에 관한 논쟁이 계속되고 있음에도 이미 1990년대 초에 일부 복음주의자가 이 문제에 미묘한 접근 방식을 취하고 있었다. 1992년에는 28개국에서 온 85명의 복음주의 신학자가 세계복음주의협의회(WEF)의 후원 아래 '다원주의 세계에서의 예수의 유일성'(The Unique Christ in

---

Rapids, MI: Baker, 1993), chap. 4; Ronald Nash, *Is Jesus the Only Savior?* (Grand Rapids, MI: Zondervan, 1994); R. Douglas Geivett and W. Gary Phillips, "A Particularist View," in *Four Views on Salvation in a Pluralistic World*, edited by Dennis L. Okholm and Timothy R. Phillips (Grand Rapids, MI: Zondervan, 1995), 211-245.

108 Sir Norman Anderson, "The Gospel: A Story to Tell to the Nations," in *Evangelical Roots*, edited by Kenneth Kantzer (Nashville, TN: Thomas Nelson, 1978), 173-183; Anderson, "Christianity and the World's Religions," in *The Expositor's Bible Commentary*, vol. 1, edited by Frank Gabelein (Grand Rapids, MI: Zondervan, 1979), 143-157; Anderson, "A Christian Approach to Comparative Religion," in *The World's Religions*, edited by Sir Norman Anderson (Leicester, UK: InterVarsity, 1975), 228-237. 벨파스트에 있는 유니언신학대학교(Union Theological College)의 스티븐 윌리엄스(Stephen Williams)는 앤더슨과의 대화를 회상하며 노먼 앤더슨 경(Sir Norman Anderson)의 생애 마지막 해에, 그는 출판되기 전인 저작물을 마틴 로이드 존스(Martin Lloyd-Jones)에게 기독교와 세계 종교에서 복음화되지 않은 사람의 운명에 관한 부분을 보여 주었다고 말했다. [앤더슨]은 그리고 나서 이런 취지의 말을 했다. "마틴 로이드 존스는 그 저작물을 나에게 돌려주었고, 책상에 치면서, '나는 칼빈주의자이고 하나님은 그가 구원하시고자 하는 사람은 누구나 구원하실 수 있다!'"라고 말했다. 2009년 11월 5일 스티븐 윌리엄스의 개인적인 대화를 허락을 받아 사용했다.

Our Pluralistic World)을 주제로 마닐라에서 모였다.

그 결과 WEF 마닐라선언문은 성경의 권위와 모든 민족을 위한 유일한 주님이자 구세주이신 예수 그리스도 그리고 현대 세계의 종교적 다원성에 대한 현실 인식을 결합했다. 이 선언문은 "우리 복음주의자들은 더 적절한 종교신학을 필요로 한다"라고 주장했다.[109] 1년 후 복음주의 선교학자 랄프 코벨(Ralph Covell)은 다음과 같이 말했다.

> 복음주의자들은 그리스도의 유일성과 모든 인류를 구원하려는 하나님의 뜻을 확신하지만, 그들은 세상의 대다수 사람이 그들의 기존의 종교에 편안함을 느끼고 있다는 딜레마에 직면해 있다. 그리스도는 유일하지만, 보편적인 구세주는 아니다. 예를 들어, 1900년과 2000년 등과 같이 특별한 숫자의 해가 등장할 때마다 그들은 그리스도의 메시지를 보편적으로 전파하기 위해 새로운 구호를 내걸고 선교 활동을 펼쳐 왔지만, 세계 종교가 제기하는 냉철한 비판에 대응하는 새롭고 창의적인 대안을 제시하지 못했다. 대다수 복음주의 학자는 휫튼 세계선교대회(1966)부터 마닐라에서 개최된 제2차 로잔세계복음화대회(1989)에 이르기까지 그리스도의 유일성에 관한 성경의 기본적인 증거 본문들을 반복해서 언급하는 데 만족했다. 타종교에 대한 태도에 혼란을 초래할 수 있는 성경 본문은 무시하거나 각주로 처리하거나 전통적인 견해에 포함하거나 문서의 마지막 단락에 배치했다.[110]

---

109 "The WEF Manila Declaration," in *The Unique Christ in Our Pluralist World*, edited by Bruce J. Nicholls (Grand Rapids, MI: Baker, 1994), 15.

110 Ralph Covell, "Jesus Christ and World Religions: Current Evangelical Viewpoints," in *The Good News of the Kingdom: Mission Theology for the Third Millennium*, edited by Charles Van Engen, Dean S. Gilliland, and Paul Pierson (Maryknoll, NY: Orbis, 1993), 162-163.

최근에는 점점 더 많은 복음주의 신학자와 선교학자가 타종교와 관련된 다양한 문제에 대해 복음주의 관점을 발전시키고 있다. 복음주의자들은 종교다원주의, 특히 존 힉과 폴 니터의 모델을 맹렬하게 비판했다.[111]

그러나 복음주의자들은 또한 단순히 다원주의에 대한 비판을 넘어서 복음주의 종교신학이 다루어야 할 더 넓은 주제와 문제를 탐구하기 시작했다. 2002년에 개최된 '복음주의 기독교와 타종교'(Evangelical Christianity and Other Religions)라는 주제를 다룬 미국 복음주의신학회(Evangelical Theological Society, ETS) 연례 회의에서 매우 다양한 관점이 제시되었다.[112]

2010년 10월에 남아프리카공화국의 케이프타운에서 개최된 제3차 로잔대회에는 198개국에서 4천여 명이 참석했다. 로잔대회(1974)와 마닐라대회(1989)가 언약과 선언 형식의 합의 문서를 작성했지만, 케이프타운대회에서는 다른 견해가 반영된 케이프타운 서약을 발표했다. 이전 문서들은 '확언' 특히 복음주의를 다른 공동체와 구분하는 교리적 신념이 많았지만, 케이프타운 서약은 이전 문서보다 훨씬 더 광범위한 문서이며, 이전 문서들을 바탕으로 한 신앙 고백과 행동에 대한 헌신으로 구성되어 있다. 전체적으로는 믿음과 행동, 교리와 실천의 통합에 역점을 두었다.

---

111 Harold Netland, *Encountering Religious Pluralism: The Challenge to Christian Faith and Mission* (Downers Grove, IL: InterVarsity, 2001); Paul Rhodes Eddy, *John Hick's Pluralist Philosophy of World Religions* (Burlington, VT: Ashgate, 2002); Clark Pinnock, "An Evangelical Response to Knitter's Five Theses," in *The Uniqueness of Jesus: A Dialogue with Paul F. Knitter*, edited by Leonard Swidler and Paul Mojzes (Maryknoll, NY: Orbis, 1997), 116-120; John Sanders, "Idolater Indeed!" in *The Uniqueness of Jesus: A Dialogue with Paul F. Knitter*, edited by Leonard Swidler and Paul Mojzes (Maryknoll, NY: Orbis, 1997), 121-125; Daniel Strange, "Perilous Exchange, Precious Good News: A Reformed 'Subversive Fulfillment' Interpretation of Other Religions," in Gavin D'Costa, Paul Knitter, and Daniel Strange, *Only One Way? Three Christian Responses on the Uniqueness of Christ in a Religiously Plural World* (London: SCM, 2011); *Can Only One Religion Be True? Paul Knitter and Harold Netland in Dialogue*, edited by Robert Stewart (Minneapolis: Fortress, 2013).

112 *Biblical Faith and Other Religions: An Evangelical Assessment*, edited by David W. Baker (Grand Rapids, MI: Kregel, 2004).

케이프타운 서약의 핵심은 '하나님의 사랑'이었다. 로버트 슈라이터 (Robert Schreither)는 "이 선언의 신앙 고백은 세상에서의 하나님의 활동을 포함하지만, 모두 사랑과 화해의 두 가지 신학적 개념을 바탕으로 구성되어 있다 … 세상을 향한 하나님의 사랑과 그 사랑에 대한 우리의 반응이 이 선언의 핵심이다"라고 평가했다.[113]

종교적 다양성이 제기하는 도전이 케이프타운 서약에 영향을 주었다. 예를 들어, 이 선언문의 제1부에서 "우리는 종교다원주의의 압력에 굴복해 그리스도의 유일성에 대한 우리의 믿음을 타협하도록 유혹받고 있다"라고 인정하고 있다.[114] 타종교를 기독교 신앙과 똑같은 합법적인 대안으로 간주하지 않았다. 이 선언문은 "세상의 많은 종교는 유일하고 참된 하나님을 대체하고 왜곡하고 있다"라고 문제를 지적했다.[115]

또한, 이 선언문은 "주 예수 그리스도를 사랑한다는 것은 그분만 홀로 구세주이며 주님이고 하나님이심을 확고하게 믿는다는 뜻이다. … 하나님이 이스라엘을 언약적 신앙과 순종 그리고 섬김의 증거로 자신을 사랑하라고 부르셨듯이, 우리는 예수 그리스도를 신뢰하고 순종하며 전파하므로 그분에 대한 우리의 사랑을 확증한다"[116]라고 선언함으로써 예수 그리스도 한 분만 구세주이며 주님이라는 사실을 천명했다.

종교적 다양성이 현실이며 특히 아시아의 그리스도인들이 수 세기 동안 다원주의와 투쟁해 왔다는 점을 인정하면서, 이 선언문은 "포스트모더니즘적이며 상대주의적인 다원주의는 다르다. 그것은 하나의 이데올로기로서 절대적이고 보편적 진리를 인정하지 않으며, 종교들의 진리 주장을 관용하기

---

113 Robert J. Schreiter, "From the Lausanne Covenant to the Cape Town Commitment: A Theological Assessment," *International Bulletin of Missionary Research* 35, no. 2 (April 2011): 89.
114 *The Cape Town Commitment: A Confession of Faith and a Call to Action* (Peabody, MA: Hendrickson Publishers and the Lausanne Movement, 2011), I.2.a, 11.
115 위의 책, I.2.b, 11.
116 위의 책, I.4, 13.

는 하지만, 문화적으로 형성된 것 이상으로 보지 않는다"라고 진술했다.[117]

이에 비추어, 이 선언문은 "우리는 확고한 변증이라는 어려운 과제에 더욱 헌신하고자 한다 … 우리는 공적 분야에서 성경적 진리를 수호하고 설득하는 데 있어 최상의 지적·공적 수준에 참여할 수 있는 사람들을 찾아내어 그들을 구비시키고 위해 기도해야 한다. 우리는 교회 지도자들과 목회자들이 진리가 일상적인 공적 대화와 예언자적 적실성을 갖고 모든 신자에게 용기를 불어넣고 도구들을 구비해 우리가 사는 모든 문화적 상황에 참여할 것을 촉구한다"라고 선교학계에서 거의 들어보지 못한 것을 요청했다.[118]

이 선언문의 제2부는 다른 종교를 가진 사람들에게 예수 그리스도를 증거하는 것에 관한 문제를 다루고 있다. 이 주제에 할당된 분량과 언급된 다양한 주제들 그리고 매우 신중한 표현은 모두 이 질문에 대한 복음주의적 응답의 중요성과 발전을 보여 주고 있다. 제2부의 핵심은 타종교 신자들과 관계 속에서 그리스도의 사랑을 실천하는 것이다. 슈레이터는 제2부를 "사랑은 타종교 신자들을 대하는 출발점이다"라고 요약했다.[119]

여기서 강조점은 우리의 증거에 있어서 타종교 신자들에 대한 하나님의 사랑을 실천하는 것이었다. 그리고 기독교의 복음 전파에 있어서 과거의 실패를 솔직하게 인정한 겸손의 정신도 곳곳에 나타나 있다.

> 우리는 사랑의 하나님 이름으로 무슬림, 힌두교인, 불교인 그리고 다른 타종교인들과 우정을 나누지 못한 것을 회개한다. 예수님의 영 안에서 우리는 솔선수범해 타종교인들에 대한 사랑과 선한 의도와 친절한 모습을 보여 주어야 한다.[120]

---

117 위의 책, II.A.2, 34.
118 위의 책
119 Schreiter, "From the Lausanne Covenant to the Cape Town Commitment," 90.
120 *The Cape Town Commitment*, II.C.1.b, 48.

이 선언문은 타종교 신앙에 대한 거짓된 묘사, 풍자, 편견, 타종교 신자에게 두려움을 조장하는 행위를 거부하면서, "타종교인들과 대화를 위한 적절한 장소를 모색한다"라고 진술했다. 그리고 대화와 관련해 "기독교 선교를 위한 적절한 방법의 대화는 그리스도의 유일성과 복음의 진리에 대한 확신과 함께 존중하는 마음으로 다른 이들의 주장을 경청하려는 태도와 결합한다"라고 진술했다.[121]

2010년에 제3차 로잔대회가 개최될 무렵, 전 세계의 복음주의자들은 1970년대보다 기독교 신앙과 타종교와 관련된 문제에 훨씬 더 많은 관심을 기울이고 있었고, 종교에 대한 복음주의 신학의 윤곽이 드러나기 시작했다. 티모시 테넌트(Timothy Tennent), 윈프레드 코듀언(Winfried Corduan), 헤럴드 A. 네틀랜드(Harold A. Netland), 크리스토퍼 J. H. 라이트(Christopher J. H. Wright), 스텐리 그랜츠(Stanley Grenz), D. A. 칼슨(D.A.Carson), 아이다 글래이저(Ida Glaser) 그리고 제럴드 R. 맥더모트(Gerald R. McDermott) 등을 포함한 다수의 학자가 복음주의 종교신학의 발전에 기여해 왔다.[122]

---

121 위의 책, II.C.1.c and e, 48.
122 Timothy Tennent, *Christianity at the Religious Roundtable: Evangelicalism in Conversation with Hinduism, Buddhism, and Islam* (Grand Rapids, MI: Baker, 2002); Tennent, *Theology in the Context of World Christianity* (Grand Rapids, MI: Zondervan, 2007); Tennent, "Christian Encounter with Other Religions: Toward an Evangelical Theology of Religions," in Craig Ott and Stephen Strauss, *Encountering Theology of Mission* (Grand Rapids, MI: Baker, 2010), 292-316; Gerald R. McDermott, *Can Evangelicals Learn from World Religions? Jesus, Revelation and Religious Traditions* (Downers Grove, IL: InterVarsity, 2000); McDermott, *God's Rivals* (Downers Grove: InterVarsity, 2007); Winfried Corduan, *A Tapestry of Faiths: The Common Threads between Christianity and World Religions* (Downers Grove, IL: InterVarsity, 2002); Christopher J. H. Wright, "The Christian and Other Religions: The Biblical Evidence," *Themelios* 9, no. 2 (1984): 4-15; Wright, *Thinking Clearly about the Uniqueness of Jesus* (Crowborough, UK: Monarch, 1997); S. J. Grenz, "Toward an Evangelical Theology of Religions," *Journal of Ecumenical Studies* 31 (1994): 49-65; Terry C. Muck, "Is There Common Ground among the Religions?" *Journal of the Evangelical Theological Society* 40, no. 1 (1997): 99-112; D. A. Carson, *The Gagging of God: Christianity Confronts Pluralism* (Grand Rapids, MI: Zondervan, 1996); Ida Glaser, *The Bible and Other Faiths: Christian Responsibility in a World of Religions* (Downers

벨리-마티 케르케이넌과 존슨은 타종교에 대한 복음주의 신학의 발전을 위해 삼위일체 교리의 적용 방안을 탐구해 왔다.¹²³ 아모스 용(Amos Yong)은 논란의 여지가 있지만, 종교신학에 대한 성령론적 접근을 시도했다.¹²⁴ 이 접근은 타종교와 관련해 성령의 역할에 대한 적절한 관심을 두지 않은 채 그리스도 중심적 접근에만 의존해 왔던 기존의 사고방식을 넘어서는 것이었다. 용의 견해는 제2장에서 더 자세히 살펴볼 것이다.

복음주의자들은 또한 타종교 신자들에 대한 전도에 있어서 다른 접근 방식을 요구하고 있다. 복음주의자들은 일반적으로 타종교의 신실한 신자들을 포함하는 모든 민족 사이에서 전도와 선교가 필요하다는 확신이 있다. 그러나 21세기 초의 현실은 우리가 어떻게 예수 그리스도의 제자를 삼

Grove, IL: InterVarsity, 2005); Netland, *Encountering Religious Pluralism*; Harold Netland, "Theology of Religions, Missiology, and Evangelicals," *Missiology: An International Review* 33, no. 2 (April 2005): 142-158; Charles Van Engen, "The Uniqueness of Christ in Mission Theology," in *Landmark Essays in Mission and World Christianity*, edited by Robert L. Gallagher and Paul Hertig (Maryknoll, NY: Orbis, 2009), 160-175. Other significant evangelical works include *One God, One Lord: Christianity in a World of Religious Pluralism*, 2nd ed., edited by Andrew D. Clarke and Bruce W. Winter (Grand Rapids, MI: Baker, 1992); *No Other Gods before Me? Evangelicals and the Challenge of World Religions*, edited by John G. Stackhouse, Jr. (Grand Rapids, MI: Baker, 2001); *The Trinity in a Pluralistic Age: Theological Essays on Culture and Religion*, edited by Kevin J. Vanhoozer (Grand Rapids, MI: Eerdmans, 1997); *Christianity and the Religions: A Biblical Theology of World Religions*, Evangelical Missiological Society Series No. 2, edited by Edward Rommen and Harold Netland (Pasadena, CA: William Carey Library, 1995).

123 Veli-Matti Kärkkäinen, *Trinity and Religious Pluralism: The Doctrine of the Trinity in Christian Theology of Religions* (Burlington, VT: Ashgate, 2004); Keith E. Johnson, *Rethinking the Trinity and Religious Pluralism: An Augustinian Assessment* (Downers Grove, IL: InterVarsity, 2011).

124 Amos Yong, *Discerning the Spirit(s): A Pentecostal-Charismatic Contribution to Christian Theology of Religions* (Sheffield, UK: Sheffield Academic, 2000); Yong, *Beyond the Impasse: Toward a Pneumatological Theology of Religions* (Grand Rapids, MI: Baker, 2003); Yong, "The Holy Spirit and the World Religions: On the Christian Discernment of Spirit(s) 'after' Buddhism," *Buddhist-Christian Studies* 24 (2004): 191-207; Yong, *The Spirit Poured Out on All Flesh: Pentecostalism and the Possibility of Global Theology* (Grand Rapids, MI: Baker, 2005).

아야 하는지에 대한 새로운 방식을 요구한다는 인식이 커지고 있다.

우리는 종교가 인종적, 민족적, 문화적 정체성과 밀접하게 관련된 강력한 권력으로 자리 잡고 있는 탈식민지의 글로벌 시대에 살고 있다. 종교가 많은 유익을 가져다 주는 도구가 될 수 있지만, 긴장을 유발하고 폭력을 분출할 수 있는 불안정한 권력이기도 한 것이다. 이 현실이 기독교 선교에도 영향을 주고 있다.

예를 들어, 스리랑카의 불교와 힌두교 신자들을 대상으로 풍부한 선교 경험을 가진 아지스 페르난도(Ajith Fernando)는 예수 그리스도와 복음의 유일성에 대한 믿음은 타협하지 않지만, 그리스도의 사랑을 적극적으로 실천하는 훨씬 더 매력적이고 민감한 선교 방식을 요청했다.[125]

2009년에 테리 머크(Terry Muck)와 프랜시스 애드니(Frances Adeney)는 『기독교와 타종교 선교』(Christianity Encountering World Religions)라는 획기적인 문헌을 발간했다. 역사, 신학 그리고 선교학을 결합한 이 책은 종교적 타자를 이해하고 이에 대응하는 창의적인 접근 방식인 '선물 공여 선교'(giftive mission)를 제시하고 있다.[126]

이런 문제에 대해 복음주의자들이 더 민감하게 반응한 다른 자료는 로마 교황청의 '종교 간 대화 평의회'(the Pontifical Council for Interreligious Dialogue)와 세계교회협의회(World Council of Churches)가 공동으로 펴낸 『다종교 세계에서의 기독교 증거: 행동 지침』(Christian Witness in a Multi-Religious World: Recommendations for Conduct)이다.

이 문서는 타종교 신자들에게 그리스도의 복음을 증거해야 할 필요성을 인정하면서도 책임감 있는 증거를 위한 몇 가지의 유용한 원칙을 제시했다.

---

125 Ajith Fernando, *Sharing the Truth in Love: How to Relate to People of Other Faiths* (Grand Rapids, MI: Discovery House, 2001).

126 Terry Muck and Frances S. Adeney, *Christianity Encountering World Religions: The Practice of Mission in the Twenty-First Century* (Grand Rapids, MI: Baker, 2009).

제7장에서 우리는 종교적으로 다원화된 세상에서 그리스도인들이 예수 그리스도의 복음을 증거하는 데 있어서 지침이 될 수 있는 다양한 방안을 살펴볼 것이다.

제2장

삼위일체 하나님

역사적으로 복음주의자들은 삼위일체 교리에 거의 관심을 기울이지 않았다. 그들 가운데 일부는 계몽주의적 관점에서 회심, 성결 그리고 선교 활동 등과 같은 인간 행위자와 관련된 신학적 교리에 상대적으로 더 많은 관심을 기울여 왔다.[1]

가장 위대한 복음주의 신학자들 가운데 한 사람인 조나단 에드워즈(Jonathan Edwards)는 삼위일체를 그의 신학의 중심으로 만들었지만, "복음주의의 궁극적인 관심은 일반적으로 삼위일체의 다양성 속의 일치(unity in diversity)보다는 분리된 위격에 있었다."[2] 복음주의자들은 교회의 시대적 상황과 교회가 성경을 해석하는 역사적 과정에 거의 관심을 기울이지 않았다.

많은 복음주의자가 삼위일체신학을 중심으로 발전시켜 온 역사적 전통에 근거한 해석보다는 성경에 대한 그들 자신의 해석을 우선시하는 경향이 있었다.[3] 그러나 20세기에 칼 바르트(Karl Barth)와 칼 라너(Karl Rahner)

---

[1] 웨슬리(Wesleys)의 찬송가와 B. B. 워필드(Warfield)의 업적 등과 같은 주목할 만한 예외가 있다.

[2] Robert Letham, "The Triune God," in *The Oxford Handbook of Evangelical Theology*, edited by Gerald R. McDermott (New York: Oxford University Press, 2010), 109. On 에드워즈의 삼위일체신학에 대해서는 Michael J. McClymond and Gerald R. McDermott, *The Theology of Jonathan Edwards* (New York: Oxford University Press, 2011). 193–206을 보라.

[3] 루터(Luther), 칼빈(Calvin) 그리고 오웬(Owen) 등 복음주의자가 가장 좋아하는 신학자들이 삼위일체를 신학의 중심에 두었음에도 이와 같은 경향을 보였다.

가 시작한 삼위일체신학의 부흥기 이후, 복음주의자들은 종교신학을 정립하기 위해 삼위일체를 되찾기 시작했다.[4]

1. 삼위일체 종교신학의 중요성

삼위일체에 대한 이런 새로운 관심이 종교에 대한 미래의 탐구 중심이 되어야 한다는 것이 우리의 주장이다. 기독교 신학을 하나님에 대한 모든 다른 관점들과 가장 뚜렷하게 구별하는 것이 삼위일체이며, 종교신학에 중대한 문제가 발생한 주요 원인은 많은 경우에 삼위일체에 대한 오해와 오용에서 비롯된 것이었다.

삼위일체는 하나님이 아버지이며, 그의 독생자가 하나님 나라를 전파하기 위해 이 땅에 오셨고, 하나님이 믿는 자들 가운데 성령으로 임재하셔

---

[4] 클라크 피녹(Clark Pinnock)은 비록 체계적이지는 않았지만, 명쾌한 통찰을 제시했다: *A Wideness in God's Mercy: The Finality of Jesus Christ in a World of Religions* (Grand Rapids, MI: Zondervan, 1992); *Flame of Love: A Theology of the Holy Spirit* (Downers Grove, IL: InterVarsity, 1996). 티모시 테넌트(Timothy Tennent)는 인도 기독교인들의 성찰에 잠깐 매료되었다: *Christianity at the Religious Roundtable: Evangelicalism in Conversation with Hinduism, Buddhism, and Islam* (Grand Rapids, MI: Baker, 2002), 211-230. 아모스 영(Amos Yong)은 성령의 활동을 중심으로 삼위일체를 조명했다: *Discerning the Spirit(s): A Pentecostal-Charismatic Contribution to Christian Theology of Religions* (Sheffield, UK: Sheffield Academic, 2000); *Beyond the Impasse: Toward a Pneumatological Theology of Religions* (Grand Rapids, MI: Baker, 2003). 벨리-마티 케르케이넨(Veli-Matti Kärkkäinen)은 삼위일체 종교신학을 연구하고 앞으로 나아갈 방향을 제시했다: *Trinity and Religious Pluralism: The Doctrine of the Trinity in Christian Theology of Religions* (Aldershot, UK: Ashgate, 2004). 조지 섬너(George R. Sumner)는 삼위일체의 틀 안에서 그리스도의 "최종적 우선권"(final primacy)을 주장했다: *The First and the Last: The Claims of Jesus Christ and the Claims of Other Religious Traditions* (Grand Rapids, MI: Eerdmans, 2004). 키스 존슨(Keith E. Johnson)은 어거스틴(Augustine)의 삼위일체신학을 중심으로 여러 종교신학자들을 평가했다: *Rethinking the Trinity and Religious Pluralism* (Downers Grove, IL: InterVarsity, 2011). 테넌트(Tennent)는 삼위일체신학을 중심으로 선교학을 확립했다는 사실에 주목할 필요가 있다: *Invitation to World Missions: A Trinitarian Missiology for the Twenty-First Century* (Grand Rapids, MI: Kregel, 2010).

서 아버지와 아들을 증거하셨다는 초기 교회의 인식에서 역사적으로 나타났다. 달리 말하면, 삼위일체는 오직 하나님만이 하나님을 알고 계시하며, 분리할 수 없이 함께 일하시는 세 위격 속에서 자신을 계시하시는 하나님의 이름이다.[5]

기독교 종교신학은 아래에서 살펴볼 수 있듯이 삼위일체를 무시하거나 세 위격의 불가분성(inseparability)을 오해할 때 문제에 봉착한다. 기독교 삼위일체 교리의 독특성은 종교에 대한 두 가지의 다원주의적 관점과 비교할 때 분명하게 드러난다. 종교 간의 표면적 차이를 제외하면, 사실상 모든 종교가 같은 하나님을 서로 다른 방식으로 예배할 뿐이라고 주장하는 사람들이 많다. 서구에서 이 관점을 따르는 사람들은 하나님(God)을 각각의 종교들이 서로 다른 방식으로 이해하고 있는 '신성한 존재' 정도로 취급한다.

이런 관점은 아시아 문화에서도 널리 받아들여져 왔지만, 종교적 헌신의 궁극적인 대상에 대한 유신론적 이해가 부족했다. 예를 들어, 일본에서는 "산을 오르는 길은 다를 수 있지만, 정상에서 우리는 모두 같은 달을 본다"라는 격언이 이런 정서를 보여 주고 있다. 즉, 종교는 근본적으로 같은 것이며 차이점은 사소한 문제들일 뿐이라는 것이다. 그러나 우리는 오늘날의 엄청난 비판에도 문자 그대로 받아들여지고 있는 이 관점은 분명히 인정할 수 없다. 서구의 이런 관점에 대해 종교학자인 스티븐 프로테로(Stephen Prothero)는 다음과 같이 주장한 바 있다.

> 이것은 사랑스러운 발상이지만 위험하고 무례하며 사실이 아니다. 한 세대 이상 우리는 학자들과 현인들을 따라 토끼 굴로 내려와 모든 신이 하나

---

[5] J. N. D. Kelly, *Early Christian Doctrines* (San Francisco: HarperSanFrancisco, 1978), especially chaps. 4, 5, 10; Larry Hurtado, *Lord Jesus Christ: Devotion to Jesus in Earliest Christianity* (Grand Rapids, MI: Eerdmans, 2003), 349–426.

라고 생각하는 환상의 세계로 들어왔다. 이 희망찬 생각은 부분적으로 당신 그리고 당신과 같은 부류의 사람들만 천국이나 하늘나라에 갈 것이라는 배타적 관점에 대한 반작용에서 나온 것이었다. … 그러나 모든 종교가 똑같다는 생각은 희망일 뿐 세상을 더 안전한 곳으로 만들지 못했다. 사실, 이 순진한 신학 사상은 전 세계적으로 우리를 위협하는 종교적 충돌에 눈을 멀게 함으로써 세상을 더욱 위험하게 만들었다. 이제 우리는 토끼 굴에서 벗어나 현실로 돌아와야 한다.[6]

모든 종교가 궁극적 절대자의 존재에 대해 동의하지는 않는다. 유대인과 그리스도인 그리고 무슬림은 영원한 창조주의 존재를 믿는다. 자이나교와 불교는 신의 존재를 부인한다. 그리스도인은 하나님이 아버지와 아들과 성령이신 삼위일체라고 믿는다. 무슬림은 이것을 부정한다.

그러나 이런 부인할 수 없는 차이에도 종교를 동일한 궁극적 실재에 반응하는 똑같이 진실하고 효과적인 방법으로 인식하면서도 종교 간의 실제적 차이를 인정하는 진보된 다원주의가 있다. 이 노선을 주장하는 가장 영향력이 있는 학자는 영국의 철학자인 존 힉(John Hick)이다.

힉은 자신을 그리스도인이라고 밝히지만, 기독교를 포함한 어떤 종교도 진리나 구원의 유일성을 주장할 수 없다고 말했다. 모든 종교는 모든 것의 근원이자 근거이며, 특정한 종교적 전통이 구원, 해방 혹은 깨달음을 추구하는 한, 형언할 수 없는 궁극적 실재(the Real)에 대한 문화적, 역사적 상황에 적합한 인간의 반응으로 간주해야 한다고 주장했다. 즉, 종교는 "궁극적 실재에 대한 다양한 인간의 개념과 경험 그리고 응답을 비롯한 다양한 삶의 방식을 포함한다"라는 것이다.[7]

---

6   Stephen Prothero, *God Is Not One: The Eight Rival Religions That Run the World—and Why Their Differences Matter* (New York: HarperCollins, 2010), 2-3.
7   John Hick, *A Christian Theology of Religions: The Rainbow of Faiths* (Louisville, KY: West-

'실재'는 궁극적 존재를 가리키는 힉의 용어로 종교에서 궁극의 숭배 대상이 되는 신적 존재를 지칭한다. 예를 들어, 힉의 '실재'는 무슬림의 존재론적 실재는 알라(Allah)이고, 그리스도인에게는 삼위일체 하나님이며, 힌두교 신자에게는 브라만(Brahman) 그리고 불교 신자에게는 공(Emptiness) 또는 열반(Nirvana)을 뜻한다. 그러나 힉에 따르면, 이 용어들 모두 그가 말한 '실재'가 무엇인가를 보여 주지 않는다. 오히려 이 용어들은 종교 공동체가 궁극적 실재로 인식하고 이에 반응하는 하나의 상징 혹은 개념적 구성물일 뿐인 것이다.

그는 "불교, 기독교, 이슬람, 힌두교 등이 사용하는 다양한 종교 언어는 신성한 '현상'(phenomena) 또는 그 현상의 구성 요소를 나타내는 것으로 인식했다. 우리가 도덕적 속성과 목적을 가진 인격적인 신을 말할 때, 혹은 비인격적 절대자로서의 브라만(Brahman)이나 다르마카야(Dharmakaya, 진리의 몸 혹은 실재의 몸을 가리키는 불교 용어-역자 주)에 대해 말할 때, 우리는 인간이 경험한 것 즉 '현상'으로서의 실재를 말하는 것이다"라고 말했다.[8] 따라서 그리스도인들이 주장하는 것과는 달리 삼위일체 하나님은 그리스도인들이 실재에 반응하는 개념적 상징일 뿐이라는 것이다.

힉의 주장을 다루는 많은 문헌이 있지만 여기서 더 이상 언급하지는 않을 것이다.[9] 그러나 여기서 중요한 것은 힉의 주장이 그리스도인들이 삼위일체의 교리를 이해하는 방법이나 타종교 신자들이 그들의 신이나 신적

---

minster John Knox, 1995), 27. Hick's model is developed most fully in *An Interpretation of Religion*, 2nd ed. (New Haven, CT: Yale University Press, 2004).

8   Hick, *An Interpretation of Religion*, 246.

9   *Problems in the Philosophy of Religion: Critical Studies of the Work of John Hick*, edited by Harold Hewett (London: Macmillan, 1991); Paul Rhodes Eddy, *John Hick's Pluralist Philosophy of World Religions* (Burlington, VT: Ashgate, 2002); *The Philosophical Challenge of Religious Diversity*, edited by Philip L. Quinn and Kevin Meeker (New York: Oxford University Press, 2000); Harold Netland, *Encountering Religious Pluralism* (Downers Grove, IL: InterVarsity, 2001), chap. 7.

존재를 이해하는 방법이 아니라는 것이다. 실제로 힉의 제안은 하나님에 대한 기독교의 가르침과 정면으로 대립한다. 그리스도인들이 말하는 아버지와 아들과 성령의 삼위일체는 인간이 설명할 수 없는 실재에 접근하는 어떤 상징이나 개념이 아니라 존재론적 절대자이신 하나님 그 자신이기 때문이다.

2. 사도적 증거

삼위일체 종교신학 그 자체의 의미를 논의하기 전에 먼저 사도적 증거를 살펴보자. 요한은 반복해서 예수님이 독립적인 대리자가 아니라 아버지께서 보내신 분이라고 증언한다.

> 나의 양식은 나를 보내신 이의 뜻을 행하며 그의 일을 온전히 이루는 이것이니라 (요 4:34),
> 내 교훈은 내 것이 아니요 나를 보내신 이의 것이니라(요 7:16),
> 나를 보내신 이가 참되시매 내가 그에게 들은 그것을 세상에 말하노라(요 8:26),
> 나를 보내신 이가 나와 함께 하시도다(요 8:29),
> 지금 내가 나를 보내신 이에게로 가는데(요 16:5),

그리고 요한복음 5:24; 6:38; 7:33; 9:4; 12:44-45; 13:20; 15:21 등의 본문도 참고하라. 마가와 마태는 아들이 유대교가 알고 있는 권위와 죄를 용서할 수 있는 권세(막 2:10)와 마지막 날에 죄를 심판하는 권세(마 25:31-46)를 가진 전권대사로 보내심을 받았다는 것을 보여 준다. 그러나 아버지는 아들을 보내셨을 뿐만 아니라 아들 안에 계셨으며, 아들에 의해 계시되었다.

마태는 "아버지께서 내 안에 계시고 내가 아버지 안에 있음을 깨달아 알리라"(마 10:38), "나와 아버지는 하나이니라"(마 10:30)라고 기록했고, 요한은 "나를 본 자는 아버지를 보았거늘"(요 14:9)이라는 그리스도의 말씀을 증거했다.

마태와 요한은 모두 아들만이 아버지를 알기 때문에 아버지는 아들에 의해서만 계시되었다고 확증한다. "본래 하나님을 본 사람이 없되 아버지 품속에 있는 독생하신 하나님이 나타내셨느니라"(요 1:18)라는 말씀에서 알 수 있는 바와 같이, 복음서 저자들은 아버지에 대한 아들의 지식에 참여하지 않고서는 하나님에 대한 지식을 가질 수 없었다.

만약 아들이 아버지를 계시한다면, 우리가 아버지의 존재 여부를 판단할 수 있는 유일한 근거는 그 아들이 누구인가에 달려 있다는 것이다. 이 논지가 삼위일체 하나님과 다른 신들의 정체성과 관련해 어떤 종교신학적 의미가 있는가에 대해 아래에서 살펴볼 것이다. 이것은 교회 밖의 종교 현상에서 삼위일체 하나님의 임재를 판단하기 위한 그리스도론적 기준의 필요성을 보여 줄 뿐만 아니라, 예수 그리스도의 삶과 가르침에 대한 기독교 신앙의 절대적 중심성을 요구하고 있다.

하나님에 관한 모든 이야기를 해석하는 기준은 신성과 인성을 가진 예수 그리스도가 되어야 한다. 그리고 이것은 타종교가 주장하는 모든 신성한 존재를 평가하는 기준이 신에 대한 사상이나 신적 존재에 대한 관념 혹은 성육신의 교리가 아니라 신성과 인성을 가진 예수 그리스도가 되어야 한다는 것을 뜻한다. 종교신학에 있어서 가장 중요한 것은 어떤 그리스도적 원리나 변화의 경험이 아니라 예수 그리스도의 생애와 가르침 그리고 죽음과 부활의 사건 그 자체다.

예수 그리스도는 다른 어떤 종교적 실체의 상징이 아니다. 그는 성부, 성자, 성령 하나님의 두 번째 위격이다. 본회퍼(Bonhoeffer)에 따르면, 나사렛 예수의 삶과 죽음에 대한 역사적 '사실'만이 하나님이 누구인지 우리에게 알려 줄 수 있다. 우리 스스로는 신성이나 인성을 알 수 없다. 신성과 인성의 의미는 모두 예수 그리스도를 통해서만 발견할 수 있다.[10]

> 아버지께서는 모든 충만으로 예수 안에 거하게 하시고(골 1:19).
> 그 안에는 신성의 모든 충만이 육체로 거하시고(골 2:9).

이 말씀에서 보는 바와 같이, 아버지가 아들을 보내셨고, 아들 안에 있고, 나사렛 예수가 아들이기 때문에 예수 그리스도의 지식이 아버지의 모든 신성을 그대로 가진 완전한 지식이다. 골로새서 2:9의 '육체'(*somatikōs*)는 육체의 말씀이 모든 영원한 말씀을 포함하고 있다는 것을 뜻한다. 예수님은 아버지의 모든 것을 아셨을 뿐만 아니라 그 안에 아버지의 모든 것이 계셨다. 더욱이 요한에게 있어서 영원한 말씀은 십자가에 못 박힌 그리스도에 관한 말씀임을 암시한다.

예수님께서 초막절에 목마른 자들에게 생수를 주겠다고 선언하셨을 때 요한은 "이는 그를 믿는 자들이 받을 성령을 가리켜 말씀하신 것이라"라고 증거했다. 그러나 이 시점에는 아직 예수께서 영광을 받지 않았기 때문에 성령이 아직 그들에게 계시지 않았다(요 7:39).

요한복음의 독자들은 지난 수천 년 동안 이 본문을 통해 예수님이 십자가에서 영광을 받으셨다는 것을 받아들여 왔다(요 12:23; 13:31-32; 17:5). 그러므로 요한에게 있어서 예수님은 성령의 근원이지만, 오직 그의 고난을 통해 영광을 받으신 십자가에 못 박히신 분이다. 십자가에 못 박히신 아들 외에 우리가 알 수 있는 영원한 말씀은 존재하지 않는다.[11]

10　Dietrich Bonhoeffer, *Christ the Center*, translated by Edwin H. Robertson (San Francisco: HarperOne, 1978), 102-106.
11　이것은 십자가에 못 박히신 아들이 성육신 이전에 육신을 가졌다는 것을 의미하는 것이 아니라 "말씀이 육신이 되어"(요 1:14) 그들 가운데 거할 때 받은 유일한 분명한 표현을 제외하고는 영원한 말씀에 대해 추측할 수 없고 또 추측해서는 안 된다는 것

십자가에 못 박힌 이 아들이 부활해 아버지의 우편에 올라가셨을 때(행 1:8; 2:33), 그는 성령을 교회, 특히 사도들에게 먼저 보내 그들이 성령의 도움으로 사람들을 "모든 진리 가운데로"(요 16:13) 인도할 것이라고 계시했다. 이 진리가 완전히 이해될 때는 결코 없을 것이다. 그러나 이 말씀은 하나님에 대한 지식과 관련해 사도적 증거를 별도로 보완할 필요가 없다는 것을 뜻한다.

하나님에 관한 모든 진리는 사도들의 증거에 맡겨졌다. 이것은 성령이 주도하는 사도적 증거에 포함되지 않은 하나님에 대한 진리는 없다는 것을 뜻한다. 이 관점은 의심할 여지없이 계속 발전하겠지만, 사도적 증거와 모순되는 주장은 절대 포함되지 않을 것이다.[12]

성령의 가르침이 결코 아들의 가르침에서 벗어나지 않을 것이다. 바울은 그 영이 '그리스도의 영'이라고 말했다(롬 8:9). 요한복음에 따르면, 성령은 아들에 의해 보내졌고(요 16:7), 성령은 아들을 믿지 않는 사람에게 진리를 깨닫게 하고(요 16:9), 그 성령은 자신의 권위로 말하지 않고 그가 아들에게서 듣는 것만을 말했다(요 16:13).[13] 성령은 아들의 것을 가르치고 알

을 의미한다. 그러나 복음주의 철학자 폴 헬름(Paul Helm)은 '*Divine Timeless Eternity*' in *God and Time*, edited by Gregory E. Ganssle (Downers Grove, IL: InterVarsity, 2000), 28-60에서 영원한 말씀이 어떤 의미에서 우리가 상상할 수 없는 방식으로 항상 성육신했다고 말한 바 있다.

12 요 16:13에서 '너희'(*humas*, '당신'의 복수형)는 먼저 사도적 공동체를 지칭하는데, 이는 이 공동체가 기록할 신약 성경을 읽을 때 하나님에 대한 '모든 진리'를 포함한다는 것을 의미하는 것이다. 여기서 '먼저'라고 말한 것은, 성경적 계시를 이해하는 데 있어서 성령이 교회 전체를 계속 인도해 주신다는 역사적인 교회의 판단을 확증해 점점 더 많은 '모든 진리'가 이해될 것이기 때문이다.

13 우리는 '영'이라는 용어에 남성 대명사를 사용하는데, 이는 문법적으로 문제가 없기 때문이 아니라 다른 대안에 더 많은 문제가 있기 때문이다. 대부분의 신약 저자는 '영'(*pneuma*)이 중성이기 때문에 헬라어의 중성 대명사를 사용하지만 영어로 번역된 'it'은 하나님의 성격에 대한 성경적 강조를 훼손한다. 예를 들어, 힌두교의 비인격적인 '니르구나 브라만'(*nirguna Brahman*)과 혼동될 위험이 있는 비인격성을 암시한다. 여성 대명사는 구약 성경의 히브리어 '루아흐'(*ruach*)의 문법적 여성과 가끔 성경에서 하나님에 대한 여성적 이미지를 따른 것이다(민 11:12; 시22:9-10, 71:6, 139:13; 사

리며(요 16:14), 아들에 대해 증언함으로써(요 15:26) 이 목적을 성취하는 것이다.

> 내가 아버지께로부터 너희에게 보낼 보혜사 곧 아버지께로부터 나오시는 진리의 성령이 오실 때에 그가 나를 증언하실 것이요(요 15:26).

이 말씀에서 알 수 있는 바와 같이 성령은 자기 자신에서 나온 것이 아니기 때문에 자신을 위해 말하지 않는다. 성령의 또 다른 사역도 성령과 아들이 연결되어 있다.

> 예수를 죽은 자 가운데서 살리신 이의 영이 너희 안에 거하시면 그리스도 예수를 죽은 자 가운데서 살리신 이가 너희 안에 거하시는 그의 영으로 말미암아(롬 8:11).

그리스도인들로 하여금 아들의 형상을 본받게 한다(롬 8:29). 심지어 성육신하신 아들의 경륜 밖에 있는 구약의 선지자들 사이에서 일할 때에도 그는 여전히 '그리스도의 영'(벧전 1:11)이었다. 그러나 분리할 수 없는 것은 성령과 아들만이 아니다. 삼위일체 하나님이 모두 서로에게 거하고 있기 때문에 한 분이 행동하면 다른 두 분도 그 안에서 행동한다.

> 무릇 아버지께 있는 것은 다 내 것이라 그러므로 내가 말하기를 그가 내 것을 가지고 너희에게 알리시리라 하였노라(요 16:15).

49:15, 66:9, 13; 마 23:37). 그러나 이것은 또한 아버지와 아들의 남성성에 대항하여 성령의 여성성을 강조하는 오류를 범할 수 있다. 이 여성성은 이스라엘이 격렬하게 저항했던 고대 근동의 여신들과 유사한 여성 신을 암시할 수 있기 때문이다. 그리고 이것은 삼위일체에 대한 복음서의 주장과는 거리가 먼 남성의 공격을 억제하는 여성의 영을 연상시킬 수 있다. 그래서 우리는 그의 복음에서 '영'을 남성대명사를 사용해 표현하는 요한을 지지한다.

이 말씀은 상호 내재하시는 삼위일체 하나님의 불가분 관계를 완벽하게 보여 준다. 아버지는 자신의 모든 것을 아들에게 주신다. 성령은 그 '모든 것'을 그리스도인들에게 주신다. 성령이 사람을 하나님께로 인도한다면, 그것은 아버지께서 아들에게 주신 것을 아들에게서 취함으로써만 가능하다. 바울은 그리스도의 이름이 알려지지 않았을 때도 이런 일이 발생했다고 증거했다. 그는 구름 아래에 있고, 바다를 지나며, 광야에서 방황하는 '우리 조상'에 대해 이야기한다.

그들은 메시아를 몰랐지만, '신령한 음료'를 마셨고, 그 음료는 '그리스도'였다(고전 10:1, 4). 요한이 생각했던 것처럼 그들은 오직 야훼만이 그들을 인도한다고 생각했을지 모르지만, 실제로는 아버지께서 성령 안에서 그리고 성령을 보내신 그리스도를 통해 인도하셨다. 그러므로 신학자들은 말씀의 경륜과 성령의 역사를 더 강조하지만, 사도적 저자들 특히 요한의 복음을 위한 경륜은 실제로 단 하나였다. 아버지는 모든 일을 말씀을 통해 성령으로 행하신다.

3. 삼위일체의 불가분성

하나님의 모든 신적 행위에 있어서 삼위의 위격이 서로 분리될 수 없다는 이 원칙은 성 어거스틴(Saint Augustine)이 교회에서 아리안주의(Arian tendencies)에 맞서 싸울 때 가장 뚜렷한 발전을 이루었다. 그는 암브로스(Ambrose)와 힐라리(Hilary)와 같은 니케아회의 이전 신학자들의 관점을 기반으로 하고 있었는데, 그는 하나님의 세 위격 사이의 공통된 본성과 권세 그리고 행위를 강조했다. 니케아 합의에 반대한 사람들은 세 위격이 세 개의 다른 존재를 대표하고 아버지를 우월한 존재로 표현하기 위해 각 위격의 독특한 활동에 초점을 맞추었다. 이것은 분명히 아들이 아버지와 동일한 본질 혹은 존재라는 니케아 공의회의 신조를 훼손한 것이었다.

어거스틴은 "아버지와 아들과 성령을 분리할 수 없는 것처럼 그들은 분리할 수 없이 일한다"라고 선언함으로써 니케아 이전의 신학자들이 세 위격 모두 창조, 섭리, 구속 활동에 관여한다는 데 동의했다.[14]

그러므로 『어거스틴의 규칙서』(*Augustine's Rule*)는 "삼위일체의 각 위격은 하나님의 모든 행동을 완전히 공유한다"(*opera Trinitatis ad extra indivisa sunt*)라고 확언했다. 아들이 마리아의 육신을 통해 태어나고 십자가에서 고난을 받고 죽은 자 가운데서 다시 살아났을 때도 아버지는 그 모든 행위에 적극적으로 참여했다. 어거스틴은 "실제로는 아버지가 아닌 아들이 동정녀 마리아에게서 태어났다. 그러나 동정녀 마리아로부터 아버지가 아닌 아들의 탄생은 아버지와 아들 모두의 일이었다. 아버지가 아닌 아들이 고난을 겪었다. 그러나 아들의 고통은 아버지와 아들 모두의 일이었다. 죽음에서 부활하신 분은 아버지가 아니라 아들이었다. 그러나 아들의 부활은 아버지와 아들 모두의 일이었다"라고 증거했다.[15]

예수님이 "우리가 그에게 가서 거처를 그와 함께하리라"(요 14:23)라고 말씀했을 때, 성령을 배제한 것이 아니다.

> 아버지와 아들이 영원히 같은 거처에서 성령과 함께 있을 것이다. 성령은 아버지와 아들이 없이 오지 않고, 아버지와 아들도 성령이 없이 오지 않는다.… 왜냐하면, 성부, 성자, 성령의 실체와 위격이 하나이기 때문이다.[16]

14　Augustine, *The Trinity*, translated by Edmund Hill (Brooklyn, NY: New City, 1991), 70-71.

15　Augustine, *The Works of Saint Augustine: A Translation for the 21st Century*, Vol. 3.3, *Sermons III (51-94)*, Sermon 52.8, 53-54; cited in Keith E. Johnson, *Rethinking the Trinity*, 117-118.

16　Augustine, *The Trinity*, 83.

어거스틴은 세 위격의 공통된 본질을 너무 강조해 양태론(modalism)의 오류를 범할 수 있다는 비판을 받았는데, 이는 한 분이신 하나님이 성부, 성자, 성령의 다른 형식으로 나타났다는 개념이다. 이 부분을 지적하는 비평가 중 일부는 어거스틴이 삼위일체에서 본 유일한 차이점은 그들의 관계였다고 지적했다. 즉, 아버지는 아들이 아니라 아들의 아버지이고, 아들은 아버지가 아니라 아버지의 아들이며, 성령은 아버지와 아들 모두에게서 나온 분이라는 것이다. 그러나 어거스틴이 세 위격을 분별하는 데 충분하지 않았다고 하더라도, 삼위 하나님의 본질적 일치에 대한 그의 해석은 오랜 시간의 시험을 견뎌냈다.

위에서 살펴본 바와 같이, 삼위일체에 대한 그의 해석은 매우 건전하다. 만약 '주 곧 우리 하나님은 유일한 주'(막 12:29)라면, 그 유일한 주의 세 위격 중 어느 한 위격도 다른 두 위격의 존재와 활동이 같은 하나에 포함된다는 그의 해석은 신학적으로도 일관성이 있다. 한 위격의 사역과 다른 두 위격의 사역을 분리해 삼위일체를 나누는 것은 복음의 삼위일체적 본질에 위배되는 것이다. 즉, 각 위격이 다른 두 위격과 일치하기 때문에 한 위격이 다른 두 위격과 분리될 수 없는 것이다.

4. 성령과 아들의 분리

그러나 일부 종교신학에서 이와 같은 일이 일어나고 있다. 많은 신학자가 성령과 아들의 사역을 분리하도록 압력을 가해 왔다. 어머니가 스페인 출신의 로마가톨릭 신자이고 아버지가 인도 힌두교 신자인 가톨릭 신학자 라이문도 파니카(Raimundo Panikkar)는 "성령이 우리가 '기독교'라고 부르는 것 이상으로 그리스도인을 앞으로 나아가게 하시는데, 나는 제도적이고 가시적인 교회까지 추가하고 싶다"라고 말했다. 그는 또한 "만약 우리가 '구세주'로서 예수님의 인성과 역사성에만 집착한다면, 어떤 면에서 보면, 우리는 성령의 오심을 막아 배타적인 우상 숭배에 빠질 수 있다"라고 지적한 바 있다. 이와 같은 그의 주장은 그리스도인들이 성령과 역사적 예수를 너무 가깝게 연결하는 경향이 있다는 그의 우려에서 나온 것이다.[17]

아마도 20세기 말의 가장 저명한 가톨릭 종교신학자인 자크 뒤퓌(Jacques Dupuis)는 만약 성육신 이전에 성령이 활동하고 있었다면, 성육신 이후의 성령 사역이 왜 성육신으로 '제한'되어야 하는지에 대해 의문을 제기했다. 그는 "삼위일체적 그리스도론의 모델과 성령론을 함께 고려할 때, 예수 그리스도 안에서의 하나님의 계시나 나타나심과 동일한 역동성과 명료함으로 드러나지는 않았지만, 이제는 부가적이고 자율적인 유익을 가져다주는 진리와 은혜를 누릴 수 있다"라고 말했다.[18]

다시 말해, 성령은 신약의 사도적 저자들에게 영감을 준 부활하신 예수 그리스도에 의해 계시되지 않은 타종교에서도 역사할 수 있다는 것이다.

아모스 용(Amos Yong)은 복음주의의 가장 저명한 종교신학자들 가운데 한 사람이다. 그는 장애 신학(theology of disability)과 과학과 정치에 대한 오순절의 이해 그리고 일반적으로는 범세계적 오순절신학에 중요한 공헌을 했다.[19] 그는 또한 복음주의 종교신학 분야의 핵심적인 학자이지만, 성령

---

17 Raimundo Panikkar, *The Trinity and the Religious Experience of Man* (New York: Orbis, 1973), 57, 58.
18 Jacques Dupuis, S.J., *Christianity and the Religions: From Confrontation to Dialogue* (Maryknoll, NY: Orbis, 2001), 181; Dupuis, *Toward a Christian Theology of Religious Pluralism* (Maryknoll, NY: Orbis, 1997), 388; emphasis added.
19 Amos Yong, *The Bible, Disability, and the Church: A New Vision of the People of God* (Grand Rapids, MI, and Cambridge, UK: Eerdmans, 2011); Yong, *The Spirit of Creation: Modern Science and Divine Action in the Pentecostal-Charismatic Imagination*, Pentecostal Manifestos 4 (Grand Rapids, MI, and Cambridge, UK: Eerdmans, 2011); Yong, *Who Is the Holy Spirit? A Walk with the Apostles* (Brewster, MA: Paraclete, 2011); Yong, *In the Days of Caesar: Pentecostalism and Political Theology-The Cadbury Lectures 2009*, Sacra Doctrina: Christian Theology for a Postmodern Age Series (Grand Rapids, MI: Eerdmans, 2010); Yong, *Theology and Down Syndrome: Reimagining Disability in Late Modernity* (Waco, TX: Baylor

의 역사와 아들 사이의 관계에 관한 그의 입장은 파니카와 뒤퓌보다 더 모호하다.

그는 삼위일체의 전통 신학의 경계선에 머물러 있는 것으로 보인다. 그는 "일관된 삼위일체적 접근으로 역사적 예수와 그의 재림을 포함한 모든 것을 말씀과 성령의 결합으로 보아야 한다. 더 나아가, 이 세상에서 하나님의 역동적인 현존과 활동의 틀 안에서 성령은 확실히 예수님의 영이다"라고 주장했다.[20]

그러나 이와 동시에 그는 "종교신학(*theologia religionum*)의 발전을 방해하는 교착 상태를 넘어서길 원한다"라고도 말했다.[21] 그는 성령의 역사를 아들의 활동으로 불필요하게 제한함으로써, 사람들이 이미 예수 그리스도의 주권을 인정하는 곳에서만 성령이 역사하는 것으로 간주하거나, 그렇지 않으면 성령의 현존과 역사는 그리스도론적 기준을 사용해 결정해야 한다고 믿는 경향이 있다고 비판했다.

그는 "말씀과 성령의 활동 사이에는 구분이 있다. … 이 두 위격 사이의 '자율성이 있는 관계'가 고려되어야 한다"라고 주장했다.[22] 그는 또한 과거에 스탠리 사마르타(Stanley Samartha), 자크 뒤퓌(Jacques Dupuis) 그리고 폴 니터(Paul Knitter)와 같은 종교신학자들은 성령의 보편적 사역을 탐구한 후 '너무 빨리 그리스도론으로' 돌아왔다.[23] 그들은 비기독교적 신앙이 "말씀의 경륜과 관련이 있지만, 그 속에 종속되지 않는 성령론적 용어로 정의되어야 한다고 주장하는 정교회 신학자인 조지 코드(George Khodr)의 견해를 고려해야 할 필요가 있다"라고 평가했다.[24]

University Press, 2007); Yong, *The Spirit Poured Out on All Flesh: Pentecostalism and the Possibility of Global Theology* (Grand Rapids, MI: Baker, 2005).
20 Yong, *Beyond the Impasse*, 47, 187.
21 위의 책
22 Yong, *Discerning the Spirit(s)*, 70.
23 위의 책
24 위의 책, 62.

코드는 "성령이 아들의 아버지에게서 나온다면 아들의 활동이 성령의 역사를 제한하지 않는다"라고 인식했다.²⁵ 그 결과 성령의 역사는 "아들의 활동보다 더 크다."²⁶ 용은 니터의 관점을 분석하면서 "말씀과 성령의 역사는 서로 분리되어야 하고, 아마도 자율적일 것이다"라고 제안했다.²⁷ 그는 『교착 상태를 넘어서』(*Beyond the Impasse*)에서, 성령의 역사가 완전히 주권적이거나 아들의 활동과 무관하다고 주장하는 것이 아니라 타종교에서의 성령의 임재와 활동을 분별하기 위해 그리스도론적 범주보다 더 중립적인 범주가 필요하다고 주장했다.²⁸

따라서 용은 이 둘 사이의 경계를 너무 명확하게 분리하는 것은 원하지 않았지만, 또한 그리스도론적 기준으로 성령의 사역을 제한함으로써 성령의 사역이 말씀에 '종속'되는 것은 원하지 않았다. 공정하게 말하면, 용은 그의 초기 단계의 연구 이후부터는 '자율성'이라는 용어를 사용하지 않았다. 그러나 그는 후기 연구에서 그리스도론적 기준의 필요성을 지속해서 경시하는 경향을 보였다.

2012년의 미발표 논문에서 그는 "성령론적 관점이 타종교와의 대화와 이해의 길을 어떻게 열어 줄 수 있는지를 탐구하기 위해 일시적으로 그리스도론을 억제하고 싶었다"라고 고백한 바 있다.²⁹ 2004년에 그는 타종교

---

25   Yong, *Beyond the Impasse*, 87.
26   위의 책, 91.
27   위의 책, 85.
28   위의 책, 186.
29   Amos Yong, "The Holy Spirit, the Middle Way, and the Religions: A Pentecostal Inquiry in a Pluralistic World," annual missions lecture, Catholic Theological Union, March 5, 2012. 이 연구 논문은 *Evangelical Interfaith Dialogue*에서 출판되었다. [http://cms.fuller.edu/EIFD/issues/Spring_2012/The_Holy_Spirit,_the_Middle_Way,_and_the_Religions.aspx] 여기서 그는 다음과 같이 진술했다. "성령의 역사는 아들의 성육신과 십자가에서의 역사와는 구별되며, 타종교에 관한 그리스도론적 판단은 항상 이런 원리에 근거를 두고 있었다. 문제는 타종교 신앙에서 기대할 수 있는 명백한 그리스도론적 표지가 없다는 것이 성령의 열매가 존재하더라도 예수의 영이 전혀 없다는 것을 의미하는지 여부이다"(12-13).

에서의 성령의 역사를 분별하는 데 있어서 그리스도론적 혹은 성경적 기준을 사용하는 것을 비판했다. 그는 "우리의 기준을 다른 사람들에게 강요하는 것이다 … 그들에게는 그들의 판단 기준이 있다"라고 주장했다.[30]

2007년, 용은 '더 나은 종교'를 가져온 선교사들의 제국주의적 자세를 비판하면서 선교사가 타종교 신앙을 부차적 지위로 격하시켰다고 주장했다. 용은 "의심할 여지없이 종교 간의 대화에 참여하는 선교사들과 그리스도인들이 연민을 가지고 타종교의 관점을 경청하기를 바라지만, 또한 그리스도론적 판단 기준의 사용과 기독교의 독단적 우월성을 드러내는 것은 잘못된 것이다"라고 비판했다.[31] 우리는 이 판단 기준의 문제를 아래에서 다룰 것이다.

5. 예수를 그리스도와 영원한 말씀으로부터 분리

종교신학자들 사이에서 성령과 아들의 사역을 분리하기 위한 접근이 있었다면, 예수를 그리스도의 사역 혹은 영원한 말씀과 분리하려는 유사한 시도가 있었다. 파니카와 뒤퓌가 이 논의를 이끌었다. 파니카는 "타종교 전통이 다양한 발상에 다양한 이름을 붙이는 것처럼, '예수'는 로고스 혹은 그리스도라고 부르는 우주적 그리스도에 대한 단순한 하나의 표현에 불과하다는 것을 확신하게 되었다"라고 말했다.

따라서 그가 "그리스도라는 이름을 유한한 것과 무한한 것 사이의 연결고리"라고 가정할 때 그는 "여기서 말하는 그리스도와 나사렛 예수를 동

---

[30] Amos Yong, "The Holy Spirit and the World Religions: On the Christian Discernment of Spirit(s) 'after' Buddhism," *Buddhist-Christian Studies* 24 (2004): 192.

[31] Amos Yong, "The Spirit, Christian Practices, and the Religions: Theology of Religions in Pentecostal and Pneumatological Perspective," *Asbury Journal* 62 (2007): 16.

일시하지 않아야 한다"라고 주장했다.[32] 뒤퓌는 "말씀의 인격이 신성과 인성이 연합한 그리스도의 인격을 뛰어넘는 것처럼, 말씀의 사역도 심지어 예수의 영화로운 상태에서의 사역의 한계를 넘어서는 것이다"라고 말함으로써 나사렛 예수가 우주적 그리스도 혹은 영원한 말씀의 의미나 사역을 넘어설 수 없다는 데 동의했다.[33]

뒤퓌는 예수가 "그날과 그때는 아무도 모르나니 하늘의 천사들도, 아들도 모르고 오직 아버지만 아시느니라"(마 24:36)라고 말한 것은 인간으로서의 그의 인식이 제한되어 있었기 때문에 신적 신비(divine mystery)를 완전히 알지는 못했던 것으로 보았다. 따라서 예수 그리스도의 계시는 '완전한' 신적 신비가 아니라는 것이다.[34] 이 논지에 따르면, 예수님은 인간이었기 때문에 영원한 말씀은 육신이 되신 말씀보다 더 많은 것을 담고 있으며, 우주적 그리스도는 육신의 그리스도보다 더 광대하다는 것이다.[35]

마크 하임(S. Mark Heim)도 나사렛 예수와 더 큰 신적 실재 사이의 차이에 대한 비슷한 견해를 제시했다. 그는 "삼위일체는 예수 그리스도가 하나님에 대한 완전하거나 배타적인 지식 혹은 우리를 구원하는 하나님 활동의 독점적 원천이 될 수 없다는 것을 가르친다"라고 주장했다.[36] 폴 니터도 예수 안에 있는 하나님의 자기 계시와 하나님의 광범위한 계시 활동 사이의 뚜렷한 차이를 강조한다. 그는 다음과 같이 주장했다.

> 예수 안에서의 하나님의 계시가 완전하거나 확정적이거나 최고라고 단정할 필요는 없다. … 마치 예수 안에서 하나님이 계시해야 하는 모든 진리를

32　Panikkar, *The Trinity*, 53.
33　Dupuis, *Christianity and the Religions*, 160.
34　위의 책, 88, 22.
35　Dupuis, *Toward a Christian Theology*, 298.
36　S. Mark Heim, *The Depth of the Riches: A Trinitarian Theology of Religious Ends* (Grand Rapids, MI: Eerdmans, 2001), 134.

다 계시하지 않으신 것처럼, 우리는 완전한 계시를 소유하고 있지 않다.

니터는 "무한한(Infinite) 존재를 유한한(finite) 존재와 동일시하거나, 신성을 하나의 인간의 모습이나 중재자로 제한하는 것은 전통적으로 성경에서 우상 숭배라고 가르친다"라고 말했다. 따라서 니터는 성육신한 말씀은 진리에 대한 결정적인 판단 기준이 될 수 없다고 결론 내렸다. 더 나아가, 그는 "마치 예수 안에만 확실한 하나님께서 말씀하시고, 예수밖에는 신성한 진리가 없는 것처럼 허풍을 떨지 않아야 한다"라고 주장했다.[37]

파니카, 뒤퓌 그리고 니터는 현대 신학의 추세를 반영해 계몽주의적 보편성을 삼위일체의 특수성보다 더 심각하게 받아들였다. "타종교 전통은 예수 그리스도 안에서 구체화한 보편적 과정의 특별한 깨달음을 보여 준다"라는 뒤퓌의 제안에 이런 경향이 잘 나타나 있다.[38] 이 보편성에 대한 주장은 예수를 역사적 예수로서의 독특성을 논리적으로 요구하지 않은 칸트(Kant), 헤겔(Hegel) 그리고 슐라이어마허(Schleiermacher)로 돌아가는 사고방식이다.

이 사고방식에 따르면, 역사적 예수를 통한 구원의 당위성을 주장하는 것은 궁극적 진리가 특정한 용어가 아닌 보편적 용어로 표현되어야 한다는 계몽주의적 공리를 위반하는 것이 된다. 레싱(Lessing)은 "역사의 우연한 진실은 결코 이성의 진실에 필요한 보증이 될 수 없다"라는 유명한 말을 남겼다.[39]

---

37 Paul F. Knitter, "Five Theses on the Uniqueness of Jesus," in *The Uniqueness of Jesus: A Dialogue with Paul F. Knitter*, edited by Leonard Swidler and Paul Mojzes (Maryknoll, NY: Orbis, 1997), 7-8.
38 Dupuis, *Christianity and the Religions*, 193.
39 Gotthold Ephraim Lessing, "The Proof of the Spirit and of Power," in *Lessing's Theological Writings*, edited by Henry Chadwick (London: Adam and Charles Black, 1956), 53. Bruce Marshall, *Christology in Conflict: The Identity of a Savior in Rahner and Barth* (Oxford, UK: Blackwell, 1987), 1-14.

계몽주의, 파니카 그리고 뒤퓌가 제기하는 문제는 예수님이 '역사의 우연' 가운데 하나라는 것이다. 물론 그의 삶, 죽음, 부활의 특수성은 신적인 의도가 있었지만, 인류가 보편적으로 접근할 수 없었다는 것이다. 이것이 파니카와 뒤퓌가 구원의 필요성은 물론이고 십자가에서의 속죄를 결코, 언급하지 않는 이유인 것이다. 십자가는 모든 사람이 접근할 수 없는 특정한 시간과 장소에서 발생한 또 하나의 특별한 사건이었기 때문이다. 보편성에 대한 레싱의 논지는 또한 파니카, 뒤퓌 그리고 하임이 예수님의 제한된 의식이 문제라고 생각하는 이유를 알 수 있게 해 준다.

만약 인간의 곤경의 근원이 파니카와 뒤퓌 그리고 다른 사람들이 제안하는 것처럼 하나님의 신비에 대한 지식이 부족했기 때문이라면, 그리고 구원이 우리가 따를 수 있는 하나님에 대한 정보를 제공해 주는 계시에서 오는 것이라면 예수님의 제한된 의식이 문제일 것이다. 그러나 인간의 곤경이 죄로 인해 하나님에게서 멀어진 결과이고, 구원이 하나님과의 화해를 의미한다면, 예수님의 제한된 의식은 사실상 모든 한계를 가지고 죄 많은 인류를 자신에게 맡기신 우리의 보증인 것이다.

이것은 하나님에 대한 정보뿐만 아니라 그의 내면의 삼위일체적 삶에 죄인들을 포함시키려는 하나님 자신의 의지를 나타낸 것이다. 따라서 예수님의 제한된 의식은 신성한 신비의 부분적 계시가 아니라 구원을 수반하는 완전한 그림을 보여 준 것이다.

이 모든 신학자가 예수님의 의식이 제한되어 있으므로 영원하거나 우주적인 그리스도의 충만함을 채울 수 없었을 것으로 인식했다.

그러나 왜 예수님의 인간으로서의 의식이 신성의 제한으로 이어져야 하는가?

그리스도의 인격 안에서 신성과 인성 간의 상호 작용에 관한 교리인 '속성의 교류'(communicatio idiomatum)에 따르면, 성육신하신 로고스의 신성한 인격은 자신의 제한된 인간 본성과 신적 본성이 하나님의 전지하심을 모두 사용할 수 있었다.

예수님은 자기 뜻에 따라 의식에 제한받도록 선택한 것이다. 그 제한이 로고스가 성육신의 의미에 대한 사도적 성찰에 영감을 주는 것을 막지 못했다. 그래서 요한은 성령이 사도들에게 '모든 진리'(요 16:13)를 제공했다고 말할 수 있었고, 골로새서의 저자는 예수 그리스도 안에 '지혜와 지식의 모든 보화'(골 2:3)가 숨겨져 있다고 선언할 수 있었다.

뒤피는 말씀이 "어떤 역사적 표현에도 결코 완전히 포함되어 있지 않다"라고 주장하지만, 골로새서는 '그 안에는 신성의 모든 충만이 육체로 거하시고'(골 2:9)라고 선언했다.[40] 그리스도 안에 있는 삼위일체적 성육신이 성부와 성령의 더없이 충만한 상호 내재를 막지 않았다. 이 신학자들은 또한 타종교에서의 그리스도의 사역과 십자가에서의 예수님의 구속을 분리한다. 이것은 '하나님을 낳은 여인'(*Theotokos*)이라는 마리아의 칭호를 거부한 후 영원한 로고스와 인간 예수를 분리한 네스토리우스의 실수와 유사하다.

성육신 이전의 말씀과 예수 안에서 성육신하신 말씀(요 1:1-3, 14) 사이에 차이가 있는 것은 사실이지만, 칼 바르트(Karl Barth)는 "추상화된 로고스(육체가 없는 말씀, *asarkos*)에 대한 이야기는 우리가 스스로 만든 하나님의 어떤 형상에 대한 추측에 불과하다. ⋯ 마치 삼위일체 하나님이 그 계시와 행위에 있어서 추상화된 것처럼 우리 자신이 제멋대로 지어낸 이야기로 채워야 할 의무가 있다고 느끼는 공허한 개념일 뿐이다."[41]

또한, 나사렛 예수 그리스도 뒤에 혹은 너머에 또 다른 그리스도가 있을 것이라고 상상하고 복음서에 기록된 성육신하신 그리스도와는 다른 형태의 그리스도에 대한 추측을 시도한 것이다. 그러나 우리가 아는 유일한 하나님은 나사렛 예수 안에서 계시된 바로 그 하나님이다. 그리고 우리는 그

---

40 Dupuis, *Christianity and the Religions*, 159.
41 Karl Barth, *Church Dogmatics*, 4:1, translated by G. W. Bromiley and T. F. Torrance (Peabody, MA: Hendrickson, 2010), 52.

어린 양이 죽임을 당했다는 것을 알고 있다(계 13:8).

6. 아버지와 아들의 분리

우리는 지금까지 아들을 성령으로부터 분리하거나 예수를 말씀이나 그리스도로부터 분리하고자 했던 사람들의 관점을 살펴보았다. 그러나 아버지와 아들을 분리함으로써 하나님에 대한 기독교의 삼위일체적 이해를 약화하는 문제도 제기되고 있다. 예를 들어, 다른 일신교 전통들과의 종교 간의 대화에 있어서 기독교 신학자들이 각 종교가 믿고 있는 신적 존재들과의 공통점을 강조한 나머지 하나님의 삼위일체적 본질을 무시하거나 최소화하는 것은 드문 일이 아니다.

일신교 전통의 공통점에 대한 질문은 기독교 신앙과 타종교 전통 사이의 연속성과 불연속성에 대한 복잡한 논쟁의 일부다.

기독교와 타종교 신앙과 관습 사이에 의미심장한 공통점이 있는가?

아니면, 기독교와 타종교 사이에는 어떤 연관성도 존재하지 않는 것인가?

우리는 제1장에서 이런 질문에 대해 다루었다. 문제는 토착 종교의 용어가 피할 수 없는 다양한 이유로 유입될 수밖에 없는 성경 번역, 지역 문화에 부합하는 기독교 복음의 상황화 그리고 타종교 신자들을 포함한 모든 민족 가운데서의 하나님의 임재와 활동 등과 관련된 토착화된 신학에 의문이 제기될 수 있다는 것이다.

복음주의자들은 일반적으로 기독교와 타종교의 차이점을 강조해 왔고, 공통점을 인정하려는 의지는 크지 않았다. 그러나 종교에 대한 주의 깊은 연구에서 알 수 있듯이 명백한 차이점과 함께 몇 가지의 놀라운 공통점도 존재하고 있다.

하나님에 대한 기독교적 이해는 타종교 전통의 신에 대한 개념과 어느 정도 유사한가?

대다수 사람은 신에 대한 기독교적 관점이 힌두교의 니르구나 브라만(*nirguna Brahman*)이나 불교의 열반 또는 신도(*Shinto*)의 카미(*kami*)와 크게 다르다는 것을 인정하겠지만, 이슬람과 같은 일신교 전통과 비교할 때 문제는 더욱 복잡해지고 논쟁의 여지가 있다. 7세기 무함마드 시대 이후로 기독교와 이슬람의 관계는 불안했지만, 2001년 9월 11일 뉴욕과 워싱턴에 대한 비극적 공격 이후 서구 그리스도인들 사이에서 무슬림에 대한 인식이 부정적으로 변했다.[42]

또한, 나이지리아, 수단, 인도네시아 및 기타 지역에서 그리스도인과 무슬림 사이의 지속적인 폭력과 분쟁은 두 종교 사이의 긴장을 악화시켰다.[43] 종교에 관한 신학적 문제는 종종 사회적, 정치적 문제와 복잡하게 얽혀 있어 냉정한 분석을 어렵게 만들기도 했다.

공통점과 차이점의 문제는 주로 다음과 같은 질문으로 표현된다.

그리스도인과 무슬림은 같은 신을 섬기는가?

이 질문은 매우 모호하며 다양한 방식으로 이해할 수 있다. 이 질문이 다음 중 하나를 의미할 수 있다.

---

42 기독교와 이슬람의 역사적 관계에 대해서는 William Montgomery Watt, *Muslim-Christian Encounters: Perceptions and Misperceptions* (London: Routledge, 1991); Alan G. Jamieson, *Faith and Sword: A Short History of Christian-Muslim Conflict* (London: Reaktion, 2006). On American Christians and Islam, Thomas S. Kidd, *American Christians and Islam: Evangelical Culture and Muslims, from the Colonial Period to the Age of Terrorism* (Princeton, NJ: Princeton University Press, 2009) 등을 참고하라.

43 기독교와 이슬람의 긴장에 대해서는 Eliza Griswold, *The Tenth Parallel: Dispatches from the Fault Line between Christianity and Islam* (New York: Farrar, Strauss, and Giroux, 2010)을 참고하라.

그리스도인과 무슬림은 창조주를 제외한 모든 것이 영원한 창조주 하나님에 의해 창조되었다는 데 동의하는가?

그리스도인과 무슬림은 하나님의 본질과 활동에 대한 각자의 이해에 동의하는가?

그리스도인과 무슬림은 기본적인 도덕적 가치와 헌신을 공유하는가?

무슬림은 예수 그리스도의 복음에 신앙으로 응답하지 않고 이슬람의 교리에 따라 행동해도 구원받을 수 있는가?

무슬림의 정체성을 유지하고 이슬람의 제도와 관습에 헌신하면서 진정한 예수 그리스도의 제자가 될 수 있는가?

오늘날 아랍어를 사용하는 예수의 추종자들은 성경의 하나님을 지칭하기 위해 '알라'라는 용어를 사용해야 하는가?

그러나 이것들은 기독교 공동체의 서로 다른 관점을 가진 신학자들이 서로 다르게 대답할 수 있는 매우 복잡한 질문들이다.[44]

복음주의자인 예일대 신학자 미로슬라브 볼프(Miroslav Volf)는 삼위일체 교리에 확고한 기반을 둔 창의적인 에큐메니컬 교회론을 포함해 인상적인 신학적 관점을 제시했다.[45] 볼프는 종교적 차이에 뿌리를 둔 그리스도인과 무슬림 사이의 갈등을 해결하려고 하기보다는 그리스도인과 무슬림이 같은 신을 숭배하는지에 대해 질문했다. 『알라: 기독교와 이슬람의 신은 같은가?』(*Allah: A Christian Response*)에서 볼프는 "그리스도인과 무슬림이 참으로 '한 분의 신, 동일한 신, 유일한 신'을 섬긴다"라고 강력하게 주장했다.[46] 그가 그리스도인과 무슬림이 유일한 신이 어떤 존재인지에 대해

---

44 '정통'이란 용어와 관점이 비록 정확하게 일치하는 것은 아니지만 초기 기독교의 신조를 따르는 그리스도인들을 말했다.

45 Miroslav Volf, *After Our Likeness: The Church as the Image of the Trinity* (Grand Rapids, MI: Eerdmans, 1998), 특히 191-220.

46 Miroslav Volf, *Allah: A Christian Response* (San Francisco: HarperOne, 2011), 14.

동의한다거나 그들이 동일한 실재를 다른 언어를 사용해 표현할 뿐이라고 말하는 것은 아니다.

정확히 말하면, 문제는 그리스도인과 무슬림이 예배하는 신에 대해 똑같은 믿음을 가지고 있는가의 여부가 아니다. 분명히 대답은 그렇지 않다는 것이다. 아무도 이것에 대해 이의를 제기하지 않는다.

그리스도인들 사이에서도 서로 동의하지 않는데, 어떻게 무슬림들과 서로 동의할 수 있겠는가?

무슬림들도 마찬가지이다. 하나님에 관해 기독교와 이슬람의 신앙은 큰 차이가 있다. 문제는 오히려 이 질문에 있다. 우리는 "그리스도인과 무슬림의 신앙과 사랑의 대상이 같은 것인가"라고 질문해야 한다.[47] 볼프의 대답은 이 둘 사이의 큰 차이에도 우리가 같은 신을 섬긴다고 대답할 수 있는 충분한 공통점이 있다는 것이다.

앞서 언급했듯이 복음주의자들은 종종 기독교 신앙과 다른 종교적 전통 사이의 공통점을 인정하고 싶어하지 않는다. 따라서 기독교와 이슬람 신앙 사이의 공통점을 탐구하고 그리스도인과 무슬림 사이의 더 평화로운 관계를 구축하려는 볼프의 의지는 폭넓은 지지를 받고 있다. 복음주의자들은 그리스도인과 무슬림 사이에 신뢰와 평화 관계를 구축하기 위해 노력해야 한다.

알라에 대한 볼프의 견해는 몇 가지 어려운 문제에 대한 사려 깊고 진지한 숙고의 결과이며 우리가 진심으로 동의하는 내용이 많이 있다. 그러나 볼프가 이 주제를 다루는 방식과 그의 결론을 입증하기 위해 사용한 증거에는 의문의 여지가 있다. 결과적으로 그의 기본적인 결론에는 신뢰할 수 없는 부분이 있다.

---

47 위의 책, 33.

볼프가 그리스도인이 무슬림과의 관계에 있어서 더 나은 이해와 평화적인 관계를 촉진하기 위해 최선을 다해야 한다고 주장한 것에 대해서 동의하지만, 그의 신학적 관점과 평화로운 관계 사이에 어떤 유익한 연관성이 있는지는 의문이 남아 있다. 볼프는 그리스도인과 무슬림이 각각의 신개념에 있어서 신학적으로 중요한 공통점을 인정할 때 비로소 갈등을 피할 수 있다고 주장했다.

그는 "그리스도인과 무슬림은 오직 서로의 종교 공동체의 정체성을 존중하고 표현의 자유를 보장해 줄 때만 서로 평화롭게 공존할 수 있으며, 이런 공동체에 속한 사람들이 지향하는 궁극적인 가치에는 상당한 공통점이 있다"라고 지적한 바 있다.

그가 제시한 이 두 가지 조건은 성경의 하나님과 꾸란의 알라가 겹치는 궁극적 가치를 구현하는 것으로 밝혀져야만 충족될 것이다. 즉, 양쪽 모두 일신교 신자들인 그리스도인과 무슬림이 '공통의 신'을 섬기는 것으로 판명된다면 그렇다는 것이다.[48] 볼프는 "이 두 공동체가 완전히 다른 신을 경배하는 것으로 밝혀지면 그리스도인과 무슬림 사이에 틈이 벌어질 것이다"라고 주장했다.[49]

그리스도인과 무슬림 사이에 어떤 공통점에 대한 동의가 있을 때 이를 분명히 인정해야 한다. 그리고 우리는 이 두 공동체 사이의 신에 대한 이해에 몇 가지의 중요한 공통점이 있다는 볼프의 주장에 동의한다. 그러나 그리스도인과 무슬림 사이의 평화로운 공존은 양쪽이 '공통의 신'을 섬기는데 동의할 때만 가능하다고 주장하는 것은 분명히 도움이 되지 않는 과장된 표현이다. 둘 사이의 갈등은 단순히 신학적 불일치뿐만 아니라 수 세기에 걸친 사회적, 민족적, 정치적, 군사적 갈등에 뿌리를 두고 있으며, 신학적 합의가 반드시 이런 다른 적대적 문제들을 근절하지는 않는다.

---

48   위의 책, 8-9.
49   위의 책, 35.

또한, 볼프의 주장은 서로 다른 종교 공동체가 기본 견해와 약속에 동의하지 않는 한 조화롭게 살 수 없다는 전제를 두고 있다. 그러나 이 전제에 동의할 수 없다.

볼프는 그리스도인과 창조자 하나님의 실체를 부인하는 불교 신자가 다툼이 없이는 함께 살 수 없다는 것을 의미하는 것인가?

우리는 그리스도인, 정령숭배자, 다신론자 그리고 무신론자 등이 우주와 종교적 절대자에 대한 서로 다른 관점에도 모두 평화롭게 공존할 수 있다는 기대를 하지 않아야 하는가?

볼프는 그리스도인과 무슬림의 신에 대한 이해 사이에 몇 가지 중요한 공통점이 있다고 주장했다. 요약하면, 그는 그리스도인과 무슬림은 신에 대해 다음 여섯 가지의 주장에 동의한다고 주장했다.

(1) 오직 한 분의 신, 유일한 신의 존재가 있다.
(2) 하나님은 하나님이 아닌 모든 것을 창조하셨다.
(3) 하나님은 하나님이 아닌 모든 것과 근본적으로 다르다.
(4) 하나님은 선하시다.
(5) 하나님은 우리에게 전심으로 하나님을 사랑하라고 명하신다.
(6) 하나님은 우리에게 이웃을 우리 자신처럼 사랑하라고 명하신다.[50]

많은 사람이 첫 세 가지 주장과 네 번째 주장의 유사성과 관련해 상당한 공통성을 인정할 것이다. 창조자를 제외한 다른 모든 것을 창조한 영원한 창조자는 오직 한 분뿐이다. 그러므로 무슬림이 한 분의 창조자를 지칭하는 한, 유일한 신의 존재는 물론 그리스도인과 무슬림은 같은 신을 언급하고 있다.[51]

---

50 위의 책, 110.
51 Lamin Sanneh, "Do Christians and Muslims Worship the Same God?" *Christian Century*

그러나 복음주의 이슬람학자인 더들리 우드베리(Dudley Woodberry)는 "기독교와 이슬람 신앙을 비교할 때 우리가 지칭하는 존재와 두 종교에서 그 존재의 성격과 행동에 대해 이해하는 것을 구별해야 한다"라고 주장했다.

그는 또한 "일신론자로서 우리는 둘 다 유일한 창조주를 지칭하지만, 신의 성품과 행동에 대한 이해에는 매우 큰 차이가 있다"라고 지적했다.[52]

따라서 그리스도인과 무슬림은 모두 처음 세 가지 주장을 전심으로 동의하지만, 아래의 사랑에 관한 논의에서 그리스도인과 무슬림이 하나님의 선하심을 다르게 이해하는 것을 볼 수 있다. 여기에는 유사성이 있지만, 그보다 더 중요한 차이점이 있을 수 있다.

볼프의 마지막 두 가지 주장에는 더 큰 문제가 있다. 그러나 이 주장은 볼프에게 매우 중요한 것이다. 왜냐하면, 만약 이 두 가지 주장이 '하나님 명령의 핵심'이고, 그리스도인과 무슬림에게 공통적인 것이라면, 이것은 이 두 공동체가 '공통의 신'을 섬기고 있다는 결론을 더욱 강화할 것이다.[53]

볼프는 만약 그리스도인들이 "예수 그리스도의 삶과 가르침의 마지막 자기표현에서 발견된 하나님이 꾸란의 알라와 같은 분인지를 판단하려면 성경과 꾸란에 나타나는 하나님에 대한 구체적이면서 중복된 가르침을 비교해야 한다"라고 말했다.[54]

또한, 신에 대한 설명이 '충분히 유사'하다고 판단되면, 그리스도인은 "예배 대상이 동일하다"라고 가정할 수 있다는 것이다.[55] 그는 성경과 꾸란의 내용은 대부분 '명령들'이라고 규정하고, "만약 성경에서 하나님이

(May 4, 2004): 35.
52 J. Dudley Woodberry, "Do Christians and Muslims Worship the Same God?" *Christian Century* (May 18, 2004): 36.
53 Volf, *Allah*, 110.
54 위의 책, 36, 98.
55 위의 책, 96.

명령하신 것이 꾸란의 명령과 유사하다면, 이것은 하나님의 성품이 비슷하고 그리스도인과 무슬림이 공통의 하나님을 섬기고 있다는 것을 암시한다"라고 주장했다.[56]

따라서 볼프는 성경의 두 가지 큰 계명인 '전심으로' 하나님을 사랑하는 것과 이웃을 '나 자신처럼' 사랑하라는 가르침을 선택해, 이슬람도 기독교와 마찬가지로 이런 명령을 신앙의 중심에 두고 있다고 주장했다.[57] 그러나 우리의 견해로는 볼프가 이와 같은 그의 입장을 뒷받침할 수 있는 증거를 제시하지 못했다.[58]

예를 들어, 이슬람이 첫째 명령, 즉 전심으로 하나님을 사랑하라고 명령했다는 그의 주장에 대한 증거는 매우 부족하고 사실과 다르다. 그는 "한 분이신 참 하나님에 대한 믿음을 받아들이고 '하나님'이 어떤 분인지 안다면 전심으로 하나님을 사랑하겠다는 결심을 하게 된다"라는 주장에 대한 증거로 "하나님만을 홀로 섬기라"(꾸란 39:45)라는 단 한 구절을 제시할 뿐이다.[59]

아마도 볼프는 하나님에 대한 우리의 사랑이 꾸란에 언급된 적이 없고, 거의 어떤 증거도 발견할 수 없기 때문에 이 정도의 증거밖에 제시할 수 없었을 것이다. 꾸란의 번역자들이 알라에 대한 인간의 반응을 '사랑'으로 표현한 것은 세 구절뿐이며(2:165; 3:31; 5:54), 아랍어 번역 방법에 따라 두 구절이 더 있을 수 있다(2:177; 76:8).[60] 그러나 이 가운데 어떤 것도 사랑을

---

56   위의 책, 103.
57   위의 책, 110.
58   우리는 이런 주제에 대해 그와 대화를 나누고 이런 문제 중 일부에 대한 그의 학문적 통찰에 대해 고든 닉켈(Gordon Nickel)에게 감사의 마음을 전한다.
59   Volf, *Allah*, 104. Volf's translations of the Qur'an are from the English translation of Addullah Yusuf Ali.
60   Gordon Nickel, "The Language of Love in Qur'an and Gospel," in *Sacred Text: Explorations in Lexicography*, edited by Juan Pedro Monferrer-Sala and Angel Urban (Frankfurt am Main: Peter Lang, 2009), 232.

명령하지 않는다. 그 본문들은 단지 알라와의 관계를 설명할 뿐이며, 6천여 개의 꾸란 구절 중에 최대 다섯 개에 불과하다.

심지어 무슬림 학자들조차도 이 다섯 구절 중 어느 것도 하나님을 사랑하라는 명령은 아니라는 것을 인정한다. 1960년대에 『정의의 알라』(*God of Justice*)를 펴낸 다우드 라바르(Daud Rahbar)는 다음과 같이 주장했다.

> 꾸란은 결코 알라에 대한 사랑을 조장하지 않는다. 알라는 오직 경건한 자만을 사랑하시기 때문이다. 알라를 사랑하려면 알라가 인간의 감정에 화답해야 하고, 인간은 완벽하게 경건해야 한다는 것을 전제해야 한다. 그러나 꾸란은 이런 전제를 결코, 허용하지 않는다. 선지자로서의 덕망이 가장 높았던 사람들조차도 자신이 알든 모르든 크고 작은 죄에 대해 용서를 구해야 하는 죄 많은 피조물이라는 것을 끊임없이 상기해야 한다. 알라의 완전한 정의에 비추어 볼 때 알라에 대한 사랑은 분명히 잘못된 것이다. 그러므로 꾸란은 알라에 대한 인간의 사랑이라는 주제를 전혀 다루지 않는다.[61]

따라서 라바르를 비롯한 이슬람 학자들에 따르면, 꾸란이 하나님에 대한 사랑을 언급하더라도 결코, 명령하지 않았다는 것이다. 꾸란은 사랑 대신에 알라를 두려워할 것을 명령한다. 라바르는 꾸란의 중심 주제가 '알라의 공의'이며, 가장 일반적인 명령은 "알라의 진노에 대한 두려운 마음으로 스스로를 지키는 것"이라고 주장했다.[62]

수년 동안 런던대학교에서 이슬람 법률 전문가로 활동해 온 노먼 앤더슨(Norman Anderson)도 이 관점에 동의했다. 성경은 하나님을 아버지, 목자 혹은 사랑을 나누는 연인 등으로 묘사하는 반면에 이슬람은 '주권자'(*Rabb*)

---

61 Daud Rahbar, *God of Justice: A Study in the Ethical Doctrine of the Qur'an* (Leiden: Brill, 1960), 180.
62 위의 책, xiii, 5, 180, 181-183, 223, 225.

로서의 알라와 그의 종 혹은 노예(*abd*)로서의 인간을 강조하고 있다.⁶³

꾸란에서 알라에 대한 사랑을 거의 언급하지 않고, 명령하는 것도 아니지만, 수피 전통에 있어서 사랑은 중요한 개념이다. 조셉 럼바드(Joseph Lumbard)는 이슬람 역사의 2세기부터 6세기까지 이 개념의 발전 과정을 연구하면서 "사랑은 2세기부터 오늘날까지 수피 전통의 필수 요소였다"라고 주장했다.⁶⁴

볼프는 이슬람의 수피 전통에 크게 의존해 이 두 가지의 사랑 계명의 중요성과 성경의 하나님과 이슬람의 알라 사이의 '성격'의 유사성을 주장한 것이다.⁶⁵ 이에 대한 증거로 볼프는 수피 신학자인 아부 하미드 알 가잘리(*Abu Hamid al-Ghazāli*, 1111)의 문헌을 인용했는데, 그는 알-가잘리가 '모범적인' 무슬림이며 이슬람의 '규범적 주류'를 대표한다고 말했다.⁶⁶

그러나 이런 수피 전통의 문헌을 사용하는 데는 문제가 있다.

수세기 동안 많은 무슬림이 수피 전통을 정통 이슬람에서 벗어난 것으로 비난해 왔기 때문에 주류 이슬람의 가르침에 대한 증거로 수피 전통을 제시하는 것은 적합하지 않다.⁶⁷ 더 나아가 사랑에 대한 수피 전통의 인식

---

63   Norman Anderson, *God's Law and God's Love* (London: Collins, 1980), 98.
64   Joseph B. Lumbard, "From Hubb to 'Ishq: The Development of Love in Early Sufism," *Journal of Islamic Studies* 18, no. 3 (2007): 345.
65   이슬람의 신을 지칭하기 위해 아랍어 용어 '알라'(Allah)를 사용하고, 기독교의 신을 지칭하기 위해 영어 용어인 '하나님'(God)을 사용할 때, 우리는 '알라'라는 용어를 기독교의 하나님의 신성에 사용될 수 없거나 신에 대한 비기독교적 용어를 사용할 수 없다는 것을 암시하지 않는다. '알라'는 무함마드 시대 이전에 아랍어를 사용하는 그리스도인들에 의해 사용되었으며, 오늘날에도 기독교의 하나님을 지칭하기 위해 계속 사용되고 있다. 아랍어 성경은 계속해서 히브리어와 헬라어의 하나님을 '알라'로 표기하고 있다. 마찬가지로 '하나님'은 '스피노자의 신' 또는 '이신론의 신'에서와 같이 비기독교적 신성을 표기하는데 사용되고 있다.
66   Volf, *Allah*, 12, 103.
67   Nickel, "The Language of Love," 241. 다니엘 브라운(Daniel Brown)은 수피즘에 대한 이슬람 내부의 논쟁을 암시하면서, 근대에 이슬람 개혁가들은 "서구에 대한 이슬람 종교 전통의 명백한 약점이 될 수 있는 희생양을 필요로 했고, 이슬람의 수동성과 보수주의의 뿌리로서 수피즘에 초점을 맞추었다"라고 지적했다. *A New Introduction to Islam*

은 대다수 그리스도인이 하나님에 대한 사랑과 인류에 대한 하나님의 사랑에 대해 이해하고 있는 것과는 큰 차이가 있다. 럼바드는 알 가잘리가 말한 무슬림과 알라 사이의 사랑은 상호 간의 인격적인 사랑이 아닌 인간의 인격이 소멸된 획일적인 사랑이라고 확언한 바 있다.[68]

수피 전통의 또 다른 역사가에 따르면, "인간에 대한 하나님의 사랑은 기독교 '구속'의 교리에서 가장 높은 형태로 완성된 개념이며, 수피 전통에서는 불가능한 것이다"라고 말했다.[69] 무슬림에게 있어서 알라의 초월성은 수피 공동체와 같은 감정적 정서가 있지 않았다는 것을 의미했기 때문이다.

가장 잘 알려진 초기 수피 지도자들 가운데 한 사람인 라비아 알 아다위야 알 콰이시야(Rābi'a al-'Adawiyya al-Qaysiyya, A.D. 801)는 알라에 대한 사랑에 관해 글을 썼지만, 그녀에 대한 알라의 사랑에 대해서는 전혀 언급하지 않았다.[70]

최근 무라드 윌프레드 호프만(Murad Wilfried Hofmann)은 "인간의 사랑에 상응하는 그의 피조물에 대한 알라의 사랑은 숭고하고 완전히 스스로 충분한 것으로서 알라의 본질과 양립할 수 없기 때문에 배제되어야 한다"라고 주장했다. 이슬람으로 개종한 호프만은 '알라의 사랑'에 대한 모든 이야기는 인간화되어, 알라의 초월성을 왜곡한다고 지적한 바 있다.[71]

(Malden, MA, and Oxford, UK: Blackwell, 2004), 173.
68 Lumbard, "From Ḥubb to 'Ishq," 351.
69 Margaret Smith, *Rābi'a the Mystic and Her Fellow Saints in Islām* (Cambridge, UK: Cambridge University Press, 1924), 92.
70 위의 책, 101; Nickel, "The Language of Love," 246.
71 Murad Wilfried Hofmann, "Differences between the Muslim and Christian Concepts of Divine Love," 14th General Conference, Royal Aal al-Bayt Institute for Islamic Thought, September 4-7, 2007, Amman, Jordan, 5-6. http://www.bismikaallahuma.org/archives/2008/differences-between-the-muslim-and-christian-concepts-of-divine-love/.

수피 무슬림과 일반 무슬림 모두 알라는 인간에 대한 조건 없는 사랑을 하고 있지 않다는 데 동의한다. 라바르는 "인류에 대한 무조건적 신성한 사랑은 꾸란과는 완전히 다른 개념이다"라고 썼다.[72]

알라의 사랑은 조건적이며, 의로운 일을 하는 사람들에게만 주어진다. 미국 이슬람 학자인 프레더릭 데니(Frederick Denny)는 인류에 대한 알라의 조건적 사랑에 관한 라바르의 관점에 동의한다. 그는 "믿음을 갖고 선을 행하는 그들에게는 하나님께서 사랑을 베푸시느니라"(꾸란 19:96)와 "하나님이 그들을 사랑하시고 그들은 그분을 사랑하며"(꾸란 5:54)라는 꾸란 본문을 조건적인 사랑의 사례로 인용했다.[73]

데니는 모든 사람에게 베푸는 하나님의 자비를 '선택한 사람에게만 베푸는' 알라의 사랑과 혼동하지 않아야 한다고 강조했다.[74]

요약하면, 꾸란의 알라는 인간에게 그를 사랑하라고 명령하지 않았다. 수피 무슬림은 알라에 대한 사랑을 추구하는 오랜 전통을 갖고 있지만, 그들이 주류 이슬람의 관점을 대변할 수 있는지 논쟁의 여지가 있으며, 인간에 대한 알라의 사랑은 물론 알라에 대한 인간의 사랑에 대한 그들의 개념은 기독교의 가르침과 매우 큰 차이가 있다.

알라가 이웃을 너 자신처럼 사랑하라고 명령했다는 주장은 무엇을 뜻하는가?

이 주장을 뒷받침하는 증거로, 볼프는 꾸란이 아닌 무함마드의 말과 행위에 대한 구전 전통을 기록한 하디스(Hadith)를 인용했다.[75] 볼프는 무슬림의 경전인 꾸란에서 이웃을 사랑하라는 명령의 증거를 찾은 것이 아니

72　Rahbar, *God of Justice*, 172.
73　Frederick M. Denny, "The Problem of Salvation in the Qur'an: Key Terms and Concepts," in *In Quest of an Islamic Humanism: Arabic and Islamic Studies in Memory of Mohamed al-Nowaihi*, edited by A. H. Green (Cairo: American University Press, 1984), 199-200.
74　위의 책, 199.
75　Volf, *Allah*, 105.

라, "여러분 중 누구도 자신을 사랑하는 것 같이 이웃을 사랑하지 않으면 믿음이 없는 사람입니다"라는 무함마드의 구전 전통을 인용해 증명하고자 했다.[76] 하지만 여기에도 문제가 있다.

첫째, 꾸란이 무슬림에게 비무슬림 친구를 사귀지 말라고 반복적으로 권고한다는 것이다. 예를 들어, "믿는 자들이여 불신자들을 친구로 택하지 말라"(꾸란 3:118)라고 명시적으로 권고하고 있다. 이와 유사한 권고는 꾸란 58:22과 60:1에서도 찾아볼 수 있다. 『꾸란백과 사전』(*Encyclopedia of the Qur'an*)에서 데니스 그릴(Denis Gril)은 "신앙으로 확인되지 않는 한 인간의 사랑이나 우정은 꾸란이 전혀 인정하지 않는다"라고 말했다.

그릴은 그 대신 조건부 사랑이 있다고 말했다. 그는 다음과 같이 주장했다.

> 오직 믿는 자만을 진정으로 사랑할 수 있다. 불신자를 사랑하는 것은 알라와 그를 분리하고 세상을 사랑하도록 끌어들이기 때문이다. … 불신자를 친구로 삼거나 동맹을 맺는 것은 … 알라의 원수 편에 서는 것이다.[77]

이것은 예수님이 제자들에게 원수까지 사랑하라고 하신 명령과는 전혀 다른 것이다(마 5:43-48).

둘째, 이미 언급했듯이 꾸란에는 이웃을 사랑하라는 명령이 없다. 따라서 이슬람의 구전 '전통'에서 이웃 사랑에 관해 이야기할 수 있지만, 꾸란에서 알라가 명령한 것은 아니다.

---

76 위의 책, 108, 105.
77 Denis Gril, "Love and Affection," in *Encyclopedia of the Qur'an* edited by Jane Dammen McAuliffe (Leiden: Brill, 2003), 234, 235.

지금까지 우리는 기독교와 이슬람이 모두 하나님을 사랑하고 이웃을 우리 자신처럼 사랑해야 할 의무를 가르친다는 볼프의 주장에 대해 자세히 살펴보았다. 우리는 이런 의무가 꾸란이나 주류 이슬람의 가르침이 아니라고 믿을만한 충분한 이유가 있다는 것을 확인했다. 또한, 그리스도인과 무슬림이 "하나님은 선하시다"(볼프의 네 번째 주장)라는 신념에 서로 어떤 의문도 없이 전적으로 동의한다고 주장했지만, 이것도 분명하지 않다.

그리스도인들은 하나님의 선하심을 그의 사랑으로 이해한다. 따라서 "사랑이 하나님의 본성이기 때문에 오직 사랑의 절대적 권세만이 하나님의 신성이라고 할 수 있다"라는 볼프의 주장은 옳은 것이다.[78] 그러나 이슬람의 알라는 기독교의 하나님처럼 사랑하라고 말한 적이 없다(요일 4:16). 꾸란의 알라는 결코 자신의 피조물에게 그를 사랑하라고 명령하지 않았으며, 이웃 사랑에 대한 이슬람의 개념은 기독교의 가르침과 다른 것이다. 무슬림은 그런 명령을 받은 적이 없으며, 대부분은 다른 무슬림에 대한 사랑으로 제한하고, 원수는 이웃으로 간주하지 않는다.

그러나 우리가 이 두 종교 사이의 공통점과 관련해, "하나님은 선하시다"라는 네 번째 주장도 두 종교의 사랑에 대한 인식이 다르기 때문에 문제가 있다고 거부하더라도, 우리는 볼프의 첫 세 개의 주장이 공통점의 영역에 대한 것이라는 사실을 염두에 둘 필요가 있다.

이것이 그리스도인과 무슬림이 동일한 하나님을 예배하고 있다는 결론을 내려야 하는 이유인가?

물론, 어떤 의미에서는 두 종교 신자들 모두 일신론을 믿는 자들로서 오직 한 분이신 하나님을 섬기고 있다는 데 있어서 동의할 수 있는 부분도 있을 것이다. 존재론적으로는, 오직 한 분의 영원한 창조주 하나님만이 있을 수 있다.

---

78 Volf, *Allah*, 101.

그러나 볼프가 묻는 말은 하나님에 대한 꾸란의 설명이 성경적 하나님에 대한 가르침과 '충분히 유사한가'의 여부이고, 여기서 우리가 충분히 동의할 수 있을 때 그의 주장이 타당성을 가질 수 있을 것이다. 그리스도인과 무슬림은 영원한 창조주 하나님이 있다는 데 동의하며, 볼프가 지적했듯이 하나님의 속성들 가운데 '전지전능'과 같은 일부 속성에 대해 실질적인 동의가 있다. 그러나 다른 측면에서 그리스도인과 무슬림은 이 창조주 하나님이 어떤 분인지에 대해 분명히 동의하지 않으며, 그 가운데 '예수 그리스도의 신성'과 '삼위일체' 교리는 불일치의 핵심 영역이다.

볼프는 이 차이를 충분히 알고 있고, 기독교 신앙의 필수 구성 요소로서 삼위일체 교리를 받아들인다. 그는 "삼위일체 교리는 선택적인 것이 아니라 하나님에 대한 기독교 신앙의 중심이다. 하나님의 삼위일체적 본질과 하나님의 성육신이신 그리스도에 대한 믿음을 제거하면, 기독교 신앙 전체를 제거하는 것이다"라고 인정했다.[79]

꾸란이 예수 그리스도의 신성을 거부하는 것은 의심의 여지가 없으며, 삼위일체 교리도 거부한다(꾸란 4:171; 5:17; 109-119; 9:30-31; 23:93; 112:1-4). 오늘날 대다수 그리스도인과 무슬림은 예수 그리스도와 삼위일체에 대한 기독교의 교리가 꾸란의 가르침이 서로 일치하지 않는다는 것을 알고 있다.

이것이 그리스도인과 무슬림이 같은 하나님을 섬긴다는 주장이 불가능하다는 것을 보여 주지 않는가?

볼프에 따르면, 반드시 그런 것은 아니다. 그는 "무슬림이 그리스도인들과 공통의 신을 섬기고 있다고 믿는 다른 좋은 이유가 있다면, 삼위일체에 대한 그들의 거부가 무슬림이 같은 신을 섬기고 있지 않다고 말할 충분한 근거가 될 수 없다"라고 주장했다. 그는 또한 삼위일체를 거부하는 것은 무슬림들이 "하나님의 참된 본질을 오해하고 있다"라고 이해했다.[80]

---

79 위의 책, 145.
80 위의 책

더 나아가, 볼프는 꾸란이 거부하는 것은 삼위일체에 대한 기독교의 가르침이 아니라 무함마드 시대에 돌고 있던 일탈적이고 이단적인 견해라고 주장했다. 그는 "꾸란의 '삼위일체'에 대한 거부는 하나님의 삼위일체에 대한 규범적인 기독교의 이해를 의미하지 않으며, 삼위일체의 기독교 교리는 '알라 외에는 다른 신이 없다'라는 무슬림의 가장 기본적인 믿음에 표현된 바와 같이 하나님의 하나 됨을 강조하는 것이다. 꾸란이 지적하는 것은 아마도 잘못된 그리스도인들이 가지고 있는 하나님의 본성에 대한 오해일 것이다"라고 추정했다.[81]

꾸란이 거부했던 것은 당시 일부 기독교 공동체의 이단적 견해로 보인다는 볼프의 견해에 실제로 많은 학자가 동의한다. 예를 들어, 지오프레이 파린더(Geoffrey Parrinder)는 "그리스도인의 입양 관습, 성부수난설(Patripassianism) 그리고 성모숭배 사상(Mariolatry) 등을 부인한 것이며, 삼위일체 사상의 본질인 하나 됨을 강조한 것이다"라고 제안했다.[82]

티모시 테넌트(Timothy Tennent)도 "삼위일체의 교리에 대한 일부 반대도 기독교 교리가 실제로 가르치는 것에 대한 근본적인 오해 때문이었다"라고 지적했다.[83] 예를 들어, "하나님께서 마리아의 아들 예수야 네가 백성에게 말해 하나님을 제외하고 나 예수와 나의 어머니를 경배하라 하였느뇨"(꾸란 5:116)라는 구절은 그리스도인들이 예수의 어머니인 마리아가 삼위일체의 세 구성원 중 한 분이라고 믿고 있다고 가정한 것으로 보인다.

그러나 무슬림이 삼위일체를 거부하는 것은 단순히 오해의 결과라고 말할 수 없다. 오해가 풀려서 그 의미가 명확해지더라도 무슬림이 성부, 성

---

81 위의 책, 143.
82 Geoffrey Parrinder, *Jesus in the Qur'an* (New York: Oxford University Press, 1977), 137.
83 Timothy C. Tennent, *Christianity at the Religious Roundtable* (Grand Rapids, MI: Baker, 2002), 153-154. Kenneth Cragg, "Islam and Incarnation," in *Truth and Dialogue in World Religions*, edited by John H. Hick (Philadelphia: Westminster, 1974), 126-139; Cragg, *The Call of the Minaret*, 3rd ed. (Oxford, UK: Oneworld, 1985), 232-235, 278-289.

자, 성령에 대한 기독교 신앙이 하나님의 단일성을 손상한 것이라고 주장하는 것은 마찬가지이다. 논쟁의 중심에는 예수 그리스도의 신성에 관한 문제가 있다.[84]

라민 사네(Lamin Sanneh)는 우리를 문제의 핵심으로 이끌어 주고 있다. 그는 "그리스도인과 무슬림은 하나님이 존재하고 있으며, 그 하나님이 한 분이라는 위대한 진리에 동의한다. 그러나 그들은 하나님의 속성에 대해 동의하지 않는다. 하나님에 관한 기독교 교리의 대부분은 하나님의 자기 계시에서 예수 그리스도를 하나님 자신으로 확증하고 있으며, 하나님에 관한 이슬람 교리의 대부분은 기독교 주장과 상반된다"라고 주장했다.[85]

기독교 신앙에 있어서 삼위일체 교리의 중요성에 비추어 볼 때, 볼프의 주장은 무슬림이 이 교리를 거부하는 것이 그리스도인과 무슬림이 서로 다른 신을 섬기고 있다는 것을 의미하지는 않는다는 것이다. 지금까지 살펴본 바와 같이, 이 문제 자체에 대한 신중한 설명이 필요하며, 간단히 '예' 혹은 '아니오'라고 대답할 수 있는 것은 아니다. 성부, 성자, 성령의 관계는 기독교적 하나님의 이해에 필수적이므로, 삼위일체 교리는 단순히 호기심을 자극하는 수준의 추상적인 개념이 아니다.

삼위일체의 관계는 또한 볼프의 주요 관심사인 하나님을 사랑으로 이해하는 데 영향을 미치는 중요한 요소이다. "삼위의 외적 사역은 나누어질 수 없다"(*opera Trinitatis ad extra indivisa sunt*)라는 삼위일체 교리는 아버지의 일이 아들의 일과 분리되지 않아야 한다는 것을 상기시켜 준다. 아들은 아버지의 성품을 이해하는 데 도움을 준다. 아버지의 성품은 "나를 본 자는 아버지를 보았거늘"(요 14:9)이라는 말씀에서 보는 바와 같이 아들을 통해

---

84 Kenneth Crags, *Jesus and the Muslim: An Exploration* (Oxford, UK: One world, 1999); Parrinder, *Jesus in the Qur'an*; Neal Robinson, *Christ in Islam and Christianity* (Albany, NY: State University of New York, 1991).

85 Sanneh, "Do Christians and Muslims Worship the Same God?" 35.

계시되었기 때문이다.

만일 아들이 제자들에게 하나님이 세상을 사랑하시고(요 3:16), 마음을 다하여 하나님을 사랑하고(마 22;37), 원수를 포함한 모든 사람을 사랑해야 한다(마 5:44)라고 말씀하셨다면, 우리는 아버지도 똑같이 말씀하시고 명령하셨다는 것을 추론할 수 있다.

따라서 우리는 그리스도인과 무슬림이 동일한 하나님을 섬기고 있는지에 대한 질문에 단순히 '찬성'과 '반대'로 대답할 수 있는 성격이 아니라는 사네(Sanneh)의 주장에 동의한다.[86]

우드베리(Woodberry)는 "그리스도인과 무슬림 그리고 유대인은 일신론자들로서 아브라함, 이스마엘, 이삭, 야곱의 창조주 하나님을 지칭할 때는 동일한 존재를 나타낸다. 그러나 다른 중요한 부분에 동의하더라도, 본질적인 부분에 있어서 서로 동의할 수 없는 다른 견해를 갖고 있다"라고 말했다.[87]

사실상, 아들에 대한 기독교의 가르침은 하나님과 예수님의 아버지에 대한 가장 기본적인 이해에도 영향을 미친다. 예를 들어, 그리스도인과 무슬림은 하나님이 한 분이라고 말했다. 그러나 무슬림은 어떤 예외도 없는 산술적인 '한 분'이라고 주장하지만, 예수님은 그 한 분이 또한 삼위가 된다고 가르치고 보여 주었다.

이 두 종교가 공유하는 또 다른 가르침은 하나님이 전능하시다는 것이다. 그러나 무슬림은 진정한 하나님의 전능하심은 십자가의 약함에서 발견된다는 가르침을 단호하게 거부한다.[88] 그러므로 아버지가 아들과 분리되지 않고 실제로 아들에 의해 계시되었다면, 무슬림이 이해하는 알라의

---

86 위의 책, 35.
87 Woodberry, "Do Christians and Muslims Worship the Same God?" 37.
88 Timothy C. Tennent, *Theology in the Context of World Christianity* (Grand Rapids, MI: Zondervan, 2007), 40-41.

가장 기본적인 속성조차도 성경의 하나님과 다른 것이다. 따라서 우리는 "하나님에 대한 이슬람의 이해와 성경적 하나님에 대한 그리스도인의 이해 사이의 동일성을 확인하는 것이 하나님의 유일성에 관한 한 적절하지만, 헌신과 정체성의 문제인 하나님의 성품에 대해서는 부적절하다"라는 사네의 의견에 동의할 수밖에 없을 것이다.[89]

7. 삼위일체적 기준의 확립

타종교가 삼위 하나님의 임재를 어떻게 인식할 수 있는가?

이것은 삼위일체를 그리스도인들이 가지고 있는 하나님에 관한 독특한 이해라고 인정하는 모든 종교가 반복해서 묻는 말이다.[90] 이 질문에 응답하는 세 가지의 신학적 접근 방식은 삼위일체의 기준을 사용하지 않는 접근 방식, 타종교에서 삼위일체와 유사한 추상적인 유형을 찾는 접근 방식 그리고 확고한 삼위일체의 기준을 사용한 접근 방식 등으로 축약할 수 있다.

첫째 접근 방식은 기독교 삼위일체 하나님의 성품을 인식하지만 종교 간의 대화에서 '삼위일체'라는 용어를 사용하는 것을 제국주의적이고, 우월한 것으로 간주하는 신학자들이 취한 것이다. 그들은 타종교에서 하나님의 임재를 분별하기 위해 '중립적' 기준을 모색하고자 했다. 대다수의 종교신학자는 타종교에 대해 배우려는 진지한 시도가 없는 삼위일체의 승리주의적 기준을 적용하는 것에 대해 당연히 경고했다.

타종교 신자들이 실제로 믿고 행하는 것에 귀를 기울이려는 진지한 노력이 없는 종교신학은 그리스도인들에게도 의미가 없을 뿐만 아니라 타종교 신자들에게는 불필요한 불쾌감을 줄 수 있다는 것이다. 벨리-마티 케

---

89 Sanneh, "Do Christians and Muslims Worship the Same God?" 35.
90 Robert Jenson, *The Triune Identity* (Philadelphia: Fortress, 1982), 1-18.

르케이넨(Veli-Matti Kärkkäinen)은 "타종교 신자가 다른 사람의 종교적 신념과 관습을 무시하는 것은 종교적 권익을 침해하는 것 이상을 의미한다"라고 경고했다. 그런 무시가 '제국주의' 혹은 '지적 스탈린주의'(intellectual Stalinism)로 불리는 것은 당연하다.[91]

그러나 사람들은 타종교 신자의 이야기를 들은 후에도, 그리스도론적 기준을 사용하는 것이 다른 사람의 목소리를 차단해 그들에 대한 이해를 방해할 수 있다는 것을 우려하기도 한다. 아모스 용은 "강력한 그리스도론적 기준을 고집하는 것은 다른 사람의 정체성을 무시하고 다른 신앙에 대해 제국주의적으로 접근하는 것이다"라고 말했다.[92] 타종교를 평가할 때 그리스도론적 기준을 사용하면 그 과도한 독특성으로 인해 타종교의 기준을 이해하기 어려울 수 있다는 것이다.

그는 C. S. 피어스(C. S. Peirce)와 로버트 네빌(Robert Neville)이 제안한 것처럼 서로 다른 종교적 신념과 관습을 평가할 때, 그들의 진실성을 무시하지 않고 존중하는 다소 '모호한'(vogue) 기준을 사용하는 것이 훨씬 낫다고 판단했다. 이 모호한 기준의 사용에 있어서 "배제된 중간층(excluded middle)의 법칙은 적용하지 않는다."[93]

이와 같은 방식으로 기독교 신학자들은 아마도 '편파적이거나 중립적이지 않은 그리스도론적 기준'을 피할 수 있는 '진정한 초문화적이고 보편적인 담론과 합리성의 목표'를 달성할 수 있을 것으로 주장했다.[94]

용은 이런 중립적 기준을 정립하기 위해 세 가지의 단계를 제안했다.

91　Kärkkäinen, *Trinity and Religious Pluralism*, 165.
92　Yong, *Beyond the Impasse*, 103.
93　위의 책, 178-179.
94　위의 책, 73, 91, 179.

첫째, 미학적 규범을 사용해 개인적 종교 경험의 정도와 진정성을 측정하는 현상학적 측면에서 종교적 경험이 개인을 어떻게 변화시키는지 관찰하는 것이다.[95]

둘째, 도덕-윤리적 측면으로서, 종교적 상징을 성령의 열매와 연결하여 더 나은 사람이 되기 위한 개인적인 변화의 열매를 찾는 것이다.[96] 용은 이것이 한스 큉(Hans Küng)이 제안한 '인간성'(*humanum*)의 기준과 유사하다고 말했다.[97] 따라서 기독교 종교신학자는 종교를 통해 인간의 삶이 온전해지고 공동체적 관계가 개선되고 강화되는지를 탐구할 수 있다.[98]

셋째, 신학-종교학 차원에서, 관련된 종교적 상징이 추구하는 '초월적 현실'이 무엇인가를 파악한다. 용은 여기에 악마가 관련될 수 있으며, 이 질문은 이성적인 인식의 방식을 초월하는 궁극적인 영적 행위에서 그 답을 찾을 수 있을 것으로 제안했다.[99]

용은 이 과정에서 영매에 의한 영의 소유를 강조하는 아프리카-브라질 토착 종교 전통인 움반다(Umbanda)의 사례를 적용했다. 이 토착 종교의 역사학적, 사회학적 그리고 인류학적 분석을 통해 토착 종교 현실에 대한 공감적 이해로 결론을 내렸다.[100] 그는 "결국 성령의 임재와 활동에 대한 '증거'는 영의 소유에 뒤따르는 긍정적 혹은 부정적 결과일 수 있다.

긍정적 결과로는 치유, 물질적 번영, 실존적 평온함 등이며, 부정적 결과로는 신을 의심하거나 반대하는 사람들에게 형벌을 가하는 파괴적인 결

---

95 Yong, *Discerning the Spirit(s)*, 250-251.
96 위의 책, 251-252.
97 Hans Küng, "What Is True Religion? Toward an Ecumenical Criteriology," in *Toward a Universal Theology of Religion*, edited by Leonard Swidler (Maryknoll, NY: Orbis, 1987), 231-250.
98 Yong, *Discerning the Spirit(s)*, 252-253.
99 위의 책, 254.
100 위의 책, 287.

과를 초래하기도 한다"라고 평가했다.¹⁰¹ 그래서 용은 움반다를 비판하기도 했지만, 그 추종자들이 "나는 움반다가 우리를 '오리샤'(Orixa) 아버지의 길로 인도하는 구원의 종교라고 믿는다" 라고 선언하는 종교적 신념에 대해 긍정적인 감사를 표명했다.¹⁰²

그는 이 토착 종교 전통을 악마적 혹은 비밀기독교(rypto-Christian)로 분류하지는 않지만, 영의 존재는 이 종교 전통을 비롯해 우리가 법, 합리성, 관계성 그리고 공동체를 볼 수 있는 다른 전통에서도 발견될 수 있다고 주장했다. 반대로 혼돈, 비합리성, 고립, 소외를 발견할 때 악마를 느낄 수 있다는 것이다.¹⁰³

용의 이 과감한 제안을 어떻게 평가해야 하는가?

그는 복음주의자들이 전통적으로 악마적인 것으로 간주해 온 종교의 신자들에게도 성령이 역사할 가능성을 고려하도록 요청했다. 또한, 그는 복음주의자들이 성령이 교회 밖에서 어떻게 역사하고 있는가를 이해하고, 우리가 성령의 활동과 임재 그리고 그 결과를 평가할 수 있는 기준을 확립하기 위해 더 열심히 노력해야 한다고 촉구했다. 용은 또한 복음주의자들이 단순히 삼위일체를 그리스도로 완전히 대체한 '그리스도적 일원론'(Christomonist)에서 벗어나 삼위일체적 관점을 갖도록 격려한다.

그러나 우리는 많은 의문을 제기할 수밖에 없다.

---

101 위의 책
102 위의 책 움반다(Umbanda)에 대한 이런 묘사는 브라질의 움반다 및 기타 아프리카 토착 종교가 "실제로 법 질서를 무시하고, 각종 범죄를 일으키는 매춘부, 포주, 밀수업자, 인신 매매범 및 기타 사람에게 영적 보호를 제공한다"라는 앤드루 체스넛(R. Andrew Chesnut)의 주장과 균형을 이루어야 할 필요가 있다. 움반다를 비롯한 그 유사한 종교들은 적을 헤치거나 심지어 살해를 일삼는 기독교의 적대자들과 도덕적으로 의심을 받거나 최악의 경우 악하다고 여겨지는 목적과 행위에 대한 영적 지원과 보호를 제공하기도 한다. R. Andrew Chesnut, *Competitive Spirits: Latin America's New Religious Economy* (New York: Oxford University Press, 2003), 109, 116.
103 Yong, *Beyond the Impasse*, 131-132.

첫째, 움반다와 같은 종교에서 성령은 무엇을 하실 수 있는가?

개인과 공동체의 복지를 위해 성령이 임재하신다는 주장이 곧 구원으로 인도하는 삼위일체 하나님에게 헌신한 종교를 의미한다고 간주해야 하는가?

어떤 의미에서 선은 모든 선의 근원이신 하나님께 궁극적으로 귀속되는 것이다. 그러나 선이나 공동체적 복지의 특정 사례가 직접 성령의 활동에 기인해야 하는 것은 아니다. 기독교 신학은 개인과 사회에 다양한 정도의 총체성을 가져오기 위해 하나님이 신비하게 일하시는 일반 계시와 성령이 그의 아들을 통해 각 사람을 아버지와 구원의 교제로 인도하는 특별 계시 혹은 구원의 계시를 구분해 왔다.

둘째, 합리적이고 관계적인 것이 무엇인지 어떻게 알 수 있는가?

혹은 한스 큉의 '인간성'(*Humanum*)과 같이 진정으로 인간적인 것은 무엇인가?[104]

큉은 주술을 배제하지만, 용은 움반다가 큉이 말한 인간성을 가져올 수 있다고 생각하는가, 식인 풍습은 어떤가?

일부 종교신학자는 식인 풍습이 인간의 번영에 해롭다고 생각하지만, 일부 인류학자는 그 행위가 사회적 결속을 향상하는 데 이바지한 부족을 찾을 수 있었다. 즉, 인간의 '변화'를 중심으로 한 기준은 본질에서 주관적이고 모호하다. 그리스도론적 규범과 같은 구체적인 신학적 기준을 사용하지 않으면, 인간 번영에 대한 서로 다른 개념을 분별할 명확한 방법을 상실할 수 있다.

클라크 피녹(Clark Pinnock)의 관찰에 따르면, 더 정확한 기준이 없으면 우리는 속을 수 있다. 그는 "예를 들어, 1930년대에 많은 지적인 미국인과 유럽인이 베를린과 모스크바를 방문했을 때 속았다. 1960년대 중국에

104　Küng, "What Is True Religion?" 240.

서도 같은 일이 일어났다. 이 순진한 방문객들이 혁명의 정신을 경험하고 난 후, 나중에 억압적이고 심지어 살인적인 것으로 판명된 정권에 열광적인 사람이 되어 집으로 돌아왔다. 그들은 인간의 삶에 대한 새로운 가능성을 엿보았다는 확신에 차 있었지만, 슬프고도 위험할 정도로 속았고 현혹되어 있었다"라고 회상했다.[105]

셋째, 중립적 기준을 가진다는 것이 가능한 일인가?

중립적이라는 것이 무엇을 의미하는가?

어떤 의미에서 중립인가?

용의 주장이 단순히 우리가 종교를 적절하게 평가하지 못하게 하는 임의적이거나 편향된 기준을 피해야 한다면 우리는 진심으로 동의한다. 그러나 그는 이것을 넘어서서 명시적으로 기독교 신학에서 나온 기준을 사용하지 않아야 한다고 주장하는 것으로 보인다. 그렇다면 그의 주장은 받아들일 수 없다.

타종교에 대한 신학적 평가는 성경과 기독교 전통에서 나온 기준을 사용해야 한다. 이것은 그리스도인이 아무리 공정하고 중립적이라고 하더라도 타종교를 평가할 때마다 필연적으로 그 종교를 기독교적 관점으로 판단할 수밖에 없다는 것을 의미한다.[106] 예를 들어, 그리스도인의 '관계성' 기준을 사용하는 것은 비기독교 전통에서 유사한 개념을 찾으려고 시도하

---

105 Pinnock, *Flame of Love*, 209.
106 우리는 종교를 평가하기 위한 중립적 기준에 관한 용의 요청을 받아들일 수 있지만 인간 관찰자가 최종 비교 평가에서 중립적일 수 있다는 그의 제안은 수용할 수 없다. 그래서 우리는 신적 계시와 같은 기준이 계시에는 계시하는 신이 필요하기 때문에 소승 불교와 같은 무신론적 종교의 경전을 평가하는 데 유용하지 않다는 그의 지적에 동의할 수 있다. 소승 불교와 같은 종교에는 경전이 있지만 계시의 개념은 없기 때문이다. Yong, *Beyond the Impasse*, 178-179. 그러나 우리는 그리스도인들이 자신의 종교적 정체성을 초월해 타종교의 '실재'를 내부에서 경험할 수 있도록 어느 정도의 중립성을 얻을 수 있다는 그의 제안에 동의하지 않는다. Amos Yong, "A P(new)matological Paradigm for Christian Mission in a Religiously Plural World," *Missiology* 33 (April 2005): 180-181.

더라도 사랑과 정의에 대한 기독교적 이해의 영향을 피할 수 없다. 따라서 '제국주의'가 다른 전통을 평가할 때 자신의 종교적 전통에 의해 형성된 기준을 사용하는 것을 의미한다면, 기독교 종교신학자는 '제국주의'를 피할 수 없다.

물론 힌두교, 불교, 이슬람, 몰몬교 등이 제시하는 대안적 관점에 대한 평가도 마찬가지다. 타종교의 독특성에 대한 부주의와 무관심을 허용하지 않아야 하지만, 종교신학에서 자신의 전통에 영향을 받지 않는 중립적 기준을 찾는 것은 바람직하지도, 가능하지도 않다는 것을 시사한다.

8. 삼위일체의 유형

다른 기독교 종교신학자들은 타종교에 대한 평가에서 삼위일체를 사용하는 것을 주저하지 않았다. 그러나 이 가운데 다수는 기독교의 삼위일체 신학 그 자체보다는 삼위일체로부터 유추한 추상적인 개념을 도입하고자 했다. 조지 섬너(George Sumner)는 이 개념을 자기 분화, 분리, 복귀의 삼중 운동으로 표현한 헤겔의 삼위일체적 철학에서 비롯된 것으로 생각했다.[107]

헤겔은 삼위일체에 대한 기독교 교리는 철학, 특히 작가의 설명해야 하는 '그림적 사고'(picture thinking)라고 믿었다. 그 결과, 기독교 신학 밖에서의 철학적 재구성이 결국 성경적 담론과 상충하는 삼위일체신학을 형성했다. 헤겔에게는 세상이 하나님의 형상을 삼위일체로 규정했지만, 성경적 삼위일체신학에서 하나님은 세상이 창조되기 전부터 이미 삼위일체였다. 섬너는 이와 같은 여러 종류의 현대 삼위일체 종교신학을 '헤겔의 손자'로 보았다.[108]

---

107 Sumner, *The First and the Last*, 110.
108 위의 책, 111.

예를 들어, 파니카는 삼위일체가 존재와 의식의 모든 영역에 스며든 신적 실재의 '신인양성'(theandric) 구조를 뜻하는 기독교 용어라고 표현했다.[109] 그가 말한 '신인양성' 구조는 신성과 인성 사이의 궁극적 결합에 대한 세 가지 사고방식을 나타낸다.

첫째, 신을 인간으로 표현하는 '성상 숭배'(iconolatry)다.
둘째, 두 사람 사이의 개인적 사랑의 관계를 강조하는 '인격주의'(personalism)다.
셋째, 절대자를 모든 것의 근원으로 인식하는 신비적 불이론(Advita)이다.[110]

다시 말해, 아버지는 허무주의와 부정신학(*apophaticism*)을, 아들은 유신론을, 영은 일원론을 의미한다.[111] 파니카에게 삼위일체는 궁극적인 구분이 없다는 개념에서 나온 불이론(nonduality)의 더 깊은 존재론적 상징이다.

어떤 사람들은 마크 하임(Mark Heim)에게서 다른 종교적 목적의 삼위일체신학을 보기도 한다.[112] 그러나 하임은 파니카의 제안보다 정통 신학에 훨씬 더 주의를 기울이고 있다. 하임의 삼위일체론은 수십 년 만에 등장한 가장 혁신적이고 흥미로운 삼위일체 종교신학 가운데 하나로서 더 많은 관심을 기울일 가치가 있다.

하임에 의하면, 삼위일체의 다른 종교적 목적은 동일한 때에 동일한 사람에 의해 실현되는 것이 아니라, 다른 때에 다른 사람이나 같은 사람에 의해 실현되는 것이다. 그리고 이 다른 목적의 실현은 하나님이 '섭리적으로' 제공할 수 있다. 존재론적으로, "실제로 다양한 종교적 성취와 구원이

---

109 Panikkar, *The Trinity*, xi.
110 위의 책, 9-40.
111 위의 책, 41-69.
112 Sumner, *The First and the Last,* 116-117.

있을 수 있다."[113]

예를 들어, 부처의 계율을 원칙대로 고수하는 소승 불교 신자(Theravadin)는 실제로 열반을 경험할 수 있고, 무슬림은 실제로 낙원(paradise)에 도달할 수 있다는 것이다. 따라서 종교적 성취에는 상실(lostness), 비기독교 종교를 통한 종교적 성취 그리고 삼위일체 하나님과의 교제 등의 세 가지 목적이 있다. 이 가운데 마지막은 오직 기독교 신앙만이 제공할 수 있다.[114]

열반이 궁극적인 존재론적 목적이고, 윤회의 고통으로부터 해방됨으로써 실현되는 불교의 가르침과 관련해 이 목적이 어떻게 적용될 수 있는지에 대해 하임은 "예를 들어, 그리스도인들은 풍부한 종말론적 신학을 갖고 있다. '공'(emptiness)의 '신적 심연'(divine abyss)을 경험한 사람은 신성한 종말론적 신학의 한 단면을 깨달은 것으로 볼 수 있다. 나의 관점에서 볼 때, 우리는 삼위일체의 충만하신 하나님과의 직접적인 교통이 가능하다고 믿기 때문에 이것은 하나의 부차적인 선에 불과하다.

그러나 그 목적은 비현실적이거나 악한 것이 아니라 인간의 고통으로부터의 진정한 해방을 갈망하는 것이다. 궁극적 완성의 위대한 그림 속에서 우리의 위치는 변경될 수 있지만, 각자는 어느 정도 하나님을 영화롭게 할 수 있다"라고 썼다.[115] 이후의 연구에서 하임은 단테의 영향을 크게 받아 네 번째 목적을 추가했다. 창조된 선에 대한 집착, 즉 영혼을 하나님이 아닌 지옥에 묶는 것이었다. 하임은 "하나님은 단테와 마찬가지로 외부의 힘으로 사람들을 지옥에 가두지 않는다. 지옥은 자치적(self-governed)이며, 악마는 스스로 포로가 된 존재들이다. 그곳의 거주자들은 불평하지만, 자신의 죄와 지옥을 포기하지 않는다"라고 주장했다.[116]

113　S. Mark Heim, *Salvations: Truth and Difference in Religion* (Maryknoll, NY: Orbis, 1995), 131.
114　위의 책, 165.
115　위의 책
116　S. Mark Heim, *The Depth of the Riches: A Trinitarian Theology of Religious Ends* (Grand

하임의 신학은 그의 종말론에도 영향을 주었다. 하임에게 있어서 하나님은 삼위일체의 세 위격과 피조물과의 관계로 구성되어 있다. 그래서 신의 존재는 곧 친교를 뜻한다. 이와 같은 타종교의 다양한 목적이 삼위일체 하나님의 다양한 차원을 나타낸다는 것이다. 이 목적들은 삼위일체의 다른 위격들로부터 분리되어 있기 때문에 서로 다를 수밖에 없다.

그러나 하임은 비그리스도인들은 삼위일체의 한 부분에만 초점을 맞추기 때문에 그들은 순수하게 삼위일체의 일부만을 알 수 있는 반면에 삼위일체의 전체와 교제하는 그리스도인들은 그렇지 않다고 생각했다. 동시에 하임은 그리스도인이 아닌 사람은 그리스도 안에서 풍성한 삶을 경험할 수 없다고 주장했다.

또한, 타종교의 목적은 삼위일체의 한 위격에 한정되지 않고, 피조물과 삼위일체의 관계를 한 차원 더 상승시키는 것이라고 주장했다. 하임은 어느 한 종교가 다른 종교보다 더 진실하다고 말하기 힘들다고 주장했던 존 힉과 같은 종교다원주의자는 아니다. 하임은 타종교가 비록 삼위일체의 한 단면을 나타낼 수 있다고 하더라도, 그것이 전적으로 참된 것은 아니라고 주장했다. 모든 진리는 세계 종교의 중심에 있는 참된 신적 실재인 사회적 삼위일체에 있다.

예를 들어, 불교(Theravadin)는 피조 세계의 본질을 '공'으로 인식하는 비인격적 차원에 초점을 맞추고 있다. 하임은 인간이 혈액과 같은 비인격적인 물질을 포함하고 있는 것처럼, 무생물의 피조물은 하나님에 의해 창조된 것이 아니라 하나님 안에 있는 것이라고 주장했다. 불교 신자가 실재의 '공'에 대해 말할 때, 하임은 그들이 특정한 진리를 추구한다고 믿지만, 사실상 불교 신자가 생각하는 방식대로는 아니라고 믿었다.

Rapids, MI: Eerdmans, 2001), 107-114.

그는 하나님의 행위에는 원인이 없기 때문에 '공'으로 표현될 수 있다는 것이다. 하나님과 그 위격은 결코 완전히 드러나지 않는다.

그리고 하나님은 피조물이 자유를 누리게 하고, 멸망에 이르는 것을 막기 위해 '언약'을 맺거나 '철회'하기도 하신다. 그래서 불교가 인격적인 신을 거부하는 것은 잘못된 것이지만, 따라서 그들이 생각하는 방식대로가 아닌 실재의 '공'을 경험할 때 신의 실재를 경험할 수 있다는 것이다. 마찬가지로 하임은 불교의 열반(nirvana)이 불교 신자들이 이해하는 것과 같은 존재론적 궁극의 경지는 아니라고 말했다.

그러나 불교의 열반은 불교 신자들이 실제로 경험할 수 있는 신의 특정 차원에 대한 설명이라고 말했다. 그러나 동시에 열반의 경험은 삼위일체와의 완전한 친교인 구원론적 목적에 도달하지 못한다. 또 다른 예를 들면, 힌두교 신자는 실제로 신과 결합할 수 있지만, 이것은 실재와 하나님 모두에 대한 제한적이고 부족한 경험이라는 것이다.

따라서 하임에게는 타종교의 구원론적 목적이 성취될 수 있다는 의미를 내포하고 있지만, 더 깊은 의미에서 타종교의 구원론적 기대는 이루어질 수 없다고 주장했다. 이것은 희망과 믿음의 실패를 뜻한다. 타종교의 신자들은 진리의 충만함을 경험하거나 삼위일체 속에서 하나님의 충만함과 교통하는 대신 진리의 일부를 절대적인 것으로 생각하는 것이다.

그러므로 하임에게 '잃어버린 바 된 것'은 하나님과의 관계를 거부하는 것을 의미한다. 삼위일체 하나님의 충만함에 더 가까이 다가갈수록 관계성과 개별성의 차원이 더 깊어진다. 그러나 관계성을 거부하는 영혼은 마침내 자신의 자아와 정체성을 잃게 될 것이다. 이것이 하임이 소멸(annihilation)을 이해하는 방식이다.[117]

---

117 위의 책, 273, 286.

하임의 종교신학이 통찰력이 있고 창의적이지만 궁극적으로는 지지할 수 없는 주장이다. 초기 형태의 종교다원주의에서는 거의 찾아볼 수 없는 삼위일체적 본질과 타종교의 실제적인 목적 사이에는 근본적인 차이가 있다는 것을 인정한 것은 중요한 부분이다. 하임은 기독교와 타종교와 비교할 때 삼위일체의 독특성을 강조하지만 동시에 타종교가 진정한 진리라고 생각하는 가르침을 기독교의 삼위일체와 연결했다. 하임의 삼위일체신학에는 부실한 성경적 기초와 예수 그리스도에 대한 모호한 입장이라는 두 가지 측면을 지적할 수 있다.

성경적 계시에 대한 하임의 주장은 부실하고 제한적이다. 그의 제안이 단지 논리적으로 가능하다는 것만으로는 충분하지 않다.[118] 또한, 우리는 성경이 하임의 주장을 지지하고 있는지 검토해야 한다. 하임은 요한계시록에 언급된 천국에서의 다양한 직분(순교자, 장로, 천사)과 고린도전서, 에베소서 그리고 로마서의 다양한 은사에서 여러 가지의 구원론적 목적에

---

118 그러나 논리적 차원에서도 하임의 모델에 의문을 제기하는 이유가 있다. 예를 들어, 하임은 기독교와 불교 신자들 모두 각자의 구원론적 목적을 달성할 수 있다고 주장했다. 그러나 그리스도인들에게 구원은 영혼의 실재, 즉 죽음을 이기고 부활한 육체 안에서 삼위일체 하나님의 임재를 누리는 인간의 존재론적 실재의 영속적 차원을 전제로 하는 것이다. 불교는 전통적으로 그런 영혼이나 초월적 자아(*atman*)의 실재를 부정해 왔으며, 열반이나 공을 얻는 것은 이 진리의 실현과 직접적인 관련이 있다. 세속적인 가정에서 태어나 종교적 신념이 없이 성장한 '조'(Joe)라는 사람을 상상해 보라. 18세에 그는 깊이 헌신한 그리스도인이 되지만, 30대에 환멸을 느끼고 기독교 신앙을 버린다. 50세에 불교 명상을 시작하고 52세에는 자신을 불교 신자라고 선언한다. 이것은 오늘날의 세계화된 세상에서 점점 더 친숙한 영적 이야기다.
하임의 논지에 따르면, 조에게 존재론적으로 어떤 일이 발생한 것인가, 만약 어떤 사람의 존재론적 상태와 구원론적 결과의 실재가 종교적 헌신에 달려 있다면, 조의 영혼에 대해 우리는 어떤 결론을 내릴 수 있는가, 그리스도인이 되기 전에도 조에게 영혼이 있었는가, 아니면 기독교의 가르침을 받아들일 때 영혼을 받았는가? 아마도 그는 그리스도인이었을 때 영혼이 있었을 것이다.
그가 불교로 개종했을 때는 어떻게 되었는가, 영혼을 가진 다음에 그 영혼을 소멸할 수 있는가? 하임의 모델에 일관성이 없는 것은 아니지만 이상하고 혼란스러운 측면이 있다. 하임의 모델은 기독교 삼위일체의 틀 안에서 구원론을 부차적인 문제로 평가 절하하기 때문에 타종교 신자들에게도 받아들여지지 않을 것으로 보이는 점도 간과할 수 없다.

대한 성경적 사례를 제시한다. 그러나 성경에서 이런 직분과 은사는 단순히 개별적인 차원이 아니라 삼위일체 하나님과 교제하는 하나님의 백성들과 천사들이 소유하는 것이다.

하임은 "하나님께서 각 사람에게 그 행한 대로 응보하시되 참고 선을 행하여 영광과 존귀와 썩지 아니함을 구하는 자에게는 영생으로 하시고"(롬 2:6-7)라는 바울의 가르침을 인용했다. 그는 성경에 아벨, 에녹, 노아, 멜기세덱, 아비멜렉, 욥, 시바의 여왕과 같은 이교도 신자가 언급되어 있는 것처럼, 이 본문을 타종교의 정직한 사람들에게도 보상이 있을 것이라는 의미로 해석했다. 하임은 또한 요한계시록 20:13에서 죽은 사람에게 주어지는 '사망'과 '음부'의 두 가지 '위치'를 언급하고 있다.

그러나 우리는 타종교 신자의 행위에 따른 하나님의 보상과 관련해, 바울이 진술한 그리스도의 구원에 대한 메시지와 어떤 관련이 있는가를 살펴볼 것이다. 일반적으로, 하임은 종말론과 타종교가 어떤 관련이 있는가에 대한 심층적인 문헌 연구를 거의 하지 않았다. 이 문헌들은 하임이 말한 '내세에 대한 혼란스러운 체계' 이상의 검토할 가치가 있다.[119]

예를 들어, 그가 인용한 '벽이 없는 감옥'으로 묘사된 지옥에는 회개하지 않는 사람들의 타락한 욕망의 결과로 울며 이를 갈게 될 것이라는 성경의 표현이 어디에도 나타나 있지 않다(마 8:12; 10:28; 13:24-43; 25:31-46; 막 9:43; 눅 16:19-31; 계 20:14). 더 문제가 되는 것은 구원에 있어서의 그리스도의 역할이다. 그는 한편으로는 그리스도는 타종교의 목적을 성취하는 것이 아니라고 말했지만, 다른 한편으로는 그리스도가 그리스도인뿐만 아니라 타종교 신자의 죄를 극복하는 데도 항상 관여한다고 주장했다.[120]

그러나 만일 하임이 주장한 대로, 그리스도가 하나님의 능력과 지혜이시고 삼위일체의 세 위격이 상호 내재한다면, 어떻게 그리스도가 모든 종

119　Heim, *The Depth of the Riches*, 93.
120　위의 책, 288, 286.

교의 서로 다른 목적을 성취할 수 있는가?

문제는 그리스도에 대한 타종교 신자의 무지가 아니다. 하임 자신은 부활하신 예수가 요한복음 21장의 엠마오에서 바울에게 그리고 동산에서 마리아에게 나타난 모습에서 제자들이 알아볼 수 없었다는 것을 지적했다.

이 장에서 가장 중요한 것은 하임이 "삼위일체는 예수 그리스도가 하나님에 대한 지식을 위한 완전하고 배타적인 원천이 될 수 없으며, 우리를 구원하기 위한 하나님의 완전하고 배타적인 행위가 될 수 없다"라고 주장했다는 것이다.[121]

하임은 그리스도를 하나님에 대한 모든 지식의 중재자이자 유일한 구세주라는 성경의 가르침(요 1:9; 14:6; 행 4:12)과 거리가 먼 주장을 펼치고 있다. 또한, 예수 그리스도를 제외한 타종교의 구원에 대한 그의 암시적인 주장이 삼위일체 하나님과의 교제 안에서만 구원이 있다는 그의 주장과 일치하지 않는다. 앞서 언급한 파니카와 뒤퓌에서 보았듯이, 그는 몸이 없는 추상화된 로고스(logos asarkos)와 성육신한 로고스(logos ensarkos)를 분리해 네스토리안의 방식으로 인간 예수로부터 영원한 로고스를 분리하고 있다.

그러나 타종교에서 삼위일체적 경험의 흔적이나 공통점을 발견할 수 있다는 그의 주장은 삼위일체의 세 위격을 서로 분리하고, 그리스도를 구원으로부터 분리하는 경향이 있다. 우리는 케르케이넨이 삼위일체와 유사한 것은 동등한 것이 아니라 다른 것일 뿐이라고 적절하게 경고했다고 생각한다.[122] 계시의 역사적 삼위일체를 배제한 단순한 삼위일체 모델은 기독교 삼위일체와의 관련성을 보장할 수 없다.

일부 종교신학자가 삼위일체 모델을 사용하는 것은 바람직하다. 이것은 타종교와 중립적인 공통점을 찾기 위한 난감한 시도보다는 더 나은 것이다. 하지만, 이 모델은 삼위일체에 대한 사변적 추상화의 문제와 마찬가지

---

121 위의 책, 134.
122 Kärkkäinen, *Trinity and Religious Pluralism*, 170.

로 성경적 진리에 기반을 두어야 한다.[123] 만약 성경적 주제의 신학적 발전을 시도하고자 한다면, 그 발전은 반드시 삼위일체의 경륜에 충실해야 한다.

9. 삼위일체의 충만한 이야기

우리의 관점에서 볼 때, 케르케이넨은 삼위일체 종교신학이 추구해야 할 방향을 도식화했다. 케르케이넨은 타종교를 평가하는 기준을 확립하고, 타종교 전통의 학자들과 대화하는 데 있어서 삼위일체론을 사용하는 것을 주저하지 않았다.

또한, 그는 계시보다 철학적 관점에 더 많이 의존한 삼위일체적 체계에 만족하지도 않았다. 그는 "삼위일체를 제외하면 기독교 종교신학을 탐구할 방법이 없다"라고 주장했다.[124] 아버지와 아들과 성령을 통해 계시된 하나님의 경륜 외에는 참 하나님에 대한 지식이나 경험이 없기 때문이다.[125] 타종교 신자들이 하나님과 어느 정도의 관계가 있는지 모르지만, 그것은 항상 그 세 위격과의 인격적 관계에 바탕을 두어야 한다.

따라서 신성에 대한 타종교의 모든 경험은 자기 계시적 하나님이 자신을 충만하게 보여 주신 특별 계시에 의해 면밀하게 평가되어야 한다. 이 계시는 또한 삼위일체 하나님이 신적 친교의 하나님이라는 것을 보여 준다. 왜냐하면, 하나님은 사랑이시고 창조 이전부터 세 위격 사이에 사랑이

---

123 Stephen Williams, "The Trinity and 'Other Religions,'" in *The Trinity in a Pluralistic Age*, edited by Kevin J. Vanhoozer (Grand Rapids, MI: Eerdmans, 1997), 26-40.
124 Veli-Matti Kärkkäinen, "The Uniqueness of Christ and the Trinitarian Faith," in *Christ the One and the Only: A Global Affirmation of the Uniqueness of Jesus Christ*, edited by Sung Wook Chung (Grand Rapids, MI: Baker, 2005), 115.
125 위의 책

있었기 때문이다. 대다수의 기독교 신학자가 이제는 인간이 친교하시는 하나님의 피조물이기 때문에 하나님과의 친교 속에 존재한다는 동방 정교회 신학자 존 지지울라스(John Zizioulas)의 견해를 받아들이고 있는 것은 삼위일체신학 때문이다.[126]

케르케이넨은 계속해서 삼위일체신학과 그리스도론이 상호의존적이라고 주장했다. 그는 "우리의 그리스도론은 삼위일체에 대한 우리의 견해에 큰 영향을 받고 그 반대도 마찬가지이다. 더 나아가 우리는 그리스도를 통해 삼위일체 신앙의 진실성을 확립할 수 있다"라고 주장했다. 케르케이넨에 따르면, 삼위일체신학과 그리스도론의 상호의존성은 종교신학에 있어서 두 가지의 의미가 있다.

첫째, 삼위일체에 대한 우리의 개념은 복음서의 특수성과 분리된 파니카의 삼위일체론와 그리스도론과 같은 '삼위일체의 보편적 개념'을 사용하지 않고, 복음의 이야기에 근거해야 한다.

둘째, 삼위일체신학은 "성령을 아버지와 아들과 연결하고, 성령이 홀로 존재하는 독립적인 대리자로서의 타종교의 성령론적 신학에 저항해야 한다."[127]

케르케이넨은 "우리가 삼위일체 신앙을 표현하는 새롭고 창의적인 방법을 거부하지 않아야 하지만, 우리의 신학이 '추상적인 추측이나 종교 간의 유사성'에 기초하지 않도록 삼위일체적 기준을 사용해야 한다"라고 덧붙였다.[128] 이것은 "가톨릭의 폴 니터와 같은 왕국 중심의 접근은 아버지, 아

---

126 John D. Zizioulas, *Being as Communion: Studies* in *Personhood and the Church* (Crestwood, NY: St. Valdimir's Seminary Press, 2002).
127 Kärkkäinen, "The Uniqueness of Christ," 123.
128 위의 책, 124.

들, 성령을 반대하거나 결별하는 것을 뜻한다"라고 경고한 것이다.[129]

케르케이넨은 하나님의 왕국이 가시적인 지역 교회보다 더 크다는 것을 인정하지만, 그는 교회 밖에 있는 성령의 임재가 본질적으로 삼위일체적이며 교회적이라는 가톨릭의 가빈 드코스타(Gavin D'Costa)에 동의한다.

그는 "성령의 활동을 그리스도의 부활 신비(paschal mystery)에 적용하는 것은 삼위일체적이며, 부활의 사건이 성령의 인도 아래서 공동체를 세우는 필수적인 권세라는 측면에서 교회적이다"라고 강조했다.[130] 그는 신약성경에서 교회가 그리스도의 몸이며, 성령의 전이라고 주장했다. 따라서 성령이 구원의 역사를 일으킬 때마다 그는 사람들을 그리스도의 몸인 교회와 궁극적으로 연합하도록 이끌고 계시는 것이다.

그리고 케르케이넨은 삼위일체가 실제로 종교 간의 대화에 도움이 된다고 주장했다. 그는 "삼위일체 신앙과 '특수성의 스캔들'(scandal of particularity)이 반대되는 것으로 생각하지 않아야 한다"라고 말했다.[131] 여기서 케르케이넨은 스리랑카 복음주의자 비노스 라마찬드라(Vinoth Ramachandra)의 주장을 바탕으로 "특수성은 배제가 아니라 보편성을 위한 것이다"라고 설명했다.[132]

또한, 그는 "하나님은 모든 사람에게 다가가기 위해 한 나라와 한 중재자를 선택하셨다. 삼위일체 신앙에 있어서 예수 그리스도의 독특성은 아시아의 종교에만 적용되는 것이 아니라, 가난, 하나님의 형상으로 창조된 인간의 평등, 겸손, 봉사 그리고 자기희생 등과 같은 "현대 아시아 신학자들의 실제적인 관심사를 지지하는 것이다"라고 덧붙였다.[133]

---

129 위의 책, 126.
130 위의 책
131 위의 책, 128.
132 위의 책
133 위의 책, Vinoth Ramachandra, *The Recovery of Mission* (Grand Rapids, MI: Eerdmans, 1996), 216 인용.

이와 같은 맥락에서 볼 때, 종교 간의 대화에 있어서, 삼위일체 하나님이신 예수 그리스도는 아시아 신학자들에게 타종교와의 소통의 통로를 열어 준 것으로 이해할 수 있다.

20세기 중반에 칼 바르트(Karl Barth)는 "삼위일체의 교리는 기본적으로 그리스도인으로서 하나님에 대한 기독교 교리를 구별하는 것이고, 타종교의 신에 대한 교리나 계시의 개념으로부터 기독교의 계시를 구별하는 것이다"라고 언급한 바 있다.[134]

조나단 에드워즈 이후부터 지금까지 복음주의자들은 삼위일체 하나님에 대해 간과해 왔다. 그들은 일관되게 삼위일체 교리에 대한 동의를 표명해 온 것은 사실이지만, 삼위일체적 신학보다는 신에 대한 일반적인 '유신론'의 관념으로 변증론에 더 많은 관심을 기울여 왔다. 특히, 삼위일체적 가르침은 토론의 대상이 될 수 없다고 보았기 때문에, 변증론의 기본 구성 요소로서 하나님에 대한 강력한 삼위일체적 개념이 얼마나 중요한지 인식하지 못했다.

물론, 바울이 사도행전 17장의 아레오바고에서 변론했던 것처럼 단순한 유신론으로 시작하는 것이 때로는 매우 적절할 수 있다. 그러나 바울이 하나님 아들의 부활에 관해 토론을 벌인 것처럼 변증론은 유신론으로 끝나지 않아야 한다. 복음주의 신학은 삼위일체의 중요성을 간과해 특히 타종교에 대한 평가에 있어서 위축되는 결과를 초래했다. 우리는 지난 수십 년 동안 복음주의 종교신학자들에게서 삼위일체적 관점의 회복을 목격한 것에 대해 감사한다.

이 장에서 우리는 성경적 계시가 종교신학에 제공하는 삼위일체적 본질을 살펴보았다. 또한, 우리는 삼위일체의 서사적 독특성을 무시하거나 이 독특성을 추상적인 개념으로 대체할 때 발생할 수 있는 몇 가지 문제를 다

---

134 Barth, *Church Dogmatics*, 1:1, 301.

루었다. 이 책의 나머지 부분에서 우리는 하나님의 삼위일체적 본질이 종교 간의 대화 핵심 주제인 계시, 회심, 기독교 윤리, 문화와 종교의 관계, 궁극적 화해 그리고 선교에 대한 이해에 어떻게 적용될 수 있는가에 대해 살펴볼 것이다.

제3장

계시와 종교

삼위일체 하나님의 역사는 구원의 역사다. 아버지는 타락한 인간 피조물과의 관계를 회복하기 위해 아들과 성령을 보내셨다. 이 이야기를 하는 또 다른 방법은 삼위일체 하나님의 계시 역사를 강조하는 것이다. 하나님은 그의 아들을 보내셔서 세상을 구원하셨고 성령을 통해 아들과 아버지를 나타내심으로 사람들을 아들에게로 인도하셨다.

제2장에서 살펴본 것과 같이, 하나님만이 하나님에 대한 완전한 지식을 갖고 계시기 때문에 인간으로서 우리는 하나님이 우리에게 자신을 계시하시는 정도까지만 하나님을 알 수 있다. 이 장은 그것이 무엇을 의미하는지에 대한 질문, 특히 타종교에 삼위일체 하나님의 계시가 있는지에 대한 질문을 다룰 것이다. 그러나 이 목표에 도달하기 전 우리는 기독교 전통에 있어서 계시가 무엇을 의미하는가를 살펴볼 것이다.

우리는 이 용어를 정의하고, 계시의 매개체와 전달 방식을 파악한 후에 계시의 본질, 즉 설명이 가능한 명제적 개념인가, 설명할 수 없는 것인가, 자연 속에 계시가 있는가를 탐구하고, 계시와 성경의 관계에 대해 논의할 것이다. 또한, 이스라엘 밖에 있는 하나님에 대한 지식과 관련하여 성경적 관점을 간략하게 살펴본 후에 타종교에서의 계시에 대해 다룰 것이다.

계시에 대한 우리의 관점이 다소 현대적이라는 점에 유의해야 한다. 계몽주의 시대 이전에는 '계시'보다 하나님의 구원 활동에 대한 성경의 우선순위를 반영한 '구원'에 더 중점을 두었었다.[1] 계시라는 용어를 신학에서 본격적으로 다루기 시작한 것은 영국의 이신론자들이 하나님이 자연과 이성을 넘어 다양한 매개체를 통해 자신을 나타내셨다는 관념에 대한 정면 공격을 시작했을 때부터였다.

이신론자들은 만약 하나님이 자신을 유대인과 그리스도인들에게만 계시했다면, 상식적인 생각을 하는 사람이라면 결코 받아들일 수 없는 독단적인 괴물이라고 생각할 수 밖에 없을 것이라고 주장했다.

왜냐하면, 의로운 하나님은 자신을 유대-기독교 전통 안에 있는 사람들뿐 아니라 모든 사람에게 자신을 알리시고자 했을 것이기 때문이다. 그러므로 계몽주의 시대 이후, 모든 사람이 접할 수 있는 자연과 이성을 통한 일반 계시와 기독교의 가르침과 성경에 접근할 수 있는 사람에게만 주어진 특별 계시를 함께 언급하는 것이 관례였다.[2]

계시의 교리는 우리에게 "종교에 대해 탐구하기 위한 적절한 자료는 무엇인가"라는 종교신학의 방법론적 문제를 먼저 다룰 것을 요청하고 있다. 한편 우리가 여기서 검토하는 자료 일부는 종교 자체를 관찰한 것이다. 따라서 타종교 전통을 관찰하고 연구하는 것이 매우 중요하다.

그러나 종교신학은 단지 관찰 가능한 종교적 현상이나 경험에 기초한 것인가?

1　Gerald O'Collins, S.J., *Rethinking Fundamental Theology* (Oxford, UK: Oxford University Press, 2011), 68. 알리스터 맥그래스(Alister McGrath)도 현대 서구 세계가 구원 역사의 거대한 이야기에 관한 성경의 강조에서 벗어나 '칭의'(justification)에 더 많은 관심을 기울이고 있다고 지적한 바 있다. *Iustitia Dei: A History of the Christian Doctrine of Justification*, 2nd ed. (Cambridge, UK: Cambridge University Press, 1998), 3-16, 특히 4-5.

2　Gerald McDermott, "Deism," in *The Encyclopedia of Protestantism*, edited by Hans J. Hillebrand (New York: Routledge, 2004), 568-574.

일부 신학자는 종교신학이 다양한 종교의 교리와 관습을 바탕으로 발전되어야 한다고 제안한다.[3] 그러나 이 경우 종교신학은 실제로 비교 종교학에 지나지 않는다.

우리의 특정한 사회·문화적 그리고 종교적 상황 밖에서 하나님과 세상에 대한 진리에 접근할 수 있는가?
하나님은 실제로 우리가 하나님을 이해할 수 있도록 계시하셨는가?
하나님이 우리에게 말씀하셨는가?

만약 하나님이 실제로 계시하셨다면, 우리가 주변에서 관찰할 수 있는 종교적 현상에 대한 이해의 틀을 제공하는 것은 하나님의 자기 계시다. 그런 다음 우리는 진리로서의 하나님의 계시에 순종하고 그것이 우리의 믿음과 실천의 중심이 되게 해야 한다. 이 진리가 특히 현대적 취향에 맞지 않을 수도 있다. 복음주의자들은 성령의 인도에 따라 하나님께서 성육신과 기록된 성경을 통해 우리가 믿을 수 있는 방식으로 자신을 실제로 계시하셨다고 주장한다.[4]

따라서 종교신학은 비교 종교학으로 축소될 수 없다. 대신, 종교적 현상을 평가하기 위해 어떤 기준을 사용하는 것이 불가피하다는 것을 인정해야 한다. 우리의 경우 그 평가 기준은 기독교의 성경이 말하고, 지난 2천

---

[3] 여기에 해당하는 가장 명확한 사례는 존 힉(John Hick)이지만, 이런 접근 방식은 윌프레드 캔트웰 스미스(Wilfred Cantwell Smith), 폴 니터(Paul Knitter), 레이문도 파니카(Raimundo Pannikkar) 그리고 키스 워드(Keith Ward)의 관점에도 반영되어 있다.

[4] 이슬람, 힌두교, 불교, 자이나교, 시크교, 도교, 유교와 같은 종교는 모두 권위 있는 경전을 가지고 있지만 각 종교에서 그런 경전의 성격과 역할은 크게 다르다. 우리는 그들이 성경이 그리스도인들에게 의미하는 것과 같은 지위와 기능을 가지고 있다고 가정해서는 안된다. *The Holy Book in Comparative Perspective*, edited by Frederick M. Denny and Rodney L. Taylor (Columbia: University of South Carolina Press, 1985); John Bowker, *The Message and the Book: Sacred Texts of the World's Religions* (New Haven, CT: Yale University Press, 2011).

년 동안 정통 기독교의 기본적인 합의에 따라 전해져 온 구원에 관한 이야기다.[5]

1. 정의

어원학적으로 라틴어 "레벨로"(*revelo*)에서 유래한 '계시'라는 단어는 그 기원이 히브리어 '갈라'(*gala*) 그리고 헬라어 '아포칼립토'(*apokalupto*)로 거슬러 올라간다. 둘 다 숨겨진 무엇인가가 드러나서 마침내 볼 수 있고 알려지게 되었다는 것이다. 에베소서가 이 의미를 잘 보여 주고 있다.

> 곧 계시로 내게 비밀을 알게 하신 것은 내가 먼저 간단히 기록함과 같으니 그것을 읽으면 내가 그리스도의 비밀을 깨달은 것을 너희가 알 수 있으리라(엡 3:4-5).

그러므로 성경의 저자들에게 계시는 이전에 숨겨져 있던 신비를 드러내는 것이었다. 그러나 더 중요한 것은 신비를 밝히는 분이 하나님이라는 것이다. 하나님은 자신의 계획, 성품 그리고 존재 자체를 인간 피조물에 나타내는 것을 주도하셨다.

하나님이 선택받은 사람들에게 하나님 자신과 그의 뜻을 보여 주셨다. 성경의 저자들은 그들이 보고 듣고 경험한 것을 우리에게 전해 주었다. 이에 대해 요한은 증언했다.

---

5 여기서 '기본적인 합의'란 C.S. 루이스(C. S. Lewis)가 묘사한 '순전한 기독교'(*Mere Christianity*)에 대한 합의를 의미하며, 제럴드 R. 맥더모트(Gerald R. McDermott)가 편집 한 *The Oxford Handbook of Evangelical Theology*와 같은 저작물에서 복음적 방식으로 표현되어 있다. *The Oxford Handbook of Evangelical Theology*, edited by Gerald R. McDermott (New York: Oxford University Press, 2012).

> 태초부터 있는 생명의 말씀에 관하여는 우리가 들은 바요 눈으로 본 바요 자세히 보고 우리의 손으로 만진 바라 이 생명이 나타내신바 된지라 이 영원한 생명을 우리가 보았고 증언하여 너희에게 전하노니 이는 아버지와 함께 계시다가 우리에게 나타내신바 된 이시니라 우리가 보고 들은 바를 너희에게도 전함은 너희로 우리와 사귐이 있게 하려 함이니 우리의 사귐은 아버지와 그의 아들 예수 그리스도와 더불어 누림이라(요일 1:1-3).

이 본문에서 분명하게 알 수 있듯이, 성경의 저자에게 주어진 계시는 인간의 추론이나 상상의 산물이 아니라 하나님에 대해 왜곡된 인식을 하고 있던 피조물에 주는 신성한 선물이었다. 하나님이 그의 실재와 구속의 계획을 보여 주기 위해 우리의 눈과 귀를 열어주셨을 때 우리는 죄로 인해 '죽었고' 하나님에 대한 이해의 눈이 '어두워져 있었다'(마 11:25-27; 16:17; 고후 4:6; 엡 2:1; 4:18). 계시와는 별개로 신성에 대한 우리의 모든 추측은 단지 '어리석음'일 뿐이며, 하나님에 대한 참된 지식과 모순되는 것이었다(롬 1:21; 고전 2:14).

비록 죄가 신성을 아는 데 있어서 장벽은 아니더라도 우리와 초월적 영역 사이에는 여전히 거대한 존재론적 장벽이 있다. 하나님은 인간과 너무도 멀리 떨어져 계시기 때문에 인간은 그를 볼 수도 없었고(요 1:18; 딤전 6:16; 출 33:20), 인간의 노력으로 찾을 수도 없었으며(욥 11:7; 23:3-9), 그의 생각을 예측할 수도 없었다(사 55:8-9). 키에르케고르(Kierkegaard)는 "하나님과 사람 사이에는 무한한 질적 차이가 있다"라는 유명한 말을 남겼다.[6] 파스칼이 "하나님만 하나님에 대해 올바로 말씀하신다"라고 말한 것도 바로 이런 이유 때문이었다.[7]

---

6   Søren Kierkegaard, "Training in Christianity" in *A Kierkegaard Anthology*, edited by Robert Bretall (New York: Modern Library, 1946), 391.

7   Pascal, *Pensées* (New York: Modern Library, 1941), no. 798.

계시는 하나님이 자신의 목적과 존재를 밝히시는 과정일 뿐만 아니라, 그 계시로 드러난 하나님에 대한 지식을 보여 준다. 이 지식은 나머지 모든 실재의 의미를 드러낸다. 토마스 오든(Thomas Oden)은 "하나님의 계시를 받고 이해하는 경험은 우리가 나머지 모든 경험을 이해하는 경험이다"라고 말했다.[8] 레슬리 뉴비긴(Lesslie Newbigin)은 그것을 케플러(Kepler)가 그의 세 번째 법칙을 발견한 것과 비교했다.

케플러에 따르면, "마침내 나는 나의 모든 희망을 뛰어넘는 진실을 밝혀냈다. … 그 순수한 태양의 빛은 멀리 퍼져 나갔다"라고 말했다. 뉴비긴은 케플러가 "내가 그것을 밝혀냈다"라고 선포했지만, 성경의 선지자들은 "하나님이 나에게 말씀하셨다"라고 증언했다고 덧붙였다.[9]

만약 계시의 근원이 하나님이 아니었다면, 그 결과는 비슷했을 것이다. 계시는 다른 모든 사건을 이해할 수 있게 만든 사건이었다. 이것이 이스라엘 백성과 초기 그리스도인들에게 계시가 주어진 방식이었다. 계시적 관점을 통해 인간의 경험이 갖는 우주적 의미를 발견하게 된 것이다. 출애굽기에서 우리는 "후일에 네 아들이 네게 묻기를 이것이 어찌 됨이냐"라는 말씀을 읽을 수 있다.

그때 우리는 자손들에게 "여호와께서 그 손의 권능으로 우리를 애굽에서 곧 종이 되었던 집에서 인도하여 내실새"(출 13:14)라고 말할 수 있을 것이다. 초대 교회의 그리스도인들이 신앙으로 인해 박해를 받거나 기적적인 치유가 일어났던 이유는 그리스도의 죽음과 부활 때문이었다(행 1-5장). 다시 말해, 계시의 내용은 그리스도의 구속 사역을 통해 성품과 본질을 나타내신 하나님 자신이며, 이는 영원한 삼위일체 하나님의 권고에서 시작되었다. 그

---

8   Thomas C. Oden, *The Living God*, in *Systematic Theology*, 3 vols. (San Francisco: Harper & Row, 1987), 1:333.

9   Lesslie Newbigin, *The Gospel in a Pluralist Society* (Grand Rapids, MI: Eerdmans, 1989), 59.

리고 아들이 이끄는 하나님 나라가 완성될 때까지 계속될 것이다.

아담과 아브라함과 유대인들과 함께 시작되어 성육신을 통해 계속되는 이 이야기는 모든 우주 만물에 하나님의 거룩함과 신실함과 주권을 보여준다. 그것은 삼위일체 안에서 하나님이 사랑의 공동체이며, 예수님이 인류에 대한 하나님의 최종적 계시임을 확증한다. 그는 모든 하나님의 충만함에 거하는 하나님 자신이기 때문이다(고후 4:4; 골 1:15; 히 1:3).[10]

만약 계시가 지식을 전달한다면, 그것은 단순히 새로운 통찰을 제공하는 정보가 아니다. 하나님의 자기 계시는 전적인 신뢰를 요구한다. 그것은 이 신뢰는 믿음과 순종이 일어나게 한다(롬 1:5; 16:26). 이 계시를 받은 사람에게는 단순한 지식적인 동의가 아니라 자발적 참여와 변화를 위한 열린 마음이 요구된다. 이와 같은 열린 마음이 없으면 참된 계시를 받지 못할 수 있다.

2. 수단과 방법

계시는 어떤 수단이나 방법을 통해 전해졌는가?

성경의 증거에 따르면, 그 방법은 매우 다양하다. 하나님은 제비뽑기(삼상 10장; 행 1:24-26), 환상(왕상 22:17-23), 음성(삼상 3:1-14), 꿈(창 28:10-17)을 통해 계시하셨다. 또한, 하나님은 꿈의 해석(창 40-41장), 천사(삿 13:15-20), 예언의 영감(렘 1장), 지혜(잠언), 역사적 사건(출), 은유(시 18:2), 비유(마 13:1-50), 이야기(예수님의 생애, 고난, 부활에 대한 복음서의 기록) 등을 통해 자기 뜻을 나타내셨다.

---

[10] Jonathan Edwards, *A History of the Work of Redemption*, edited by John F. Wilson (New Haven, CT: Yale University Press, 1989), 111-530.

때때로 성경은 단순히 하나님께서 야곱(창 35:7, 9)과 사무엘(삼상 3:21)에게 자신을 나타내셨다고 말한다. 하나님은 인간의 모습으로 아브라함에게 나타나셨고(창 18:1-19:1), 야곱은 하나님과 씨름했다(창 32:24-30). 모세는 그의 등을 보았지만(출 33:21-23), 때로는 하나님과 '대면'해(민 12:8; 신 34:10) 이야기하기도 했다.

신약에서 하나님에 대한 지식은 성부, 성자, 성령 하나님 모두를 포함한다. 아버지는 아들에게 모든 것을 주셨다(마 11:27). 그분은 제자들에게 하나님 나라의 본질을 가르치셨고, 준비가 되어 있지 않거나 들을 마음이 없는 사람들에게 그 신비를 감추기 위해 비유로 말씀하셨다(마 13:11-15).

그러나 하나님의 가장 완전한 계시는 바로 그의 인격이었다(요 1:1). 이제 말씀이 육신이 되었기 때문에(요 1:14), 예수님을 아는 것이 하나님을 아는 것이다(요 14:9). 하나님은 구약 시대에 '다양한 방법'으로 자신을 나타내셨지만, 계시의 역사는 예수님 안에서 절정에 달했다(히 1:1-2). 성령은 사도 시대의 영감 받은 기록을 통해 아들의 계시적 사역을 계속 수행하도록 보냄을 받았다(요 14:25-26; 16:12-15).

3. 자연 계시?

20세기 신학에서 칼 바르트(Karl Barth)는 우리가 '자연 계시'(Revelation in Nature)라고 말하는, 하나님이 자연을 통해 자신을 계시하는지에 대한 논쟁을 이끌었다.[11] 바르트는 자연이 하나님에 대한 지식을 제공한다는 주장에 의문을 제기했다. 예들 들어 시편 기자는 "하늘이 하나님의 영광을 선포하고 궁창이 그의 손으로 하신 일을 나타내는도다"(시 19:1)라고 선포했

---

11 물론 이것은 신학의 역사에서 새로운 주제는 아니었지만, 바르트는 지난 세기에 이 주제를 특히 설득력있게 다루었다.

다. 누가는 루스드라에서 하나님이 바울에게 자연의 계절과 비와 음식을 통해 하나님이 자신을 나타내셨다고 증언했다(행 14:17). 그 후 아덴에서 바울이 "하나님을 더듬어 찾아 발견하기를" 바라면서(행 17:26-27), 하나님이 지구의 계절과 지리를 창조하셨다고 선포했다.

로마인들에게 보낸 편지에서, 바울은 진리를 억압하는 사람들에게 "하나님을 알 만한 것이 그들 속에 보임이라 하나님께서 이를 그들에게 보이셨느니라"라고 썼다. 하나님의 보이지 않는 속성, 즉 그의 영원한 능력과 신성한 본성은 세상이 창조된 이후로 피조물 속에서 분명히 인식되어 왔다(롬 1:19-20).

존 칼빈(John Calvin)과 조나단 에드워즈(Jonathan Edwards)가 하나님이 자연을 통해서도 자신을 계시하셨다고 주장한 것은 이와 유사한 성경 본문에 근거한 것이다. 칼빈은 구세주로서의 예수 그리스도를 통해서만이 아닌 창조주 하나님으로서 피조 세계가 하나님의 임재, 본성 그리고 속성을 보여 주는 거울이 될 수 있다고 말했다.[12] 그는 또한 인류의 역사 그 자체가 하나님을 증거하고 있다고 믿었다.

예를 들어, 그는 하나님이 이사야와 하박국이 앗수르와 갈대아 사람들을 통해 일하시는 것을 기록한 선지자들과 같은 성경 구절을 인용했다(사10:5-6; 합 1:5-6).[13] 에드워즈는 우연히 발생하는 모든 사건도 존재에 대한 원인을 필요로 한다는 개념에 근거해 자연 계시를 우주론과 우주의 기원을 추론하는 목적론을 바탕으로 자연 속에서 하나님의 계시를 증명하고자 했다.[14]

---

12 John Calvin, *Institutes of the Christian Religion*, edited by John T. McNeill (Philadelphia: Westminster, 1960), 1.5.
13 위의 책, 1.18.
14 Jonathan Edwards, *Freedom of the Will*, edited by Paul Ramsey (New Haven, CT: Yale University Press, 1957), 181-182; Gerald McDermott, *Jonathan Edwards Confronts the Gods: Christian Theology, Enlightenment Religion, and Non-Christian Faiths* (New York: Oxford University Press, 2000), chap. 3.

칼빈과 에드워즈는 로마서 2장의 "이런 이들은 그 양심이 증거가 되어 그 생각들이 서로 혹은 고발하며 혹은 변명하여 그 마음에 새긴 율법의 행위를 나타내느니라"(롬 2:15)라는 말씀을 통해 인간의 양심에는 신성한 하나님의 도덕적 규범이 반영되어 있다고 주장했다. 칼빈에게 이것은 모든 인간에게 내재되어 있는 '신에 대한 의식'(sensus divinitatis), 즉 인간을 하나님께로 향하게 하는 신에 대한 인식의 근거였다.[15]

에드워즈는 영혼이 하나님을 믿도록 이끌어주는 자연의 속성에 대해 '사람들이 하나님의 존재에 대해 인식할 수 있게 하는 비밀스러운 암시와 일종의 내면적 간증'이라고 표현했다.[16] 이 18세기 신학자에게 자연은 하나님에 대한 증거로 가득 차 있었다. 그는 "우리가 보거나 직접 대화할 수는 없지만, 창조, 태양, 달, 별 그리고 자연의 섭리 속에서 하나님의 존재를 분명하게 인식할 수 있다"라고 확신했다.[17]

에드워즈는 자연은 구세주 예수 그리스도가 아닌 창조주 하나님만을 가리키며, 이 지식만으로는 구원을 얻을 수 없다는 칼빈의 주장에 동의했다. 이 미국 신학자는 창조주 하나님에 대한 지식이 하나님의 기쁨을 위해 해야 할 일을 인류에게 가르쳐 주었지만, 인류가 하나님을 진노하게 한 다음부터는 자연이 하나님을 찾는 방법이 될 수 없다고 주장했다.

따라서 자연은 도덕적 규범을 요구하시는 하나님을 계시하지만, 죄인들이 이런 요구를 충족하지 못한 후에 어떻게 하나님과의 관계를 회복할 수 있는지를 보여 주지는 않는다. 자연은 하나님을 드러내지만, 자연만으로는 아무도 하나님께 나아올 수 없다는 것이다. 어떤 사람이 자연을 통해 하나님께 나아왔다고 해도 하나님이 그를 구원하기를 원하시는지 저주하

---

15   Calvin, *Institutes*, 1.3.1.
16   Jonathan Edwards, *The Miscellanies, a-500*, edited by Thomas A. Shafer (New Haven, CT: Yale University Press, 1994), 373.
17   Jonathan Edwards, "Practical Atheism," in *Sermons and Discourses, 1730-1733*, edited by Mark Valeri (New Haven, CT: Yale University Press, 1999), 55.

기를 원하시는지 자연만으로는 알 수 없다.[18]

에드워즈는 자연이 우리에게 하나님의 진리를 보여줄 수 있다고 주장했다. 그러나 자연이 하나님의 존재와 속성을 증거하지만, 자연 그 자체가 하나님이 삼위일체이시고 우리를 구원하기를 원하신다고 말하지는 않는다. 따라서 칼빈과 에드워즈는 자연계를 통해 계시된 것과 질적으로 다른 방식으로 그리스도에 대한 특별 계시가 필요했기 때문에, 자연 그 자체가 포괄적인 신학을 구축하기 위한 본질적인 근거가 될 수 있다고 생각하지 않았다.

자연 계시가 인간이 은혜와는 별개로 하나님을 찾을 수 있는 특별한 능력을 갖추고 있다는 것을 의미하지도 않는다. 오직 성령의 역사만이 아들에게 빛을 비추어 아버지를 드러낼 수 있다. 이 삼위 하나님의 구속 활동을 떠난 인간은 자신의 죄로 인해 이미 죽은 바 되었다.

앞서 언급한 바와 같이, 복음주의자들은 일반 계시와 특별 계시라는 용어를 주로 사용한다.[19] 일반 계시는 자연과 양심을 통해 모든 인간에게 주어지는 것이고(롬 1:18-20; 2:14-15), 특별 계시는 하나님이 이스라엘 백성과 예수 그리스도의 성육신 그리고 성경을 통해 나타내셨다. 그러므로 특별 계시는 기록된 성경 속에서 발견할 수 있다. 일반 계시는 하나님의 존재, 능력, 도덕적 요구 등을 드러내고, 특별 계시는 그런 요구를 충족하지 못했던 우리가 근본적인 타락으로부터 어떻게 구원받을 수 있는지를 보여 준다.

하나님의 계시를 일반 계시와 특별 계시로 구분하는 것은 그만한 가치가 있기 때문이다. 이 구분은 많은 사람이 구원의 길에 대한 완전한 지식을 가지고 있지는 않지만, 모두가 하나님에 대한 지식에 접근할 수 있음을

18　Jonathan Edwards, *The Miscellanies, 1153-1360*, edited by Douglas A. Sweeney (New Haven, CT: Yale University Press, 2004), 259. McDermott, *Jonathan Edwards Confronts the Gods*, chap. 3.

19　Bruce A. Demarest, *General Revelation: Historical Views and Contemporary Issues* (Grand Rapids, MI: Zondervan, 1982).

보여 준다. 또한, 우리가 특별 계시의 영역을 벗어나 더 넓은 세상에서 하나님의 진리를 발견할 수 있다는 것을 시사한다.

이 두 개념 모두에 사용된 '계시'라는 용어는 비그리스도인에게 주어진 하나님에 대한 지식이 하나님에 의해 주어졌다는 것을 확증하고 있다. 이 지식은 구원을 얻기에는 충분하지 않지만, 삼위일체 하나님 자신이 주신 하나님에 대한 참된 지식이다.

칼 바르트는 자연 계시를 뒷받침하기 위해 주로 사용해 온 성경 본문들이 계몽주의 이후에 잘못 해석되었다고 비판했다. 그는 구약성경에서 이스라엘 외에는 하나님에 대한 지식을 보여 주지 않았고, 이스라엘 밖에 있던 사람들은 우상 숭배의 목적으로 자연을 이용했으며, 바울이 자연을 통해 얻은 하나님에 대한 지식은 오직 '정죄'(condemnation)일 뿐이었다고 주장했다.[20]

자연 계시를 둘러싼 에밀 브루너(Emil Brunner)와의 유명한 논쟁에서, 바르트는 인간의 속성으로부터 하나님에 대한 지식을 추론한 브루너의 '존재의 유비'(analogia entis)의 오류에 대해 비판했다. 바르트는 우리는 오직 예수 그리스도를 통해 확립된 하나님과의 관계 속에서만 우리가 어떤 존재인지를 알 수 있는 '관계의 유비'(analogia relationis)를 주장했다.

그러므로 바르트에게 있어서 자연을 통해 얻은 하나님에 대한 지식은 본질적으로 계시가 아니다. 왜냐하면, 자연을 통해 얻은 지식은 오해의 소지가 있고, 하나님을 드러내기보다는 왜곡하기 때문이다. 바르트에 따르면, 우리가 알 수 있는 하나님에 대해 유일한 지식은 오직 그리스도 자신이다(고후 4:6).[21]

20　Karl Barth, *Church Dogmatics* 2:1 (Edinburgh: T. and T. Clark, 1957), 130-133.
21　Karl Barth, *Nein! Antwort an Emil Brunner* (Munich: Chr. Kaiser Verlag, 1934); English translation in Karl Barth and Emil Brunner, *Natural Theology: Comprising "Nature and Grace"* (London: G. Bles, Centenary Press, 1946).

우리는 바르트가 하나님에 대한 올바른 지식을 얻기 위해 하나님에 대한 보편적인 지식뿐만 아니라 그 지식에 대한 개인적인 인식과 응답이 필요하다고 주장한 것에 대해 동의한다. 그러나 그가 일반 계시를 피와 땅의 개념에 바탕을 둔 독일 기독교 종교를 브루너의 자연신학과 연결해 비판하고, 특별 계시를 변론하려고 시도한 것은 과잉 반응이었다.

예를 들어, 그는 시편 19편에 나오는 우주는 "언어도 없고 말씀도 없으며 들리는 소리도 없으나"(시 19:3)라고 했기 때문에 '벙어리'라고 주장했다. 그러나 자세히 살펴보면, 시편 기자는 아마도 "그의 소리가 온 땅에 통하고[bəkol-hā'áreṣ] 그의 말씀이 세상 끝까지 이르도다[ûbiqṣeʰtēbēl]" (시 19:4)라고 했기 때문에, 그 음성을 들을 수 없음을 의미한 것으로 보인다. 이것은 바르트가 제안한 것처럼 이스라엘 백성들에게뿐만 아니라 이스라엘의 주님에 대해 듣지 못한 사람들에게도 하나님의 계시가 전해진 것이라고 해석할 수 있다.

또한, 바울은 하나님의 율법이 모든 사람의 마음에 계시되었다는 사실을 분명히 밝히고 있다(롬 2:14). 바울은 하나님의 계시가 자신을 거역하는 사람들도 보고 들을 수 있다는 것을 강조하기 위해 여섯 개의 특별한 용어를 사용했다.

> 이는 하나님을 '알 만한 것이'[gnōstòn] 그들 속에 '보임이라'[phanerón] 하나님께서 이를 그들에게 '보이셨느니라'[ephanérōsen] 창세로부터 그의 보이지 아니하는 것들 곧 그의 영원하신 능력과 신성이 그가 만드신 만물에 분명히 '보여 알려졌나니'[nooúmena kathorâtai] 그러므로 그들이 핑계하지 못할지니라 하나님을 '알되'[gnóntes] 하나님을 영화롭게도 아니하며 감사하지도 아니하고 오히려 그 생각이 허망하여지며 미련한 마음이 어두워졌나니(롬 1:19-21).

바르트는 많은 성경학자가 이런 음성이 제대로 들리지 않는 것으로 이해했다고 정확하게 지적했다. 그러나 시편 19편과 로마서 1-2장 그리고 다른 여러 본문도 사람들이 그 계시를 제대로 이해하지 못하더라도 우주와 인간을 통해 주어진 하나님에 대한 진정한 계시가 있다는 것을 보여 주고 있다. '핑계하지 못하게' 하는 것도 이 계시의 결과이지만(롬 1:20), 성경은 또한 성령이 이 계시를 사용해 사람들을 하나님께 더 가까이 인도하신다는 것을 암시하고 있다(롬 2:15; 행 17:27). 베르까우어(G. C. Berkouwer)가 말했듯이, 바르트의 해석은 자기에게 유리하게만 주장하는 것으로 보인다. 바르트의 주석은 "본문 자체를 편견 없이 읽기보다는 계시에 대한 선험적인 견해의 결과에 더 가깝다."[22]

4. 계시는 역사적 사건인가 명제적 진리인가?

하나님이 자연을 통해 계시하는가에 대한 논쟁이 벌어졌다. 학자들과 주석가들이 계시가 전달하는 진리의 본질에 대해 이의를 제기한 것이다. 여기서 세 가지의 주요 질문이 등장했다.

첫째 질문: 계시가 말로 표현된 사건이나 전제인가?[23]
둘째 질문: 하나님의 진리를 개념화할 수 있는가?
아니면 말로 표현하기 어려운 것인가?
셋째 질문: 계시와 성경의 관계는 무엇인가?

---

22 G. C. Berkouwer, *General Revelation,* translated from the Dutch edition (Grand Rapids, MI: Eerdmans, 1983), 154.
23 '명제'는 진술 또는 주장으로 표현되는 인지적 의미를 뜻한다. 성경에는 질문, 느낌, 칭찬이나 후회 등의 표현이 포함되어 있다. 그러나 여기에는 사건에 대한 암시적 그리고 명시적 주장도 포함되며, 여기서 이것을 '명제'라고 표현한다.

첫째 질문은 하나님의 계시가 인간의 말로 설명할 수 있는 역사적 사건인가, 아니면 언어적이고 명제적인 형태로 인간에게 전달된 하나님의 말씀인가에 관한 질문이다. 전자를 더 선호하는 사람은 성경의 진리가 주로 예수의 인격 안에서 그리스도가 인류에 대한 하나님의 뜻을 나타내신 역사적 사건이라고 주장한다.

성경의 저자들에게 진리는 실제로 발생한 어떤 사건이었다. 진리는 일련의 명제적 진술이 아니라 출애굽기나 나사렛 예수라는 역사적 인물에 의해 발생한 역사적 사건이었다. 칼빈은 '적응'(accommodation) 개념을 사용해 하나님이 이런 역사적 사건을 통해 인간의 역사 속에 자신을 드러내심으로서 우리 인식 능력에 자신이 적응하셨다고 말했다. 그러므로 계시는 무엇보다도 역사적 사건이다. 바르트가 말했듯이 계시는 역사적인 사건에 바탕을 둔다.

이 견해는 성경에 의해 어느 정도 입증될 수 있다. 성경에서 우리는 하나님이 다양한 방식으로 인간에게 자신의 존재를 나타내신 것을 볼 수 있다. 그 가운데 상당수가 역사적 사건이었다. 하나님은 아브라함, 이삭, 야곱, 모세, 바울 및 다른 많은 사람에게 임재하셨다(창 35:7; 출 6:3; 민 12:6-8; 갈 1:15-16). 하나님은 불타는 덤불과 시내산 그리고 그발 강가에서도 자신을 나타내셨다(출 3:2; 19:11-20; 겔 1장). 주님의 천사를 통해 자신을 계시하기도 했다(창 16:10; 출3:2; 삿 13:9-23). 요한은 "말씀이 육신이 되어 우리 가운데 거하시매"(요 1:14)라고 말했다.

이미 살펴본 바와 같이, 성경이 예수님을 하나님의 가장 중요한 계시로 확증하고 있다는 것은 의심의 여지가 없다. 하나님의 임재에 대한 이런 증거는 단순한 메시지가 아니라 역사적 사건이었다는 것을 보여 준다.

그러나 성경 저자들에게 계시된 진리는 실제로 일어난 사건일 뿐만 아니라, 귀로 들은 것이기도 했다. 성경에서 하나님은 말씀을 통해 자신의 목적을 백성에게 계시하셨다. 이 거룩한 말씀은 특정한 시간과 장소에서 특정한 사람들에게 전달되었기 때문에 역사적 사건이었다. 따라서 인간의 언어를 사용한 메시지의 반복적인 전달과 수신은 이 계시의 역사적 사건으로서의 특성을 잘 보여 준다. 그러나 계시 그 자체는 단순한 역사의 사건이라기보다는 하나님의 명제적 진리인 것이다.

예를 들어, 하나님의 목적, 성품, 계획 그리고 규범 등에 대해 의사소통하시는 하나님을 생각해 보라. 하나님은 노아, 아브라함, 모세에게 그들에 대한 자신의 목적과 계획뿐만 아니라 그의 백성과 나머지 인류를 위한 그의 궁극적인 목적에 관해서도 이야기하셨다(창 6:13-21; 12:1; 15:13-21; 17:15-21; 18:17; 출 3:7-22).[24]

그런 다음 그는 언약의 율법과 약속을 이스라엘에 선포했다(출 20-23장; 신 6:13; 신 28장; 시 78:5; 147:19). 또한, 그는 자신의 비밀을 선지자에게 보이지 않고서는 아무것도 하지 않겠다고 아모스에게 말했다(암 3:7). 그리스도께서는 아버지에게서 들은 모든 것을 제자들에게 말씀하셨고, 그분의 가르침을 완수하기 위해 성령을 보내겠다고 약속하셨다(요 15:15; 16:12). 바울은 하나님께서 그리스도 안에 있는 그의 영원한 목적의 비밀을 자신에게 계시하셨다고 증거했고(엡 1:9; 3:3-11), 요한은 예수님이 곧 일어날 일을 그에게 계시하셨다고 기록했다(계 1:1).

그러므로 성경의 증거는 역사적 사건으로서의 계시와 명제적 진리로서의 계시 사이의 구분을 지나치게 강조하는 것은 잘못된 이분법의 오류에 빠질 수 있게 한다는 것을 보여 준다. 그것은 양쪽 모두 분명하게 나타나 있다. 사실, 이 둘 가운데 하나가 없으면 완전하지 않다. 명제적 진리는 사건을 해석하고, 역사적 사건은 말씀으로 나타난 약속을 실천하는 것이다. 출애굽은 언약의 약속을 성취하시는 하나님의 은혜와 의지를 상기시키는 것으로서, 이스라엘의 해방에 대한 언약의 말씀이 역사적 사건으로 나타

---

24   J. I. Packer, "Revelation," in *The New Bible Dictionary*, edited by J. D. Douglas (Grand Rapids, MI: Eerdmans, 1962).

난 것이다. 메시아와 새 언약에 대한 선지자들의 예언은 예수님과 그의 나라에 의해 성취되었다.

5. 계시는 말씀인가, 말씀을 넘어서는 것인가?

둘째 질문은 계시된 진리의 명확성에 관한 것이다.
계시는 인간의 언어로 표현할 수 있는 것인가?
아니면 인간의 언어로는 표현할 수 없는 것인가?
힌두교, 불교, 도교 전통은 종교적 진리를 말로 표현하려는 시도를 거부한다. 불교 신자인 랑가바타라 수트라(Lankavatara Sutra)는 다음과 같이 말했다.

> 그러므로 모든 제자는 진리가 말에 있지 않기 때문에 진리가 말과 완벽하게 일치하는 것처럼 말에 집착하지 않도록 주의를 기울여야 한다. 어떤 사람이 손가락 끝으로 누군가에게 무언가를 가리킬 때 손가락 끝이 가리키는 것으로 착각할 수 있다. 마찬가지로, 아이처럼 무지하고 단순한 사람은 죽을 때까지도 말을 가리키는 손가락 끝 그 자체에 의미가 있다는 생각을 버릴 수 없다. 그들은 손가락이 가리키는 것에 불과한 말 그 자체에 매달리기 때문에 궁극적 실재(Ultimate Reality)를 깨닫지 못한다.[25]

마찬가지로, 도교의 고전인 노자의 『도덕경』(*Dao de Jing*)은 "말로 표현할 수 있는 도는 영원불변의 도가 아니며, 이름으로 표현될 수 있는 이름은 영원불변의 이름이 아니다"라는 수수께끼 같은 말로 시작한다.

---

25   *Self-Realization of Noble Wisdom: The Lankavatara Sutra*, compiled by Dwight Goddard (Clearlake, CA: Dawn Horse, 1932), 92.

도교의 가르침에 따르면, "도는 항상 이름이 없다."

궁극의 진리를 말로 표현하는 것에 대해 "아는 사람은 말하지 않고, 말하는 사람은 모르는 것이다"라고 규정했다.[26]

20세기 초, 루돌프 오토(Rudolf Otto)는 고전인 『성스러움의 본질』(*Das Heilige*)을 출판했는데, 이 책에서 그는 종교의 이성적 차원과 마찬가지로 비이성적 차원에도 많은 관심을 기울여야 한다고 주장했다. 그러나 그는 또한 '하나님의 존재를 느끼게 하는' 신적 타자성은 "개념적 관점의 이해를 완전히 배제한다"[27]라고도 말했다. 하나님의 존재는 직감으로만 경험할 수 있고 언어로는 표현될 수 없다는 것이다.

표현 불가능성에 대한 논의에서 스위스 신학자 에밀 브루너(Emil Brunner)는 계시를 하나님에 대한 지식을 전달하는 관점이 아니라, 하나님과 인간 사이의 역동적이고 변증법적 만남으로 해석해야 한다고 제안했다. 계시는 명제적 진리가 아니라 실존적이며 인간인 '나'는 예수 그리스도 안에서 하나님인 '그'와 개인적으로 만난 경우에만 나타날 수 있다는 것이다.[28]

최근 하버드대학교의 종교사학자인 윌프레드 캔트웰 스미스(Wilfred Cantwell Smith)는 종교 공동체의 '축적된 전통'과 신자의 '내면적 신앙'을 구분했다. 그는 오직 후자만이 중요한 종교적 진리를 내포하고 있다고 주장했다. 그러므로 계시는 하나님, 자아, 세상에 대한 명제적 진리가 아니라 개인의 진실성, 성실성, 충성심 그리고 진정성과 특정한 종교적 신념에 대한 신자의 삶과 행동이 그 지표가 되어야 한다는 것이다.[29]

---

26 *Lao Tzu: Tao te Ching*, translated by D. C. Lau (New York: Penguin, 1963), 57, 91, 117.
27 Rudolf Otto, *Das Heilige*, originally published 1917, translated by J. Harvey as *The Idea of the Holy* (New York: Oxford University Press, 1950), 5-6.
28 Emil Brunner, *Truth as Encounter*, 2nd ed. (Philadelphia: Westminster, 1964).
29 Wilfred Cantwell Smith, *The Meaning and End of Religion* (New York: Harper & Row, 1962).

이 주장의 첫째 문제는 성경이 하나님 자신의 목적과 계획과 요구를 백성에게 명제적 진리로 자주 가르치셨다는 것이다. 하나님은 인간의 언어로 혹은 적어도 인간의 언어로 표현된 메시지를 통해 인간에게 자기의 뜻을 전달하셨다.

요한복음 1장에서 성육신한 아들(로고스)이 어떤 분인가를 설명하기 위해 이성과 말씀이라는 개념을 사용했다. 그러므로 성경에는 단순한 명제적 진리보다 역사적 사건 속에서 나타난 계시가 더 많은 것이 분명하지만, 계시에 있어서 언어적이고 명제적인 차원을 제거할 수 없다.

하나님의 계시는 인간의 말로 표현할 수 없는가?

이것은 "말로 표현할 수 없다"라는 것이 무엇을 의미하는가에 달려 있다. 계시를 어떤 말이나 언어로도 표현할 수 없다는 것을 의미한다면, 고대 기독교 신학자들이 이해한 바와 같이 분명히 신적 계시는 말로 표현할 수 없는 것이 아니다. 성경은 하나님이 인간에게 말씀하시며, 성경 자체가 하나님의 자기 계시를 기록한 것이다. 하지만, 성경에서도 말로 표현할 수 없는 진리에 대한 암시를 찾아볼 수 있다. 많은 성경 신학자가 바울이 '셋째 하늘'에 이끌려 간 경험을 사람들에게 설명할 수 없었던 사건(고후 12:2-4)을 사례로 들고 있다.

우리가 하나님에 대해 말하든 하나님의 계시에 대해 말하든, 하나님을 '완전한 타자'(wholly other)라고 지칭할 때, 이 용어에 내포된 두 가지의 다른 의미를 신중하게 구분해야 한다. 이 구분은 다음의 질문에 관한 대답에서 분명한 차이가 있다.

인간의 일반적인 언어로 하나님을 설명할 수 있는가?[30]

인간 언어의 한계를 엄격하게 주장하는 사람들은 인간의 언어로 하나님 자신이나 그의 활동을 설명할 수 없다고 단언한다. 이 입장은 성경과 전통

---

30   W. D. Hudson, "The Concept of Divine Transcendence," *Religious Studies* 15 (1979): 197.

신학적 관점과 모순될 뿐만 아니라 신학적 불가지론을 초래할 수 있다.³¹

그러나 또 다른 관점 가운데 하나는, 하나님과 그의 활동이 인간의 언어로 표현될 수 있다고 주장하지만, 이 표현에는 한계가 있으며, 적절한 해석이 뒷받침되어야 한다는 것이다. 하나님을 표현하는 인간의 언어는 항상 제한적이며, 하나님에 대해 우리가 완전히 알 수 없고, 인간의 언어로 표현할 수 없는 부분이 많다는 것을 인정해야 한다.

따라서 바울은 "'지식에 넘치는' 그리스도의 사랑을 알아야 한다(엡 3:18)"라고 말했다. 그러나 우리가 그리스도의 사랑에 대한 완전한 지식을 가질 수 없다는 사실이 그리스도의 사랑에 대해 어떤 것도 이해할 수 없다는 것을 의미하지는 않는다. 하나님은 그의 존재와 의지를 계시하기 위해 다양한 방법을 사용하셨다.

그 결과 우리가 하나님을 알 수 있게 된 것이다. 아퀴나스는 하나님을 표현하는 우리의 언어는 그 뜻이 분명하지 않고, 모호하기 때문에 유추적일 뿐이라고 주장했다. 우리가 하나님을 표현할 때 사용하는 용어는 평범한 언어에서 가져온 것이기 때문에 하나님을 묘사하기에 충분하지는 않지만 적어도 의미는 전달하고 있다. 마찬가지로, 계시를 통해 알게 된 하나님에 대한 우리의 이해는 부분적이고 제한적이지만 여전히 하나님에 대한 지식이다. 우리는 비록 유리를 통해 흐리게 보지만, 보고 있는 것은 분명하다.³²

계시를 설명하는 또 다른 방법은, 성경과 신학이 우리에게 하나님의 모형(models) 혹은 형상(images)을 보여 준다는 것이다. 모형은 결코 실체와 같을 수 없다. 그러나 우리는 모형을 이해함으로써 실제의 모습을 파악할 수

31　Keith E. Yandell, *The Epistemology of Religious Experience* (Cambridge: Cambridge University Press, 1993), chapters 3-5.

32　Thomas Aquinas, *Summa Theologica*, I, q. 13, art. 1-6, 12. 하나님이 인간의 언어를 사용하신 것과 관련된 유용한 논의는 William P. Alston, *Divine Nature and Human Language: Essays in Philosophical Theology* (Ithaca, NY: Cornell University Press, 1989)을 참고하라.

있다. 예를 들어, 복음서에 언급된 예수 그리스도의 이야기가 우리에게 예수님의 완전한 실제 모습을 보여 주지 않지만, 그분의 인격, 성품, 가르침에 대한 많은 것을 제공해 준다.[33]

그러므로 성경에 나오는 계시의 말씀과 모형을 파악함으로써 우리는 하나님의 존재와 그의 뜻을 파악할 수 있다. 이것은 성경의 말씀과 상징뿐만 아니라 그 배경이 된 역사적 사건에도 적용된다. 역사적 사건이 명제적 진리 그 자체는 아니지만, 항상 해석 가능한 그림을 제공해 준다. 그러나 성경의 역사적 기록은 성령의 영감으로 기록되었기 때문에 우리에게 하나님의 성품과 목적 모두를 보여 줄 수 있다. 잠시 후 논의하겠지만, 성경의 말씀이 성령에 의해 조명될 때 우리는 하나님을 만날 수 있다.

그러므로 우리는 하나님에 대해 알 수 있고, 그가 어떤 분인가를 인간의 이성적 언어로 표현할 수 있다. 경륜적 삼위일체(the economic Trinity)는 내재적 삼위일체(the immanent Trinity)다. 구속(경륜적)을 통해 우리에게 알려진 삼위일체는 삼위일체 하나님 그 자신(내재적)과 다른 존재가 아니다. 계시를 통해 우리에게 주어진 하나님에 대한 지식은 단순한 인간의 산물이 아니지만, 계시에 대한 우리의 인식과 그 표현은 항상 우리의 타락한 본성으로 인해 한계가 있을 것이다. 그러나 하나님에 대한 우리의 지식이 하나님이 누구이며 어떤 분인지 전혀 알 수 없을 정도로 쓸모없는 것은 아니다.

---

[33] Colin Brown, "Revelation," in *The New International Dictionary of New Testament Theology*, 3 vols., edited by Colin Brown (Grand Rapids, MI: Zondervan, 1978), 3:336-337.

6. 계시와 성경

성경이 계시인지 아니면 단순히 계시를 증언한 것인지를 묻는 **셋째 질문은** 사건이나 말씀으로서의 계시에 관한 첫째 질문과 관련이 있다. 계시는 항상 사건이었다고 주장하는 사람들은 바르트가 강조한 대로 성경 자체는 계시가 아니라 계시를 증언한 것이라고 말한다. 성경에 대한 이런 견해는 사물이나 물질보다는 사건과의 관계의 관점에서 생각하는 바르트의 활동주의(actualism)에 그 기반을 두고 있다. 바르트는 신의 존재를 항상 활동하는 존재라고 가르쳤다.

하나님과 우리의 관계가 하나님의 은혜에 힘입어 지속적으로 새롭게 확립되는 것처럼, 계시는 항상 어떤 사건이나 일어나고 있는 일이며 결코 어떤 사물이 아니다.[34] 그러므로 책이라는 사물로서의 성경은 하나님의 선한 뜻에 따라 자신을 나타내시는 하나님의 말씀 그 자체와는 결코 동일시될 수 없다. 성령은 성경을 읽거나 듣는 사람에게 역동적이고 살아 있는 말씀을 전달하기 위해 성경을 사용하지만, 역동적인 성령의 조명을 배제한 사물로서의 성경은 하나님의 말씀이나 계시가 아니다.

계시와 성경의 관계에 대한 바르트의 이해는 성경 그 자체의 증언을 정당화하기에는 물질이 사건의 원인이 될 수 없다는 인과 관계에 대한 철학적 이론인 기회원인론자(occasionalist)적 관점에 가깝다. 신약의 저자들은 구약성경에 언급된 사건뿐만 아니라 히브리어 성경을 권위 있는 하나님 말씀으로 간주한다(마 19:4-5; 행 4:25-26; 히 1:5; 3:7).

"성경을 읽지 않습니까?"

이런 질문은 사실상 "하나님이 말씀하신 것을 모르십니까?"

---

34   George Hunsinger, *How to Read Karl Barth: The Shape of His Theology* (New York: Oxford University Press, 1991), 30-32, 76-102; Barth, *Church Dogmatics* 2:1, 257-321.

이런 말과 같은 의미를 지니고 있다(마 12:3; 21:16; 22:31; 막 2:25; 12:10, 12:26; 눅 6:3). 그리고 '기록되었다'라는 표현은 성경 계시의 완전한 신적 권위를 내포하고 있다(마 11:10; 21:13; 26:24, 31; 막 9:12-3; 11:17; 14:21, 14:27; 눅 7:27; 19:46). 때로는 '하나님'과 '성경'이 같은 의미로 사용되기도 했다(롬 9:17; 출 9:16; 갈 3:8; 창 12:3; 마 19:4-5; 창 2:24).

따라서 성경은 이 기록이 성령의 영감을 받았다고 증거하지만(딤후 3:16; 벧후 1:20-21; 3:2, 3:15-16; 딤전 5:18), 바르트는 성령의 영감을 오직 성경을 읽는 사람의 반응 상태에만 연결하고 있다. 바르트의 『교회 교의학』(*Church Dogmatics*)의 수석 번역가인 제프리 W. 브로밀리(Geoffrey W. Bromiley)는 바르트가 성경의 원저자에게 임한 예외적인 성령의 역사보다는 현재의 성령 사역을 강조했다고 결론 내렸다.[35] 반면 에드워즈는 성경에 있는 계시의 객관적 특성과 그리스도인에게 임하는 성령의 주관적 조명의 필요성에 대해 더 성경적으로 균형 잡힌 관점을 제공했다.[36]

---

35 Geoffrey W. Bromiley, *Historical Theology: An Introduction* (Grand Rapids, MI: Eerdmans, 1978), 420-421.
36 에드워즈에게 있어서 성경 해석의 가장 중심적인 목표는 성경 너머에 있는 실재와 성경이 가리키는 실재에 대해 그리스도인이 명확하게 이해하는 것이었다. 따라서 성경이 하나님의 계시라고 믿더라도 성경을 읽는 것만으로는 충분하지 않다는 것이다. 에드워즈는 성경 그 자체에는 하나님을 알 수 있는 자연적인 힘이 없다고 말했다. 성경은 말씀의 주제들에 대한 개념을 마음에 전달할 수 있지만, 오직 성령을 통해 주어지는 '하나님의 사랑과 아름다움에 대한 심미적 감각'(sense of the heart)의 조명을 통해 하나님의 실재를 경험할 수 있다는 것이다. Jonathan Edwards, "A Divine and Supernatural Light," *Sermons and Discourses, 1730-1733*, edited by Mark Valeri (New Haven, CT: Yale University Press, 1999), 405-426을 참고하라.
그리스도의 구속 진리에 대한 지적 이해와 동의조차도 구원을 받기에 불충분하다. 필요한 것은 그리스도 안에 있는 하나님의 아름다움에 대한 경험인데, 에드워즈는 아버지 하나님이 아들의 성육신과 열정에서 보여 주신 사랑에 대한 개인적인 지식과 감사가 포함되어야 한다고 말했다. 오직 성령의 조명을 통해서만 "하나님은 하나님이시고 다른 모든 존재와 구별되며 무한히 다양한 그의 신성한 아름다움은 다른 모든 아름다움보다 더 높은 것이다"라는 진리를 발견할 수 있다. Jonathan Edwards, Religious Affections, edited by John E. Smith, vol. 2 in *The Works of Jonathan Edwards* (New Haven, CT: Yale University Press, 1959), 298.
하나님의 실재가 사실일 뿐만 아니라 실재로 보이게 하는 것이 신적 아름다움에 관한 복음주의자들은 하나님의 특별 계시인 성경의 완전한 권위를 인정한다. 앨리스터 맥그래스(Alister McGrath)는 복음주의를 규정하는 여섯 가지의 근본적인 신념 가운데 성경의 권위에 우선순위를 부여했다. 복음주의자들은 "하나님에 대한 지식의 원천이자 그리스도인의 생활에 대한 지침서로서의 성경의 최고 권위"를 확신한다.[37] 이 고백은 또한 복음주의 정체성의 표현으로 전 세계적으로 널리 채택된 로잔언약(1974)에도 반영되어 있다.

인식이다. 에드워즈는 친숙한 것과 특정한 사람에 대한 개인적인 지식의 차이에 대해 설명했다. 우리는 신문 기사나 텔레비전의 뉴스 등을 통해 버락 오바마(Barack Obama)에 대해 잘 알 수 있으며, 그에 대해 말한 내용이 사실이라고 믿을 수 있다. 그러나 우리가 실제로 그를 만나 몇 시간을 보내면 에드워즈가 말한 의미에서 우리가 사실이라고 생각한 것이 이제는 진짜임을 알게 되었다고 말할 수 있다. 이것은 에드워즈가 특정한 실체가 참되다는 것을 믿는 것과 그 실체의 현실을 확신하는 것의 차이를 구분한 것이다. 에드워즈 자신은 꿀이 달콤하다는 것을 아는 비유를 사용했다. 실제 꿀을 맛보기 전에도 꿀이 달다는 사실을 믿을 수 있다. 우리가 들었던 보편적인 지식 덕분이다. 하지만, 실제로 꿀을 맛보면 이 보편적인 지식이 참된 지식이라는 것을 알게 되는 것이다. 그 지식이 우리에게 현실이 된 것이다. 에드워즈는 오직 성령의 조명을 통해서만 볼 수 있는 하나님의 아름다움을 보지 않고는 계시가 우리에게 진정으로 드러났다고 말할 수 없다고 주장했다. 그는 "이것이 보이지 않는 한 아무것도 보이지 않는 것이다.… 이것이 하나님의 아름다움이고 하나님의 신성이다.… 이것이 없이는 하나님 자신이 무한한 악이 될 것이다. 이것이 없이는 더 나은 존재가 될 수 없었을 것이다. 그러므로 이것이 없이는 사실상 그는 아무것도 가지고 있지 않은 것이다"라고 표현했다. Edwards, *Religious Affections*, 274.
따라서 우리는 에드워즈가 바르트보다 계시에 있어서 주관성과 객관성의 균형을 더 잘 갖추고 있다고 생각한다. 바르트는 무엇보다도 기독교 교리에 대한 지식적 동의만으로도 충분하다고 주장하는 편협한 교리에 대한 반작용으로 '주관적 축'(subjective pole) 개념을 강조했다. 이 스위스 신학자는 인간 주체가 2천 년 전에 이미 완성된 책만을 바라보지 않고 반복되는 은혜의 행위인 성령의 역동적인 활동을 적절하게 강조했다. 그러나 바르트는 성경의 영감을 배제했고, 성경을 정경으로 선택하고 감독하는 데 있어서의 성령의 역사에 적절한 주의를 기울이지 못했다. 대조적으로, 에드워즈는 권위 있는 성경을 기록하는 성령의 사역과 성경이 가리키는 하나님에 대한 독자와 청중의 눈을 열어 그들이 그런 현실에 참여할 수 있도록 교회에서의 성령의 사역을 강조했다. Michael J. McClymond and Gerald R. McDermott, *The Theology of Jonathan Edwards* (New York: Oxford University Press, 2012), 130-148.

37 Alister McGrath, *Evangelicalism and the Future of Christianity* (Downers Grove, IL: InterVarsity, 1995), 55.

우리는 신구약 성경이 하나님의 영감으로 기록되었음을 믿으며, 그 진실성과 권위를 믿는다. 성경 전체는 기록된 하나님의 유일한 말씀으로서, 전혀 오류가 없으며, 신앙과 실천의 유일하고도 정확한 척도임을 믿는다. 우리는 또한 하나님의 구원 목적을 이루는 말씀의 능력을 확신한다. 성경 말씀은 온 인류를 위한 것이다. 그리스도와 성경에 나타난 하나님의 계시는 불변하기 때문이다.

성령은 오늘도 그 계시를 통해 말씀하신다. 성령은 어떤 문화 속에서나 모든 하나님 백성의 마음을 조명해 그들의 눈으로 이 진리를 새롭게 보게 하시고, 하나님의 각종 지혜를 온 교회에 더욱 풍성하게 나타내신다(딤후 3:16; 벧후 1:21; 요 10:35; 사 55:11; 고전 1:21; 롬 1:16; 마 5:17-18; 유 1:3; 엡 1:17-18; 3:10, 18)"라고 명시했다.[38]

복음주의 종교신학은 종교의 역사와 현상을 포함한 다양한 자료를 활용하지만, 성령의 영감으로 기록된 성경이 타종교를 이해하고 평가하기 위한 규범적 틀을 제공한다는 것은 오랜 기독교 전통이다.

7. 계시의 유형

지금까지 우리는 계시(역사적 사건 혹은 명제적 진리, 언어적 설명 가능성 혹은 불가능성, 객관적 혹은 주관적)를 설명하기 위해 서로 상충하는 용어를 사용해 대조했지만, 이 대조는 잘못된 이분법이라고 제안했다. 계시는 역사적 사건과 명제적 진리를 모두 포함한다. 계시는 인간의 언어적 및 개념적

---

38 "The Lausanne Covenant," in *New Directions in Mission and Evangelization 1: Basic Statements 1974-1991*, edited by James A. Scherer and Stephen B. Bevans (Maryknoll, NY: Orbis, 1992), 254.

범주의 한계를 초월하지만, 계시에 나타난 하나님을 이해하고 표현할 수 있다.

그리고 계시는 하나님에 대한 지식의 객관적인 내용과 성령의 주관적인 역사와 활동을 모두 포함한다. 그러나 이것도 충분하지 않다. 여기서 멈추면, 계시에 관한 좁고 제한된 관점을 갖게 될 것이다. 계시는 하나의 차원이 아니라 여러 차원을 포함한다고 말하는 것이 훨씬 정확할 것이다. 가톨릭 신학자인 에버리 덜레스(Avery Dulles)는 하나님이 자신의 피조물에 자신을 드러내신 다섯 가지 계시의 유형을 제시했다.[39]

이 유형은 마치 입자와 파동으로서의 빛 이론과 같이 서로 배타적이지 않고 보완적이다. 모든 신학적 유형은 계시와 신앙의 신비에 대한 부족한 표현이며 실체와 동등한 가치를 가질 수 없다. 그러나 이 다섯 가지의 조합은 우리가 앞서 논의한 세 가지 관점보다 성경의 계시에 대한 더 완전하고 체계적인 설명을 제공하고 있다.

1) 교리로서의 계시

이 유형은 성경이 교회의 교리를 정립할 수 있는 명확하고 명제적인 진리를 포함하고 있는 것으로 본다. 교리로서의 계시는 성경의 사건은 오직 성경의 말씀에 의해서만 해석되어야 한다는 것이다. 이 견해는 축자영감설(dictation theory of inspiration)을 받아들이지 않고, 계시의 명제적 진리를 강조한다. 따라서 믿음이 맹목적인 것이 아니라 성경의 외부적, 내부적 검증에 바탕을 둔 합리적 신뢰 행위라고 주장한다.

---

[39] Avery Dulles, S.J., *Models of Revelation* (Garden City, NY: Doubleday, 1983). C. Stephen Evans, "Faith and Revelation," in *The Oxford Handbook of Philosophy of Religion*, edited by William J. Wainwright (New York: Oxford University Press, 2005), 323-343.

2) 역사로서의 계시

이 견해는 첫째 견해에 영향을 준 것으로 생각되는 그리스의 형이상학적 철학에서 벗어나 셈족의 역사적 구체성으로 되돌아가야 한다는 것이다. 계시는 교리가 아니라 이야기라고 주장한다. 이 견해를 지지하는 사람들은 성경에서 서술적 표현의 중요성을 강조하지만, 지혜 문학과 같은 비서술적 부분을 간과하지 않았다.

덜레스는 성경의 역사적 사건이 계시의 '물질적 요소'(material element)지만 그것을 해석하는 말씀을 '형식적 요소'(formal element)라고 말함으로써 처음 두 가지 견해를 중재할 것을 제안한다. 계시는 복잡하므로 다음 세 가지 모델도 필요하다.

3) 내면적 경험으로서의 계시

이것은 계시를 내면적 은혜의 경험 또는 하나님과의 교제로 간주한다. 이 영적 경험은 개인에게 즉각적으로 일어나는 것이다. 이 견해의 일부 지지자는 계시가 반드시 그리스도에게 의존해야 하는 것은 아니라고 말하고, 다른 지지자는 이런 의미에서 계시는 단지 도덕적이고 신비로운 삶의 정상적이고 보편적인 경험을 높이는 것이라고 주장한다. 우리는 내면적 경험이 기독교의 계시가 되기 위해서는 이 경험이 그리스도에 의해 중재되어야 하며, 자연적 체험과 초자연적 계시 사이에 근본적인 불연속성이 있다고 주장한다.

따라서 이 견해의 일부 내용은 계시에 대한 복음적 이해와 상충되지만, 계시는 '객관적 축'(objective pole, 위의 유형 1과 2) 뿐만 아니라, 성령의 역사를 통해 그리스도 안에서 개인적으로 하나님의 은혜를 경험하는 '주관적 축'(subjective pole)도 포함하고 있다는 것을 복음주의자들에게 상기시키고 있다.

4) 변증법적 현존으로서의 계시

이 유형은 하나님이 자연이나 역사로부터의 추론, 직접적인 인식 혹은 단순히 명제적 가르침에 의해 알려지는 대상이 아니라는 개념이다. 하나님은 완전히 초월적인 분이다. 하나님은 오직 믿음으로 그의 존재를 받아들이며 그를 기쁘게 할 때만 인간 주체를 만난다. 그러므로 하나님의 말씀은 하나님을 드러내기도 하고 감추기도 한다. 대부분의 동시대 사람이 예수님을 하나님으로 인정하지 않았던 것처럼, 하나님의 기뻐하시는 뜻에 따라 자신을 계시하지 않으면, 하나님의 말씀이 무엇인지 알 수 없다.

이 유형이 다른 네 가지의 유형과 분리되어 사용될 때 계시의 객관성을 제한할 수 있다. 또한, 이 유형은 모든 민족을 향한 하나님의 일반 계시를 부인하는 것으로 이해할 수 있다. 또한, 말씀에 대한 성령의 조명이 계시의 필요한 부분이고, 복음주의자들이 이것을 간과할 때 하나님을 신학적 범주 속에 예속되게 할 위험이 있다. 그러므로 계시에 대한 삼위일체적 관점을 유지할 필요가 있다.

5) 새로운 인식으로서의 계시

이 마지막 견해를 지지하는 사람들은 앞선 네 가지 유형이 너무 개인주의적이고 비현실적일 수 있다고 우려한다. 그들은 계시가 의식의 확장 또는 사람들이 사회적 해방에 참여하게 하는 인식의 변화라고 주장한다. 이 유형은 한 개인의 경험을 재구성하기 위해 상상력을 자극하는 전형적인 사례를 제시한 것이다. 진리는 실용적인 것이며, 구원적이거나 고착된 것이 아니다.

반대로 복음주의자들은 계시의 내용 그 자체에 의미가 있다고 주장하지만, 성령의 조명이 성경의 기록된 계시에 작용해 새로운 인식을 불러 일으킨다는 데 동의할 수 있다. 그리고 이 새로운 인식은 개인의 구원뿐만 아니라 타인의 물질적, 사회적 복지와도 연관성이 있다.

덜레스가 분류한 이 계시의 유형들은 서로 충돌하는 오류를 범하고 있다. 어떤 사람은 계시를 진리의 본질이라고 인식하는 반면 다른 사람들은 계시를 깨달음의 과정이라고 생각한다.

첫째 유형은 계시가 명제적 진리임을 확고하게 주장하지만, 마지막 유형은 명제를 포함하지만 명제적 개념을 초월하는 새로운 인식을 요구한다. 그러나 우리의 주장은 계시가 다차원적이라는 것이다. 모든 존재와 아름다움의 무한한 원천이신 삼위일체 하나님이 기쁘신 뜻에 따라 주권적으로 자신을 나타내시는 '자기 현시'(self-manifestation)를 인정한다면, 계시가 다차원적이라는 사실은 더욱 분명해진다. 하나님은 필연적으로 모든 실재를 포괄하신다. 따라서 하나님의 계시가 실재의 모든 차원을 포함할 것으로 생각하는 것은 당연하다.

그러므로 각 유형이 다른 유형들과 분리되어 있을 때는 불완전하지만, 계시의 다차원적 본질을 이해하는 데 도움이 될 수 있다. 하나님에 관한 다른 모든 것과 마찬가지로, 오직 한 가지 관점에서만 계시를 바라볼 때 왜곡의 오류에 빠질 수 있다.

계시가 하나님에게서 온 것이기 때문에 우리가 경험하는 현실만큼이나 복잡하고 다차원적일 것으로 기대해야 한다.

오히려 계시가 이보다 더 다차원적이지 않겠는가?

따라서 여기서 언급한 이 다섯 가지 유형조차도 계시의 의미를 완전히 설명하는 것은 아니다. 그러나 이 유형들은 계시의 다차원적 의미를 이해하는 데 도움을 줄 수 있다. 그리고 이 유형들은 우리가 타종교의 계시에 대해 질문할 때, 계시가 일어날 수 있는 다양한 유형에 대해 열려 있어야 한다는 사실을 제안하고 있다.

8. 이스라엘과 교회 밖에서의 하나님에 대한 지식

타종교의 계시에 대한 질문을 좀 더 직접적으로 다루기 전에, 성경에서 이스라엘과 교회 밖의 사람들이 참 하나님에 대해 어느 정도 알고 있는 것처럼 보인다는 사실을 인식하는 것이 도움이 될 것이다. 이것은 그들이 하나님에 대한 구원의 지식을 가졌다고 말하는 것이 아니다. 발람과 같은 사악한 사람들이 참 하나님에 대해 어느 정도 알고 있는 것이 분명했다(민 22-24장).

그러나 이스라엘 백성과 교회 밖에 있는 사람들, 심지어는 명백하게 하나님과의 관계가 단절된 사람들에게도 하나님에 대한 지식이 있음을 인정하는 것이 중요하다. 우리는 제1장에서 멜기세덱이 자신을 이스라엘의 거룩하신 분으로 나타내신 하나님에 관한 지식을 갖고 있었다는 것을 살펴보았다(창 14:18-20).

창세기에 나타난 하나님에 대한 참된 지식이 아브라함의 계보를 통해서가 아닌 우리가 알지 못하는 방식으로 분명히 멜기세덱에게 전해졌다.[40] 크리스 라이트(Chris Wright)는 멜기세덱이 유일하신 참된 하나님에 대한 지식을 어떻게 갖게 되었든 상관없이 하나님에 대한 이런 인식은 그가 이미 익숙했던 언어적 용어로 표현했다고 주장했다.

---

[40] 다니엘 스트레인지(Daniel Strange)는 멜기세덱과 다른 '거룩한 이교도'가 야훼의 특별한 계시를 통해 참 하나님에 대한 지식을 얻었고, 대개 이스라엘이나 교회와 접촉했었다고 주장한다. 그러나 멜기세덱의 경우 우리는 이것을 성경에서 파악할 수 없다. 더 나아가 이스라엘과 접촉한 적이 없는 욥의 예를 들어 구약 성도들은 "이교도는 아니었지만, 태생적으로 그리스도를 고백했다"라는 스트레인지의 결론은 기대에 못 미치는 것이다. Daniel Strange, *The Possibility of Salvation between the Unevangelized : An Analysis of Inclusivism in Recent Evangelical Theology* (Eugene, OR : Wipf and Stock, 2002), 195, 179-189.

일부 학자에 따르면, 우리는 지금 살아계신 하나님을 알고, 믿고, 경배하고, 순종하지만, 나머지 현대 셈족 계열이 공통으로 사용하고 있는 신에 대한 호칭은 원래 별개의 신들이거나 '엘'(El)의 지역화로 설명할 수 있다는 것이다. 구원의 역사와 권능 그리고 목적을 나중에 완전히 드러내실 하나님이 그들이 이미 문화적으로 친숙했던 종교적 의식, 상징 그리고 신의 이름을 통해 완전한 계시를 준비하게 했다. 다시 말하면, 그들이 사용해 온 기존의 종교적 틀을 하나님이 계시를 통해 새롭고 풍부한 약속과 활동으로 깨뜨리게 한 것이다. 따라서 이와 같은 역사적 계보의 경험을 통해 우리는 하나님이 기존의 신 개념(예를 들어 고넬료의 경우)을 사용해 인간에게 자신을 나타내시고 관계를 맺으신다는 것을 알 수 있다. 여기서 우리는 이런 방법이 그들에게 하나님의 역사적 계시와 구속 계획에 대한 지식을 가져다 줄 준비를 하게 한 것으로 추측할 뿐이다. 다른 신을 숭배하는 것이 사실상 무의식적으로 참된 하나님을 예배한 것은 아니다. 또한, 타종교 신자들에게 예수 그리스도를 통한 하나님의 구원의 진리를 전해야 할 사명에서 벗어나는 것을 허용하지 않는다.[41]

구약성경에는 하나님에 대해 아는 이방인들로 가득 차 있다. 예를 들어, 바로의 요술사들은 모기의 재앙이 있고 난 뒤 바로에게 "이는 하나님의 권능이니이다"(출 8:19)라고 말했다. 그들이 하나님의 구원에 대한 지식을 가졌다는 증거는 없지만, 이 성경 본문은 그들이 이 시점에서 다른 신들이 아니라 하나님이 역사하고 있다는 것을 인식했다고 말한다.

신약은 발람의 오류를 정죄하지만(벧후 2:15; 유 11장), 구약 역사가는 발람이 아마도 성령의 영감을 받아 이스라엘의 미래에 대해 정확한 예언을 했다고 기록했다(민 24장). 가나안의 매춘부 라합은 이스라엘의 하나님이

---

41 C. Wright, "The Christian and Other Religions," *Themelios* 9, np. 2 (January 1984): 67.

참된 하나님이라는 사실을 인식하고 신약 시대 유대 기독교인들에게 믿음의 모범이 되었다(수 2:10-11; 히 11:31).

두로의 후람 왕은 솔로몬에게 하늘과 땅을 지으신 분이 이스라엘의 하나님이라는 것을 안다고 말했다(대하 2:11-12). 하나님을 알고 때로는 '동행'했던 유대교 전통 밖의 다른 사람들 중에는 아벨, 에녹, 노아, 욥, 아비멜렉, 이드로, 룻, 나아만 그리고 시바의 여왕도 포함되어 있다.

구약성경에는 이스라엘에 대한 하나님의 주권을 인정하는 수많은 외국 관리도 포함되어 있다. 예를 들어, 바로는 자신이 야훼에게 죄를 지었다는 사실을 여러 번 인정했다(출 9:27; 10:16). 나아만은 나병이 치유된 후에 "내가 이제 이스라엘 외에는 온 천하에 신이 없는 줄을 아나이다"(왕하 5:15)라고 고백했다. 느부갓네살은 다니엘이 자신의 꿈을 해석한 후 비슷한 고백을 했고, 사드락, 메삭, 아벳느고가 맹렬히 불타는 풀무 불에서 상처를 입지 않고 나왔을 때도 다시 말했다.

그런 다음 정신 질환에서 회복되었을 때 그는 다시 이스라엘에 대한 하나님의 주권을 고백했다(단 2:46-47; 3:28; 4:34-37). 다니엘이 사자로부터 구원을 받았을 때 다리오 왕은 조서를 내렸다.

> 내 나라 관할 아래에 있는 사람들은 다 다니엘의 하나님 앞에서 떨며 두려워할지니 그는 살아 계시는 하나님이시오 영원히 변하지 않으실 이시며 그의 나라는 멸망하지 아니할 것이요 그의 권세는 무궁할 것이며 그는 구원도 하시며 건져내기도 하시며 하늘에서든지 땅에서든지 이적과 기사를 행하시는 이로서 다니엘을 구원하여 사자의 입에서 벗어나게 하셨음이라 하였더라. 이 다니엘이 다리오 왕의 시대와 바사 사람 고레스 왕의 시대에 형통하였더라 (단 6:25-27).

하나님에 대한 이방인들의 지식 가운데 일부는 이스라엘의 하나님 야훼를 따르는 사람들이 전한 것이었다. 예를 들어, 느부갓네살은 세 명의 히브리 청년 사드락, 메삭, 아벳느고의 증언을 통해 하나님을 분명히 알게 되었다. 따라서 이것은 유대인의 전통 밖에서 온 지식으로 간주할 수 없다. 하나님에 대한 지식이 반드시 구원에 대한 지식을 의미하지도 않았다. 바로의 요술사나 발람과 같은 이들 중 많은 사람은 분명히 야훼를 그들의 구세주로 받아들이거나 따르지 않았다. 그런데도 그들은 하나님에 대해 알고 있었다.[42]

제1장에서 살펴보았듯이, 사도 바울은 B.C. 6세기와 3세기의 이교도 시인인 에피메니데스(Epimenides)와 아라투스(Aratus)의 시를 인용했다. 그는 "우리가 그를 힘입어 살며 기동하며 존재하느니라 너희 시인 중 어떤 사람들의 말과 같이 우리가 그의 소생이라 하니"라고 기록했다(행 17:28).[43] 분명히 바울은 이 이교도 시인들이 종교적 진리에 대한 통찰력을 가지고 있다고 믿었다.

신약 학자 스톤하우스(N.B. Stonehouse)는 이 이교도 시인들이 "하나님의 피조물이 이교도의 체제 속에 고립되어 있는 상황 속에서 하나님의 계시에 그 정도까지 유효한 응답을 할 수 있었다. 따라서 이교도적 상황에서 나온 비기독교적이고 반기독교적인 사상은 계시된 진리와 부합하는 부분까지만 인정될 수 있었다"[44]라고 진술했다.

우리는 여기서 오늘날 세계 종교의 상황과 유사한 부분을 발견할 수 있다. 왜냐하면, 그들은 그리스도인들이 의미를 부여하는 진리의 일부를 가르치기 때문이다. 예를 들어, 이슬람은 하나님이 아닌 모든 것은 영원한 창조주 하나님이 창조하신 것이라고 가르친다. 그리스도인과 마찬가지로 무슬림도 하나님은 오직 한 분이며 그분은 도덕적 존재라고 믿고 있다.

---

42   그러나 라합과 같은 예외도 있었다.
43   F. F. Bruce, *Commentary on the Book of the Acts* (Grand Rapids, MI: Eerdmans, 1980), 359-360.
44   Ned Barnard Stonehouse, *The Areopagus Address* (London: Tyndale, 1949), 37, as cited in Bruce, *Commentary*, 360.

모든 종류의 정령 신앙(animism)은 궁극적 실재가 단순히 물질적인 것이 아니라고 가르친다. 대다수 주요 종교는 십계명의 제2계명과 매우 비슷한 윤리적 규범을 갖고 있다. 이 종교들은 우리가 어떤 보이지 않는 세계를 위해 존재하며, 그들이 궁극적 실재라고 부르는 것에 대한 의무가 있다고 가르친다. 논어는 두 번에 걸쳐 황금률을 언급하고 있다. 그리고 황금률의 기초가 되는 윤리적 규범이 비록 다소 모호한 형태이기는 하지만, 많은 종교의 경전에 표현되어 있다.

일부 종교 전통은 그리스도인이 '은혜'라고 부르는 것과 비슷한 것을 가르치기도 한다. 예를 들어 힌두 박티(*bhakti*) 전통에서 신자들은 자신의 노력이 아니라 크리슈나 또는 비쉬누 등과 같은 신의 선물로 신성에 도달한다고 믿는다. 대승 불교의 정토 신앙은 구원론적 목표인 정토에서의 환생이 우리 자신의 노력이 아니라 우리를 대신 한 아미다(아미타) 부처의 은혜로운 활동을 통해 이루어진다고 가르친다.

정토진종(*Jodo-Shin-Shu*)의 창시자인 일본 불교의 신란(Shinran, 1173-1262)은 구원을 추구하는 모든 '노력의 길'을 거부하고 다른 존재의 힘에 의지해야 한다"라고 가르쳤다. 그가 말한 다른 존재는 그의 힘에 대한 믿음을 가진 모든 사람을 정토로 데려올 아미다 부처였다.[45]

---

45 "Shinran's Confession," in *Buddhism: A Religion of Infinite Compassion: Selections from Buddhist Literature*, edited by Clarence H. Hamilton (Indianapolis: Bobbs-Merrill, 1952), 141-142. For a penetrating study of the Hindu *bhakti* and Buddhist Pure Land traditions in relation to Christian theology, John B. Carman, *Majesty and Meekness: A Comparative Study of Contrast and Harmony in the Concept of God* (Grand Rapids, MI: Eerdmans, 1994).

9. 공통점과 차이점

우리는 이 놀라운 공통점을 어떻게 이해해야 하는가?
이 공통점이 하나님의 계시인가?
이에 답하기 전에 이런 공통점이 기독교의 가르침과 어느 정도로 유사한가에 주목해 명확하게 검증해야 한다. 그리고 공통점 속에 있는 차이에 대해서도 주목해야 한다.

예를 들어, 제2장에서 보았듯이 무슬림도 알라의 유일성을 가르치지만, 기독교 하나님의 유일성은 아버지와 아들과 성령으로 이루어진 전혀 다른 유일성이다. 따라서 무슬림은 그리스도인의 유일성에 대한 믿음을 반대할 것이고, 기독교 신학자들은 이에 동의할 것이다.

공통점 속에서의 차이에 대한 또 다른 사례는 주요 종교의 윤리적 규범에서 찾아볼 수 있다. 타종교의 윤리적 규범들은 이웃과의 관계에 대한 십계명의 가르침과 매우 비슷하지만, 동시에 각 계명에 대한 기독교적 이해는 그리스도인들만이 믿고 있는 예수 그리스도의 복음에 의해 명확하게 드러난다.

예를 들어, 십계명과 불교의 윤리를 비교해 볼 수 있다. 불교 윤리와 기독교 윤리는 도둑질, 거짓말, 무고한 생명 살인, 성적 비행 등을 금하고, 연민과 긍휼의 실천에 동의하지만, 궁극적 실재에 대한 도덕적 가치와 원칙의 관계가 서로 다르다. 고타마 붓다와 소승 불교의 윤리적 삶은 열반의 세계로 건너가기 위한 임시적인 뗏목에 불과하며, 열반에 도달한 후에는 뗏목에 집착하지 않아야 한다. 열반의 세계에 도착하면 선과 악이 없어지기 때문이다. 이와는 대조적으로, 그리스도인들은 옳고 그름, 선과 악의 구분이 실재 일부이며, 영원까지 지속할 것으로 믿는다.[46]

---

[46] "Kenotic God and Dynamic Sunyata" and the accompanying responses by Jewish and Christian theologians. *The Emptying God: A Buddhist-Jewish-Christian Conversation*, ed-

타종교의 '은혜' 개념에도 중요한 차이가 있다. 신에 대한 헌신과 사랑을 뜻하는 힌두교 용어인 '박티'(*bhakti*)와 정토 불교는 일종의 은총을 말하고 있지만, 이 둘 가운데 어느 전통에서도 기독교처럼 명확하게 정립된 신의 절대적 거룩성은 존재하지 않는다. 그리고 구원의 선물은 힌두교와 불교에서 어떤 의미에서 대가 없이 주지만, 예수 그리스도의 하나님은 무한한 대가를 치르고 선물로 주신 것이다. 더욱이 은혜의 개념에 관해 기독교와 대승 불교의 존재론적 인식은 근본적으로 다르다.

기독교의 경우, 거룩하고 도덕적으로 완전한 영원한 창조주 하나님은 존재론적으로 궁극적 절대자이시며, 인간을 포함해 하나님을 제외한 다른 모든 것은 존재론적으로 하나님과 구별된다. 대승 불교에서 존재론적 궁극의 실재는 영원한 창조자가 아니라 열반(*nirvana*), 공(*sunyata*), 법신(*Dharmakāya*) 혹은 여래장(*tathagatagarbha*) 사상 등을 포함한 다양한 개념이 존재한다.

신란(*Shinran*) 사상은 모든 존재에 내재 된 보편적인 부처의 본질 또는 부처의 본질에 대한 동아시아 대승 불교의 이해를 반영한 것이다. 폴 윌리엄스(Paul Williams)는 정토 불교에서 '타력 신앙'(other power)이라는 개념의 기초가 되는 불교의 신념을 간결하게 표현했다.

윌리엄스는 신진(*shinjin*) 또는 아미타불의 극락정토 신앙을 뜻하는 타력 신앙을 다음과 같이 설명했다.

> 타력 신앙은 무언가에 대한 의지적인 믿음이 아니라 우리 속에 있는 부처의 본성에 대한 표현이다. 이것은 매우 중요하며, 신란 사상을 동아시아

---

ited by John B. Cobb Jr. and Christopher Ives (Maryknoll, NY: Orbis, 1990). Masao Abe, "The Problem of Evil in Christianity and Buddhism," in *Buddhist-Christian Dialogue: Mutual Renewal and Transformation*, edited by Paul Ingram and Frederick J. Streng (Honolulu: University of Hawaii Press, 1986), 139-154.

불교 교리에 정확하게 반영한 것이다. … 우리는 이미 깨달았기 때문에 깨달을 수 있다. 도겐(Dogen)이 말했듯이, 오직 부처만이 부처가 된다. 우리는 스스로 깨달을 수 없다. 자아(ego)가 스스로 무아(egolessness)가 될 수 없기 때문이다. 오직 타력만이 우리를 도울 수 있다. 왜냐하면, 우리 모두의 본성은 타력 그 자체이거나 아미타불인 부처의 본성이기 때문이다.… 우리의 타고난 불성, 즉 아미타불 자신이 빛나기 때문에 우리는 자기를 포기할 수 있다. 모든 사람은 자기 포기를 통해 구원받을 수 있다. 모든 사람이 불성을 가지고 있기 때문이며, 우리에게 필요한 것은 노력을 멈추고 불성이 자기 포기를 발산하도록 하는 것이다.[47]

또한, 예수 그리스도의 삶, 가르침, 죽음, 부활의 역사성과 아미타불이 된 것으로 알려진 법장보살(Bodhisattva Dharmakara)의 신화적 본질 사이에는 큰 차이가 있다. 신란 신앙은 공로의 축적을 통해 '정토'라는 자신의 낙원을 만들고 '세상의 업보를 버리고' 다른 사람도 정토왕생(淨土往生)할 수 있게 하는 이타적 서원(誓願)에 있다.[48] 칼 바르트는 정토 불교와 개신교의 형식적 유사성을 알고 있었다.

정토 불교도 우리가 정토에서 깨달음이나 중생을 얻기 위해 할 수 있는 일이 없다고 가르치는데, 그렇다면 기독교 복음의 특징은 무엇인가?

바르트는 정토 불교와 기독교 신앙을 구분하는 데 있어서 결정적인 것은 오직 한 가지, 즉 예수 그리스도의 이름이라고 결론 내렸다. 오직 예수 그리스도만이 죄인을 죄와 죽음과 악으로부터 구원하기 위해 죽으신 하나님이며 동시에 인간이시다.[49]

---

[47] Paul Williams, *Mahayana Buddhism: The Doctrinal Foundations,* 2nd ed. (New York: Routledge, 2009), 262-263.

[48] Timothy C. Tennent, *Theology in the Context of World Christianity* (Grand Rapids, MI: Zondervan, 2007), 158.

[49] Karl Barth, *On Religion: The Revelation of God as the Sublimation of Religion,* translated by

이런 차이 때문에 재니 뒤 프레즈(Jannie Du Preez)는 신란과 개신교 신학을 연구한 후 "더 깊은 수준에서 … 하나를 다른 것으로 해석하려고 할 때, 두 종교 모두를 정의롭지 못하게 다루게 되고, 두 종교 사이에 극명한 차이가 존재한다는 것이 더욱 분명해진다. 데이비드 보쉬(David Bosch)가 말했듯이 "우리는 서로 다른 세계를 다루고 있다."[50]

뒤 프레즈는 기독교 진리를 타종교의 유사한 사상과 비교할 때 많은 종교학자가 이 부분을 유의하고 있다는 것을 깨달았다. 모든 종교의 특정한 개념은 그 개념이 발견되는 더 넓은 맥락 가운데서 심오하게 형성되어 왔다. 신란의 은혜 개념도 아미타불의 이야기에서 나온 것이다.

이 사상의 핵심은 죄, 죄책감, 심판이 아니라, 업보와 윤회로부터의 해방이다. 신란이 제시하는 인간의 곤경은 인격적 신에 대한 반역이 아니라 비인격적 업보의 무게 때문이다. 그러므로 그 해결책은 거룩하신 하나님의 용서가 아니라 피할 수 없는 삶, 죽음, 환생의 순환에서 벗어나는 것이다. 결론적으로, 기독교의 은혜는 불교의 은혜와 근본적으로 다른 성격을 띠고 있다.

10. 타종교의 계시?

기독교와 타종교의 가르침과 관습의 근본적인 차이에 유의해야 하지만, 공통점에 대한 의문이 여전히 남아 있다.[51]

Garrett Green (London and New York: T. and T. Clark, 2006), 102-106.

50 Jannie Du Preez, "A Buddhist Form of Salvation by Grace Alone?" *Missionalia* 21, no. 2 (August 1993): 183; quoted in Tennant, *Theology*, 159.

51 이 질문을 해결하는데 있어서 어려움이 되는 요소 가운데 하나는 '종교'라는 용어의 모호성 때문이다. '종교' 속에 하나님의 계시가 있다고 말할 수 있는지의 여부는 '종교'가 의미하는 바에 달려 있다. '종교'의 범주에 대한 이해와 관련된 문제는 제6장에서 다룰 것이다.

이것을 어떻게 이해해야 하는가?
타종교와의 공통점이 곧 타종교 속에 하나님의 계시가 존재한다는 것을 뜻하는가?
이런 공통점은 어디에서 오는 것인가?

타종교의 가르침이나 관행이 하나님이 어떻게 예수 그리스도를 통해 구원하셨는지에 대한 기독교 신앙과 근본적으로 다르기 때문에, 그 공통점은 삼위일체 하나님의 직접적인 계시가 될 수 없다. 하나님은 진리이시다. 그러므로 하나님이 예수님의 삶과 죽음을 통해 죄와 죽음으로부터의 구원의 역사를 나타내고자 하셨을 때, 부처에게 고통으로부터 해방될 수 있는 다른 방법을 제시하지 않으셨다.
비록 두 가르침이 인간의 무력함으로 인한 '타력신앙'의 표면적 유사점이 있다고 하더라도, 기독교 신앙은 시공간에서 일어난 하나님과 인간 사이의 실제 역사이고, 타종교 신앙은 진정한 역사와 단절된 담론이다. 기독교와 타종교는 인간의 곤경의 원인을 다르게 이해하고 근본적으로 다른 해결책을 제시한다. 따라서 기독교의 가르침이나 관습과 타종교 전통 사이에 진정한 유사성이 있는 경우에만 타종교 전통에 대한 하나님의 계시와 관련된 질문을 제기할 수 있을 것이다.
이제 우리는 기독교 사상가들이 기독교 신앙과 타종교 전통 사이의 진정한 공통점을 설명하려고 시도한 세 가지 방법을 살펴볼 것이다. 어떤 복음주의자들은 한 가지 방법이 다른 방법들보다 더 편하게 느껴지겠지만, 각각의 방법은 장점이 있고 고려할 가치가 있다.
이 질문에 대한 복음주의자들의 공통적인 대답은 이런 공통점 중 일부는 하나님의 일반 계시에 대한 인간의 성찰과 인간이 하나님에 대해 어느 정도는 알 수 있는 능력을 갖추고 하나님의 형상대로 창조되었다는 사실

이다.[52]

시편 19편과 로마서 1장은 모두 자연계에 대한 하나님의 계시를 말하고, 로마서 2장은 인간의 양심에 있는 도덕법에 대한 하나님의 계시를 지적한다. 바울은 루스드라의 군중에게 하나님이 자연을 축복함으로써 자신의 선함을 증거하셨다고 진술했다(행 14:17).

이 세상의 어떤 것은 매우 잘못되었다는 믿음, 인간의 삶은 육체의 해체로 끝나지 않는다는 믿음, 살인과 절도 그리고 혼외 성관계 등에 대한 비판, 이타주의와 연민 그리고 자비에 대한 권면 등과 같은 많은 윤리적 원칙에 대한 동의와 인간이 도덕적, 영적 규범을 어겼고 잘못한 것을 보상하기 위해 무언가를 해야 한다는 보편적인 인식 등을 포함하는 이 일반 계시는 영원한 창조주 하나님을 믿는 많은 종교가 발생하게 된 원인이기도 한 것이다.

일반 계시에 대한 성찰은 또한 유교의 "자신에게 하고 싶지 않은 일을 다른 사람에게 하지 말라"라는 '부정적 황금률'과 같은 세계 종교의 현상을 설명할 수 있다.[53] 이 중국 사상가가 죽은 지 500여 년이 지난 후에 바울이 말한 것처럼 공자는 율법의 역사가 [이방인]의 마음에 기록되어 있음을 보여 준(롬 2:15) 이방인이었다. 공자는 우리가 자신에게 하고 싶지 않은 일은 이웃에게도 하지 않아야 한다는 것을 마음속으로 느꼈던 것으로 보인다.

토마스 아퀴나스(Thomas Aquinas, 1225-1274)는 로마서 2장의 "그 마음에 새긴 율법의 행위를 나타내느니라"라는 말씀을 그의 '자연법' 교리의 기초로 사용했으며, 그는 하나님의 영원한 법에 인간이 참여한다고 말했다.[54]

---

52 Harold Netland, *Encountering Religious Pluralism* (Downers Grove, IL: InterVarsity, 2001), 330-337.
53 Confucius, *The Analects,* translated and edited by D. C. Lau (Hammondsworth, UK: Penguin, 1979), 15.24.
54 Thomas Aquinas, *Summa Theologica*, I-II, pp. 90-106.

토마스는 하나님의 윤리 규범이 모든 인간의 마음에 기록되어 있기에, 인간은 하나님의 윤리적 진리의 이성적 측면에서 파생되었다고 가르쳤다. 따라서 공자는 예수께서 500년 후에 긍정적인 형태로 가르치실 것을 부정적인 형태로 분별하는 합리적 성찰을 이룬 것이었다.

일반 계시에 대한 또 다른 관점은 오스트리아 인류학자 빌헬름 슈미트(Wilhelm Schmidt, 1868-1954)의 연구에서 찾아볼 수 있다. 초기 종교에 대한 12권의 방대한 자료집을 발간한 슈미트는 세계 여러 지역의 초기 종교 전통에서 찾아볼 수 있는 신에 대한 인식에 공통점이 있다고 주장했다. 슈미트는 초기 종교에서 자비로운 창조주 혹은 '높은 신'에 대한 믿음과 같은 유일신 개념을 발견하고 충격을 받았다.

슈미트는 그리스도인으로서 초기 종교의 일신교에 대한 이런 믿음이 모든 인류에게 주어진 일반 계시의 결과라고 주장했고, 그는 일반 계시에 대한 초기 종교의 통찰 때문에 세계 종교가 발전했다고 제안했다.[55]

슈미트의 주장을 비판하는 사람들은 초기 종교에서 볼 수 있는 하늘 신의 개념은 단지 물리적 하늘을 막연하게 의인화한 것이기 때문에, 자연에 대한 숭배가 유일신에 대한 믿음보다 선행한다고 주장했다. 그러나 슈미트는 "물리적 하늘을 숭배하기 전에 우주를 초월해 계시고, 자신을 천둥, 비 등의 다양한 현상의 '중심'에 둔 하늘에 사는 존재로 묘사한 것은 전혀 물리적 하늘의 의인화가 아니다"라고 반박했다.[56]

후대의 종교 역사가들은 추상적인 신성의 개념과 같은 초기 유일신론의 증거를 찾았지만, 많은 문화권에서 자비로운 높은 신에 대한 초기 믿음은 타종교 진리의 주요 원천이 일반 계시에 대한 성찰임을 시사한다.[57] 원

---

55 Wilhelm Schmidt, *Der Ursprung der Gottesidee*, 12 vols. (Münster: Aschendorff, 1912-1955 1921-1955).
56 W. Schmidt, *The Origin and Growth of Religion: Facts and Theories* (New York: Cooper Square, 1972), 211.
57 Edward Evans-Pritchard, *Theories of Primitive Religion* (New York: Oxford University

프리드 코듀언(Winfried Corduan)은 일반 계시와 슈미트의 독창적인 일신교 개념을 바탕으로 종교 전통의 공통점을 설명하는 종교신학을 발전시킨 복음주의자다.[58]

종교를 초월한 진리의 원천으로서의 일반 계시와 자연법칙에 관한 연구는 오늘날에도 계속되고 있다. 최근 세 명의 학자가 우리가 일반 계시의 영향이라고 생각하는 일부일처제의 결혼 개념을 주요 종교의 공통된 통찰이라고 주장했다.

셰리프 기르기스(Sherif Girgis), 로버트 P. 조지(Robert P. George) 그리고 라이언 앤더슨(Ryan T. Anderson)은 다음과 같이 말한다.

> 우리의 공통된 인간 본성에 근거한 이 자연 제도를 인식하고 반영하기 위해 비록 불완전하게라도 모든 종교 전통을 형성하게 했다. 따라서 결혼은 우리의 종교적 배경이 무엇이든, 인간의 공통된 이성으로 일반 계시의 기본적 윤곽을 분별할 수 있는 사회적 관습의 한 유형이다.[59]

이 학자들은 인간의 도덕적 본성에 대한 성찰을 주장한다. 바울 이후 기독교 사상가들은 대다수 주요 종교가 남녀 간의 결혼이 출산과 자녀 양육에 가장 적합할 뿐만 아니라 일반 계시의 영향을 받은 것이라고 보았다.

조나단 에드워즈(Jonathan Edwards, 1703-1758)는 타종교 속에 있는 진리를 특별 계시와의 만남을 위한 하나의 보조 자료라고 제안한 학생이었다. 에드워즈는 타종교의 진리가 노아의 아들이나 이스라엘에서 나온 계시와 간

Press, 1987), 104-105.

58 Winfried Corduan, *A Tapestry of Faiths: The Common Threads between Christianity and World Religions* (Downers Grove, IL: InterVarsity, 2002).

59 Sherif Girgis, Robert P. George, and Ryan T. Anderson, "What is Marriage?" *Harvard Journal of Law and Public Policy* 34:1 (Winter 2010): 247. *What Is Marriage? Man and Woman: A Defense* (New York: Encounter, 2012).

접적으로 접촉한 것으로 본 고대 신학(prisca theologia) 전통을 발전시켰다.

고대 신학은 필로(Philo), 저스틴 마터(Justin Martyr), 알렉산드리아의 클레멘트(Clement of Alexandria), 오리겐(Origen), 락탄티우스(Lactantius) 그리고 유세비우스(Eusebius) 등이 먼저 정립했고, 그 후 르네상스 시대에 마르실리오 피치노(Marsilio Ficino)와 피코 델라 미란돌라(Pico Della Mirandola) 등이 기독교 교리와 통합하기 위해 선민사상을 가져왔다.[60]

에드워즈는 이방인이 계시의 '낙수'(trickle-down) 과정이라고 말할 수 있는 일반 계시로 진리를 배웠을 것이라고 말했다. 인류 역사의 '초기'에 열방의 조상이 하나님으로부터 직접 혹은 간접으로 위대한 종교적 진리의 계시를 받았다는 것이다.[61] 이 진리는 전통에 따라 한 세대에서 다음 세대로 전승되었다. 불행하게도, 인간의 유한성과 타락으로 불가피하게 계시가 왜곡되어 미신과 우상 숭배를 초래한 엔트로피(Entropy)의 종교적 법칙도 발생했다.

에드워즈는 『성경에 대한 주석』(Notes on the Scriptures)에서 이 부분을 언급했다. 그는 "참된 종교에 대한 지식은 한동안 전통에 의해 유지됐다. 그러나 곧 큰 타락과 배도가 닥쳤고, 어둠이 세상을 압도했다"라고 기록했다.

60　어거스틴도 이 전통의 영향을 받은 것으로 보인다. 그는 "지금 기독교라고 불리는 종교가 고대인들 사이에 존재했으며, 인류의 시작에서부터 그리스도께서 육체로 오실 때까지 기독교는 부재하지 않았다. 기독교가 이미 존재했고 그리스도인이라고 불리기 시작했다"라고 말했다(1.12.3). Saint Augustine, *The Retractions* (Washington, DC: Catholic University of America Press, 1968), 52.

61　*Jonathan Edwards* (henceforth WJE), vol. 20, edited by Amy Plantinga Pauw (New Haven, CT: Yale University Press, 2002), 222-226, 309-311, 308. 일반적으로 에드워즈는 최초의 계시 장소가 모호하다고 생각했다. 그는 아담에 주목했다. 그는 개인적인 기록에서 아담이 하나님으로부터 윤리 규범을 배웠고 그의 후손들에게 매우 명확하게 가르쳤다고 말했다. WJE, 20 : 142-143. 『원죄』(*Original Sin*)에서 그는 아담이 "대홍수까지의 기간 중 2/3에 가까운 기간을 살아 있었다"라고 주장했다. 그래서 대다수의 사람이 아담에게서 '낙원에서 그와 창조주 사이의 이야기를 들을 수 있었다는 것이다. WJE, 3 : 170. 그러나 그는 대다수의 경우 열방의 조상을 단순히 노아의 아들과 동일하거나 그 후손이라고 언급했다.

모세 시대에는 이전에 전통적으로 가르쳐 왔던 대부분의 진리가 사라졌다. 그래서 "하나님은 진실한 사람들을 하나님께로 인도하기에 충분하며, 이방인들에게서도 공개적으로 전해져야 할 새로운 언약이 필요하다는 것을 알고 계셨다." 고대 근동의 다른 사람들은 유대인의 이집트 탈출, 하나님이 광야에서 그들을 위해 행하신 기적, 여호수아가 가나안 사람들을 정복한 일, 가만히 서 있는 해에 대해 들었다. 패배한 가나안 사람들은 "그 소식을 전하기 위해 아프리카, 아시아, 유럽, 바다의 섬으로 도망쳤다. … 그렇게 해서 마침내 온 세상이 이 위대한 일을 듣게 되었다."[62]

이런 놀라운 하나님의 활동 이후에 참된 종교에 대한 지식은 여러 세대 동안 유지되었다. 그러나 다윗 시대에는 많은 것이 잊혔고 다시 왜곡되었다. 그래서 하나님이 이번에는 다윗과 솔로몬을 위해 참된 종교를 가진 그의 백성 이스라엘이 이방[국가]에서 주목을 받게 하려고 다시 자신을 나타내셨다. 바빌로니아 포로 이후의 디아스포라는 하나님에 대한 지식을 더 멀리 열방으로 퍼뜨렸다. 그래서 "유대인들은 세계에 흩어졌다. … 그래서 이방 세계는 참 하나님을 알 기회를 얻게 되었다."[63]

만약 이 위대한 사건들에 대한 소식을 보내는 것으로 충분하지 않았을 때는 하나님이 이교 철학자들이 이 소식을 직접 듣도록 찾아오게 하셨다. 이방인 현자들과 철학자들은 고대의 유대, 그리스, 페니키아 등을 포함한 한 나라에서 다른 나라로 여행함으로써 빛과 진리의 파편을 얻었다. 예를 들어, 에드워즈는 플라톤이 유대인 종교에 대해 배우기 위해 이집트로 왔다고 지적했다.[64]

그러나 이 고대 신학 전통의 대부분에 대한 역사적 증거는 거의 없다. 특히, 하나님, 첫 인간, 노아와 그의 아들들, 심지어 이스라엘과 그 이웃

---

62   위의 책, 15:369-372.
63   위의 책, 15:371-372.
64   위의 책, 19:713, 23:447.

국가들 사이의 관계와 관련된 세부 사항을 입증할 수 없다. 그리스 지리학자이자 역사가 스트라보(Strabo)는 플라톤이 이집트를 방문했다고 썼지만, 플라톤의 글에서 이집트에 대한 언급은 거의 드러나지 않았다.[65]

어거스틴은 플라톤이 이집트에서 구약의 예언자 예레미야를 만났다는 전설을 잘 알고 있었지만, 두 사람의 연대기적 차이 때문에 이 만남은 불가능했다는 것을 알고 있었다. 그는 "그러므로 플라톤은 그의 인생 여정에서 오래전에 죽은 예레미야를 볼 수 없었으며, 그가 아직 번역되지 않은 성경을 읽을 수도 없었다"라고 기록했다.[66]

그러나 이 전통의 일반적인 논지를 즉각적으로 거부하지는 않아야 한다. 이스라엘이 많은 고대 문명의 교차로에 있었기 때문에 이웃 국가들이 이스라엘의 종교 유산을 알 수 있었다는 것은 매우 설득력이 있다. 우리는 기독교 시대 이전에 이스라엘과 접촉한 타종교 사상이 무엇인지 정확히 알 수 없지만, 예를 들어 이슬람이 유대교와 기독교에 대한 반응으로 생겨났다는 것은 의심의 여지가 없다.

무함마드는 다양한 유대교와 기독교 사상을 접하게 된 상인이었다. 많은 학자가 이슬람의 일신교(*tawhid*)가 7세기 아라비아의 기독교보다 더 많은 추종자가 있었던 유대교에 의해 형성되었다고 주장했다.[67]

역사가들은 또한 인도 그리스도인이 1세기 아시아 대륙에 기독교 교회를 개척했다고 보았다. 스트라보는 그리스도 시대에 이집트를 방문했을 때 이집트에서 인도로 항해하는 선박을 연간 120척이나 발견했다고 보고했다.

---

65 Strabo, *Geographica*, 17.29.
66 Augustine, *The City of God against the Pagans*, translated by R. W. Dyson (Cambridge, UK: Cambridge University Press, 1998), VIII.11, 327-328.
67 Richard Bell, *The Origin of Islam in Its Christian Environment* (Oxford, UK: Routledge, 1968; original edition 1926); Abraham Katsch, *Judaism in Islam,* 3rd ed. (Lakewood, NJ: Intellectbooks, 2009).

제롬(Jerome)은 판테누스(Pantaenus)가 180-190년에 인도에서 브라만과 철학자들에게 그리스도를 전파하기 위해 선교 사업을 했다고 말했다. 판테누스는 알렉산드리아의 위대한 유대 기독교 학자이자 유명한 신학교의 설립자였다. 그의 제자인 클레멘트와 오리겐이 부처, 인도 브라만 그리고 고행자에 대한 지식을 보여 주는 것은 당연한 일이었다.[68]

인도 아대륙에서의 기독교의 초기 전파에 대한 이런 증거는 힌두교와 불교 전통의 이후 발전에 기독교 사상의 영향을 가능하게 만들었기 때문에 중요하다. 그다음 15세기 동안에는 이런 종류의 종교적 접촉에 대한 증거가 거의 없지만 오랫동안 공존해 온 종교적 교류의 역사는 이런 영향의 가능성을 높여 주고 있다. 브라마 사마즈(*Brahma Samaj*)와 라마크리슈나 운동(*Ramakrishna*)과 같은 현대 힌두교 사상을 가르치는 학교에서 기독교적 영향을 발견하는 것은 훨씬 더 쉬운 일이다.[69]

타종교에서 발견할 수 있는 기독교와의 유사성에 대한 세 번째 가능한 설명은 이교도 철학자들이 가르친 진리가 부분적으로 영원한 말씀인 로고스의 개념으로 설명될 수 있다고 결론을 내린 초기 기독교 변증자인 순교자 저스틴(A.D. 165)에 의해 처음 제시되었다.

위에서 보았듯이 저스틴은 고대 신학의 초기 지지자였다. 그 역시 플라톤이 이집트에서 만난 유대인들로부터 배웠다고 믿었다. 구체적으로 그는 플라톤이 아리스토텔레스의 주장과는 달리 모세의 율법서를 통해 세상이 영원하지 않고, 어느 시점에서 창조되었다는 것을 배웠다고 생각했다. 이것이 티마이오스(*Timaeus*)의 창조에 관한 논의를 설명하는 배경이 되었다.

68　Samuel Hugh Moffett, *A History of Christianity in Asia*, Vol. 1: *Beginnings to 1500* (San Francisco: HarperSanFrancisco, 1992), 25-39. Robert Eric Frykenberg, *Christianity in India: From Beginnings to the Present* (Oxford, UK: Oxford University Press, 2008), 91-115.

69　Robert D. Baird and Alfred Bloom, *Indian and Far Eastern Religious Traditions* (New York: Harper & Row, 1971), 107-114; *Neo-Hindu Views of Christianity*, edited by Arvind Sharma (Leidin: Brill, 1988).

저스틴은 계속해서 히브리어 성경의 메시아적 암시를 통해 플라톤이 우주에 널리 퍼져 있는 하나님 다음으로 능력이 많은 존재가 있다고 판단했고, 신성 안에 세 번째 실재가 있어야 한다는 진리를 발견했다고 생각했다. 저스틴은 플라톤이 이런 것들을 완전히 이해하지는 못했다고 생각했지만, 플라톤은 나중에 히브리어 성경의 헬라어 번역을 연구함으로써 나중에 그리스도인들이 기독교 진리로 믿게 된 것을 깨달은 것으로 생각했다.[70]

유대인으로부터 배운 것은 저스틴이 철학자들 사이에서 그리고 심지어 일부 대중적인 종교 신화와 의식에서 놀라운 종교적 진리를 본 것에 대한 하나의 설명일 뿐이었다. 저스틴은 더 참신한 또 다른 설명을 시도했다. 이교도들은 우주의 로고스 혹은 말씀을 통해 그리스도를 배우고 있었다. 여기에서 저스틴은 사도 요한이 처음으로 제안한 로고스 개념에 주목했다. 예수님은 세상을 창조하고 매 순간 함께 다스릴 뿐만 아니라 '모든 사람을 깨닫게' 하는 로고스이다.

그러나 저스틴이 언급한 요한복음 1:9에 대한 해석은 모호해 학자들은 그 의미에 동의하지 않는다. 많은 사람이 요한이 모든 피조물에 형태를 부여하고, 인간의 마음에 존재하기 때문에 인식할 수 있다는 스토아 사상을 이용했다고 믿었다. 그러나 요한은 스토아 사상이 추상적 원리로 간주한 것에 인격을 부여함으로써 더 나아갔다. 나중에 신학자들은 로고스가 인간일 뿐만 아니라 그의 피조물에 하나님을 드러내신 삼위일체의 한 위격이라는 저스틴의 주장에 동의했다.

결국, 에드워즈가 관찰한 바와 같이 예수님은 자신이 세상의 빛이며(요 8:12), 아들이 아버지를 사람에게 나타내지 않는 한 아무도 아버지를 알지 못한다고 말씀하셨다(마 11:27). 에드워즈는 다음과 같이 질문했다.

70　Justin, *First Apology*, 59, 54.

"누가 하나님 자신의 완벽한 생각 혹은 완벽한 이해를 한 그분처럼 세상에 하나님을 적절하게 드러내는 존재가 될 수 있겠는가?"[71]

저스틴은 이 요한 사상을 종교철학과 연관지어 더 나아갔다. 사실상 그는 고대 세계의 철학자들이 진리를 가르칠 때 로고스인 그리스도께서 말씀하신 것이라고 주장했다. 그는 소크라테스에게 로고스 일부가 있었기 때문에 부분적으로 그리스도를 알고 있었다고 말했다.

> 그리스도는 모든 사람 안에 있는 로고스였으며 지금도 계신다. 그래서 우리가 세상에서 발견하는 모든 진리에 영감을 준다. 그러므로 세상 사람들이 진리를 말하는 것은 우리 그리스도인의 유산이다.[72]

저스틴은 씨 뿌리는 자에 대한 예수의 비유를 바탕으로 스토아 사상가, 시인 그리고 역사가들 모두 "신성한 로고스의 중대한 진리를 잘 말했다"(*tou spermatikou theiou logou*)라고 주장했다. 그들은 모두 "그들 속에 심어진 씨를 통해 진리를 희미하게나마 볼 수 있었다."[73]

비그리스도인들에게 증거된 그리스도의 말씀은 이교도 사상가들이 주장해 온 진리의 진정한 의미가 무엇인가를 설명한다. 그것은 또한 그들의 생각에 오류가 있는 이유를 밝혀주기도 한다. 저스틴은 "그들은 그리스도의 로고스 전체를 알지 못해서 종종 모순되어 있다"라고 말했다.[74] 로고스 일부만으로는 전체 그림을 볼 수 없다. 그들은 더 넓은 맥락에서 부분적으로 진리에 접근할 수 있었다.

71　Jonathan Edwards, *Discourse on the Trinity*, WJE, 21:121.
72　Justin, *Second Apology*, 10, 13.
73　위의 책, 13.
74　위의 책, 10.

저스틴이 말하지 않은 것이 무엇인가를 파악해야 할 필요가 있다. 그는 이 철학자들이 예수 그리스도를 통해 하나님에 대한 완전한 지식을 가지게 되었다고 말하지 않았다. 완전한 지식은 오직 전체 로고스의 소유를 통해서만 나온 인식 또는 깊은 지식을 통해서만 접근할 수 있으며, 이는 그리스도에 대한 믿음을 통해서만 가능한 것이다.

그것은 나사렛 예수 그리스도에 대한 의식적인 믿음을 요구했기 때문에 복음에 대한 지식이 없는 이교도들은 이 점에서 부족했다. 저스틴에 따르면, 그들은 예수 그리스도와 개인적으로 접촉해야 할 필요가 있었는데, 소크라테스와 플라톤처럼 이미 죽은 자들에게는 오직 그리스도의 강림을 통해서만 가능했다.[75]

따라서 로고스 일부를 아는 것은 로고스의 소유와는 질적으로 달랐다. 저스틴의 표현대로, "능력에 따라 주어지는 로고스의 씨앗과 모조품은 한 부류이고, 로고스는 전혀 다른 것이다." 선한 이교도들은 도덕적일 수 있으며, 그리스도에게서 온 다양한 진리를 알 수 있다. 그러나 그들은 완전한 로고스를 소유할 때만 나오는 그리스도인으로서의 믿음을 결코 가질 수 없다.

후자가 없는 그들은 "십자가에 못 박히신 예수를 통하여 만물을 만드신 하나님을 알 수 없다. 할례를 받지 않고 안식일을 지키지 않았지만 '하나님을 기쁘시게' 하는 의로운 이교도들이 있었다. 그러나 그들은 로고스를 통해 주어진 하나님의 은혜를 소유하지 않았다."[76]

---

[75] 크리스 살다나(Chrys Saldanha)는 저스틴과 알렉산드리아의 클레멘트와 같은 다른 교부들은 죽은 자에 대한 그리스도의 강림(마 27:52; 벧전 3:19, 4:6)에 관한 기독교의 가르침이 일부에게는 사후 구원의 기회를 의미한다고 이해되었지만, 오직 그리스도에 대한 개인적이고 명시적인 믿음을 통해서만 가능하다고 주장했다. Saldanha, *Divine Pedagogy: A Patristic View of Non-Christian Religions* (Rome : LAS, 1984), 163–167.

[76] Justin, *Second Apology*, 13; *Dialogue with Trypho* 34, 19, 92, 46.

저스틴은 진리가 어디에서 발견되든 상관없이 그 진리는 로고스인 그리스도의 선물이라고 본 것이다. 다른 철학이나 종교에 진리가 있다는 것은 그들이 로고스를 소유했다는 의미가 아니라 진리 자체인 예수 그리스도에게서 나온 것이다. 진리는 인간이 스스로 찾을 수 있는 것이 아니다. 왜냐하면, 그들은 어둠 속에서 방황하기 때문이다. 그들이 일반 계시를 성찰해 진리에 접근하는 것은 로고스가 자연과 인간의 계시를 해석할 수 있게 했기 때문이다. 만약 다른 종교의 오류 속에 진실이 있다면 그것은 로고스가 어떤 사람들이 진리의 한 측면을 보도록 안내했기 때문이다.

에드워즈는 로고스가 많은 세계 종교에 영향을 준 하나의 진리는 희생의 필요성에 대한 인식이라고 말했다. 거의 모든 종교가 죄의 문제를 해결하기 위해 제물을 바쳤으며, 그렇게 함으로써 죄가 하나님과의 관계를 깨뜨리는 것이고, 속죄를 요구한다는 것을 인식했다. 우리는 이것이 인간의 타락에 대한 경험적 증거를 바탕으로 하는 인간의 성찰이라고 말할 수 있다. 그리고 그 타락으로부터 우리 자신을 구할 수 없다는 인식은 죄에 대한 보상의 필요를 인식하기 위한 것이다.

우리는 또한 저스틴과 에드워즈와 함께 인간의 마음속에 있는 그리스도의 로고스가 타락과 희생의 필요성 사이를 연결했다고 말할 수 있다. 에드워즈는 하나님이 이 일반 계시와 로고스의 사역을 최종적이고 완전한 희생인 예수님의 특별 계시를 위해 민족 전체를 사용했다고 말했다.[77]

저스틴과 에드워즈의 주장대로 로고스의 적극적인 역할에 따라 타종교의 진리를 인정하게 된다면 어떤 긴장감이 생기는 것은 분명하다. 한편으로, 우리는 타종교의 가르침과 기독교의 진리 사이에 공통점이 있으면서도 뚜렷한 차이가 있다는 것을 살펴보았다. 그러나 지금 우리는 타종교의 왜곡된 진리에 대한 책임이 있는 그리스도의 로고스에 관해 이야기하고 있다.

---

77   McDermott, *Jonathan Edwards Confronts the Gods*, 125-126.

로고스인 그리스도가 기독교의 진리를 어떻게 타종교에 가져다줄 수 있는가?

그 대답은 두 가지로 보인다.

첫째, 기독교와 비슷하지만, 또한 다른 타종교의 참된 가르침은 사람들이 복음에 적절히 반응하거나 더 완전한 진리를 받을 수 있도록 준비시키기 위해 로고스가 허용한 것이다.

둘째, 타종교 전통에서 발견되는 부분적이거나 불완전한 진리는 죄인을 구원하기 위해 인간의 본성을 취하고 자신 안에 있는 모든 것을 내포한 로고스인 예수 그리스도를 통해서만 완전히 혹은 가장 적절하게 이해할 수 있다.

예를 들어, 기독교의 관점에서 볼 때 대다수 세계 종교에서 희생의 개념은 그리스도 안에서 완전한 희생을 이해하기 위한 준비에 불과한 불완전하고 부분적인 개념일 뿐이다.

우리는 기독교 사상가들이 기독교 신앙과 타종교 사이의 명백한 공통점이 혹은 타종교에서 어떤 진리와 선의 존재를 설명하려고 시도한 세 가지 방법을 간략히 살펴보았다. 이 가운데 일부는 다른 것보다 더 추측에 불과한 것이었지만 각각은 우리가 고려해야 할 중요한 통찰을 하고 있다. 성경은 하나님이 다양한 환경에서 다양한 사람과 상호 작용했던 많은 사례를 보여 준다. 이 외에도 우리가 명확한 해답이 없는 질문이 있는 것도 현실이다.

또한, 우리가 세상에서 만나는 경험적 현실에 대해 성경적 진리를 전하기 위해 책임감을 느끼고 노력해야 한다. 우리는 성경에서 하나님이 자연과 양심을 통해 모든 인간에게 의도적으로 자신을 나타내셨다는 것을 알고 있다. 우리는 또한 하나님이 이스라엘과 예수 그리스도 그리고 교회를 통해 삼위일체 하나님이 자신의 백성을 구원하고 하나님과의 친교에 초대하기 위해 그의 사역을 계시하셨다는 것을 확실히 알 수 있다.

그러나 우리가 타종교에서 아름다움이나 선함 혹은 진리를 만날 때마다 우리는 그것을 예수 그리스도 안에서 발견한 것과 비교해 표면적 유사성과 더 깊은 차이를 분별하고, 하나님이 우리에게 계시하신 진리의 풍성함을 끌어내야 한다.

또한, 그 진리나 선함이 어떻게 인식되고 드러나게 되었는지 판단할 때 겸손해야 한다.

일반 계시에 대한 인간적 성찰의 결과인가?
특별 계시를 접했기 때문인가?
아니면, 로고스에 눈을 뜨고 정신과 마음에 깨우침을 얻었기 때문인가?

어떤 경우에는 이런 답변 중 하나가 적용될 수 있을 것이다. 때로는 두 개 혹은 세 개 모두 적절할 수도 있다. 우리는 항상 정답을 확신할 수 없다. 그러나 우리는 모든 진리가 하나님의 진리임을 알 수 있다. 인간이 자신의 힘으로 하나님을 정확하게 판단하는 것은 불가능하다. 하나님을 알 수 있는 삼위일체 하나님의 자기 계시 외에는 그의 진리, 아름다움, 선함을 우연히 아는 방법은 없다.

제4장

구원과 회심

종교는 일반적으로 인류와 우주 전체가 현재 불만족스러운 상태에 놓여 있으며, 더 바람직한 상태가 되어야 한다고 가정해 왔다. 이에 따라, 각 종교는 바람직한 상태에 도달하는 특정한 방법을 제시하고 있으며, 이를 구원, 해방 혹은 깨달음이라고 한다. 키스 얀델(Keith Yandell)은 의학적 비유를 사용해 "종교는 깊고 심각한 영적 질병을 진단하고 치료법을 제공한다"라고 말했다.[1]

일반적으로 각 종교는 자체적인 진단과 치료법을 제시한다. 다른 종교의 진단과 처방은 부적절하다고 일축한다. 각 종교가 제시하는 방식을 따라야만 '바람직한' 상태에 도달할 수 있다는 것이다. 그리스도인들은 전통적으로 하나님의 은혜로 주님과 구세주이신 예수 그리스도를 믿음으로 죄의 영향에서 벗어나 구원받을 수 있다고 주장해 왔다. 그러나 이런 '배타주의'(exclusivism)는 오늘날 지식적으로나 도덕적으로 용납할 수 없는 것으로 인식되고 있다.

많은 사람이 종교적 배타주의에 근거한 독단적이고 절대적인 주장을 종교적 폭력으로 간주하고 있다. 찰스 킴볼(Charles Kimball)은 "종교의 이름으로 전쟁은 더 많이 벌어졌고, 더 많은 사람이 죽었고, 인류 역사상 어떤

---

[1] Keith Yandell, "How to Sink in Cognitive Quicksand: Nuancing Religious Pluralism," in *Contemporary Debates in Philosophy of Religion*, edited by Michael L. Peterson and Raymond J. Van Arragon (Oxford: Blackwell, 2004), 191.

세력보다 종교를 통해 더 많은 악이 행해졌다는 것은 슬프게도 사실이다"라고 말했다.

킴볼에 따르면, "종교가 악해지고 폭력을 조장하는 가장 중요한 원인 중 하나는 소위 '절대적' 진리를 주장하기 때문이다. 이 절대적 진리에 획일적 동의를 요구하고, 그것이 엄격한 교리가 될 때, 부패의 가능성이 기하급수적으로 증가한다. 여기에는 악이 뒤따를 수밖에 없다."[2]

마찬가지로, 스탠리 사마르타(Stanley Samartha)는 "서로 다른 국가의 역사가 점점 더 통합되어 가고 있고, 서로 다른 신앙 공동체가 이전과 다름없이 서로 대화를 나누고 좋든 나쁘든 미래를 공유하고 있는 이때 특정 종교의 독단적인 주장은 긴장을 유발하고 충돌로 이어지게 할 수 있다"라고 경고한 바 있다.[3]

특히, 기독교를 비롯한 유일신을 믿는 종교들은 그들의 고유한 가르침과 관습을 받아들여야만 구원을 얻을 수 있다고 주장하는 문제가 있다는 것이다.

교리는 서로 다르기 때문에 종교에 있어서 가장 중요한 것은 교리가 아니라 모든 종교가 공유하는 기본적 도덕 가치와 원칙이라는 주장이 설득력을 얻고 있다. 전도와 회심을 강조하는 것은 더 많은 긴장을 일으킬 뿐이라는 목소리가 지배적이다. 인류의 영혼을 위한 종교 간의 경쟁은 끝났고, 21세기의 관심은 세계의 많은 문제를 해결하기 위한 평화 공존과 협력이라는 것이다.

우리는 이런 우려에 대해 할 말이 많이 있다. 종교가 폭력을 가져올 수 있다는 것은 의심의 여지가 없으며, 모든 종교 지도자는 평화로운 공존과

---

2 Charles Kimball, *When Religion Becomes Evil: Five Warning Signs* (New York: HarperCollins, 2002), 41, 1.
3 Stanley Samartha, "The Lordship of Jesus Christ and Religious Pluralism," in *Christ's Lordship and Religious Pluralism*, edited by G. H. Anderson and T. F. Stransky (Maryknoll, NY: Orbis, 1981), 22.

이 시대의 많은 문제를 해결하거나 완화하기 위해 노력해야 한다. 그러나 종교적 폭력의 비극적인 역사를 축소하거나 과장하지 않아야 한다.[4] 그러나 편견, 폭력 혹은 전쟁이 다른 사회적, 민족적, 경제적 또는 정치적 요인이 아닌 종교적 요인으로 발생하는지 언제나 명확한 것은 아니다.

이 장에서 우리는 기독교 구원의 교리에서 비롯된 몇 가지 문제를 살펴볼 것이다. 그리스도인들은 성경의 가르침을 바탕으로 전통적으로 구원은 오직 예수 그리스도 안에서만 이루어지며, 다른 종교적 전통을 따르는 사람들을 포함한 모든 사람은 자신의 죄를 회개하고 예수를 주님과 구세주로 인정해야 한다고 주장해 왔다. 이 믿음은 수 세기 동안 교회의 중심이 되었을 뿐만 아니라 현대 기독교 선교 운동의 기본 전제가 되었다.

그러나 이 주장은 오늘날 많은 사람에게 매우 큰 불쾌감을 주고 있다. 많은 사람이 타인의 가치관을 배척하고 심지어 종교적 폭력을 유발하는 원인이 바로 회심의 필요성을 강조하는 종교적 배타주의 때문이라고 주장한다.

따라서 우리는 종교 간의 경쟁보다는 본질적 일치를 요구하는 오늘날의 영향력 있는 두 인물을 간략하게 살펴보면서 이 장을 시작하고자 한다. 우

---

4   세속적 비평가들은 폭력과 종교의 관계를 강조하는 반면 복음주의자들은 종종 사회 및 정치적 갈등에 종교가 미치는 영향을 축소하는 경향이 있다. 여기서 필요한 것은 역사적 기록과 폭력의 증거에 근거를 둔 신중하고 정직한 평가다. 더욱이 종교적 폭력은 유일신론적 종교에 국한되지 않는다. 모든 주요 종교에는 고유한 어두운 면이 있다. 오랫동안 평화로운 종교의 전형으로 여겨져 온 불교조차도 폭력과 전쟁을 용인한 유산을 가지고 있다. *Buddhist Warfare*, edited by Michael K. Jerryson and Mark Juergensmeyer (New York: Oxford University Press, 2010); Mark Juergensmeyer, *Terror in the Mind of God: The Global Rise of Religious Violence* (Berkeley: University of California Press, 2000); Juergensmeyer, *Global Rebellion: Religious Challenges to the Secular State, from Christian Militias to Al Qaeda* (Berkeley: University of California Press, 2008); William T. Cavanaugh, *The Myth of Religious Violence: Secular Ideology and the Roots of Modern Conflict* (New York: Oxford University Press, 2009); B*elief and Bloodshed: Religion and Violence across Time and Tradition*, edited by James K. Wellman Jr. (New York: Rowman and Littlefield, 2007).

리는 종교적 일치가 수 세기 동안 유지해 온 각 종교의 독특한 가르침을 축소하거나 왜곡할 수 있고, 종교를 그 자체로 진지하게 받아들이지 못하는 결과를 초래할 수 있다는 것을 우려한다. 구원론에 관한 종교 간의 근본적인 불일치는 쉽게 무시할 수 없다.

그런 다음 회심과 문화에 대한 간략한 관찰을 포함해 기독교의 구원과 예수 그리스도가 인류의 유일한 구세주이며 주님이라는 가르침에 대해 살펴볼 것이다. 우리는 일부 복음주의 공동체 가운데서 점점 증가하고 있는 구원론적 보편주의에 대한 응답으로 이 장을 마무리할 것이다.

1. 종교 간의 경쟁에서 일치로

제14대 '달라이 라마'이자 티베트 불교의 겔룩(*dGe lugs*)파 영적 지도자인 텐진 갸초(Tenzin Gyatso)보다 더 강력한 종교적 화합의 상징은 없을 것이다. 달라이 라마는 오늘날 가장 인정받고 존경받는 영적 지도자 가운데 한 사람이 되었으며, 종교 간의 조화와 상호 존중의 필요성에 대해 열정적으로 주장했다.

> 인류 역사상 평화 공존이 가장 큰 문제가 된 분야 중 하나는 세계 종교 간의 관계다. 과거에는 종교적 차이로 인해 발생하는 갈등이 심각하고 안타까웠을지 모르지만, 지구의 미래나 인류의 생존을 위협하지는 않았다. 그러나 극단주의자들이 방대한 기술 자원에 접근할 수 있고, 종교의 엄청난 정신적 힘을 활용할 수 있는 오늘날의 세계화 된 세상에서 하나의 불꽃이 무서운 화약고에 불을 붙일 수 있다. 종교인들이 직면한 도전은 자신의 것이 아닌 타종교의 가치를 온전히 받아들이는 것이다. 이것은 다원주의의

정신을 포용하는 것이다.[5]

달라이 라마는 세계가 위기 상황에 부닥칠 때마다, "세계 종교 간의 조화로운 관계는 진정한 세계 평화를 위한 필수 전제 조건 중 하나이다. … 진정한 종교다원주의의 정신을 발휘하지 않으면 종교 간의 이해에 기초한 진정한 조화로운 관계의 발전에 희망이 없다"라고 말했다.[6]

종교인들이 자신의 종교만 유일하게 올바른 믿음이고, 다른 종교는 악하고 거짓된 가르침이라고 주장할 때 종교는 평화의 걸림돌이 된다.[7] 달라이 라마는 우리가 종교의 차이점이 아닌 공통점에 초점을 맞춰야 한다고 강조했다. 그는 "종교 간의 철학적 차이에도 모든 종교는 비슷한 목표를 가지고 있다.

모든 종교는 인간의 발전, 사랑, 타인에 대한 존중, 다른 사람의 고통에 대한 연민의 마음을 공유하고 있다. 이런 맥락에서 볼 때, 모든 종교는 어느 정도 동일한 관점과 목표를 가지고 있다. 모든 종교인은 다른 사람을 자신의 종교로 개종시키려고 하기보다는 타종교 신자들을 존중하고 공동의 이익을 위해 그들과 함께 일해야 한다. 나는 다른 사람들을 불교로 개종시키는 데 관심이 없다. 우리 불교 신자들은 우리의 고유한 방식으로 인류 사회에 어떻게 기여할 수 있는지에 관심이 있을 뿐이다"라고 강론했다.[8] 달라이 라마에 따르면, 세계 평화의 전제 조건은 연민의 가치에 대한 종교의 공통된 헌신을 인정하고, 이 공통의 선을 실천하는 것이다.

---

5   His Holiness the Dalai Lama, *Toward a True Kinship of Faiths: How the World's Religions Can Come Together* (New York: Doubleday Religion, 2010), ix.
6   위의 책, x, 146.
7   위의 책, ix.
8   His Holiness the Dalai Lama, "'Religious Harmony' and the Bodhgaya Interviews," in *Christianity through Non-Christian Eyes*, edited by Paul J. Griffiths (Maryknoll, NY: Orbis, 1990), 163, 165.

세계 종교의 지도자뿐만 아니라 모든 신자가 인간의 보편적 본성과 모든 주요 종교의 윤리적 가르침의 중심에 있는 연민의 근본적인 가치를 인정하는 것은 영적 완전성을 향한 열망을 가진 모든 인간의 책무다. 각 종교는 서로 다른 용어를 사용하고 다른 믿음과 헌신을 불러일으키며 다른 신념에 뿌리를 두고 있다. 그러나 그들이 가진 공통점은 차이점을 훨씬 더 넘어서는 것이며, 그들의 차이점도 놀랍도록 다양한 경험과 통찰에 뿌리를 둔 엄청나게 풍요로운 대화의 잠재적 가능성을 제공해 준다.[9]

이런 진술을 살펴보면, 달라이 라마는 특정 종교적 관점이 다른 종교보다 우선할 수 없으며, 모든 주요 종교가 똑같이 '진실'하다고 믿는 철저한 다원주의자라고 결론을 내릴 수 있다. 그러나 이 결론은 오해의 소지가 있다. 왜냐하면, 그는 불교의 관점이 진리라고 확신하는 헌신적인 불교도이기 때문이다.[10] 비록 달라이 라마는 헌신적인 불교도지만, 다른 사람들에 대한 연민과 더 나은 세상을 만들기 위한 노력을 제외한 다른 종교적 가르침과 교리의 차이를 최소화하는 오늘날의 많은 사람을 대표하고 있다.

달라이 라마는 1993년에 시카고에서 개최된 '세계종교의회'(Parliament of the World's Religion: PWR)의 연설에서 "우리는 단순히 신학이나 추상적인

---

9 Dalai Lama, *Toward a True Kinship*, xii.
10 예를 들어, 달라이 라마는 창조주에 대한 기독교의 가르침을 거부한다. 기독교와 불교를 비교하면서 그는 "이제 철학적 관점에서 볼 때 신이 창조주이며 전능하고 영원하다는 이론은 불교의 가르침과 모순된다. 이 관점에서 불일치가 있다. 불교 신자에게 있어서 우주는 창조되지 않았고, 따라서 창조주도 없고 영구적이고 근원적으로 순수한 존재와 같은 것이 있을 수 없다. 여기에는 교리적으로 충돌이 있다. 그 교리는 서로 정반대의 입장을 취하고 있다. The Dalai Lama, "Buddhism and Other Religions," in *Philosophy of Religion: Selected Readings*, 4th ed., edited by Michael Peterson et al. (New York: Oxford University Press, 2010), 578. His Holiness the Dalai Lama, *The Good Heart: A Buddhist Perspective on the Teachings of Jesus,* edited by Robert Kiely and translated by Geshe Thupten Jinpa (Boston, MA: Wisdom, 1996), 82; and Dalai Lama, *Toward a True Kinship*, 133-134.

세부 사항이 아니라 종교의 근본적인 목적을 살펴봐야 한다. 모든 종교는 인류의 번영을 주요 관심사로 삼고 있다. 우리가 종교를 본질에서 좋은 마음, 즉 타인에 대한 사랑과 존중, 진정한 공동체 의식을 발전시키는 도구로 볼 때 우리는 종교가 공통으로 추구하고 있는 가치에 감사할 수 있다"라고 말했다.[11]

한편으로는, 달라이 라마의 진술에서 확인해야 할 것이 많다. 종교가 연민과 '인류의 번영'에 관심이 있다는 것은 사실이며, 의심할 여지없이 여러 종교가 공통으로 가지고 있는 것이 많이 있다. 복음주의자들은 세계가 직면해 있는 많은 문제를 해결하기 위해 타종교의 지도자들과 협력해야 한다. 그러나 여전히 해결해야 할 문제가 남아 있다.

인류의 번영, 사랑, 다른 사람에 대한 존중이 종교가 관심을 두는 모든 것인가?
이것이 종교의 가장 중요한 관심사인가?
종교는 인류의 번영이 무엇을 뜻하는가에 대해 서로 동의하고 있는가?
우리가 각 종교의 고유한 교리와 '추상적 신학'을 그렇게 쉽게 버릴 수 있는가?

달라이 라마의 진술에는 종교적 가르침 간의 근본적 차이와 타종교를 진정으로 존중하고 받아들여야 할 필요성 사이에 명백한 긴장이 있다. 그가 말했듯이, "문제는 종교인들이 그들의 교리적 관점에 충실하면서도, 신에게 도달하는 적절한 길이라고 서로 인정하고 존중하는 방법을 찾는 것

---

11 His Holiness the Dalai Lama, "The Importance of Religious Harmony," in *The Community of Religions: Voices and Images of the Parliament of the World's Religions*, edited by Wayne Teasdale and George Cairns (New York: Continuum, 1996), 216.

이다."¹² 그러나 달라이 라마는 이 긴장을 해소할 방안을 제시하지 않았다.

2. 종교다원주의와 구원론

제1장에서 살펴본 바와 같이, 철학자이자 신학자인 존 힉(John Hick, 1922-2012)은 종교 간의 차이를 인정하는 동시에 주요 종교를 하나의 신적 실재(the Real)에 대응하는 대안적 방법으로 간주하는 종교적 다원주의 모델을 제시했다. 여기서 우리의 관심은 이미 많이 논의된 힉의 주장에 관한 복잡한 세부 사항이 아니다.

우리는 교리 문제에 대한 근본적 불일치가 중요하지 않다는 그의 주장과 종교의 공통적인 구원론적 구조, 즉 자기 중심에서 실재 중심으로의 도덕적 변화에 관한 그의 주장을 살펴볼 것이다. 그는 "세계의 주요 종교에는 신적 실재에 관한 서로 다른 신념과 인식, 인간으로서의 다양한 삶의 방식에서 나온 서로 다른 반응 그리고 내면의 자기 중심성(self-centeredness)에서 실재 중심성(reality-centeredness)으로의 인간 존재의 변화가 내포되어 있다. 따라서 종교는 사람들이 구원, 해방, 계몽에 도달할 수 있는 대안적인 구원론적 '공간' 혹은 '길'로 간주되어야 한다"라고 말했다.¹³

그리스도인은 힉이 '하나님'을 '신적 실재'로 대체한 이유가 궁금할 것이다. 모든 종교가 창조주 하나님을 받아들이는 유신론적 종교가 아니기 때문에 '실재'는 무신론적 종교와 유신론적 종교를 모두 포함하기 위

---

12 Dalai Lama, *Toward a True Kinship*, 134. 신에 대한 이 언급은 달라이 라마의 신에 대한 믿음을 나타내는 것이 아니다. 그는 "나 자신의 신앙 전통인 불교는 유신론적이지 않지만, 그토록 많은 영감을 주는 유신론적 가르침에 대한 깊은 감탄과 경외심을 금할 수 없다. 유신론은 많은 사람에게 위안을 주며, 많은 신자의 영적 발전을 가능하게 했다"라고 말했다(134항).

13 John Hick, *An Interpretation of Religion*, 2nd ed. (New Haven, CT: Yale University Press, 2004), 240.

해 사용한 것이다.

그런데 왜 유신론적 종교와 무신론적 종교가 궁극적으로 동일한 실재를 인정한다고 추론해야 하는가?

힉이 실재를 궁극적 개념으로 간주한 것은 종교를 '도덕적 변화를 위한 공통의 경험'으로 인식했기 때문이다. 그는 다음과 같이 말한다.

> 내가 세계의 주요 종교들이 그들 고유의 신과 절대적 존재에 대한 개념이나 인식이 궁극적 실재를 뜻한다고 가정하는 이유는 각 종교가 추구하는 구원을 받고, 자유를 누리고, 깨달음을 얻고, 지혜를 갖게 되고, 무지에서 깨어나고, 해방되는 것으로 표현되는 변화된 인간의 상태에 대한 뚜렷한 유사성 때문이다. 이 유사성은 구원론적 변화에 있어서 공통의 종교적 원천이 있다는 것을 강력하게 시사한다.[14]

힉은 '관념적이면서도 실용적이며, 개인적이면서도 공동체적인 영적 연마의 결과가 실재에 대한 구원적 대응의 유효한 기준'이라고 주장한다. 이 기준은 우리가 "세계 주요 종교들을 통해 구원, 해방, 계몽의 결실을 이룰 수 있다"라는 결론을 내릴 것을 요구한다.[15]

그런 변화가 언제 일어났는지 어떻게 알 수 있는가?

힉에 따르면, 삶이 진정으로 변화되고 '자기중심성'을 포기하고 '실재 중심성'에 도달한 사람은 타인에 대한 연민과 사랑, 영혼의 힘, 순결, 사랑, 내면의 평화와 평온, 빛나는 기쁨과 같은 특성을 나타낸다.[16] 따라서 힉은 모든 주요 종교에서 이 도덕적 변화가 일어난다고 보았다.[17]

---

14 John Hick, *A Christian Theology of Religions: The Rainbow of Faiths* (Louisville, KY: Westminster John Knox, 1995), 69.
15 Hick, *An Interpretation of Religion*, 307.
16 위의 책, 301-302.
17 John Hick, *Problems of Religious Pluralism* (New York: St. Martin's, 1985), 86-87.

힉은 종교들 사이의 상충하는 가르침을 잘 알고 있지만, 이 차이를 결정적인 문제로 간주하지 않는다. 상충하는 진리의 문제를 해소하기 위해 그는 '문자적 진리'와 '신화적 진리'를 분리한 것이다. 우리가 일반적으로 알고 있는 진리의 개념은 문자적 진리다. 사실에 기반을 둔 주장의 문자적 진리와 진리의 허위성은 사실에 대한 적합성 혹은 적합성의 결여로 구분된다. 예를 들어, "지금 여기에 비가 오고 있다"라는 진술은 지금 여기에 비가 오는 경우에만 말 그대로 진리다.

그러나 힉은 이 진리의 개념이 근본적인 형이상학적 가르침과 관련된 종교 간의 논쟁에는 적용되지 않는다고 주장한다. 따라서 종교적 가르침은 문자적 진리가 아니라 신화적 진리로 이해해야 한다는 것이다. 그는 "X에 관한 진술은 문자 그대로의 진리는 아니지만 그럼에도 X에 대한 적절한 반응을 불러일으키는 경우 신화적으로 진리다"라는 논지를 제시했다.[18] 신화적 진리는 객관적으로 존재하는 상황에 근거하는 것이 아니라 특정 신념이 개인이나 공동체에 미치는 영향에 달려 있다.

따라서 힉은 "알라 외에 다른 신이 없고, 무함마드는 그의 선지자다"와 같은 이슬람의 기본 가르침은 사실 알라가 유일한 신이고 무함마드는 알라의 선지자이기 때문이 아니라 이 진술에 대한 믿음이 무슬림들 사이에서 실재에 대한 '적절한 태도'를 가져오는 신화적 진리라고 보았다.[19] 다른 모든 종교의 기본 가르침에 대해서도 마찬가지이다.

---

18 Hick, *An Interpretation of Religion*, 348.
19 신화적 진리에 관한 그의 개념에서 힉은 종교에서의 개인적인 진리에 관한 윌프레드 캔트웰 스미스(Wilfred Cantwell Smith)의 제안에 영향을 받았다. Wilfred Cantwell Smith, *The Meaning and End of Religion: A Revolutionary Approach to the Great Religious Traditions* (San Francisco: Harper & Row, 1962); Smith, "A Human View of Truth," in *Truth and Dialogue in World Religions: Conflicting Truth Claims*, edited by John Hick (Philadelphia: Westminster, 1974), 20-44.

힉의 주장에 대한 완전한 응답은 여기서 불가능하지만 몇 가지 간단한 설명이 필요하다.[20] 주요 종교가 모두 도덕적 변화에 의미를 부여하고 있으며, 지혜와 덕망이 높은 성인의 도덕적 특성에 대해 종교 간에 상당한 공통점이 있는 것은 사실이다. 그러나 어떤 종교도 그런 도덕적 변화가 그 자체로 종교의 필수적 조건이라는 주장에는 동의하지 않을 것이다. 각 종교의 도덕적 교훈은 본질적인 철학적 혹은 신학적 체계의 틀 속에서 다루어지고 있다. 도덕적 교훈은 우주와 종교 그리고 인간의 본질과 목적에 관한 더 큰 종교적 진리를 배제하고는 종교의 중심이 될 수 없다.

즉, 힉은 각 종교의 특정한 구원론적 교리 체계를 신화적 진리로 그 의미를 축소했다. 힉은 모든 주요 종교가 특정한 구원론적 구조를 공유하고 있다는 것을 포괄적인 차원에서 지적했다. 대다수 종교는 우리가 지금 경험하는 현실이 바람직한 상태가 아니기 때문에 인류가 고통을 받고 있다는 데 동의하고, 현재의 곤경을 극복하고 더욱더 나은 상태에 도달하려는 방법을 제공한다.

모든 종교가 공통의 목표를 가지고 있는 것도 아니고, 이 목표를 달성하기 위한 서로 다른 방법에 동의하지도 않는다. 그들은 인류가 처한 곤경과 바람직한 상태가 어떤 상태인가에 대해 의견이 일치하지 않는다. 이는 해럴드 카워드(Harold Coward)의 『세계 종교의 죄와 구원』(*Sin and Salvation in the World Religions*)에서 명확하게 드러난다.

---

20   종교적 다원주의의 모델을 공식화하려는 시도에는 엄청난 문제가 있다. Harold Netland, "Religious Pluralism as an Explanation for Religious Diversity," in *Philosophy and the Christian Worldview*, edited by David Werther and Mark D. Linville (New York: Continuum, 2012), 25-49; Keith Yandell, "Some Varieties of Religious Pluralism," in *Inter-Religious Models and Criteria*, edited by James Kellenberger (New York: St. Martin's, 1993), 187-211; *The Philosophical Challenge of Religious Diversity*, edited by Philip L. Quinn and Kevin Meeker (New York: Oxford University Press, 2006).

'구원'은 예수 그리스도를 통한 하나님의 사랑이 인간을 죄에서 구원할 것이라는 기독교 전통에서 가장 분명하게 나타나는 용어이다. 그러나 다른 종교는 유사한 개념을 가지고 있다. 유대인들은 개인 구원이 아니라 이스라엘과 모든 민족을 위한 '구원'을 말한다. 이슬람에서는 '나자트'(najat)라는 유사어를 찾을 수 있다. 이는 '알라의 인도에 따라 지옥의 불에서 낙원의 쾌락으로의 탈출 혹은 구출'을 의미한다. 유대교, 기독교, 이슬람은 죄와 불순종 그리고 구원의 필요성을 인정한다. 그러나 힌두교와 불교의 고통의 원인은 죄가 아니라 인간의 무지다. 우리의 무지는 출생, 노화, 질병 및 죽음이 계속 반복되는 끝없는 삶의 연속에 우리를 가두어 놓는다. 이 끝없는 고통, 죽음 그리고 환생의 연속은 인간이 '해방'을 갈망하게 만든다. 구원의 개념과 평행을 이루는 힌두교와 불교의 '해방'은 힌두교에서 '해탈'(moksa)라고 부르는 반면 불교에서는 '열반'(nirvana)이라고 한다.[21]

힌두교, 자이나교, 불교 전통은 무지의 근본 문제에 동의하지만, 이런 무지의 본질과 그것을 극복하는 방법에 동의하지 않는다. 도교와 같은 중국 종교 전통은 문제를 우주와 도덕적 힘 사이의 근본적인 불균형이나 부조화를 강조하고, 일본 신도는 가미(kami)에 적절하게 대응하지 못하는 불순함과 막연한 관념을 중심에 두고 있다.

따라서 종교학자인 스티븐 프로테로(Stephen Prothero)는 "세계의 종교가 출발점만큼 결승점을 공유하는 것은 아니다. 그리고 출발점은 이 간단한 관찰로 시작된다. 세상에 문제가 있다. ⋯ 전 세계의 종교인은 뭔가 잘못되었다는 데 동의한다. 그러나 그들은 무엇이 잘못되었는지는 극단적으로 의견을 달리한다. 인간의 문제를 진단하는 것에서 그 문제를 해결하는 방

21　Harold Coward, *Sin and Salvation in the World Religions* (Oxford, UK: Oneworld, 2003), 2–3.

법으로 이동할 때 서로 급격히 달라진다"[22]라고 말한다.

이 문제에 관한 서로 다른 진단을 고려할 때, 기독교, 힌두교, 불교 그리고 자이나교 등이 이 곤경을 극복하는 매우 다른 처방을 제시하는 것은 놀랄 일이 아니다. 이런 차이는 문제의 본질을 올바르게 진단하지 않으면 제안된 처방이 효과적이지 않을 것이라고 믿었기 때문에 매우 중요한 문제로 인식해 왔다.

예를 들어, 전통적인 힌두교, 자이나교, 불교는 사물의 실제 상태와 환생을 이끄는 인과적 조건을 제대로 이해하지 않으면 끊임없는 환생의 순환에서 해방될 희망이 거의 없다고 가정한다. 따라서 이 세 가지 종교 전통의 창시자들은 궁극적 실재(*Brahman*)와 자아(*atman*)에 관한 형이상학적 신념에 대해 서로를 격렬하게 비판한다.[23]

힌두교와 자이나교는 영혼의 실체를 믿고 있다. 불교는 이것을 부인한다. 불교와 자이나교는 브라만의 존재를 부정하지만, 대다수 힌두교 신자는 이 존재에 대한 확고한 신념을 갖고 있다. 베단타의 '불이(不二)일원론'(*Advaita Vedanta*) 사상을 체계화한 힌두교 신학자 샹카라(Shankara)는 "만약 영혼이 … 브라만과 근본적 합일을 이루었다고 여겨지지 않는다면, 즉 지식적인 합일만으로 브라만이 최종적으로 해방될 가능성은 전혀 없다"라고 직설적으로 말했다.[24]

---

22 Stephen Prothero, *God Is Not One: The Eight Rival Religions That Run the World-and Why Their Differences Matter* (New York: HarperCollins, 2010), 11.

23 Richard King, *Indian Philosophy: An Introduction to Hindu and Buddhist Thought* (Washington, DC: Georgetown University Press, 1999).

24 Sankara, "The Vedanta Sutras, with Commentary by Sankaracarya," IV.3.14, translated by George Thibaut, Part II, in *Sacred Books of the East*, edited by F. Max Müller, Vol. 38 (Delhi: Motilal Barnarsidass, 1968 [1904]), 399-400. 부처님의 가르침에 대해 샹카라가 "부처님은 서로 모순되는 세 가지의 체계를 내세워 외부 세계의 실재, 사상의 실재, 무(nothingness)를 가르치면서 자신이 이 일관성 없는 주장을 하도록 주어진 사람인지 아니면 그렇지 않으면 모든 존재에 대한 증오로 인해 [사람들]이 완전히 혼란스러워지게 할 수 있다는 것을 받아들임으로써 터무니없는 교리를 내세웠다"라고 말한 것을 생각

다시 말하면, 불이일원론을 추구하는 샹카라의 관점을 받아들여야 해방될 수 있다는 것이다. 마찬가지로, 자이나교의 권위 있는 경전인 수트라(Sutras)는 "지식(Kevala)으로 모든 것을 알 수 없으며, 자신의 법에 의지하는 사람은 길을 잃고 방황할 뿐 아니라, 이 두렵고 무한한 환생의 순환 속에서 다른 사람의 파멸을 일으킨다. 그러나 완전한 지식으로 모든 것을 알고, 명상을 수행하고, 완전한 법을 가르치는 사람들은 스스로 구원을 받고 다른 사람들을 구원한다"라고 가르친다.[25]

다시 말해서, 자이나교 교리를 받아들이는 사람들은 이 교리 없이는 깨달음을 얻고 중생으로부터 해방될 수 없다고 믿고 있다.

현대로 넘어오면서, 오직 부처님만이 '궁극적인 피난처'를 제공하는가에 대한 달라이 라마의 반응을 주의 깊게 살펴볼 필요가 있다.

그는 "해방 혹은 구원이 무엇을 뜻하는가?

속세의 모든 번뇌를 절멸시키는 해방은 불교 신자들만 이룰 수 있는 상태다. 이런 종류의 해탈(moksha) 혹은 열반은 불교 경전에만 언급되어있으며 불교 수행을 통해서만 성취될 수 있다"라고 말했다.[26] 따라서 불교 신자가 관련 교리를 이해하고 받아들이는 것은 구원론적 목표에 도달하는 것과 직접 연결된다. 힉의 주장과는 달리 교리적 신념이 중요하며, 각 종교는 관련 가르침을 수용하고 실천하는 것을 구원론적 목표를 달성하는 데 필수적인 것으로 간주한다.

더 나아가, 힉이 종교적 가르침을 신화적 진리로 해석해 서로 충돌하는 교리 문제를 회피하려고 한 것도 문제가 된다.[27] 이것은 각 종교의 신자들

해 보라. Sankara, "The Vedanta Sutras," II.2.32, Part I, Vol. 34, 400, 428.

25 "Jaina Sutras," translated by Hermann Jacobi, in *Sacred Books of the East*, edited by F. Max Müller, Vol. 45 (Curzon: Richmond, Surrey, 2001), 418.

26 Dalai Lama, "Religious Harmony," 169.

27 Harold Netland, *Encountering Religious Pluralism* (Downers Grove, IL: InterVarsity, 2001), 227-246; Brian Hebblethwaite, "John Hick and the Question of Truth in Religion," in *God, Truth and Reality: Essays in Honour of John Hick*, edited by Arvind Sharma

이 종교적 가르침을 받아들이는 일반적인 방식이 아니다. 신화적 진리의 개념은 문자적 진리가 바탕이 될 때만 의미가 있다 "하나님이 예수님을 죽음에서 살리셨다"라는 진술을 신화적 진리라고 주장할 때, 이 진술이 비신화적이고 문자적인 진리이며 이 진리에 어떻게 반응해야 하는가에 대한 구체적인 실체가 있다고 믿는 그리스도인의 본성적인 거부감을 불러일으킨다.

예를 들어, 힉은 진리에 대한 적절한 반응이 이웃을 사랑하고 우리 자신의 이익만을 생각하지 않는 것이라고 말한다. 그러나 이것은 우리가 이웃을 어떻게 대해야 하는지에 대한 문자적 진리를 말하는 것이다.

그렇지 않으면 우리는 이것이 진리에 대한 적절한 반응을 불러일으키는 진술인지 알 수 없고, 신화적 진리의 개념이 공허해질 수밖에 없다. 따라서 종교의 문자적 진리에 대한 신념은 그렇게 쉽게 다룰 수 있는 문제가 아니며, 우리는 종교적 진리의 주장이 서로 충돌하는 문제로 돌아갈 수밖에 없다.

3. 죄

주요 종교들은 현재의 세계가 바람직하지 않은 상태에 놓여 있다는 것을 인정한다. 그러나 우리가 살펴본 바와 같이, 그들은 이 문제의 성격, 원인 그리고 바람직한 상태에 도달하는 데 필요한 것에 대해 매우 다른 견해를 제시한다. 존 힉이 종교들 사이의 공통적인 관념론적 구조에 호소하는 것은 단순히 종교들의 가르침의 특수성을 무시하고, 그들을 추상적이고, 낮은 차원의 공통점인 도덕적 원칙으로 축소하고자 하는 의도에 불과하다.

(New York: St. Martin's, 1993), 124-134.

크리스토퍼 J. H. 라이트는 "나는 구원이 무엇인지에 관한 종교다원주의자들의 주장이 실제로 너무 모호하고 불충분하기 때문에 그들의 글을 읽는 것조차도 좌절감을 느낀다. 내가 보기에는 그들이 죄의 본질과 심각성에 대한 성경의 가르침을 무시했기 때문이다"라고 언급한 바 있다.[28]

기독교는 일반적인 추상적 관념론과는 비교할 수 없는 풍부하고 특별한 구원의 진리를 제시한다. 더 나아가, 구원에 관한 기독교의 가르침은 성경이 인류가 직면한 근본 문제인 죄와 관련되어 있다. 죄는 단순한 도덕적 실패와 구별되어야 한다. 모든 주요 종교는 인간의 도덕적 실패를 인정하고, 그런 실패의 심각성과 결과에 관한 다른 해석을 제공한다. 그러나 죄의 문제는 우리가 도덕적으로 행동하지 않는 것 그 이상이다.

죄는 본질적으로 하나님과 그의 의로운 뜻에 대한 반항과 거부이다. 코넬리우스 플랜팅가(Cornelius Plantinga)는 "성경적 관점에서 볼 때, 우리가 하나님을 떠나서는 샬롬(shalom)이나 죄를 이해할 수 없다. 죄는 단순한 도덕적 개념이 아니라 종교적인 개념이다"라고 말했다.[29] 그러므로 죄에 대한 개념은 항상 거룩하고 정의로운 하나님과의 관계 속에서 이해해야 한다. 비록 무신론적 종교가 도덕적 실패를 이야기하지만, 죄의 교리를 거룩하고 정의로운 하나님의 실체를 부정하는 종교들과 동일시하는 것은 이치에 맞지 않는다.

플랜팅가는 구약의 위대한 주제인 '샬롬'과 관련해 죄에 대한 성경적 가르침을 매우 적절하게 설명한 바 있다. 그는 "하나님과 인간, 정의와 성취 그리고 기쁨으로 모든 피조물을 하나로 묶는 것은 히브리 선지자들이 증

---

28 Christopher J. H. Wright, "The Unique Christ in the Plurality of Religions," in *The Unique Christ in Our Pluralistic World*, edited by Bruce Nicholls (Grand Rapids, MI: Baker, 1994), 39.
29 Cornelius Plantinga Jr., *Not the Way It's Supposed to Be: A Breviary of Sin* (Grand Rapids, MI: Eerdmans, 1995), 12. Henri A. G. Blocher, "Sin," in *The Oxford Handbook of Evangelical Theology*, edited by Gerald R. McDermott (New York: Oxford University Press, 2010), 129-145.

거한 '샬롬'이었다. … 성경에서 샬롬은 보편적인 번영, 온전함, 기쁨을 의미한다. 자연적인 필요가 충족되고 자연적인 은사가 유익하게 사용되는 풍요로운 상태, 창조주이자 구세주에 대한 기쁨의 경배를 불러일으키고 마음의 문을 열고 피조물을 돌보는 상태를 말한다. 다시 말해서 샬롬은 원래 그렇게 되어야 하는 일이 일어난 상태를 말한다"라고 묘사했다.[30]

그러나 죄는 하나님의 피조물을 왜곡해 샬롬을 제거해 버렸다. 성경은 하나님을 거부한 최초의 인간 선택이 모든 인류에게 죄의 흑암을 가져 왔다고 가르친다(창 2:16-17; 3:1-24; 롬 5:12). 죄는 우리의 생각, 욕망, 성향 그리고 행동을 포함해 우리 존재의 모든 영역에 영향을 미친다. 죄는 우리의 내면적 본성뿐만 아니라 타인과의 관계도 포함한다. 플랜팅가는 죄를 "육체적으로, 도덕적으로, 영적으로 그리고 다른 모든 면에서 샬롬을 망치는 것이다"라고 묘사했다.[31] 또한, "죄는 성경에서 하나님의 도덕적 질서나 규범을 위반한 '모든 행위' 혹은 하나님과 하나님의 뜻을 거부하고 자기 자신의 길을 가고자 하는 인간의 의지를 뜻한다."[32]

밀라드 에릭슨(Millard Erickson)은 죄를 '능동적이든 수동적이든 하나님의 도덕적 규범에 대한 순종이 결여된 상태를 의미하며, 이것은 행위, 생각 혹은 내적 성품이나 상태의 문제일 수 있다"라고 정의했다.[33] 죄는 불의(롬 1:18), 불법(요일 3:4), 불순종(딤후 3:2), 범법(갈 3:19), 사악(요 3:20), 악(롬 12:9), 불경건(롬 1:18) 등을 포함한다.

성경에 따르면 모든 인간은 죄인이다. 하나님에 대한 최초의 반역(창 3장) 결과로 의롭고 일관되게 옳은 일을 행하는 사람은 없다(시 14:2-3; 사 53:6; 롬 3:10-18, 23). 사람들은 본질적으로 죄인이기 때문에 죄를 짓는다. 죄는 마

---

30 Plantinga, *Not the Way It's Supposed to Be*, 10; emphasis in original.
31 위의 책, 14.
32 Marguerite Shuster, "Sin," in *Global Dictionary of Theology*, edited by William A. Dyrness and Veli-Matti Kärkkäinen (Downers Grove, IL: InterVarsity, 2008), 818.
33 Millard Erickson, *Christian Theology*, Vol. 2 (Grand Rapids, MI: Baker, 1984), 578.

음의 산물이다(창 6:5; 사 29:13; 렘 17:9; 마 15:18-20).

죄는 그 영향에 있어서 개인적이고 동시에 사회적이다. 죄의 영향은 개인과 인간 사회와 문화 모두에서 분명하게 드러난다. 죄가 자연 질서의 전 영역에 악영향을 미쳐 '타락의 속박'(롬 8:19-22)에서 벗어나기를 바라는 '피조물의 탄식'의 결과를 초래했다.

죄의 결과는 심각하다. 하나님은 모든 영역에서 거룩하고 의로우며 도덕적으로 순수한 분이다(레 11:44-45; 20:26; 시 77:13; 99:3, 99:5; 사 6:1-4, 40:25; 57:15; 벧전 1:15-16; 계 4:8). 우리의 죄는 하나님 앞에서 죄책감을 느끼게 한다(롬 1:18-3:23). 죄는 다른 사람들과의 관계를 깨뜨리고 고통과 아픔을 낳는다. 가장 중요한 것은 죄가 창조주 하나님에게서 멀어지게 한다는 것이다(사 59:2).

죄는 죽음을 가져오며(롬 6:23), 하나님의 자비와 은혜로 구원받지 않는 한 모든 사람은 하나님의 의로운 진노와 죄에 대한 영원한 정죄에 직면한다(요 3:36; 계 20:11-15). 예수님은 회개하지 않는 자들에게 임할 심판에 대해 반복해서 경고했다(마 11:20-24; 12:41-42; 13:36-43; 25:31-46; 막 9:42-49; 눅 13:22-30; 16:19-31; 3:18; 3:36; 12:47-48).

하나님은 죄를 미워하시지만, 죄에 대한 형벌을 받지 않게 하실 수 없다.

> 하나님은 죄가 그의 율법을 위반했기 때문이 아니라 샬롬을 위반했기 때문에 미워하신다. 죄가 창조의 질서와 평화를 깨뜨리기 때문이다. … 하나님은 샬롬을 위해 죄를 대적하신다.[34]

성경은 우리가 죄 많은 상태와 그 결과를 극복하기 위해 우리 자신이 할 수 있는 일은 아무것도 없다고 가르친다. 우리를 위한 하나님의 특별

---

34 Plantinga, *Not the Way It's Supposed to Be*, 14.

한 개입을 제외하고는 우리는 무력하고 "허물과 죄로 죽었다"(엡 2:1-3). 이 암울한 죄의 결과에 반해, 우리는 구원에 대한 성경의 가르침에 감사해야 한다.

4. 구원

여기서 우리는 성경의 위대한 신비 중 하나에 직면한다. 하나님이 자비와 사랑으로 죄인이 용서받고 하나님과 화해할 수 있는 길을 마련하셨다. 복음주의자들은 회개한 죄인을 위한 하나님의 죄 사함, 하나님과 화해 그리고 현세와 내세의 구원을 믿는다. 그리고 이것은 확실히 성경의 핵심 주제다. 그러나 성경적 구원은 이것보다 더 많은 것을 포함한다는 것을 아는 것도 중요하다. 죄가 창조된 질서에 미치는 영향이 크고 다양하듯이, 죄를 물리치는 하나님의 구속 사역과 그 결과는 많은 의미가 있다.

성경에서 구원에 대해 가장 먼저 살펴봐야 할 것은 구원하시는 분은 항상 하나님이라는 것이다. 크리스토퍼 J. H. 라이트는 "구원은 하나님의 것이다 그의 은혜에 의해 시작되고 그의 능력에 의해 성취되고, 그의 원칙에 따라 제공되고, 그의 주권과 약속 때문에 보장된다 하나님은 우리를 구원하는 행위의 주체다. … 구원은 하나님께 구하고 받아들이는 것 외에는 우리의 어떤 행위의 결과도 아니다"라고 언급했다.[35]

성경에서 하나님의 구원 행위는 다양한 방식으로 나타난다. 하나님은 자신의 백성을 노예, 적, 근심, 불의, 질병, 죄책감, 수치심, 위험, 우상 숭배, 악마의 억압 그리고 절망에서 구해 주신다. 이것을 표현하는 또 다른 방법은 하나님이 죄의 권세와 그 결과로부터 사람들을 구원하신다는 것

---

[35] Christopher J. H. Wright, "Salvation Belongs to Our God," *Evangelical Interfaith Dialogue* 1, no. 4 (Fall 2010): 3.

이다. 우주 전체가 죄의 영향을 받은 것처럼 하나님의 구원도 죄와 악의 패배와 피조 세계의 질서를 회복하는 것으로 이어지며 '새 하늘과 새 땅' (롬 8:19-22; 계 21:1-4)에서 그 절정에 이르게 된다.

구약과 신약 전체의 핵심 주제는 죄로부터의 인간의 구원과 죄 많은 인류와 하나님과의 화해다. 신약성경에서는 구원과 관련해 다양한 용어가 사용되었지만, 사도 바울이 사용한 가장 일반적인 용어는 동사 '구원을 얻으리라'(*sōzō*)이다.[36] 이 용어와 그 유의어들은 다양한 방식으로 표현되지만, '육체적 죽음에서 즉시 구원하소서'(마 8:25; 14:30; 행 27:20, 31 참조)라는 뜻으로 사용되기도 한다.

모리스(Morris)는 규정한 바 있다.

> 구원(*soteria*)은 육체적 치유 혹은 영적 구원을 의미할 수 있으며, 때로는 장애가 있는 사람을 치유한 사도행전 4:12에서 베드로가 "다른 이로써는 구원을 받을 수 없나니 천하사람 중에 구원을 받을 만한 다른 이름을 우리에게 주신 일이 없음이라 하였더라"라고 선언한 것처럼 두 가지 의미를 모두 포함할 수 있다. 그러나 일반적으로 '구원'은 그리스도께서 죄인을 위해 행하신 위대한 구원 행위를 말한다. … 구원은 그리스도 안에서 하나님이 사람들을 그들의 죄가 가져온 절박한 상태에서 구해 주셨다는 진리를 드러내는 용어다.[37]

---

36 I. Howard Marshall, "Salvation," in *Dictionary of Jesus and the Gospels*, edited by Joel B. Green, Scot McKnight, and I. Howard Marshall (Downers Grove, IL: InterVarsity, 1992), 720-724; Leon Morris, "Salvation," in *Dictionary of Paul and His Letters*, edited by Gerald F. Hawthorne, Ralph P. Martin, and Daniel G. Reid (Downers Grove, IL: InterVarsity, 1993), 858.

37 Morris, "Salvation," 862.

하나님은 모든 사람을 사랑하시고, 그들의 구원을 바라시는 자비롭고 은혜로운 하나님이시다(요 3:16; 엡 2:4-10; 요일 4:8). 하나님의 구원은 하나님 아들의 성육신에 뿌리를 두고 있다. 왜냐하면, "미쁘다 모든 사람이 받을 만한 이 말이여 그리스도 예수께서 죄인을 구원하시려고 세상에 임하셨다 하였도다. 죄인 중에 내가 괴수니라"(딤전 1:15)라는 말씀에서 밝힌 바와 같이 하나님의 아들이 죄인을 구원하기 위해 직접 세상에 오셨기 때문이다.

천사는 요셉에게 예수의 탄생을 알리면서 "아들을 낳으리니 이름을 예수라 하라 이는 그가 자기 백성을 그들의 죄에서 구원할 자이심이라 하니라"(마 1:21)라고 지시했다.[38] 예수님은 그의 사명이 구원을 베푸는 것이라고 말씀하셨다. 그는 자신에 대해 "인자가 온 것은 잃어버린 자를 찾아 구원하려 함이니라"(눅 19:10)라고 명시적으로 선언하셨다.

예수님의 전 생애는 우리에게 영생을 주시는 하나님의 구원 사역의 중심에 있지만, 십자가와 부활을 통해 죄악을 이기는 하나님의 승리가 성취되었다. 죄에 대한 하나님의 진노와 죄인에 대한 헤아릴 수 없는 사랑이 영원한 말씀이 인간이 되는 나사렛 예수의 삶과 죽음과 부활의 신비한 방식으로 표현된 것이다.

창조자이신 영원한 하나님이 인류와 세상의 죄를 짊어진 완전히 독특한 사건인 예수님의 성육신(고후 5:21)을 통해 죄 많은 인류가 자신과 화해할 수 있는 방법을 제공하셨다(요 3:14-18; 엡 2:4-5; 벧전 3:18).

하나님의 자비와 사랑은 아들이 죄 값을 치르기 위해 우리의 대리자로서 고통받고 죽으신(요 3:14-16; 요일 4:9-10) 십자가에서 잘 나타난다. 따라서 구원은 죄 없는 예수 그리스도가 십자가 위에서 속죄한 사역에 기초를

---

38 '예수'(Jesus)의 원래 히브리어는 '예슈아'(*Yeshua*)였으며 '구출하다,' '살려내다' 혹은 '구원하다'라는 의미의 동사에서 파생되었다.

두고 있다(롬 3:25; 고후 5:18-19, 21; 히 2:17; 요일 2:2; 4:39).[39]

성경에 따르면, 구원은 하나님의 은혜 선물이며, 예수 그리스도의 인격과 생애 그리고 십자가에서의 사역에 근거해 하나님에 대한 믿음을 통해서만 얻을 수 있다(롬 3:25; 고후 5:18-19, 21; 히 2:17; 요일 2:2, 4:10). 따라서 구원은 전적으로 하나님의 은혜로 주어지는 것이며 인간의 노력이나 선한 일의 결과가 아니다(엡 2:8-10).

성경 전반에 걸쳐 하나님이 인간과 피조물을 죄의 파괴로부터 구원하는 방법을 다양한 용어와 이미지를 사용해 표현하고 있다. 브렌다 콜리즌(Brenda Colijn)은 말한다.

> 인간의 곤경은 곧 하나님에 대한 반역 때문이다. 구원은 하나님의 보편적 통치 아래 사는 것이다. 다른 관점에서 보면, 인간의 곤경은 내적, 외적 권세의 노예가 된 결과다. 구원은 그런 상태에서 벗어나 자유를 누리는 것이다. 또 다른 관점에서 보면, 인간의 곤경은 하나님과 다른 사람들 그리고 피조물과 심지어 자신의 진정한 본성과도 멀어진 상태를 뜻한다. 구원은 이 단절된 관계의 회복을 말한다.[40]

신학자들은 우리를 위한 하나님의 구원 사역에 대해 다양한 용어를 사용한다. 특히, 속죄(atonement), 중생(regeneration) 그리고 칭의(justification)라는 세 가지 개념이 구원에 관한 성경적 가르침의 핵심이다. 칭의는 죄로 인해 깨어진 하나님과의 화해를 가능하게 하는 십자가 위에서의 예수 그리스도의 사역을 의미한다. 죄 많은 인류가 하나님과 화해하게 된 것은 십

---

[39] John R. W. Stott, *The Cross of Christ* (Downers Grove, IL: InterVarsity, 1986).

[40] Brenda B. Colijn, *Images of Salvation in the New Testament* (Downers Grove, IL: InterVarsity, 2010), 14.

자가에서의 예수 그리스도의 죽음 때문이라는 것이 신약성경의 핵심 주제다(마 20:28; 요 3:13-16; 롬 3:21-25; 5:1-2; 5:6-11; 고전 15:3-4; 갈 2:20; 골 1:20; 2:13-14; 딤전 2:5-6; 히 10:19-22; 벧전 3:18; 요일 4:9-10).

교회의 전 역사에 걸쳐 그리스도의 죽음이 어떻게 하나님과 화해를 가져오는지에 대해 상당한 논쟁이 있었다.[41] 속죄에 관한 다양한 이론은 크게 세 가지 범주로 나뉜다.

첫째, 기독교 역사의 처음 천 년 동안에 가장 큰 영향력이 있었던 한 가지 견해는 사탄과 죄 많은 인류를 포로로 잡은 마귀의 세력에 대한 '승리'의 관점에서 그리스도의 사역을 이해하는 것이다. 십자가에서의 죽음과 부활을 통해 그리스도는 어둠의 세력을 이기고 죄 많은 인류를 구원하셨다.

이 모델은 스웨덴 신학자 구스타프 아울렌(Gustaf Aulén)의 『승리자 그리스도』(Christus Victor)에서도 찾아볼 수 있다. 아울렌은 이 모델의 중심이 "신성한 싸움과 승리로서의 속죄를 통해 승리자로서의 그리스도가 인류를 속박과 고통 속에 묶어 놓는 '폭군'인 세상의 악한 세력에 맞서 싸우고 승리했다"라고 확언했다.[42]

둘째, 속죄에 관한 또 다른 모델은 '객관적 대체'의 관점으로, 속죄를 화해가 일어나기 위해 하나님이 필요한 조건을 충족한 것으로 보는 것이다. 속죄는 예수님이 죄 많은 인류를 대신하고 인간의 죄에 대한 형벌을 짊어진 대속적이고 희생적 사역이다. 죄 많은 인간의 구원에는 동물의 희생이 아니라 죄가 없는 완전한 사람의 희생이 필요하다(히 10:4; 9:26; 10:5-

---

41　*The Nature of the Atonement: Four Views*, edited by James Beilby and Paul R. Eddy (Downers Grove, IL: InterVarsity, 2006).

42　Gustaf Aulén, *Christus Victor: An Historical Study of the Three Main Types of the Idea of Atonement*, translated by A. G. Hebert (New York: Macmillan, 1969), 4.

10). 예수님은 우리를 대신해 속죄의 희생으로 자신을 내어 주었다. 이와 관련된 핵심 본문은 다음과 같다.

> 하나님이 죄를 알지도 못하신 이를 우리를 대신하여 죄로 삼으신 것은 우리로 하여금 그 안에서 하나님의 의가 되게 하려 하심이라(고후 5:21).

마찬가지로 로마서 3:23-25에서는 다음과 같이 말한다.

> 모든 사람이 죄를 범하였으매 하나님의 영광에 이르지 못하더니 그리스도 예수 안에 있는 속량으로 말미암아 하나님의 은혜로 값없이 의롭다 하심을 얻은 자 되었느니 이 예수를 하나님이 그의 피로써 믿음으로 말미암는 화목제물로 세우셨으니 이는 하나님께서 길이 참으시는 중에 전에 지은 죄를 간과하심으로 자기의 의로우심을 나타내려 하심이니(롬 3:23-25).

여기에서 가장 영향력 있는 사상가 중 한 사람인 중세 신학자 안셀름(Anselm, 1033-1109)는 『하나님은 왜 인간이 되었는가』(*Cur Deus Homo*)에서 속죄의 객관적 대체 이론에 대한 고전적인 관점을 제시했다. 형벌 대속(penal substitution)과 객관적 대체 이론과 같은 관점은 복음주의자들에게 큰 영향을 미쳤다.

셋째, 속죄로 인한 변화가 하나님이 아니라 인간에게 있다는 것이다.

> 우리가 아직 죄인 되었을 때에 그리스도께서 우리를 위하여 죽으심으로 하나님께서 우리에 대한 자기의 사랑을 확증하셨느니라(롬 5:8).

이 말씀에서 나타난 바와 같이 예수님의 십자가 죽음은 우리에게 도덕적 본보기가 된다. 우리는 그리스도께서 십자가에서 죽음의 공포에 기꺼이 복종하실 때 보여 주신 것과 동일한 사랑과 겸손을 가져야 한다(빌 2:5-11).

삐에르 아벨라르(Peter Abelard, 1079-1142)는 십자가에서의 그리스도의 사역이 죄 많은 인류에 대한 하나님의 놀라운 사랑의 증거라는 견해를 대변했다. 도덕적 영향 이론으로 알려진 이 관점은 현대 자유주의 신학에서 특히 영향력이 있었다.

속죄와 관련된 세 가지 관점, 즉 '승리자' 이론, '객관적 대체' 이론 및 '도덕적 영향' 이론은 모두 중요한 통찰을 하고 있다. 속죄에 관한 성경적인 관점을 확립하기 위해서는 이 다양한 관점을 모두 고려해야 한다.

그리스도인의 구원에 대한 이해에 있어서 또 다른 핵심 용어는 중생(regeneration)이다. J. I. 패커(J. I. Packer)는 "중생, 즉 거듭남은 성령의 은혜로운 주권 행위 때문에 타락한 인간 본성의 내면을 재창조하는 것이다"라고 규정했다.[43] 죄로 인해 타락한 인류의 구속은 성령의 초자연적 역사를 통한 영혼의 변화 혹은 재창조를 포함한다.

예수님은 요한복음에서 이것을 '거듭남'이라고 말했다. 거듭남이 없이는 하나님 나라에 들어갈 수 없다(요 3:5-8). 거듭남은 강력하고 놀라운 것이다. 거듭남은 단순히 지금보다 도덕적으로 더 나은 사람이 되는 것이 아니라 성령의 특별한 사역에 의해 시작된 과거와의 급진적 단절을 의미하기 때문이다(요 1:12-13; 딛 3:4-6).

따라서 사도 바울은 '누구든지 그리스도 안에 있으면 새 피조물'이라고 말했다(고후 5:17). J. I. 패커는 "중생한 사람은 영원히 과거의 그 사람이 아니다 옛 삶은 끝났고 새로운 삶이 시작되었다 그는 그리스도 안에 있는 새로운 피조물이며, 정죄를 받지 않고, 그와 함께 의의 새 생명을 얻게 된 것

---

43 J. I. Packer, "Regeneration," in *Evangelical Dictionary of Theology*, 2nd ed., edited by Walter A. Elwell (Grand Rapids, MI: Baker, 2001), 1000.

이다(롬 6:3-11; 고후 5:17; 골 3:9 참조)"라고 설명했다.[44] 성령에 의해 거듭난 사람은 성령과 동행하는 가운데 그들의 삶이 사랑, 기쁨, 평화, 인내, 친절, 선함, 충성, 온유, 절제(갈 5:22-23, 25)의 열매를 맺게 된다.

죄 많은 인류에 대한 하나님의 구원은 또한 칭의(justification)를 포함한다. 구원에 대한 성경적 가르침의 핵심은 하나님이 죄인을 용서하고 받아들이신다는 것이다(시 32:1-5; 사 55:6-7; 눅 7:41-50; 18:9-14; 행 10:42-43; 요일 1:8-9). 칭의는 하나님의 기대에 부응하지 못한 인간의 죄에 대한 하나님의 공급에 관한 교리다.

에릭슨은 "칭의는 죄인을 의롭다고 선언하는 하나님의 행위이다"라고 설명했다.[45] 하나님이 믿는 죄인을 의롭다고 선언하신 것은 십자가에서의 예수 그리스도의 대속적 죽음 때문이다. 그는 "신약에서 칭의는 그리스도의 대속의 죽음에 의해 그리스도인들이 율법의 모든 요구 사항을 충족했다는 하나님의 선언적 행위다. 칭의는 그리스도의 의를 그리스도인에게 귀속시키는 법적 행위다. 칭의는 사람에게 거룩함을 실제로 불어넣는 것이 아니라, 재판관이 피고를 무죄로 판결하는 것 같이 그 사람을 의롭다고 여기는 것이다"라고 말했다.[46]

그러나 칭의가 본질에서 그리스도의 사역을 통해 하나님이 내리신 선언적 판결이라면, 바울이 칭의와 내주(indwelling)에 관해 설명할 때 "그러므로 우리가 믿음으로 의롭다 하심을 받았으니 우리 주 예수 그리스도로 말미암아 하나님과 화평을 누리자 … 소망이 우리를 부끄럽게 하지 아니함은 우리에게 주신 성령으로 말미암아 하나님의 사랑이 우리 마음에 부은 바 됨이니"(롬 5:1, 5)라고 말한 것처럼 그리스도인에게 성령이 부어지는 것

---

[44] 위의 책

[45] Millard Erickson, *Christian Theology*, Vol. 3 (Grand Rapids, MI: Baker, 1985), 954. *Justification: Five Views*, edited by James K. Beilby and Paul Rhodes Eddy (Downers Grove, IL: InterVarsity, 2011).

[46] Erickson, *Christian Theology*, 956.

을 뜻한다. 개혁자들은 믿음과 은혜만으로 칭의를 받을 수 있다고 주장하면서도 칭의와 내적 갱신의 불가분 관계를 강조했다.

루터에게 있어서 하나님은 칭의를 통해 용서하실 때 그리스도가 실제로 임재하시기 때문에 외적 선언과 내적 갱신 사이에 뚜렷한 구분이 없다. 그는 "우리 안에 계시는 그리스도는 또한 우리 밖에도 계신다"(Christ *in nobis* is also Christ *extra nos*)라고 선언했다.[47]

칼빈은 칭의가 그리스도와의 연합에 기초한다고 주장하면서 논리적 순서로 칭의 앞에 중생을 두었다.[48] 도널드 블로쉬(Donald Bloesch)는 "주류 개혁자들에게 있어서 성화(sanctification)와 칭의는 은혜의 구속 사역의 양면이었다. 사람의 내면에 존재론적 변화를 가져온다.… 진정한 은혜의 기적은 높은 곳에서 우리에게 선고된 무죄 판결이며, 또한 우리를 노예로 만든 죄의 결박으로부터 해방된 존재가 된 것이다"라고 말했다.[49]

신약은 구원을 과거, 현재, 미래의 실재라고 말한다. 칭의와 중생과 하나님과의 화해를 만들어내는 것은 십자가에서의 그리스도의 구속적 사역 때문이다. 그리스도인은 그리스도를 닮아 가면서 계속해서 죄의 권세로부터 구원받고 있다. 동시에, 우리는 하나님 앞에서의 영광스러운 마지막 구속을 기다리고 있다.

속죄, 중생, 칭의는 죄에 빠진 인류의 구원을 위해 하나님께서 하신 일을 말한다. 죄인은 하나님의 은혜로 주신 것에 응답해 하나님의 구원 역

---

[47] Tuomo Mannermaa, *Christ Present in Faith: Luther's View of Justification* (Minneapolis: Fortress, 2005), 25.

[48] John Calvin, *Institutes of the Christian Religion*, edited by John T. McNeill (Philadelphia: Westminster, 1960), 3.2.10; Bruce McCormack, "What's at Stake in Current Debates over Justification: The Crisis of Protestantism in the West," in *Justification: What's at Stake in the Current Debates*, edited by Mark Husbands and Daniel Treier (Downers Grove, IL, and Leicester, UK: InterVarsity and Apollos, 2004), 101-102.

[49] Donald G. Bloesch, "Justification and Atonement," in *The Oxford Handbook of Evangelical Theology*, edited by Gerald McDermott (New York: Oxford University Press, 2010), 224.

사에 참여하도록 부름을 받았다. 성경을 통해 우리는 예수님과 사도들이 사람들에게 죄를 회개하고(막 1:14-15; 눅 13:3; 행 2:38; 3:19; 17:30; 26:20), 예수 그리스도의 복음을 믿는 사람을 찾고 있다는 것을 알 수 있다(요 1:12; 3:15-16; 3:36; 8:24; 20:31; 롬 3:21-22; 갈 3:22).

사도 바울은 "내가 어떻게 하여야 구원을 받으리이까"라는 빌립보 간수의 질문에 대해 "주 예수를 믿으라 그리하면 너와 네 집이 구원을 받으리라"(빌 16:30-31)라고 대답했다.

구원은 구약과 신약에서 다양한 측면을 갖고 있으며, 여러 가지 방식으로 표현된 풍부한 개념이다. 그러나 브렌다 콜리즌은 "깨어진 피조물과의 관계에 대한 하나님의 사랑 이야기, 언약 관계의 회복에 대한 그의 열망, 서로에게 그리고 세상에 그의 사랑을 증거할 사람을 찾는 그의 인내 등의 풍부한 이야기에도 불구하고 구원에 대한 신약의 개념은 오직 하나의 메시지를 보여 준다"라고 주장했다.[50]

5. 예수, 유일한 구세주

신약은 예수 그리스도를 모든 인류를 위한 유일한 주님이자 구세주이신 하나님의 성육신이라고 지속적으로 증거한다. 크리스토퍼 J. H. 라이트는 "헬라어 '구세주'(*soter*)가 고대 세계에서 왕, 군사적 해방자 혹은 신화적 인물에 적용되었지만, 신약에서는 이 용어가 하나님(8회)과 예수 그리스도(16회)에게만 사용되었고, 예외는 없었다"라고 설명했다.[51]

예수 그리스도의 생애는 성경과 유대 일신론의 더 넓은 맥락에서 이해해야 한다. 그의 가르침과 활동은 아브라함, 이삭, 야곱의 하나님 실존, 인

---

50 Colijn, *Images of Salvation*, 313.
51 Wright, "Salvation Belongs," 4.

간의 죄에 대한 성경의 가르침과 하나님과의 화해의 필요성 그리고 하나님의 공급에 대한 기대의 맥락 속에서 나타났다. 신약성경은 하나님이 나사렛 예수 안에서 하나님과 화해할 방법을 가르쳐 주셨다고 선포한다.

신약성경의 포괄적인 증거는 하나님이 결정적으로 완전하며 독특한 방식으로 나사렛 예수 안에서 현존하시고 활동하신 것을 보여 준다. 성경에서 예수님은 위대한 종교적 인물 중 한 사람이 아니다. 하나님의 영원한 말씀인 나사렛 예수의 성육신은 인류에 대한 하나님의 자기 계시의 정점을 이루었다. 요한복음은 예수님이 하나님과 함께 계셨으며, 이 말씀은 곧 하나님이셨고, 만물이 그로 말미암아 지은 바 되었고, 말씀이 육신이 되어 우리 가운데 거하신다고 확증한다(요 1:1-4, 14).

히브리인들에게 보낸 편지는 선언한다.

> 옛적에 선지자들을 통하여 여러 부분과 여러 모양으로 우리 조상들에게 말씀하신 하나님이 이 모든 날 마지막에는 아들을 통하여 우리에게 말씀하셨으니 이 아들을 만유의 상속자로 세우시고 또 그로 말미암아 모든 세계를 지으셨느니라(히 1:1-2).

신약성경은 명시적으로나 암시적으로 예수님은 구약성경의 영원한 창조주인 야훼와 완전한 동질성의 관계에 놓여 있다는 것을 증거하고 있다. 예수님은 죄를 용서하고(막 2:5-11), 세상을 심판하고(마 19:28; 25:31-46), 죽은 자를 살리시는(요 5:21, 25-29; 11:17-44) 하나님의 권세를 가진 분이다.

예수님은 자신을 본 사람은 누구나 아버지를 보았다고 말씀하셨다(요 14:9). 이것은 유대 일신교의 맥락에서 주목할 만한 주장이다. 예수님은 자신을 출애굽기 3:14의 '스스로 있는 자'(I AM)와 동일시하며, 동시대 사람들에게 자신을 하나님과 같은 분임을 증거하셨다(요 8:58).

사도 바울은 하나님의 모든 '충만'(*pleroma*)이 예수의 인성 안에 존재한다고 주장한다(골 1:19; 2:9). 1세기 유대 일신론의 맥락에서 나사렛 예수 안에

서 유일하신 영원한 하나님이 사람이 되셨다는 대담한 주장은 타의 추종을 불허하는 독특한 메시지였다.⁵²

예수님에 관한 질문은 종교신학적 논의에 큰 분열을 초래했다. 그리스도인들은 전통적으로 성경이 예수님을 모든 인류를 위한 유일한 구세주와 성육신하신 하나님이라고 주장해 왔다. 예수 그리스도를 통하지 않고는 아무도 하나님과 화해할 수 없다(요 3:16, 36; 14:6; 행 4:12; 딤전 2:5). 만약 이 진술이 옳다면, 예수님을 많은 위대한 종교 지도자 중에서 가장 위대한 분으로 여기는 것은 불가능하다. 그리고 만약 예수 그리스도에 대한 이 전통적 이해가 옳다면 종교다원주의는 잘못된 이론이라는 것을 존 힉도 인정한다.

> 전통적인 신학에 따르면 나사렛 예수는 성육신하신 하나님, 즉 신성한 삼위일체의 두 번째 위격이신 하나님 아들이 성육신하신 분으로 세상의 죄를 위해 죽은 사람이 되었고 이것을 세상 끝까지 선포하기 위해 교회를 설립하신 분이라고 한다. 그러므로 진정으로 예수님을 그들의 주님과 구세

52　물론 이것은 신약 성경이 나사렛 예수의 말씀과 행위에 대한 정확한 설명을 제시하고 있다는 것을 전제로 한다. 신약 성경의 신뢰성에 관한 문제는 복잡하고 논란의 여지가 있으며 여기서 살펴볼 수 없다. 그러나 이 중요한 문제를 충분히 알고 있지만, 우리는 예수님에 대한 신약 성경의 가르침의 신뢰성을 받아들여야 할 충분한 이유가 있다고 확신한다. Paul Barnett, *Is the New Testament Reliable?* 2nd ed. (Downers Grove, IL: InterVarsity, 2003); N. T. Wright, *The New Testament and the People of God: Christian Origins and the Question of God*, Vol. 1 (Minneapolis: Fortress, 1992); N. T. Wright, *Jesus and the Victory of God: Christian Origins and the Question of God*, Vol. 2 (Minneapolis: Fortress, 1996); Richard Bauckham, *Jesus and the Eyewitnesses: The Gospels as Eyewitness Testimony* (Grand Rapids, MI: Eerdmans, 2006); Larry Hurtado, *Lord Jesus Christ: Devotion to Jesus in Earliest Christianity* (Grand Rapids, MI: Eerdmans, 2003); Paul Rhodes Eddy and Gregory A. Boyd, *The Jesus Legend: A Case for the Historical Reliability of the Synoptic Jesus Tradition* (Grand Rapids, MI: Baker, 2007); Oliver D. Crisp, *Divinity and Humanity* (Cambridge, UK: Cambridge University Press, 2007); *The Incarnation*, edited Stephen T. Davis, Daniel Kendall, S.J., and Gerald O'Collins, S.J. (New York: Oxford University Press, 2002) 등을 참조하라.

> 주로 받아들이는 모든 사람은 그분의 대속의 죽음으로 의롭다 함을 받고 영생을 상속받을 것이다. 세계 종교 중 기독교만이 하나님에 의해 직접 설립되었다. 하나님이 세상으로 오셔서 구속의 역사를 시작하셨다. 하나님은 모든 인간이 구원받고 영생의 새로운 삶을 누리기를 바라시며, 기독교가 모든 세계 신앙을 대체할 수 있기를 원하신다. … 기독교만이 다른 종교 전통이 제공할 수 없는 충만한 삶을 살게 하는 하나님 자신의 종교다. 따라서 기독교는 예외 없이 모든 사람을 위한 하나님의 신성한 의도이다.[53]

힉은 다른 모든 다원주의자와 마찬가지로 예수님의 성육신에 대한 정통적인 견해를 거부하고, 성육신을 은유적으로 해석할 것을 제안했다. 그는 "우리는 예수님에게서 하나님의 영향에 대해 매우 개방적인 인간을 볼 수 있고, 따라서 지구상에서 하나님의 대리인으로서 인간의 삶의 신성한 목적을 '성육신'한 것으로 볼 수 있다"[54]라고 주장한다. 그러나 힉은 예수님뿐만 아니라 모세, 고타마, 공자, 조로아스트, 소크라테스, 무함마드 그리고 나나크(Nanak)도 성육신했기 때문에 예수님이 유일하지 않다는 것이다.

힉에 따르면, 이런 인물들이 제시한 서로 다른 종교적 가르침은 동일한 신적 실재에 반응해 인간의 삶의 이상을 '성육신화'한 것이다."[55] 그리스도인들은 그들의 주님으로서 예수님에 대한 헌신을 포기할 필요는 없지만, 모든 인류의 유일한 구원자로서의 예수님에 대한 전통적인 주장은 거부해야 한다는 것이다.

53　John Hick, "A Pluralist View," in *Four Views on Salvation in a Pluralistic World*, edited by Dennis L. Okholm and Timothy R. Phillips (Grand Rapids, MI: Zondervan, 1996), 51-52.
54　John Hick, *The Metaphor of God Incarnate: Christology in a Pluralistic Age* (Louisville, KY: Westminster John Knox, 1993), 12.
55　위의 책, 96, 98.

마찬가지로 폴 니터는 '예수는 역사상 하나님의 구원 은혜에 대한 유일한 중재자'라는 주장을 거부해야 한다고 주장한다. 니터는 예수님이 '진정한' 구세주라는 것과 '유일한' 구세주라는 것을 구분한다. 그는 "종교다원주의자로서 나는 예수님이 유일한 구세주라고 생각하지 않지만, 나는 여전히 그가 진정한 구세주임을 경험한다. 나는 그와 운명을 같이해야 할 것 같다고 느낀다"라고 말했다.[56]

그는 "신약성경이 예수님에 대해 말하는 것의 대부분은 배타적이거나 적어도 규범적이다"라고 인정한다.[57] 그러나 그는 '유일하다'라는 용어는 어디까지나 '고백' 혹은 '사랑'의 표현으로 이해되어야 하며, 예수의 존재론적 유일성으로 이해되어서는 안 된다고 주장한다.[58]

예를 들어, 그는 베드로가 "다른 이로써는 구원을 받을 수 없나니 천하 사람 중에 구원을 받을 만한 다른 이름을 우리에게 주신 일이 없음이라 하였더라"(행 4:12). 혹은 "하나님은 한 분이시요 또 하나님과 사람 사이에 중보자도 한 분이시니 곧 사람이신 그리스도 예수라"(딤전 2:5)라고 말한 것은 다른 구원자가 있을 가능성을 배제하는 존재론적 유일성의 주장으로 이해해서는 안 된다는 것이다.

이런 '사랑의 표현'의 목적은 예수님에 대한 기독교 공동체의 총체적이고 개인적인 헌신을 표현한 것뿐이라고 규정한 것이다. 그리고 초기 제자들에게는 예수님이 유일한 분이었지만, 이 고백이 오늘날 우리가 다른 종교 공동체들을 통해서도 똑같이 구원받을 수 있다는 것을 인식하는 것과 충돌하지 않는다고 주장한다.

---

56 Paul F. Knitter, "Five Theses on the Uniqueness of Jesus," in *The Uniqueness of Jesus: A Dialogue with Paul F. Knitter*, edited by Leonard Swidler and Paul Mojzes (Maryknoll, NY: Orbis, 1997), 7, 15.

57 Paul F. Knitter, *No Other Name? A Critical Survey of Christian Attitudes toward the World Religions* (Maryknoll, NY: Orbis, 1985), 182.

58 위의 책, 182-186.

이런 수정주의적 관점에서 볼 때, 루터교 신학자 칼 브라튼(Carl Braaten) 이 "우리는 하나님의 세 위격에 관한 고대의 논쟁(니케아 공의회)만큼이나 그리스도의 인성과 신성(칼케돈공의회)에 관한 심각한 기독론적 갈등에 직면해 있다"라고 말한 것은 놀라운 일이 아니다. 여기에서 중요한 질문이 제기된다.

> 예수님은 모든 종교를 통해 하나님이 보편적으로 역사하시는 구원의 모델을 제시한 것인가?
> 아니면 예수님 안에서 일어난 일이 하나님이 세상에 보여 준 구원의 유일한 필수 원인인가?[59]

신약성경과 정통 신학은 전자가 아니라 후자라고 주장한다.

1세기 세계가 다른 종교의 주요 지도자와 전통을 알지 못했던 것이 아니다. 초기 그리스도인들은 아스클레피오스(Asclepius) 또는 아르테미스-디아나(Artemis-Diana)의 종파와 같은 그 시대의 대중적 종교 운동에 익숙해 있었다. 그들은 오시리스(Osiris), 이시스(Isis), 미트라스(Mithras), 아도니스(Adonis) 혹은 엘리우시스(Eleusis) 등의 신비주의적 종교들과 로마 황제 숭배를 비롯한 여러 부류의 금욕주의(Stoicism), 냉소주의(Cynicism) 그리고 쾌락주의(Epicureanism)를 접할 수 있었다.

고대 지중해 세계에서 동일한 신이 다른 문화에서 다른 이름으로 불릴 수 있다는 것은 널리 알려져 있었다. 신약성경의 저자들이 단지 예수님이 그들의 주님이시지만 그가 많은 대안 중의 하나일 뿐이라고 말하고 싶었다면 그들은 분명히 그렇게 할 수 있었다. 그들은 이런 주장을 하지 않았을 뿐만 아니라 예수님이 '만주의 주'(Lord of lords)라고 주장했다

---

[59] Carl Braaten, *No Other Gospel! Christianity among World Religions* (Minneapolis: Fortress, 1992), 8.

(고전 8:5-6).

　더 나아가, 폴 니터가 예수의 독특한 가르침을 재해석한 것도 문제가 된다. 확실히 니터가 신약성경에 '사랑의 표현' 혹은 예수 그리스도에 대한 '헌신의 표현'이 포함되어 있다는 점에서는 정확하게 지적했다. 그러나 그가 마치 사랑과 헌신의 표현과 존재론적 유일성이 양립할 수 없는 것처럼 배타적 분리를 시도한 것은 오해의 소지가 있다. 사실 언어는 많은 기능을 동시에 제공한다.

　니터는 요한복음 3:16 , 14:6 그리고 사도행전 4:12에서 볼 수 있는 그리스도의 유일성에 관한 가르침이 중요한 존재론적 함의를 가진 진술이 아니라고 주장했다. 그러나 신약성경의 기독론적 용어는 존재론적 함의로 가득 차 있다. 비록 우리가 요한복음 14:6이나 사도행전 4:12을 '사랑과 헌신의 언어'로 받아들이더라도, 이 사랑과 헌신을 불러 일으키는 근거가 되는 예수님의 신성과 인성의 본질이 무엇인가를 질문해야 한다.

　이 질문에 대한 대답은 신약성경이 하나님의 아들 예수 그리스도에 대한 가르침과 그의 아버지 하나님과의 독특한 관계의 존재론적 진리를 확증한다는 것이다. 예수님의 초기 제자들의 결론은 분명히 인간 예수가 영원한 창조자와 동일시되어야 한다는 것이다. 예수 그리스도는 인간의 육체를 입은 하나님이시다.

　신약성경이 말하는 예수님의 본질은 예수님이 단순히 하나님과 화해하는 길을 가르친 것이 아니라, 예수님 자신이 구원의 길(요 14:6)이라는 것이다. 많은 종교 지도자가 구원이나 깨달음에 도달하는 가르침이나 방법을 '발견'했다고 주장한다. 그러나 예수님은 그렇게 하지 않았다.

　신약성경은 예수님을 단지 구원의 길을 발견해 가르치는 분으로 제시하지 않았다. 예수님은 자신이 아버지께 가는 유일한 길이라고 말씀하셨다. 단순히 예수님이 진리를 발견하신 것이 아니며, 우리가 그분의 가르침을 잘 따르면 우리도 우리 자신을 위한 길을 스스로 찾을 수 있다고 가르치신 것도 아니다. 예수님은 사람들에게 자신을 믿고, 그 안에서 구원을 얻으라고 요청하셨다(요 5:24; 6:35-58).

예수님이 길과 진리와 생명 그 자체인 이유는 죄 없는 삶과 십자가에서의 죽음과 부활을 통해 그가 우리를 위해 하신 일과 그가 하나님 자신이기 때문이다. 그러므로 예수님의 가르침은 그의 인격과 이 진리의 존재론적인 본질로부터 분리될 수 없다.[60]

6. 복음을 듣지 못한 사람들에 관한 질문

예수 그리스도가 유일한 구세주라는 주장은 자연스럽게 구원의 범위와 복음을 듣지 못한 사람들의 운명에 관한 의문을 제기한다. 2세기 이후부터 이 문제에 관한 대답에 있어서 약간의 불일치가 있었을 뿐이었지만, 16세기의 신대륙 발견 이후부터 교회가 도달할 수 없었던 세계의 실체가 분명하게 드러나면서 이 문제는 매우 시급한 논란이 되었다. 이 질문은 1990년대 서구 복음주의자들의 주목을 받았다.

복음주의자들은 일반적으로 다음과 같은 성경의 증언에 대해 동의한다.

(1) 타종교의 신실한 신자를 포함한 모든 문화권의 모든 사람은 죄인이며 죄에 대한 하나님의 공의로운 심판에 직면한다.
(2) 구원은 오직 예수 그리스도의 대속적 사역을 통해서만 가능하다. 구원받은 모든 사람은 오직 예수 그리스도를 통해서만 구원을 받은 것이다.

---

60 James R. Edwards, *Is Jesus the Only Savior?* (Grand Rapids, MI: Eerdmans, 2005); Carl E. Braaten, *Who Is Jesus? Disputed Questions and Answers* (Grand Rapids, MI: Eerdmans, 2011).

(3) 단순히 성실하거나 선한 일을 하거나 특정 종교를 충실히 따름으로 구원받는 사람은 없다.
(4) 구원은 언제나 하나님의 은혜로만 이루어지며 개인적인 믿음으로 받아들여야 한다.
(5) 궁극적으로 모든 사람이 구원받는 것은 아니다. 아마도 많은 사람이 영원히 잃어버린 바 될 것이다.
(6) 하나님은 인간을 대할 때 전적으로 정의롭고 공평하다. 하나님의 심판을 받는 사람은 부당하게 심판받지 않는다.
(7) 교회는 주님께 순종하는 마음과 잃어버린 자에 대한 긍휼로 타종교 신자들을 포함해 모든 민족의 제자로 삼는 데 적극적으로 참여해야 한다. 또한, 대다수의 복음주의자는 사람들이 먼저 복음을 듣고 성령의 역사를 통해 믿음으로 복음에 응답하고 구원받는다는 신약성경의 가르침에 동의한다.

예수 그리스도의 복음을 들어 본 적이 없는 사람이 구원받을 수 있는가? 이 질문에 대답하기 전에 레슬리 뉴비긴(Lesslie Newbigin)의 견해를 살펴볼 필요가 있다. 그는 '누가 구원을 받을 수 있을 것인가 혹은 그렇지 못할 것인가에 관한 헛된 질문'에 대해 인내심이 거의 없었다.

> 예수님은 구원받을 사람이 얼마나 되겠는가에 관한 질문을 받았을 때 대답을 거부했고, 생명으로 인도하는 좁은 문으로 들어가라고 단호하게 경고했다. 나중 된 자로서 먼저 되고 먼저 된 자로서 나중 되리라는 말씀과 자기를 의롭다고 믿고, 다른 사람을 멸시하는 자의 비유는 모두 같은 방향을 가리킨다. 안일함으로 이어지는 일종의 자신감도 있고, 자신을 구하려는 이기적인 노력으로 이끄는 일종의 불안도 있다. 신약성경 전체에서 그

> 리스도인의 삶은 영적 확신과 두려움이 모두 필요하다는 것을 보여 준다.[61]

뉴비긴은 복음을 듣지 않은 사람의 운명에 대한 질문에 긍정적이든 부정적이든 분명한 견해를 가진 사람들을 비판한다.

> 나는 이렇게 고백할 수밖에 없다. … 신학자가 마지막 날에 누가 구원받을 것인가를 미리 알려 줄 권한이 있다고 생각하는 것이 놀라울 따름이다.[62]

누가 궁극적으로 구원받을 것인가에 대한 문제에 대해 그는 다음과 같이 말한다.

> 하나님만이 대답하실 질문이다. 이 질문에 대답하는 것이 신학자들의 일이라고 생각하는 것은 오만한 추측에 불과하다. 우리의 관심은 예수 그리스도 안에서의 강력한 은혜의 역사로 시작해, '하나님이 어떻게 영광을 받을 수 있는가'에 있다. 선교의 목표는 하나님의 영광이다."[63]

뉴비긴의 진술은 우리에게 중요한 부분을 환기해 주었다. 분명히 우리는 선교의 궁극적인 목표가 삼위일체 하나님의 영광이라는 것을 인정해야 한다. 예수님은 하나님의 심판과 관련해 주제넘은 오만함에 대해 경고하신다(마 7:21-23; 25:31-46; 눅 13:23-30). 누가 하나님의 인정을 받고, 못 받는지 알게 될 때 우리는 놀라움을 금하지 못할 것이다. 그래서 여기에 신학적 겸손이 필요하다.

61　Lesslie Newbigin, *The Gospel in a Pluralist Society* (Grand Rapids, MI: Eerdmans, 1989), 88.
62　Lesslie Newbigin, *The Open Secret* (Grand Rapids, MI: Eerdmans, 1978), 196.
63　Newbigin, *The Gospel*, 180.

그런데도, 구원은 성경의 중심 주제이기 때문에 단순히 무시할 수 없다. 구원을 위한 특정한 조건이 성경에 명시되어 있으며, 복음을 듣지 못한 타 종교 신자들의 운명에 대한 질문은 단순히 포기해 버릴 수 없다. 어느 정도의 응답이 필요하다.

복음을 듣지 못한 사람들의 운명에 관한 문제는 복음주의자들 사이에서 오랫동안 의견이 일치하지 않았다. 크리스토퍼 모건(Christopher Morgan)은 문헌 연구를 통해 이 질문에 대한 아홉 개의 서로 다른 입장을 파악했고, 다니엘 스트레인지(Daniel Strange)는 열두 개의 다양한 관점을 발견했다.[64]

> 우리는 이 질문에 대한 몇 가지 관점을 간략하게 살펴볼 것이다. 이런 관점의 차이는 구원의 수단(예를 들면, 은혜인가 아니면 행위인가?) 문제가 아니라, 구원에 필요한 진리와 그런 진리를 획득하는 수단에 관한 것임을 아는 것이 중요하다.[65]

이 첫째 관점은 복음을 듣고 현세에서 예수 그리스도께 믿음으로 명시적으로 응답하는 사람만이 구원을 받을 수 있다는 것이다. 제한주의(restrictivism)라고도 하는 이 입장은 예수 그리스도의 복음에 대한 분명한 지식이 구원을 위해 필요하며 복음을 듣지 않고 죽은 사람들에게는 희망이 없다고 주장한다.[66]

---

[64] Christopher W. Morgan, "Inclusivisms and Exclusivisms," in *Faith Comes by Hearing: A Response to Inclusivism*, edited by Christopher W. Morgan and Robert A. Peterson (Downers Grove, IL: InterVarsity, 2008), 26; Daniel Strange, *The Possibility of Salvation among the Unevangelized* (Waynesboro, GA: Paternoster, 2002), 304-331.

[65] D. A. Carson, *The Gagging of God: Christianity Confronts Pluralism* (Grand Rapids, MI: Zondervan, 1996); Millard J. Erickson, *How Shall They Be Saved? The Destiny of Those Who Do Not Hear of Jesus* (Grand Rapids, MI: Baker, 1996).

[66] *Faith Comes by Hearing*, edited by Christopher W. Morgan and Robert A. Peterson (Downers Grove, IL: InterVarsity, 2008), John Piper, *Let the Nations Be Glad!* (Grand Rapids, MI: Baker, 1993); Ronald Nash, *Is Jesus the Only Savior?* (Grand Rapids, MI:

제한주의자들은 요한복음 3:16과 같은 말씀을 근거로 제시한다. 요한복음 3:36; 14:6; 사도행전 4:12; 로마서 10:13-17 등은 복음에 명시적으로 응답하는 사람만이 구원을 받을 수 있음을 분명히 밝히고 있다. 데이비드 헤셀그레이브(David Hesselgrave)는 "현세에서 그리스도를 듣고 믿음으로써만 구원을 받을 수 있다"라고 주장했다.[67]

로버트 피터슨(Robert Peterson)은 『믿음은 들음에서 나며』(Faith Comes by Hearing)에서 "예수 그리스도는 세상의 유일한 구세주이며, 구원받기 위해서는 그리스도의 복음에서 절정을 이룬 하나님의 특별한 계시를 믿어야 한다"라고 단언했다.[68]

이 입장을 옹호하는 사람들은 주로 구약 시대에 구원에 필요한 그리스도의 복음에 대한 명시적인 지식의 정도와 성육신 이후에 요구되는 정도가 다르다고 주장한다. 구약 시대에는 그리스도의 복음에 대한 명백한 지식이 없어도 구원받을 수 있었지만, 더 이상은 불가능하다는 것이다. 라메쉬 리처드(Ramesh Richard)와 같은 세대주의 신학자들이 주로 이 입장을 취했다. 그는 다음과 같이 주장한 바 있다.

> 성경적 구원의 역사에 관한 세대주의의 관점이다.
> (1) 그리스도에 대한 명시적인 지식 밖에 있는 구약의 구원을 유지한다.

Zondervan, 1994); Ramesh Richard, *The Population of Heaven: A Biblical Response to the Inclusivist Position on Who Will Be Saved* (Chicago: Moody, 1994); R. Douglas Geivett and W. Gary Phillips, "A Particularist View," in *Four Views on Salvation in a Pluralistic World*, edited by Dennis L. Okholm and Timothy R. Phillips (Grand Rapids, MI: Zondervan, 1996), 211-245; Christopher Little, *The Revelation of God among the Unevangelized: An Evangelical Appraisal* (Pasadena, CA: William Carey, 2000).

67 David Hesselgrave, *Paradigms in Conflict: 10 Key Questions in Christian Missions Today* (Grand Rapids, MI: Kregel, 2005), 65.

68 Robert A. Peterson, "Introduction," in *Faith Comes by Hearing*, edited by Christopher W. Morgan and Robert A. Peterson (Downers Grove, IL: InterVarsity, 2008), 12.

(2) 그리스도에 대한 명시적 지식이 현재의 구원을 위한 배타적이고 보편적인 조건이라는 것을 입증하기 위해 적절한 신학적 근거를 제시하는 것이다. 만약 세대주의자들 사이에 역사적, 해석학적 차이가 제거된다면, 구원을 위한 확대된 조건을 수용할 수 있을 것이다.[69]

리처드에게 있어서 배타주의적 신앙은 세대주의 해석학의 핵심이다[70] 그러나 세대주의에 속하지 않은 사람들도 때로는 같은 입장을 보인다. 존 파이퍼(John Piper)는 "구원 신앙은 한때 이스라엘 백성에게 행하신 하나님의 구속 행위와 동물 희생제도 그리고 구속의 예언에서 알려진 하나님의 자비에 집중되어 있었다.

우리는 아브라함의 계보를 통해 전해진 특별 계시가 아닌 이스라엘 밖에서 참 하나님을 알고 있었던 것처럼 보이는 멜기세덱(창 14장)에 대해 알고 있다. 그러나 이제 믿음의 초점은 모든 구속과 모든 희생 그리고 모든 예언의 성취와 보증이신 예수 그리스도로 좁혀졌다. 모든 구원의 믿음이 이제 그의 영광으로 향하고 있다"라고 확언했다.[71]

비록 교회가 폭넓게 받아들이지는 않았지만, 우리는 초대 교회와 오늘날의 일부 제한주의 신학자가 채택한 두 가지 관점을 언급해야 할 필요가 있다. 그 가운데 하나는 '사후 전도'(postmortem evangelism)라고도 하지만, 가브리엘 팩커(Gabriel Fackre)가 제시한 '신적 인내'(divine perseverance)라는 용어를 주

---

69 Richard, *The Population of Heaven*, 123.
70 세대주의는 하나님이 그의 구원을 중재하기 위해 역사의 여러 단계에서 사용하신 다양한 섭리 혹은 청지기 직분을 강조하는 신학적 접근 방식이다. 어떤 의미에서 이런 여러 단계 혹은 경륜은 바울이 아레오바고에서 가르친 것이다. 바울은 이전에는 하나님이 이교도의 무지를 간과했지만 그리스도가 오시면 모든 사람에게 회개하라고 명하셨다(행 17:30). 19세기 영국의 목사인 존 넬슨 다비(John Nelson Darby)는 이스라엘을 위한 하나님의 섭리를 오순절에 시작된 교회를 위한 섭리와 뚜렷하게 분리했다. Craig Blaising and Darrell L. Bock, *Progressive Dispensationalism* (Wheaton, IL: BridgePoint, 1993).
71 Piper, *Let the Nations*, 163.

로 사용하는 이 관점은 예수 그리스도의 복음에 명시적으로 응답하는 것이 구원을 위해 필요하지만, 복음을 듣지 않고 죽는 사람들에게 복음에 반응할 수 있는 기회가 주어진다는 것이다.[72] 이 견해에 대한 기독교 초기의 신학은 이레니우스(Irenaeus)가 제안했다. 그는 복음을 듣지 못한 채 죽은 사람들은 그들이 복음에 응답할 수 있도록 천년 왕국 시대에 일어날 것이라고 주장했다.[73]

다른 제한주의자들과 마찬가지로 이 견해를 지지하는 사람들은 "네가 만일 네 입으로 예수를 주로 시인하며 또 하나님께서 그를 죽은 자 가운데서 살리신 것을 네 마음에 믿으면 구원을 받으리라"(롬 10:9)라는 본문이 구원에 필요한 조건을 제시한다고 주장한다. 이 성경 본문의 저자인 바울이 같은 서신에서 율법이 없는 사람의 "마음에 새긴 율법의 행위를 나타내느니라"(롬 2:14-15)라고 기록했다.

바울은 모세(혹은 아마도 예수에 대해)를 듣지 못한 이방인조차도 구원을 받기 위해 복음을 듣고 고백해야 한다고 생각한 것으로 보인다. 그들은 또한 구원을 위해 그리스도에 대한 명백한 신앙 고백이 필요하다는 견해와 초기 기독교의 일부 교부가 복음을 듣지 못한 채 죽은 이교도 도시에서 살았다는 거의 보편적 증언을 지지한다.

이와 관련이 있지만 뚜렷한 차이가 있는 다른 관점은 현세에서 복음을 듣지 못한 사람이 예수 그리스도와 대면해 복음에 응답할 기회가 주어지는 것은 죽음 이후가 아니라 죽음 그 자체라는 것이다. 일생 동안 복음을 듣지 못한 사람은 죽을 때 하나님으로부터 특별한 계시를 받을 수 있다는 주장이다.

---

72 Gabriel Fackre, "Divine Perseverance," in *What About Those Who Have Never Heard?* edited by John Sanders (Downers Grove, IL: InterVarsity, 1995), 71-106.
73 Terry Tiessen, *Irenaeus on the Salvation of the Unevangelized,* ATLA Monograph 31 (Metuchen, NJ: Scarecrow, 1993); Gerald McDermott, *God's Rivals: Why Has God Allowed Different Religions?* (Downers Grove, IL: InterVarsity, 2007), 110-115.

또한, 아래에 언급된 '낙관주의적 관점'을 포함하는 클라크 피녹(Clark Pinnock)은 베드로전서 3:19과 4:6이 '죽음은 복음을 듣지 못했던 사람이 결정을 내릴 기회'라는 주장을 뒷받침한다는 것이다.[74] 그러나 오늘날 대다수 복음주의자는 현세에서 복음을 듣지 못했던 사람이 죽음의 시점에서나 죽음 후에 어떤 식으로든 예수 그리스도와 복음을 만날 수 있다는 주장을 거부한다. 그럼에도, 이 관점이 교회의 초기 역사에서 폭넓게 받아들여졌고 오늘날까지도 이어지고 있다는 것을 인정해야 한다.

제한주의와 다소 다른 관점인 '낙관주의'(wider hope) 혹은 '포용주의'(inclusivism)는, 복음을 들어 본 적이 없는 많은 사람이 구원받을 수 있을 것으로 기대할 수 있다는 것이다. 이 관점에 따르면, 예수 그리스도는 모든 사람의 유일한 구세주이고, 구원은 오직 그리스도의 십자가에서의 속죄 사역 덕분에 가능하지만, 구원을 받기 위해 예수 그리스도와 십자가에 대해 분명하게 알 필요는 없다.[75] 예를 들어, 존 샌더스(John Sanders)는 복음을 듣고 명시적으로 응답하는 사람들 외에도 많은 사람이 구원받을 것이라고 예상했다.[76]

클라크 피녹은 이 두 가지의 기본 관점을 포용주의의 근거로 제시했다.[77]

---

74 Clark Pinnock, "Is Jesus the Only Way?" *Eternity* 27 (December 1976): 34; Pinnock, *A Wideness in God's Mercy: The Finality of Jesus Christ in a World of Religions* (Grand Rapids, MI: Zondervan, 1992), 168-172. Donald Bloesch, *Essentials of Evangelical Theology*, Vol. 2 (San Francisco: Harper & Row, 1978), 224, 227; Terrance L. Tiessen, *Who Can Be Saved? Reassessing Salvation in Christ and World Religions* (Downers Grove, IL: InterVarsity, 2004); Fackre, "Divine Perseverance."

75 John Sanders, *No Other Name: An Investigation into the Destiny of the Unevangelized* (Grand Rapids, MI: Eerdmans, 1992), 215.

76 John Sanders, "Inclusivism," in *What About Those Who Have Never Heard?* edited by John Sanders (Downers Grove, IL: InterVarsity, 1995), 55.

77 Pinnock, *A Wideness*, chaps. 1 and 2. Amos Yong, *Beyond the Impasse: Toward a Pneumatological Theology of Religions* (Grand Rapids, MI: Baker, 2003), chap. 5.

첫째, 하나님은 예수 그리스도의 삶과 죽음과 부활에서 결정적으로 인류의 구원을 위해 보여 주신 무한한 사랑과 자비의 하나님이다.

둘째, 예수 그리스도는 타종교의 신실한 추종자를 포함해 모든 사람의 유일한 구세주이신 하나님의 유일한 성육신이다.

그러나 피녹은 두 번째 관점에 근거해 예수 그리스도의 복음을 실제로 듣고 응답하지 않아도 많은 사람이 구원을 받을 것으로 예상하는 '낙관주의적 구원론'을 펼쳤다.

피녹에 따르면, "솔직하게 말하면, 성경에 근거한 그리스도론이 다른 사람에 대한 편협함을 뜻하지 않는다는 것이다. 예수님에 관한 교회의 고백은 낙관주의적 구원론의 열린 정신과 충돌하지 않는다. … 그리스도를 통하지 않고는 구원받을 수 없지만, 그리스도를 통한 구속을 위해 모든 사람이 그리스도에 대한 지식을 의도적으로 소유할 필요는 없다."[78]

샌더스는 "구원은 예수님의 구속 사역으로만 가능하지만, 하나님이 그 사역을 그리스도의 속죄에 무지한 자들에게도 적용하신다. 복음을 듣지 못한 사람들이 그들 나름대로 가지고 있는 계시에 믿음으로 반응한다면 하나님은 그들을 구원하신다"라고 말했다.[79]

포용주의자들은 복음을 듣고 응답하는 것 외에도 구원받을 수 있는 가능성에 대해 낙관적이다. 그러나 대다수 복음주의자의 입장은 제한주의와 포용주의 사이의 어딘가에 있으며, 이 주장들은 성경의 가르침을 넘어서는 것이라고 확신한다. 이 두 관점에 속한 사람들은 원칙적으로 하나님이 명시적으로 복음을 들은 적이 없는 사람들을 구원하실 수 있다는 것을 인정하지만, 우리는 그들에 대한 구원이 실제로 일어나는지, 아니면 얼마나 많은 사람이 이런 방식으로 구원받을 수 있는지 알 수 없다. 예를 들어, 존

78　Pinnock, *A Wideness*, 74-75.
79　Sanders, "Inclusivism," 36.

존 스토트(John Stott)는 성경에 근거해 다음과 같이 진술했다.

> 예수 그리스도는 유일한 구세주이며, 구원은 오직 하나님의 은혜로만, 오직 그리스도의 십자가 위에서만, 오직 믿음으로만 이루어진다. 그러므로 우리의 유일한 질문은 '사람들이 자비를 구하고 구원을 받기 위해 하나님께 부르짖기 전에 복음에 대한 지식과 이해가 얼마나 필요한가'라는 것이다. 구약성경에서 사람들은 그리스도에 대한 지식이나 기대가 거의 없었지만 '믿음으로 의롭게' 되었다. 아마도 오늘날 비슷한 상황에 있는 다른 사람들이 있을 것이다. 그들은 하나님 앞에서 자신이 죄인이며, 하나님의 은총을 얻기 위해 아무것도 할 수 없다는 것을 알고 있지만 자기 절망 속에서 하나님을 부르며 구원을 희미하게 인식하는 사람들이 있을 것이다. 많은 복음주의자가 믿는 것처럼 그들의 구원은 오직 믿음으로만 그리고 오직 그리스도를 통해서만 가능하다.[80]

이 가능성에 대해 언급하면서 J. I. 패커(J. I. Packer)는 다음과 같이 진술했다.

(1) 신실한 이교도가 자신이 믿는 궁극적 존재의 자비에 대한 헌신의 절정에 도달하면 그를 그 절정으로 이끈 것은 하나님의 은혜다.
(2) 하나님은 그를 확실히 구원하실 것이다(행 10:34; 롬 10:12 참조).
(3) 이렇게 구원받은 사람은 그리스도를 통해 구원받았다는 것을 내세에서 알게 될 것이다. 그러나 하나님이 이런 식으로 누군가를 구원하신다고 결코 확신할 수 없다. 우리는 알 수 없다.[81]

80　John Stott, *The Authentic Jesus* (London: Marshall Morgan and Scott, 1985), 83.
81　J. I. Packer, *God's Word: Studies of Key Bible Themes* (Downers Grove, IL: InterVarsity, 1981), 210; Packer, "Evangelicals and the Way of Salvation," in *Evangelical Affirmations*,

이 견해를 받아들이는 사람들은 일반 계시가 복음을 듣지 못한 사람을 구원한다고 생각하지 않는다. 엄밀히 말하면, 특별 계시나 일반 계시 그 자체는 누구도 구원하지 못한다. 구원은 항상 아버지 하나님의 은혜 선물이며, 그의 아들 예수 그리스도의 죽음을 통한 대속의 사역에 기반을 두고 있으며, 성령의 도움을 통해 이루어진다. 여기서 문제는 단순히 하나님에 대한 이해의 정도와 구원에 필요한 지식과 이 지식을 얻을 수 있는 수단에 관한 것이다.

사람들이 일반 계시를 통해 하나님을 충분히 이해할 수 있는가?

이 일반 계시의 지식만으로 하나님의 구원 은혜에 올바른 믿음으로 응답할 수 있는가?

제한주의자들은 이런 가능성을 부정한다. 그들은 일반 계시가 하나님에 관한 어느 정도의 지식을 제공하기 때문에 모든 사람이 하나님 앞에서 변명할 수 없지만, 그런 지식은 원칙적으로 구원에 이르는 믿음으로는 충분하지 않다고 주장한다. 그리스도의 복음을 증거하는 특별 계시를 통해서만 구원을 받을 수 있다.

그러나 실제로 특별 계시에 접근할 수 없는 사람들이 원칙적으로 일반 계시를 통해 얻은 지식으로 하나님께 적절하게 응답하지 못한다면, 일반 계시에 근거해 '핑계하지 못할지니라'라는 말이 어떤 의미인지 이해하기 어렵다는 지적이 많다.

예를 들어, 밀라드 에릭슨은 "복음을 듣지 못했기 때문에 믿지 못했고, 이 믿음이 구원에 없어서는 안 된다면 과연 변명의 여지가 없겠는가"라는 의문을 제기했다.[82]

---

    edited by Kenneth S. Kantzer and Carl F. H. Henry (Grand Rapids, MI: Zondervan, 1990), 121-123.
82   Erickson, *How Shall They Be Saved?* 63-64.

데이비드 클라크(David Clark)도 일반 계시가 펑계하지 못하게 할 수 있지만, 로마서 1:18-23이 구원받을 수 없다는 것을 뜻하지는 않는다고 이해했다. 그는 로마서 1:18-23은 하나님을 반역하고 사악한 자는 구원을 받지 못하지만, 일반 계시에 응답하는 자들은 잠재적으로 구원으로 이끌어준다는 의미를 갖고 있다"라고 주장한 바 있다.[83]

에릭슨은 초기 저술에서 '복음의 본질'을 구성하는 다섯 가지 요소가 있으며, 이 요소들은 원칙적으로 일반 계시를 통해 접근할 수 있다고 보았다.

(1) 한 분의 선하고 전능하신 하나님에 대한 믿음
(2) 하나님의 뜻에 완전히 순종해야 한다는 믿음
(3) 이 기준을 충족하지 못했다는 인식과 그 결과로서의 죄와 죄책감
(4) 하나님께 드릴 수 있는 것은 어떤 것도 이 죄와 죄책감의 보상이 될 수 없다는 현실 인식
(5) 하나님은 자비로운 분이기 때문에 그의 자비를 구하는 자를 용서하고 받아들일 것이라는 믿음

그런 다음 에릭슨은 다음과 같이 진술했다.

> 누군가가 이 교리를 믿고 그에 따라 행동한다면, 그 규정의 세부 사항을 의식적으로 알고 이해하는지에 관계없이 하나님의 구속 사역과 관련이 있고 그리스도의 죽음의 혜택을 받을 수 있지 않겠는가?

---

83 David Clark, "Is Special Revelation Necessary for Salvation?" in *Through No Fault of Their Own?* edited by William V. Crockett and James Sigountos (Grand Rapids, MI: Baker, 1991), 40-41.

아마도 이것은 구약 시대의 경우일 것이다. 그들의 구원은 행위에 근거하지 않았다. 구원받은 다른 모든 사람과 마찬가지로 그들도 은혜로 구원받았다. 그 은혜는 예수 그리스도의 죽음을 통해 나타났고 모든 사람이 그 혜택을 누릴 수 있게 되었다. 그러나 구약 시대의 믿는 자들은 구세주가 누구인지 그리고 구원을 위해 알고 믿어야 할 세부 사항이 무엇인지 알지 못했다."[84]

앞서 언급한 피녹과 샌더스의 포용주의와 낙관주의는 스토트, 패커, 에릭슨의 신중한 접근을 훨씬 뛰어넘는 것이다. 에릭슨이 지적했듯이, "성경에는 일반 계시에만 응답함으로써 참된 그리스도인이 된 사람들에 관한 명확한 사례가 없다. 성경은 얼마나 많은 사람이 그런 식으로 구원에 이르렀는지 알려주지 않는다."[85]

복음을 듣지 못한 사람에 대한 문제는 1992년에 마닐라에서 개최된 세계복음주의연맹의 총회 참석자들이 '다원주의 세계에서의 그리스도의 유일성'이라는 주제로 활발하게 논의했다. 이 대회에서 매우 신중하고 사려 깊은 논의의 결과로 도출된 마닐라 선언은 이 문제에 관한 구체적인 합의가 없었다는 것을 인정한다.

[예수 그리스도의 복음을 듣지 못하는 사람들]도 의식적으로는 예수의 이름을 알지 못하더라도 예수 그리스도의 피를 통해 구원을 얻을 수 있는가? 우리는 이 질문의 대답에 대한 합의에 도달하지 못했다. 더 많은 연구가 필요하다. 우리는 구원이 예수 그리스도 외에는 어디에도 없다는 데 동의

84　Millard Erickson, "Hope for Those Who Haven't Heard? Yes, but…," *Evangelical Missions Quarterly* 11 (April 1975): 125. Erickson, *Christian Theology*, Vol. 1 (Grand Rapids, MI: Baker, 1983), 172.
85　Erickson, *How Shall They Be Saved?* 158.

했다. 다른 종교적 가르침에서 발견되는 진리 그 자체로는 구원받기에 충분하지 않다. 우리는 모든 사람이 구원받을 것이라는 보편주의가 성경적이지 않다는 데 동의했다. 마지막으로, 우리는 이 문제에 대한 논의가 예수 그리스도에 대한 믿음을 통한 구원의 좋은 소식을 선포하려는 열정을 어떤 식으로도 약화하지 않아야 한다는 데 동의했다.[86]

이 문제에 대한 논의는 매우 중요하기 때문에 성경의 자의적 해석, 감정적 호소 혹은 실용적인 고려가 아닌 성경의 명확하고 포괄적인 증거에 근거하여 최선을 다해 해결해야 한다. 이 문제에 대한 의견 불일치는 단순히 요한복음 14:6 혹은 사도행전 4:12과 같은 본문의 해석에 대한 차이의 결과가 아니다. 다른 광범위한 신학적 접근들도 우리가 성경적 관점에 접근하는 방법에 영향을 미칠 수 있다.

예를 들어, 언약 신학 혹은 세대주의 신학 등을 비롯한 다양한 신학 체계는 구약과 신약 사이의 관계에 대한 질문에 다르게 접근한다. 서로 다른 신학 체계는 구약 시대의 구원을 위해 그리스도와 십자가에 대한 지식이 필요한 정도와 성육신 이후의 사람들에게 이것이 의미하는 바에 대해 서로 다른 관점으로 접근한다. 마찬가지로 신학적 틀은 하나님의 선택 본질과 범위, 하나님의 선행적 은총 혹은 일반 은총의 범위와 효과 혹은 우리가 하나님의 공의와 자비의 관계를 이해하는 방법에 따라 달라질 것이다. 이런 광범위한 차이는 특정한 성경 본문을 해석하는 방법에 영향을 미칠 수 있다.

우리의 판단에 따르면, 복음을 듣지 못한 많은 사람의 구원에 대해 확신을 가질 수 있다는 포용주의자들의 주장은 성경이 지지하는 범위를 넘어서는 것이다. 신약성경의 분명한 가르침은 사람들이 먼저 예수 그리스도

---

86 "The WEF Declaration," *The Unique Christ in Our Pluralistic World*, edited by Bruce J. Nicholls (Grand Rapids, MI: Baker, 1994), 15.

의 복음을 들은 다음에 하나님의 구원 은혜에 응답하는 것이다. 동시에 우리는 제한주의자들이 예수 그리스도의 복음을 명시적으로 듣고 응답하지 않은 사람들을 하나님께서 구원하실 가능성을 완전히 배제하는 것도 또한 성경의 명확한 가르침을 넘어서는 것이라고 믿는다.

요한복음 14:6 혹은 사도행전 4:12과 같은 본문은 제한주의의 주장에 부합하지만, 반드시 요구되는 것은 아니다. 우리가 판단할 때 이 문제에 대한 가장 현명한 대응은 복음을 듣지 못한 사람들이 하나님의 은혜로 일반 계시를 통해 알게 된 하나님의 뜻에 응답하고 용서를 받기 위해 믿음으로 그분께로 나아갈 수 있다는 가능성을 인정하는 것이다.

우리는 크리스토퍼 J. H. 라이트(Christopher J. H. Wright)의 다음과 같은 견해에 동의한다.

> 사람들은 오직 그리스도에 의해서만 구원받을 수 있으며, 하나님이 구원을 주시는 정상적인 방법은 그리스도를 아는 사람들이 아직 그리스도를 듣지 못했던 사람들에게 복음을 증거해 회개와 믿음의 길로 인도하는 '전도'라는 것을 강력히 단언하지만, 그리스도인이 복음을 전하지 않는 한 하나님은 인류 역사상 어느 때라도 누군가를 구원하실 수 없거나 구원을 원하지 않으신다고 말할 수 없다."[87]

그러나 얼마나 많은 사람이 이런 식으로 구원을 받았는지 추측하는 것은 성경의 가르침을 넘어서는 것이다. 분명히 모든 복음주의자는 어떤 점에서 의견이 일치하지 않더라도 예수 그리스도를 신뢰함으로써 구원의 좋은 소식을 계속 선포해야 한다는 데 동의할 수 있다. 주님의 분명한 명령(마 28:18-20; 요 20:21)에 순종하고 모든 민족이 하나님께 영광을 돌리고 그

---

[87] Christopher J. H. Wright, *Salvation Belongs to Our God* (Downers Grove, IL: InterVarsity, 2007), 168.

를 경배하기를 바라는 소망(시 67편; 96편; 사 45장)에서, 그들은 타종교의 신실한 추종자를 포함한 모든 민족에게 예수 그리스도를 그들의 구세주와 주님으로 인정하도록 촉구해야 한다.

7. 타종교를 통한 구원?

여기서 제기되는 질문은 다음과 같다.
'타종교를 통해 하나님의 구원 은혜를 받을 수 있는가?'
즉, 명시적으로 복음을 듣지 않은 사람들에 대한 구원의 가능성을 인정한다면, 타종교를 통해서도 구원받을 수 있는 것으로 이해해야 하는가?
물론 이것은 제한주의자들에게는 문제가 되지 않는다. 그러나 복음에 대한 명백한 응답과는 별개로 구원의 가능성을 인정하는 사람들은 구원에 있어서 종교의 역할에 대해 질문해야 한다.
제1장에서 살펴보았듯이 제2차 바티칸 공의회는 예수 그리스도의 복음을 듣지 못했거나 교회 회원이 되지 않은 사람의 구원 가능성을 인정했다.
그러나 다른 종교를 통해 구원이 이루어질 수 있는가?
아니면 종교와 상관없이 개인이 스스로 구원에 도달할 수 있는가?
이 문제에 대한 제2차 바티칸 공의회의 결정에 대해 약간의 견해 차이가 있었다.
제2차 바티칸 공의회에서 영향력있는 신학자였던 칼 라너(Karl Rahner)는 '종교 자체가 구원적인가?'라고 질문했다.
그는 이에 대한 질문은 바티칸 공의회에서 다루어지지 않았다고 주장했다.[88] 그러나 라너가 특정 상황에서 타종교를 '정당한 종교'(lawful religion)

---

88 Karl Rahner, "On the Importance of the Non-Christian Religions for Salvation," in *Theological Investigations*, Vol. 18, translated by Edward Quinn (London: Darton, Longman,

로 간주한 '익명의 그리스도인'(anonymous Christians)이라는 개념은 타종교의 사회 및 종교적 체계를 통해서도 하나님의 구원의 은총을 누릴 수 있다는 것을 의미한다.[89]

라너는 타종교가 '은혜로 가득 찬' 구원의 방법이 될 수 있으며, "하나님의 구원 계획에 포함될 수 있다"라고 주장했다.[90] 라너는 타종교가 그리스도의 신비한 사역을 통해 잠재적으로 '구원의 종교'가 될 수 있다고 제안한 것이다.

한스 큉(Hans Küng)은 1967년에 쓴 글에서, 교회는 평범한 구원의 수단이고, 타종교를 '특별한 매개체'로 인식했던 일반적인 관점을 뒤집었다. 그는 "교회라는 특별한 구원의 수단과는 달리, 타종교는 비그리스도인을 위한 '비정상적인' 수단으로 볼 수 있다"라고 진술한 바 있다.[91]

나중에 자크 뒤퓌(Jacques Dupuis)와 같은 가톨릭 신학자들은 타종교 전통을 '실제로 그들을 위한 구원의 방법과 수단'이라고 확신했다. 뒤퓌는 종교를 통해 "구원의 신비는 … 암묵적이고 감춰진 방식으로 존재한다"라고 믿었다.[92] 이들에게 있어서 세계 종교는 '예수 그리스도 안에서 구체화 된 보편적 과정의 특별한 실현'을 나타낸 것이다.[93]

---

and Todd, 1984), 288-295.

[89] Karl Rahner, "Christianity and the Non-Christian Religions," in *Theological Investigations*, Vol. 5, translated by Karl-H. Kruger (Baltimore: Helicon, 1966), 115-134; Rahner, "Anonymous Christians," in *Theological Investigations*, Vol. 6, translated by Karl-H. Kruger and Boniface Kruger (Baltimore: Helicon, 1969), 390-398.

[90] Rahner, "Christianity and the Non-Christians Religions," 118, 122, 131-134; Rahner, "Anonymous Christians," 390-395. Paul Knitter, "Roman Catholic Approaches to Other Religions: Developments and Tensions," *International Bulletin of Missionary Research* (April 1984): 50-54.

[91] Hans Küng, "The World Religions in God's Plan of Salvation," in *Christian Revelation and World Religions*, edited by Joseph Neuner (London: Burns and Oates, 1967), 51-52.

[92] Jacques Dupuis, *Toward a Christian Theology of Religious Pluralism* (Maryknoll, NY: Orbis, 1997), 319.

[93] J. S. O'Leary, *La vérité chrétienne à l'âge du pluralism religieux* (Paris: Cerf, 1994), 253; approvingly cited by Dupuis in *Toward a Christian Theology*, 328.

그러나 오늘날 로마가톨릭 전통에 속한 많은 사람은 타종교를 통한 구원의 문제에 대해 더 신중한 태도를 보인다. 예를 들어, 개빈 드코스타(Gavin D'Costa)는 제2차 바티칸 공의회 문서나 교회의 공식 성명서가 타종교 자체를 구원의 수단으로 간주하지 않는다고 주장했다.[94]

이것은 '타종교 문화의 일부 요소'가 은혜를 매개할 수 없다는 것이 아니라, '타종교의 일부분이 아닌 전체가 십자가에 못 박히신 그리스도와 그의 구속적 사랑에 대한 하나님의 삼위일체적 활동을 가리키지 않는 한 '구원적' 종교가 될 수 없다는 것이다.[95] 타종교들도 그들 안에 분명한 진리와 선이 존재한다는 사실을 부인할 수 없다.

그러나 드코스타는 "그들이 복음을 예비하는 한 하나님의 계획 일부로 볼 수 있지만, 그 자체로는 구원의 수단이 될 수 없다"라고 단언했다.[96] 이 주장에 대해 폴 니터는 드코스타가 '다른 합창단원들과 어울리지 않는 수탉'이라고 조롱했다. 니터는 "가톨릭 신학이라는 합창단은 종교를 하나님의 구원 활동의 통로로 인식하는 데 있어서 한목소리를 내고 있다"라고 주장했다.[97]

그러나 정작 주류 가톨릭의 가르침과는 거리가 먼 사람은 바로 니터인 것으로 보인다. 제2차 바티칸 공의회 문헌은 "사실 그리스도께서는 모든 사람

---

94 Gavin D'Costa, *The Meeting of Religions and the Trinity* (Maryknoll, NY: Orbis, 2000), 99-142; D'Costa, "Christianity and World Religions: A Theological Appraisal," in Gavin D'Costa, Paul Knitter, and Daniel Strange, *Only One Way? Three Christian Responses on the Uniqueness of Christ in a Religiously Plural World* (London: SCM, 2011), 7-36.
95 Gavin D'Costa, "Gavin D'Costa Re-responds to Daniel Strange and Paul Knitter," in Gavin D'Costa, Paul Knitter, and Daniel Strange, *Only One Way? Three Christian Responses on the Uniqueness of Christ in a Religiously Plural World* (London: SCM, 2011), 197.
96 D'Costa, "Christianity and World Religions," 35.
97 Paul Knitter, "Knitter Responds to Gavin D'Costa and Daniel Strange," in Gavin D'Costa, Paul Knitter, and Daniel Strange, *Only One Way? Three Christian Responses on the Uniqueness of Christ in a Religiously Plural World* (London: SCM, 2011), 156. Knitter, *Introducing Theologies of Religions* (Maryknoll, NY: Orbis, 2002), 81-84.

을 위해 돌아가셨고, 또 인간의 궁극 소명도 오직 하나 곧 신적인 소명이므로, 우리는 성령께서 하느님만이 아시는 방법으로 모든 사람에게 이 파스카 신비에 동참할 가능성을 주신다고 믿어야 한다"라고 공표했다.[98]

그리고 타종교는 오직 '복음의 준비'(*praeparatio evangelica*)로서의 역할을 담당할 뿐이며, 타종교 그 자체가 구원을 중재한다고 주장할 수 없다고 천명했다.[99] 더 나아가 2000년에 가톨릭의 신앙 교리성(The Congregation for the Doctrine of the Faith)이 발표한 중요한 성명인 '주님이신 예수'(*Dominus Iesus*)는 "확실히, 다양한 종교 전통들은 하느님에게서 오는 그리고 '성령께서 사람들의 마음 안에, 민족들의 역사와 문화 안에, 종교 안에 이룩하신 것'의 일부가 되는 종교 요소들을 담고 있으며 또한 제공하고 있다.

실제로, 타종교들의 어떤 기도문들과 의식들은 복음을 위한 준비 역할의 성격을 띠고 있는데, 그것들이 인간의 마음을 하느님의 활동에 개방되도록 도와주는 가르침이나 기회가 될 때 그러하다. 그러나 이것들을 그리스도교의 성사들에 고유한 신적 기원 또는 사효적(*ex opere operato*) 구원 효력이 있는 것으로 생각할 수는 없다. 더욱이, 다른 의식들이 미신이나 다른 오류에 의존하고 있는 한(고전 10:20-21 참조), 구원에 방해가 된다는 것을 간과할 수는 없다"라고 확언했다.[100]

일부 복음주의 신학자는 하나님의 구원 은총이 타종교를 통해서도 나타날 수 있다는 논제에 관심을 보였다.

예를 들어, 아모스 용(Amos Yong)은 "타종교에 구원의 은혜가 있다는 것을 부인하면서 타종교와 비 기독교인들에게 성령의 임재가 있을 것이라고

---

98 *Gaudium et Spes* 22, in Walter M. Abbott, S.J., *The Documents of Vatican II* (New York: Guild, 1966).
99 Veli-Matti Kärkkäinen, *Trinity and Religious Pluralism* (Burlington, VT: Ashgate, 2004), 32.
100 *Dominus Iesus* 22; emphasis in original; http://www.vatican.va/roman_curia/ congregations/cfaith/documents/rc_con_cfaith_doc_20000806_dominus-iesus_en.html.

주장하는 것이 어떻게 가능한가?"라는 의문을 제기했다.[101]

그는 또한 타종교 경험이 진정성과 진실성을 갖고 그들이 창조된 목적을 성취하기 위해 헌신된 사람들을 이끌 정도로 변혁적이라면, "타종교 신앙은 성령의 임재와 활동의 증거가 있을 때 기독교적인 의미에서 구원받은 것으로 간주할 수 있다"라고 주장했다.[102]

비록 양면성이 있지만, 클라크 피녹은 타종교의 잠재적인 구원적 본질에 대해서도 언급했다. 그는 종교에 선과 진리 그리고 거짓과 악이 혼합되어 있다고 말했다.[103] 그는 복음을 들어 본 적이 없는 사람들도 구원받을 수 있을 것으로 주장했지만, 하나님의 구원 은혜가 타종교를 통해서도 중재될 수 있다고 단정적으로 말하는 것은 주저했다.

또한, 그는 하나님이 온 세상에 계시기 때문에 "하나님의 은혜는 타종교 신자들을 포함한 모든 사람에게 어떤 식으로든 작용하고 있다"라고 진술했다. 그러므로 "타종교는 인류의 구원에 중요한 역할을 할 수 있으며, 구원의 충만함에 이르는 그리스도의 복음을 준비하는 역할을 할 수 있다."[104]

그리고 그는 "우리는 '성령이 타종교를 포함해 온 세상에 은혜롭게 현존하시는 분'이라고 생각해야 한다"라고 제안했다.[105] 그러나 피녹은 그가 옹호하는 '신중한 포용주의'는 "타종교 자체가 구원의 매개체라고 말하기에는 부족하다"라고 말했다.[106] 이와 관련해 그는 다음과 같이 진술했다.

---

101 Amos Yong, *Beyond the Impasse: Toward a Pneumatological Theology of Religions* (Grand Rapids, MI: Baker, 2003), 125.
102 Amos Yong, *Discerning the Spirit(s): A Pentecostal-Charismatic Contribution to Christian Theology of Religions* (Sheffield, UK: Sheffield Academic, 2000), 312.
103 Clark Pinnock, "Toward an Evangelical Theology of Religions," *Journal of the Evangelical Theological Society* 33, no. 3 (September 1990): 364-365; Pinnock, *A Wideness*, 81-113.
104 Clark Pinnock, "An Inclusivist View," in *Four Views on Salvation in a Pluralistic World*, edited by Dennis L. Okholm and Timothy R. Phillips (Grand Rapids, MI: Zondervan, 1996), 98.
105 위의 책, 100.
106 위의 책, 99.

종교는 사람들이 성령의 역사에 참여할 수 있는 절호의 기회를 제공한다. 왜냐하면, 하나님은 신비롭게 존재하며 일하고 계시기 때문이다. 성령은 교회 안에만 머물지 않고 모든 피조물에 생명을 부어 주신다. 성령은 복음에 계시된 구속의 계획을 움직이고 계신다. 그러나 이것이 타종교를 통해 구원을 받을 수 있다는 것을 의미하지는 않는다. 성령은 종교가 아니라 구원에 이르는 하나님의 능력이다. 하나님은 도덕적 규범, 우주의 질서 혹은 사회적 상호 작용 등을 사용해 사람들을 자신에게로 인도하실 수 있다. 우리는 하나님이 타종교 가운데서 활동하고 계실 가능성에 주의를 기울여야 하지만, 그럴 것이라는 보장은 없다. 타종교는 구원의 수단이 될 수 없다.[107]

피녹은 세상에서의 성령의 사역과 사람들을 구원으로 이끄는 삼위일체의 특별한 사역을 구분하려고 노력했던 것으로 보인다. 그는 "만약 타종교가 성령의 활동에 주의를 기울이고 거룩함과 미덕을 가르친다면 감사한 일이다. 그러나 타종교가 은혜와 구원의 수단이라고 주장하는 것은 전혀 다른 문제다"라고 규정했다.[108] 이것은 우리에게 중요한 구분이 아닐 수 없다.

우리는 이 어려운 문제들 가운데 몇 가지를 함께 다룰 것이다. 우리는 복음을 듣지 못한 사람들이 하나님의 은혜로 구원받을 가능성을 인정했지만, 이런 경우 하나님의 구원 은혜가 타종교의 가르침과 관습을 통해 중재될 수 있다고 생각하지 않는다. 여기서, 타종교의 신자들을 잠재적으로 그리스도인으로 받아들인 초기 기독교 신학자의 저스틴 마터(Justin Martyr)의 관점을 살펴볼 필요가 있다.

---

107 위의 책, 116.
108 Clark Pinnock, *Flame of Love* (Downers Grove, IL: InterVarsity, 1996), 207.

그는 초기 그리스 철학자들은 '합리적으로 살았던 그리스도인'이라고 말했지만, 그런 철학자들은 로고스 일부만 가지고 있을 뿐이며, 예수 그리스도와의 개인적 만남을 통해 완전한 로고스를 소유해야 한다고 주장했다.[109]

이전 장에서 살펴본 것처럼, 하나님의 창조, 일반 계시, 일반 은총으로 인해 타종교 전통에서 진리, 선함, 아름다움의 측면이 있다는 것을 인정하는 것은 중요한 의미가 있다. 그러나 복음을 듣지 못한 사람에 대한 구원의 가능성을 인정한다고 하더라도, 하나님의 구원은 타종교를 통해 오는 것으로 생각하지 않는다. 예수 그리스도는 구세주이지만, 타종교는 예수 그리스도를 전파하거나 예수 그리스도를 믿음으로 받아들이지 않기 때문에 구원을 중재할 수 없다.

타종교는 예수님과 그의 복음의 다양한 측면을 반영한 진리와 선함과 아름다움을 발전시킬 수 있지만, 복음을 통해 역사하시는 삼위일체 하나님 자신만이 인간을 구원할 수 있다. 타종교는 복음을 위해 사람들을 준비시킬 수 있지만, 그들을 통해 예수 그리스도의 복음으로 구원을 얻을 수는 없다.

---

109 Justin, *First Apology* 46, in *The Writings of Justin Martyr and Athenagoras*, edited by Marcus Dods et al. (Edinburgh: T. and T. Clark, 1879). 저스틴이나 클레멘트와 같은 교부는 그리스도가 죽은 자들에게 강림하셨다는 기독교 전통의 이야기(마 27:52; 벧전 3:19, 4:6)가 사후에 어떤 사람들에게는 구원을 위한 기회를 의미하지만, 구원은 오직 그리스도에 대한 개인적이고 명확한 믿음을 통해서만 가능하다고 믿었다. Chrys Saldanha, *Divine Pedagogy: A Patristic View of Non-Christian Religions* (Rome: Libreria Arteneo Salesiano, 1984), 163-167; Gerald Bray, "Explaining Christianity to Pagans: The Second-Century Apologists," in *The Trinity in a Pluralistic Age: Theological Essays on Culture and Religion*, edited by Kevin J. Vanhoozer (Grand Rapids, MI: Eerdmans, 1997), 9-25; McDermott, *God's Rivals*, 93-96.

8. 회심

복음주의자들은 회심을 강조하는 것으로 잘 알려져 있다.[110] 존 웨슬리(John Wesley), 조지 휫필드(George Whitefield), 찰스 피니(Charles Finney) 그리고 빌리 그래함(Billy Graham)과 같은 위대한 전도자는 사람들에게 죄에서 벗어나 예수 그리스도를 구세주로 받아들일 것을 촉구했다.

20세기 미국의 복음주의자들은 회심을 '예수를 믿고' 영생을 얻는 개인적 경험으로 규정했다. 아시아와 아프리카에서 활동했던 복음주의 선교사들은 기독교로의 개종을 요구했으며, 회심이 성경에 기록된 예수 그리스도를 영접하는 것인지 아니면 서구 기독교 신자의 삶의 방식을 따르는 것인지를 불분명하게 남겨 두었다. 그리스도인의 구원과 관련해, 우리는 회심에 관한 성경적 관점과 그렇지 않은 것을 구분할 수 있어야 한다.

구원과 회심이 때때로 동의어로 사용되기도 하지만, 이 둘을 구분해야 할 필요가 있다. 그렇지 않으면 유럽이나 미국의 특정 문화 요소가 구원의 필수 요건이 될 때 매우 심각한 혼란이 발생할 수 있다는 사실을 기독교 선교 역사가 보여 주고 있다. 고든 스미스(Gordon Smith)는 "구원은 '하나님의 활동'인 반면, 회심은 '하나님의 활동에 대한 인간의 반응'이다. 구원은 전적으로 하나님의 활동이지만, 회심은 '하나님의 활동-구원-인간의 반응' 모두를 포함한다 … 회심은 예수 그리스도를 통한 하나님의 구속 활동에 대한 인간의 반응이다"라고 규정했다.[111]

---

110 David Bebbington, *Evangelicalism in Modern Britain: A History from the 1730s to the 1980s* (Grand Rapids, MI: Baker, 1989), 5-17.

111 Gordon T. Smith, *Transforming Conversion: Rethinking the Language and Contours of Christian Initiation* (Grand Rapids, MI: Baker, 2010), 21-22. Smith, "Conversion and Redemption," in *The Oxford Handbook of Evangelical Theology*, edited by Gerald McDermott (New York: Oxford University Press, 2010), 209-221.

구원은 중생(regeneration), 칭의(justification), 성화(sanctification) 그리고 영화(glorification)를 포함한다. 이 전체의 과정은 예수 그리스도의 속죄 사역에 기초해 성령에 의해 어느 시점에서 시작된다. 회심은 이 과정의 출발점에 있는 하나님의 구원 사역에 대한 인간의 반응이며 또한 믿는 죄인들이 예수 그리스도의 형상으로 변화되어 점진적으로 그리스도를 닮아 가는 과정의 시작이다(롬 8:29).

문화적인 이유로 구원의 시작이 되는 회심을 구원의 전체 과정과 분리하고, 회심을 인간의 반응으로 이해할 수도 있지만, 인간의 반응조차도 하나님의 활동으로 인해 가능하다는 것도 잊지 않아야 한다. 예수님은 "너희가 나를 택한 것이 아니요 내가 너희를 택하여 세웠나니"(요 15:16) 그리고 "나를 보내신 아버지께서 이끌지 아니하시면 아무도 내게 올 수 없으니"(요 6:44)라고 말씀하셨다.

바울은 하나님이 우리 안에서 행하신다는 진리를 "너희 안에서 행하시는 이는 하나님이시니 자기의 기쁘신 뜻을 위하여 너희에게 소원을 두고 행하게 하시나니"(빌 2:13)라고 표현했다. 그러나 하나님을 향한 영혼의 변화는 하나님의 은혜에 의해 시작되고 유지되지만, 개인이 회개하고 하나님을 의지하고 성령의 권능을 힘입어 지속해서 그리스도를 닮아가야 한다(골 3:1-17; 갈 5:16-26).

여기에는 엄청난 신비가 존재하고 있다. 신학자들은 이 과정에서 하나님과 인간 사이의 관계를 정확하게 표현하는 방법에 대해 수 세기 동안 탐구해 왔다. 그러나 성경이 분명하게 보여 주는 것은 그 과정을 시작하고 하나님께 회개할 수 있게 하고 도덕적이고 영적 변화를 가져오는 것이 하나님의 특별한 활동임에도, 개인이 이 하나님의 은혜에 적절하게 반응할 책임이 있다는 것이다.

신약성경에 나타나 있는 다음의 헬라어 용어들은 성경적 관점에서 회심을 이해하는 중심 개념이다.[112]

첫째, '에피스트레포'(*epistrephō*)는 '방향을 바꾸어 돌아오다'라는 개념을 내포하고 있다. 그리스도에게로 돌아오는 것은 이전의 죄 많은 삶의 방식에서 벗어나 예수님의 방식을 따르는 것을 뜻한다. 하나님은 바울을 이방인의 사도로 보냈다.

> 그 눈을 뜨게 하여 어둠에서 빛으로, 사탄의 권세에서 하나님께로 돌아오게 하고 죄 사함과 나를 믿어 거룩하게 된 무리 가운데서 기업을 얻게 하리라 하더이다(행 26:18).

루스드라에서 민속 종교인들과 만났을 때 바울은 그들에게 "여러분에게 복음을 전하는 것은 이런 헛된 일을 버리고 천지와 바다와 그 가운데 만물을 지으시고 살아 계신 하나님께로 돌아오게 함이라"라고 촉구했다(행 14:15).

둘째, '메타노에오'(*metanoeō*)는 회개 혹은 마음의 변화를 의미한다. 세례 요한은 백성들에게 "천국이 가까이 왔느니라"(마 3:2)라고 외치며 회개를 촉구했다. 예수님도 "회개하라 천국이 가까이 왔느니라"(마 4:17)라고 말씀하시며 공적 사역을 시작하셨다. 예수님은 "때가 찼고 하나님 나라가 가까이 왔으니 회개하고 복음을 믿으라"(막 1:15)라고 선포하셨다.

기독교 초기의 사도적 설교에는 회개에 대한 분명한 부르심이 포함되어 있었다. 오순절 설교에서 베드로는 백성들에게 "너희가 회개하여 각각 예수 그리스도의 이름으로 세례를 받고 죄 사함을 받으라"(행 2:38)라고 강력

---

112 "Conversion," in *The New International Dictionary of New Testament Theology*, Vol. 1, edited by Colin Brown (Grand Rapids, MI: Zondervan, 1975), 353-362.

하게 권고했다(행 3:19, 17:30 참조). 하나님 나라와 회개에 관한 부르심은 복음의 중심 메시지다. 요하네스 베르쿠일(Johannes Verkuyl)은 "어떻게 전도하든 관계없이 모든 사람에게 '하나님 나라가 가까이 왔으니 회개하고 복음을 믿으라'라는 메시지를 반복해서 전해야 한다. 어떤 상황에서도 복음은 중립적인 방식으로 선포될 수 없다. 복음은 항상 결단을 촉구한다. … 그리스도의 통치에 대한 성경적 개념에 근거한 신학과 선교학은 개인적 회심을 하나님 나라의 포괄적인 목표에서 결코 배제할 수 없을 것이다"라고 주장했다.[113]

죄악과 하나님에 대한 반역이 지배하는 삶에서 벗어나 하나님의 은혜로 성령의 권능에 힘입어 사는 삶에 이르기까지 우리는 점진적으로 주님이 되신 그리스도의 성품과 인격을 닮아 가야 한다. 예수님의 제자들은 산상 수훈(마 5-7장)과 하나님의 계명(마 22:34-40)을 실천해야 한다. 또한, 성령의 열매(갈 5:22-23)와 그리스도의 겸손과 섬김(빌 2:5-11)의 모범을 보여야 한다. 그리스도인은 악으로 이기는 것이 아니라 선으로 악을 이겨야 한다(롬 13:21). 리처드 피스(Richard Peace) "기독교의 회개는 죄에서 돌이켜 예수께로 향하는 삶의 변화를 가져온다"라고 말했다.[114]

회심의 개념은 논란의 여지가 있다. 때로는 회심이 지나치게 열정적이고 비양심적인 선교사가 주로 양 떼의 수를 늘리기 위해 선교사의 습관과 행동을 받아들이도록 강요하는 것과 동일시되기도 했다. 19세기 후반과 20세기 초의 선교사들과 서구 제국주의자들의 이와 같은 접근 방식은 강력한 저항을 불러일으켰다.

---

113 Johannes Verkuyl, "The Biblical Notion of Kingdom: Test of Validity for Theology of Religion," in *The Good News of the Kingdom*, edited by Charles Van Engen, Dean S. Gilliland, and Paul Pierson (Maryknoll, NY: Orbis), 72-73.
114 Richard V. Peace, "Conversion," in *Global Dictionary of Theology*, edited by William A. Dyrness and Veli-Matti Kärkkäinen (Downers Grove, IL: InterVarsity, 2008), 196-197.

중국의 기독교는 중국 문화와 전혀 다른 것으로 인식되어 중국인이 예수 그리스도에 대한 신앙을 고백할 때 종종 "그리스도인이 한 사람 증가할 때마다, 중국인 한 사람이 줄어든다"라는 말이 나오기도 했다. 그러나 아마도 기독교의 회심에 대한 가장 날카로운 비판은 대영 제국의 식민주의가 절정에 도달했을 때 인도 민족주의자들에게서 나왔다.

예를 들어, 마하트마 간디(Mahatma Gandhi, 1869-1948)는 기독교의 회심을 강력하게 비판했다. 간디는 인도에서 사역하는 많은 선교사와 친분이 있었지만, 힌두교 신자를 기독교로 개종시키려는 시도를 포기할 것을 거듭해서 촉구했다. 이런 비판은 간디가 인도의 그리스도인들은 인도의 문화유산과 정체성을 포기한 것으로 인식했기 때문이다. 그는 이 문제의 심각성을 지적했다.

> 내가 인도 전역을 돌아다니다 보면 많은 인도 기독교인이 그들의 조국과 조상의 종교와 문화를 수치스러워하는 것을 볼 수 있었다. 영국과 인도 혼혈인들이 유럽인 행세를 하는 것도 나쁘지만, 인도인 회심자들이 유럽인 흉내를 내는 것은 유럽인에 대한 모욕이며 심지어 그들의 새로운 종교에 대한 폭력일 수도 있다.[115]

그러나 회심에 대한 간디의 혐오 역시 종교의 통합에 대한 그의 신념에 근거한 것이다. 간디에게 구원에 이르는 참된 종교가 있다는 것은 문제가 되지 않았다. 다만, 모든 종교는 나름대로 참되고 유익하므로 회심할 필요가 없다는 것이다. 한번은 선교사가 왜 힌두교 신자들에게 전도하지 않아야 하는지 물었을 때, 간디는 대답했다.

---

115 *Gandhi on Christianity*, edited by Robert Ellsberg (Maryknoll, NY: Orbis, 1991), 38-39.

> 왜냐하면, … 당신에게 가장 좋은 것이 모두에게 최선이라고 말할 수는 없기 때문이다. … 당신의 문제는 다른 믿음을 거짓으로 간주하는 데 있다. 그리고 당신은 다른 종교의 신자들에게도 동등한 기쁨과 평화를 주는 진리가 있다는 사실을 외면했다.[116]

간디는 계속해서 모든 종교가 하나의 참된 종교의 불완전한 표현이라고 말했다. 그는 계속 주장했다.

> 나는 세상의 어떤 위대한 종교도 거짓이라고 생각하지 않는다. 그들 모두가 인류를 풍요롭게 하는 데 이바지했고, 이제는 그들의 목적을 이루고 있다. … 나무는 줄기가 하나인데 가지와 잎이 많은 것처럼, 참되고 완전한 종교는 하나이지만 인간의 매개체를 통과할수록 그 표현은 풍부해진다. 참되고 완전한 종교는 인간의 말로는 완전하게 표현할 수 없다. 불완전한 사람들이 불완전하게 표현했고, 다른 사람들도 똑같이 불완전하게 해석한다.[117]

간디의 견해는 여기서 자세히 살펴볼 수 없는 많은 중요한 문제를 제기하고 있다. 우리는 이전 장에서 이 접근 방식의 다른 표현인 종교다원주의에 대해 이미 논의했다. 여기서 문제는 회심과 인도의 문화적 정체성에 대한 간디의 인식이다. 우리가 여기서 이 문제를 깊이 다룰 수는 없지만, 성경적 회심과 문화와의 관계를 설명하는 다섯 가지 일반적 원칙에 대해 간략히 살펴보면 다음과 같다.

---

116 위의 책, 55.
117 위의 책, 23, 62.

첫째, 성경적 회심은 교회의 참여를 포함하지만, 단순히 기독교라는 새로운 종교에 가입하는 문제가 아니다. 회심은 죄의 지배 아래에 있는 삶에서 예수 그리스도의 제자로서의 새로운 삶으로 바뀌는 것이다. 이 변화는 문화적 진공 상태에서 발생하지 않는다. 회심은 인간이 추상적인 존재로 바뀌는 것이 아니다.

하나님의 은혜로 구원받고 변화된 사람도 복잡한 민족, 사회, 역사, 종교, 문화적 환경에 뿌리를 둔 평범한 사람이다. 이와 같은 관점에서 볼 때, 회심과 문화의 관계가 매우 중요해진다. 구원과 회심이 곧 사회적 환경에서 벗어나는 것을 뜻하지는 않지만, 관계의 변화가 일어날 수 있다.

이와 관련해 스미스(Smith)는 다음과 같이 말한다.

> 회심은 깊은 연속성과 불연속성의 경험이다. 우리는 분명히 회심의 결과로 세상을 버리거나 탈출하라는 부름을 받지는 않았다. 예수님은 "내가 비옵는 것은 그들을 세상에서 데려가시기를 위함이 아니요 다만 악에 빠지지 않게 보전하시기를 위함이니이다"(요 17:15)라고 기도하셨다. 그런데도 우리와 세상의 가치와 관습 사이에는 여전히 심각한 불연속성이 존재하고 있다. 회심의 전 과정과 경험은 새롭게 거듭난 사람이 이 흑암의 권세 아래에서 벗어나 하나님의 백성의 머리이자 우주의 주님이신 그리스도의 통치 아래에서 새로운 삶을 사는 것이다(골 1:13-14).[118]

예수 그리스도의 제자로 성장하는 것은 곧 사회에서 고립되는 것이 아니다. 회심은 그리스도인의 공동체, 예배, 봉사, 교육 그리고 책임에 적극적으로 참여하는 것을 포함한다. 그리고 이 참여에서 비롯된 삶의 방식이 우리가 경험적으로 기독교라는 종교를 만들어내는 것이다. 그러나 회심

---

118 Smith, *Transforming Conversion*, 33.

자체는 단순히 이런 종교적 활동에 참여하는 문제가 아니다. 회심은 예수 그리스도께로 향하고, 그를 삶의 주인으로 삼는 것이다.

둘째, 복음의 본질을 고려할 때, 원칙적으로 회심은 주어진 언어적, 민족적, 사회적 혹은 문화적 틀 안에서 일어날 수 있다. 이 세상의 모든 문화가 반드시 받아들여야 하는 특정 문화, 민족 혹은 언어는 존재하지 않는다.

앤드루 월스(Andrew Walls)는 이것을 복음의 '토착화 원리'(the indigenizing principle)라고 표현했다.[119] 예수 그리스도의 복음은 어떤 언어로도 표현될 수 있으며, 모든 문화 속에서 그들의 복음이 될 수 있다. 예수를 따르는 사람들은 회심할 때 그들의 문화적 혹은 민족적 정체성을 버릴 필요가 없다.

월스는 "하나의 기독교 문명은 있을 수 없다. 성경은 꾸란처럼 원어로 전달될 때만 하나님의 말씀이 아니다. 하나님 말씀은 하늘 아래 모든 언어로 표현할 수 있다"라고 확언했다.[120]

따라서 회심은 그리스도 안에 있는 새로운 삶과 기존의 사회 환경 속에서의 삶의 방식 사이의 변증적 긴장(dialectical tension)을 포함한다. 회심은 과거 생활 방식과의 명백한 단절을 포함하지만, 우리가 속해 있는 사회적, 문화적 틀을 완전히 부정하지는 않는다. 회심 후에도 우리의 사회적 정체성은 달라지지 않는다.

월스는 "우리의 과거는 우리의 정체성에 대한 근거다. 그 정체성이 지금의 우리를 만들었고 그것 없이는 우리 자신을 제대로 알지 못할 것이다"라고 말했다.[121] 예수 그리스도의 제자가 됨으로써 중국인은 중국인이 되는 것을 포기할 필요가 없다. 그들은 진정한 중국인이고 동시에 진정한 그

---

119 Andrew F. Walls, *The Missionary Movement in Christian History: Studies in the Transmission of Faith* (Maryknoll, NY: Orbis, 1996), 7-8.
120 위의 책, 47. Lamin Sanneh, *Translating the Message: The Missionary Impact on Culture*, 2nd ed. (Maryknoll, NY: Orbis, 2009)도 참고하라.
121 Walls, *The Missionary Movement*, 45.

리스도인이 될 수 있다.

셋째, 회심에는 사회적, 문화적 과거와의 완전한 단절이 필요하지 않지만, 예수님의 제자로서의 새로운 정체성을 확립함에 따라 문화적 변혁이 요구된다. 복음은 모든 문화 속에서 표현될 수 있지만 모든 문화를 판단하기도 한다. 회심은 곧 삶의 방향이 그리스도께로 향하고 점점 더 그리스도를 닮아 가기 위해 자신의 믿음, 욕망, 가치관, 행동 및 관계의 심오한 변화를 가져오는 것을 뜻한다.

여기에는 예수 그리스도의 복음을 통한 변화와 지역 사회 및 문화 사이의 복잡하고 역동적 관계가 포함되어 있다. 월스는 "이 세상에 사는 동안 머무는 집은 영원하거나 완전하지 않다는 기독교 공동체의 믿음과 그리스도에 대한 헌신이 이 사회와의 긴장을 유지하게 한다"라는 의미에서 '순례자의 원칙'(the pilgrim principle)을 제시한 바 있다.[122]

회심은 토착화와 순례자의 원칙 사이의 계속되는 긴장 속에서 그리스도의 제자로 살아가는 것이다. 월스는 "토착화의 원리는 교회의 비전을 '지역화'하는 경향이 있고, 순례자의 원칙은 이 비전을 '보편화'하는 것이다. 이 두 가지 원칙 모두 그리스도의 복음에 근거를 두고 있으므로 이 둘 사이의 긴장이 반복되는 것이다. 한편으로, 하나님은 우리를 있는 그대로 받아주신다.

다른 한편으로, 그는 우리에게 변화를 요구하신다. 우리는 이 세상 속에서 그리스도의 형상으로 변화될 수 있다"라고 해석했다.[123] 서구, 아시아, 아프리카 그리고 라틴 아메리카에 사는 모든 그리스도인의 공동체가 이 두 원칙 사이의 역동적인 긴장 속에서 사는 것이다.

넷째, 전 세계의 그리스도인은 예수 그리스도의 진정한 제자로서의 정체성을 반영한 삶을 살아야 하고, 동시에 자신이 속한 민족과 사회 그리고

---

122 위의 책, 54.
123 위의 책.

문화 공동체의 진정한 구성원으로서의 정체성을 확립해야 한다.

1960년대 이후로 이 문제는 상황화의 맥락 속에서 논의되었다. 상황화는 "예수 그리스도의 복음을 특정한 지역의 언어와 문화적 양식으로 표현하고, 특정 기독교 공동체가 이 문화적 맥락 속에서 그리스도의 제자로서의 헌신을 실천하는 과정이다."[124]

다섯째, 진정한 회심은 종교적 양심의 표현이기 때문에 전 세계가 종교 선택의 자유를 증진하고 보호하도록 장려해야 한다. 20세기는 인류 역사상 가장 전체주의적이고 독재적인 정권의 부상을 목격했지만, 역설적으로, 인간의 존엄성과 인권 보호의 중요성에 대한 전례 없는 발전을 이루기도 했다.[125]

1948년, 제2차 세계 대전 이후 유엔이 창설될 때 회원국들은 세계 인권 선언(Universal Declaration of Human Rights, UDHR)에 서명했다. 이 선언문에 열거된 권리 중에는 종교의 자유에 대한 권리가 있다. 이 선언문의 제18조에는 "모든 사람은 사상, 양심 및 종교의 자유에 대한 권리를 가진다. 이런 권리는 종교 또는 신념을 변경할 자유와 단독으로 또는 다른 사람과 공동으로 그리고 공적으로 또는 사적으로 선교, 행사, 예배와 의식에 의해 자신의 종교나 신념을 표명하는 자유를 포함한다"라고 명시되어 있다.[126]

---

[124] Paul Hiebert, "Critical Contextualization," *Missiology* 12, no. 3 (July 1984): 287-296; Darrell Whiteman, "Contextualization: The Theory, the Gap, the Challenge," *International Bulletin of Missionary Research* 21, no. 1 (January 1997): 1-7; A. Scott Moreau, *Contextualization and World Missions* (Grand Rapids, MI: Kregel, 2012).

[125] Lynn Hunt, *Inventing Human Rights: A History* (New York: W. W. Norton, 2007).

[126] "Universal Declaration of Human Rights," Article 18, in 위의 책, 226. 오늘날 우리의 관점에서 보면 종교적 관용이나 양심의 자유라는 개념이 서구에서도 항상 받아들여진 것이 아니라, 18세기 이후에야 가능해졌다는 사실을 잊기 쉽다. Perez Zagorin, *How the Idea of Religious Toleration Came to the West* (Princeton, NJ: Princeton University Press, 2003).

그러나 많은 서명국을 포함해 이런 종교적 표현의 자유가 용인되지 않는 곳이 많다는 것은 말할 필요도 없다. 많은 이슬람 사회에 종교적 선택의 자유가 부족하다는 것은 잘 알려져 있으며, 이 상황에서 예수 그리스도를 믿는 사람들은 가혹한 대가를 치르고 있다. 우리가 인권 보호를 위해 노력할 때 종교적 양심에 대한 존중과 종교적 표현의 진정한 자유를 장려하는 것이 중요하다.

9. 보편적 구원?

구원과 회심에 관한 이 장을 마치기 전에 마지막 질문 하나를 살펴보자. 결국, 문제는 모든 사람이 구원을 받을 수 있는가에 달려 있다. 만약 그렇다면, 회심에 대한 복음주의 관점에 심각한 오류가 있는 것이다.

만약 모든 사람이 구원받을 수 있다면, 예수님이 유일한 구원의 길이라고 사람들을 설득해야 할 이유가 있겠는가?

우리가 모두 언젠가 평화와 기쁨으로 온전한 진리를 누리게 된다면, 예수 그리스도에 대한 지식과 믿음이 없이는 구원받을 수 없다고 주장하는 사람들이 타종교적 전통을 믿는 신자들을 불쾌하게 할 수 있는 위험을 감수해야 할 이유가 있겠는가?

보편주의에 대한 최근의 논의를 살펴보기 전에 그 역사를 간략하게 살펴보는 것이 좋을 것이다.[127] 모든 사람이 구원받을 것이라는 생각은 20세기 중반 이후로 많은 신학자 사이에서 유행했다. 기독교의 첫 2세기에는

---

127 Laurence Malcolm Blanchard, "Universalism: Its Historic Development and Its Contemporary Expression in Western Theology" (Ph.D. dissertation, Fuller Theological Seminary, 2007). *The Devil's Redemption: An Interpretation of the Christian Debate Over Universal Salvation* (Grand Rapids: Baker Academic), by Michael J. McClymond.

보편주의에 관한 주장을 찾아보기 어려웠다. 그 후 3세기 동안 이 개념을 지지하는 몇몇 저명한 신학자가 나타났지만, 그들은 소수에 불과했다.

이레니우스(Irenaeus), 바실(Basil) 그리고 예루살렘의 시릴(Cyril)과 같은 많은 헬라 교부는 대다수 인간이 지옥에 처하게 될 운명에 놓여 있다고 주장했다.

오리겐(Origen)은 모든 존재가 하나님 안에서 원래 상태로 돌아갈 것이라는 '만물회복설'(*apokatastasis*) 교리를 통해 보편주의의 기초적 형태를 제시했다.[128] 알렉산드리아의 데오빌로(Theophilus)는 오리겐의 교리를 채택했고, 대 바질(Basil the Great)은 그의 형제였던 니사의 그레고리우스(Gregory of Nyssa)가 제안한 보편주의를 거부했다.[129] 어거스틴(Augustine)은 그의 저서인 『하나님의 도성』(*City of God*)에서 보편주의를 비판했으며, 제5차 콘스탄티노플 공의회 이후에 제시한 원죄론에서 "만약 어떤 사람이 악마와 불경한 사람의 형벌이 일시적일 뿐이고, 언젠가는 끝날 것이며, 악마와 불경한 사람의 회복(ἀποκατάστασις)이 일어날 것이라고 말하거나 생각한다면 그를 저주하라"라고 비판했다.[130]

---

128 Frederick W. Norris, "Universal Salvation in Origen and Maximus," in *Universalism and the Doctrine of Hell*, edited by Nigel M. de S. Cameron (Grand Rapids, MI: Baker, 1992), 35-72.
129 Richard Bauckham, "Universalism: An Historical Survey," *Themelios* 4 (1978): 47-54; Avery Cardinal Dulles, "The Population of Hell," *First Things* (May 2003): 36-41.
130 Augustine, *City of God*, Book XXI; for the anathemas of the Fifth Council (Constantinople II), *The Seven Ecumenical Councils of the Undivided Church*, edited by Henry Percival, in *Nicene and Post-Nicene Fathers*, series 2 (Grand Rapids, MI: Eerdmans, 1991), 14:318-320; 일부에서는 이 원죄론이 다른 신학자들이 제안한 것처럼 영혼의 선재 교리와의 연관성에만 적용된다고 주장했지만, 이 교리에 있어서 그런 주장은 설득력이 약하다. 다른 사람들은 이런 개념이 나중에 발표된 공의회 문서에 추가된 것이기 때문에 큰 의미를 둘 필요가 없다고 불만을 제기했지만, 블랜차드(Blanchard)는 보편적 교회가 이런 파문으로부터 보편적 구원이 공식적으로 금지되었다는 결론을 도출해낸 것이라고 지적한 바 있다. Blanchard, "Universalism," 68-69.

중세 초기부터 종교개혁을 거쳐 현대에 이르기까지 교회의 신조는 악인의 영원한 형벌을 확증해 왔다. 6세기 초에 제정된 아다나시우스 신조(Athanasian Creed), 제4차 라테란 공의회(Lateran Council)의 신조 1(1215년), 아우구스부르크 신앙 고백(the Augsburg Confession) 제17장(1530년), 제2차 헬베틱 신앙 고백서(Helvetic Confession) 제26장(1564년), 도르트레히트 신조(Dordrecht Confession) 제18조(1632년), 웨스트민스터 신앙 고백(Westminster Confession) 제33장(1646년) 그리고 17세기 이후의 많은 교파적 신앙 고백 문서도 여기에 해당한다.[131] 지옥과 영원한 형벌의 실체를 삼위일체와 성육신만큼 기독교 신앙의 본질로 인식한 것이다.

17세기와 18세기에 그리스도의 신성을 거부하고 반삼위일체론을 주장한 소치니파(Socinians), 이신론자(Deists) 그리고 계몽주의(Enlightenment) 철학자들이 전통적인 지옥 교리를 거부하고 보편주의에 관심을 두기 시작했다. 19세기에 자유주의 개신교 신학의 아버지인 프리드리히 슐라이어마허(Friedrich Schleiermacher, 1768-1834)는 지옥 교리를 설명하면서 하나님의 선택은 개인이 아닌 공동체라고 주장했다. 그는 모든 인간이 구원받을 수 있다는 것을 시사했다.[132]

19세기 후반에 스코틀랜드의 소설가이자 시인이었던 조지 맥도날드(George MacDonald, 1824-1905)는 하나님의 사랑의 불이 죽음 이후 일종의 연옥 상태에서 죄와 불결한 것을 태워 버릴 것으로 생각했다. 의미심장하게도, 맥도날드의 제자인 C. S. 루이스(C. S. Lewis)는 그의 스승의 가르침을 따르지 않았다.[133]

---

131 Bauckham, "Universalism," 47, n. 2.
132 Friedrich Schleiermacher, *The Christian Faith* (Philadelphia: Fortress, 1976), 548-551, 720-722.
133 George MacDonald, "The Consuming Fire" (18-33), "It Shall Not Be Forgiven" (45-66), "The Last Farthing" (259-274), "Justice" (501-540), "Righteousness" (577-592), "The Final Unmasking" (593-606), "The Inheritance" (607-619), in *Unspoken Sermons: Series I, II, and III in One Volume* (Whitethorn, CA: Johannesen, 1997 [1867, 1885, 1889]). David

20세기 중반까지 서구에서는 지옥에 대한 전통적인 가르침을 받아들이는 사람이 거의 없었기 때문에 무신론적 철학자인 버트런드 러셀(Bertrand Russell)은 "지옥은 예전만큼 확실하지도 않고 뜨겁지도 않다"라고 말했다.[134]

저명한 신학자들도 영원한 저주를 거부하고 다양한 형태의 보편주의를 가르치기 시작했다. 그 가운데 가장 영향력이 있는 사람은 칼 바르트(Karl Barth, 1886-1968)다. 바르트는 모든 인간이 그리스도 안에서 처벌을 받고 선택받았으며 그 처벌이 십자가에서 일어났다고 가르쳤다.

구원의 신비는 아우구스티누스와 개혁자들이 가르친 것처럼 오직 일부의 사람들이 구원받는 것이 아니라, 오직 일부의 어떤 사람이 은혜에 대항해 죄를 짓고 구원을 거부한다는 것이다. 그러나 우리에게는 모든 사람의 구원을 바라는 이유가 있다. 우리 안에 있는 죄보다 항상 하나님의 은혜가 더 크기 때문이다. 바르트는 모든 사람이 구원받았다고 말할 수 없다고 주장했다. 그 이유는 보편주의가 예수 그리스도에 대한 성경적 증거의 특수성과는 동떨어진 신학적으로 추상화된 개념이기 때문이다.[135]

M. Kelly, "The Treatment of Universalism in Anglican Thought from George Macdonald (1824-1905) to C. S. Lewis (1898-1963)" (Ph.D. dissertation, University of Ottawa, 1989). C.S. 루이스는 『천국과 지옥의 이론』(*The Great Divorce*)에서 나레이터(narrator)가 하늘에서 조지 맥도날드를 발견하고 그가 지상에서 보편주의자였다는 것을 상기시켜 주었다고 기록했다. 그 후, 맥도날드는 마음을 바꿨다고 묘사했다. C.S. 루이스가 지적한 맥도날드의 보편주의 문제의 핵심은 '두 가지 가운데 더 깊은 진실인 자유 의지'를 제거한다는 점이라고 조언했다. 두 가지 가운데 또 하나의 진실은 예정론이다. "예정론은 외적 실재(external reality)가 현실이 될 미래를 기다리지 않는다는 것을 충분히 보여 준다." C. S. Lewis, *The Great Divorce* (New York: Macmillan, 1946), 124-125. C.S. 루이스는 '깊은 진실'에 의해 자신의 죄를 고백하고, 자신이 아닌 다른 사람을 섬기고, 자신이 아닌 하나님을 예배하도록 초대하는 하나님과 아무 상관이 없는 사람이 항상 있다는 것을 의미하는 것으로 보인다. 밀턴(Milton)이 말한 "잃어버린 바 된 모든 영혼의 선택은 '천국에서 봉사하는 것보다 지옥에서 통치하는 것이 더 낫다"라고 표현될 수 있다. John Milton, Paradise Lost, in Lewis, *The Great Divorce*, 69.

134 Bertrand Russell, *Why I Am Not a Christian* (New York: Simon & Schuster, 1957), 195.
135 Karl Barth, *Church Dogmatics* 4:2 (Edinburgh: T. and T. Clark, 1958), 520; George Hunsinger, *How to Read Karl Barth: The Shape of His Theology* (New York: Oxford University Press, 1991), 134; Barth, *Church Dogmatics* 2:2 (Edinburgh: T. and T. Clark,

그러나 바르트의 영향을 받은 존 A. T. 로빈슨(John A. T. Robinson), 쟈크 엘륄(Jacques Ellul), 얀 본다(Jan Bonda), 에베하르트 융엘(Eberhard Jüngel) 그리고 위르겐 몰트만(Jürgen Moltmann) 등이 도달한 결론은 그의 신학적 논리가 보편주의를 가리키고 있다는 것을 보여 준다.[136]

완전히 다른 관점을 가진 신학자이자 철학자인 존 힉(John Hick)은 보편주의를 악과 고통이라는 성가신 문제를 극복할 만한 신뢰할 수 있는 유일한 신학적 관점으로 받아들였다. 결국, 모든 사람이 구원을 받아야 우리는 사랑의 하나님을 믿을 수 있다는 것이다.[137]

일부 20세기 가톨릭 신학자도 가톨릭의 전통적인 지옥 교리에 의문을 제기했다. 쟈크 마리탱(Jacques Maritain)은 저주받은 사람도 처벌받지 않는 사후세계(limbo)가 있을 수 있다고 주장했다. 칼 라너(Karl Rahner)는 누구든지 영원히 저주를 받는다는 분명한 계시가 없으며, 하나님의 보편적 구원의 뜻을 받아들여야 한다고 말했다.

한스 우르스 폰 발타자르(Hans Urs von Balthasar)는 우리에게는 모든 사람의 구원에 대한 희망을 품어야 할 의무가 있다고 말했다. 교황 요한 바오로 2세도 지옥은 형벌이 아니라 하나님과 분리된 자들이 처한 어떤 상태이며, 인간이 실제로 저주를 받는지 알 수 없다고 강조했다.[138]

1958), 417-418.
136 John A. T. Robinson, *In the End God: A Study of the Christian Doctrine of the Last Things* (London: James Clarke, 1950); Jacques Ellul, *What I Believe* (Grand Rapids, MI: Eerdmans, 1989); Eberhard Jüngel, "The Last Judgment as an Act of Grace," *Louvain Studies* 15 (1990): 389-405; Jan Bonda, *The One Purpose of God: An Answer to the Doctrine of Eternal Punishment*, translated by R. Bruinsma (Grand Rapids, MI: Eerdmans, 1998 [1993]); Jürgen Moltmann, *The Coming of God: Christian Eschatology*, translated by M. Kohl (Minneapolis: Fortress, 1996), especially 235-255.
137 John Hick, *Death and Eternal Life* (New York: Harper & Row, 1976); Hick, *Evil and the God of Love*, 2nd ed. (San Francisco: Harper & Row, 1977).
138 Dulles, "The Population of Hell," 38-39.

그러나 최근 바티칸의 가톨릭 신학은 전통적인 종말론을 더 많이 고수하고 있음을 보여 주었다. 『주님이신 예수님』(*Dominus Iesus*, 2000)은 복음을 받아들이지 않는 다른 종교의 신자들이 "타종교의 의식이 미신이나 다른 오류에 의존하고 있는 한(고전 10:20-21 참조), 구원에 방해가 된다는 것을 간과할 수는 없다"라고 경고했다.[139]

『가톨릭교회 교리서』(*Catechism of the Catholic Church*)도 '지옥의 존재와 그 영원성'을 가르치며, 죽음에 이르는 죄로 죽는 사람들은 영원히 타오르는 불 속에서 '지옥의 형벌'을 받고 있다고 가르친다.[140] 이와 같은 교리를 반영해 애버리 덜레스(Avery Dulles) 추기경은 일부 가톨릭 신학자의 '무분별한 낙관론'을 비판했다.[141]

동방 정교회도 비슷한 경향을 보인다. 역사적으로, 정교회의 공식 문서는 인간에게 천국과 지옥이라는 두 가지 목적지가 있다는 것을 가르쳐 왔다. 그러나 1970년대 이후에 두 명의 정교회 신학자인 칼리스토스 웨어(Kallistos Ware)와 힐라리온 알페예프(Metropolitan Hilarion Alfeyev)가 수정된 견해를 제시했다.[142]

복음주의자와 오순절주의자들도 이 대화에 참여하기 시작했다. 그레고리 맥도날드(Gregory MacDonald)라는 필명을 쓰는 로빈 패리(Robin Parry)는 '복음주의적 보편주의'(evangelical universalism)로 분류되는 여러 권의 책을 출간했다. 복음주의적 보편주의에는 여러 유형이 있지만, 모두 하나님이 그리스도의 구속 사역을 통해 궁극적으로 모든 사람을 구원하실 것이라는 데 동의한다.[143]

---

139 *Dominus Iesus*, paras. 21, 22.
140 *Catechism of the Catholic Church* (Liguori, MO: Liguori, 1994), sect. 1035.
141 Dulles, "The Population of Hell," 40.
142 Kallistos Ware, *The Inner Kingdom* (New York: St. Vladimir's Seminary Press, 2000), 193-215; Hieromonk Hilarion Alfeyev, *Christ the Conqueror of Hell: The Descent into Hades from an Orthodox Perspective* (New York: St. Vladimir's Seminary Press, 2009).
143 In *Universal Salvation? The Current Debate*, edited by Robin A. Parry and Christopher H.

패리는 전통적인 기독교나 복음주의도 보편주의를 배제할 필요가 없다고 주장했다. 즉, 전통적인 기독교와 복음주의가 신학적 불일치에 대한 부담을 가질 필요가 없이 보편주의를 받아들일 수 있다는 것이다.

그러나 패리는 그의 가장 흥미로운 책에서 신학적으로 슐라이어마허, 로빈슨 그리고 힉과 같은 비정통주의자들과 노르위치의 줄리안(Julian of Norwich), 바르트, 발타자르(Balthasar) 그리고 몰트만과 같은 비복음주의 신학자들의 다양한 글을 편집한 바 있다.[144] 토마스 탈보트(Thomas Talbott)는 보편주의에 관한 연구에 많은 관심을 가졌던 복음주의 철학자이다.[145]

대형 교회 목사인 롭 벨(Rob Bell)이 2012년에 펴낸 『사랑이 이긴다』(Love Wins)는 확실히 알지 못해도 희망을 품을 수 있다는 발타자르의 관점이 반영된 희망적 보편주의(hopeful universalism)를 암시적으로 권장하며 복음주의 진영의 안팎에서 논쟁의 폭풍을 일으켰다.[146]

시사주간지 '타임'(Times)은 표지에 이 책을 소개한 바 있다. 신학자와 목회자들 가운데 일부가 전통적인 종말론에 도전하고 있다는 것을 알지 못했던 복음주의자 신학자들에게 이 새로운 책이 경각심을 불러일으켰다.

보편주의자들은 어떻게 그들의 관점을 설명하고 있는가?

먼저, 그들이 하나님의 임재로부터의 영원한 형벌과 추방에 대해 말하는 많은 성경 본문을 해석하는 세 가지 방법에 주목할 필요가 있다. 이 가운데 일부는 겹치지만, 세 가지 모두 문제의 성경 본문을 해석하는 다른

    Partridge (Grand Rapids, MI: Eerdmans, 2003), xv-xxvii. Gregory MacDonald (pseudonym for Robin Parry), *The Evangelical Universalist* (Eugene, OR: Cascade, 2006).

144 "*All Shall Be Well*": *Explorations in Universal Salvation and Christian Theology from Origen to Moltmann*, edited by Gregory MacDonald (Eugene, OR: Cascade, 2011). 이 책에는 또한 복음주의 관점에 더 가까운 조지 맥도날드와 같은 몇몇 보편주의자에 대한 글도 포함되어 있다.

145 Thomas Talbott, *The Inescapable Love of God* (n.p.: Universal, 1999); *Universal Salvation? The Current Debate*, edited by Robin A. Parry and Christopher H. Partridge.

146 Rob Bell, *Love Wins: A Book about Heaven, Hell, and the Fate of Every Person Who Ever Lived* (New York: HarperOne, 2012).

방법을 제시한다.

첫째, 일부 보편주의자는 이런 성경 본문은 표면에 나타나는 것과 다른 의미가 있다고 이해했다. 예를 들어, 알렉산드리아의 클레멘트와 오리겐은 지옥의 불에 관한 성경 본문이 죄인의 불순물을 깨끗하게 제거해 주는 하나님의 사랑의 불을 의미한다고 믿었다.[147]

칼 라너는 '지옥'은 단순히 은유라고 주장했다. 에밀 브루너(Emil Brunner)는 죄인이 가게 될 목적지를 이야기하는 성경 본문은 이론적 정보를 제공하기 위한 것이 아니라 멸망의 상태에서 벗어나도록 요청하는 죄인을 향한 실존적 초대라고 생각했다.[148]

브루너를 비롯한 일부 신학자는 성경에 나오는 지옥의 개념이 몹시 화가 난 엄마가 아들에게 "지금 당장 방을 청소하지 않으면 가만두지 않을 거야!"라고 경고하는 것처럼 예언이 아니라 협박이라는 것이다.

둘째, 다른 보편주의자들은 성경 저자들이 실제로 죄인이 처하게 될 두 가지 목적지와 영원한 형벌이 있다고 생각했지만, 이 성경 저자들이 단순히 착각한 것이라고 확신했다. 슐라이어마허는 성경 저자들이 '율법적 관습 완화'에 도취해 있었기 때문에 현실을 똑바로 볼 수 없었다고 평가했다.[149]

그는 고대 문화는 현대의 감성만큼 명확하지 않았을 것이라고 전제하고, 만약 고대 성경 저자들이 하나님의 사랑을 진정으로 이해했다면 그들은 종말론을 그런 방식으로 기록하지는 않았을 것이라고 보았다.

---

147 *Origen: On First Principles*, translated by G. W. Butterworth (New York: Harper & Row, 1966), 145.
148 Karl Rahner, "Hell," in *Encyclopedia of Theology: The Concise Sacramentum Mundi*, edited by Karl Rahner (New York: Continuum, 1975), 603; Emil Brunner, *The Christian Doctrine of the Church, Faith, and the Consummation*, translated by David Cairns, in *Dogmatics* (Philadelphia: Westminster, 1960), 421-424.
149 Schleiermacher, *The Christian Faith*, 720.

셋째, 이 관점은 성경의 이 두 가지 주제가 서로 충돌하는 역설이라고 보는 것이다. 우리가 살펴본 바와 같이 바르트는 하나님이 그리스도 안에서 모든 사람을 선택하셨는데, 어떤 사람들은 그 선택을 거부했다는 것이다. 이 문제를 하나님이 해결하시기를 바라는 것은 역설이라는 것이다.

독일의 루터교 신학자 파울 알트하우스(Paul Althaus)는 하나님의 구원과 하나님의 저주 역설은 여전히 열린 질문으로 남아 있어야 한다고 이해했다. 에밀 브루너(Emil Brunner)는 이 두 가지 상충하는 가르침은 서로 조화를 이룰 수 없다고 단언했다.

존 A. T. 로빈슨(John A. T. Robinson)은 보편적 회복과 최종적 심판이 신약성경의 두 종말론적 신화에 불과하며, 이 둘 사이의 조화는 역설이라고 말했다.150 그는 결국 하나님의 전능하신 사랑은 모든 사람이 그 사랑에서 비롯된 자유 선택을 하도록 허용함으로써 이 역설적 교착 상태를 깨뜨릴 것이라고 보았다.

> 철학자 존 크로넨(John Kronen)과 에릭 레이탄(Eric Reitan)은 일부 성경 본문의 '일반적인 의미'가 보편주의를 지지하는 반면, 다른 본문의 일반적인 의미는 영원한 형벌을 가르침으로 두 종류의 성경 본문이 서로 '상충된다'고 주장했다. 크로넨과 레이탄은 "우리는 해석학적 열쇠로 성경적 이야기의 '중심'이 무엇인지 찾아야 하며, 따라서 일부 성경 본문은 기존의 평범한 해석에서 벗어나 새로운 방식으로 이해해야 할 필요가 있다"라고 덧붙였다.151

---

150 Paul Althaus, *Die letzen Dinge,* 10th ed. (Gütersloh: G. Mohn, 1970 [1922]); Brunner, *The Christian Doctrine,* 423; Robinson, *In the End God.* 앞서 살펴본 바와 같이, 브루너는 은유적 해석을 통해 이런 불연속성을 해결하려고 했다.

151 John Kronen and Eric Reitan, *God's Final Victory: A Comparative Philosophical Case for Universalism* (London: Continuum, 2011), 54, 58, 66. 이 성경 해석 방법은 성경의 한

이것이 보편주의가 성경을 해석하는 세 가지의 기본 방법이라면, 보편주의자들은 철학적, 신학적, 성경적 논증 방법을 사용한 것으로 볼 수 있다. 철학적 논증에 있어서 세 가지 철학적·신학적 공리를 제시한 복음주의자인 토마스 탈보트(Thomas Talbott)의 주장이다.

(1) 만약 하나님이 사랑이라면, 일부가 아닌 모든 피조물을 사랑해야 한다.
(2) 하나님이 사랑이라면, 그가 사랑하는 모든 것, 즉 그의 모든 인간 피조물은 구원을 받아야 한다.
(3) 하나님은 전능하신 분이기 때문에 그의 모든 목적을 이루실 것이며, 그 가운데는 모든 사람의 구원이 포함되어야 한다. 이 논증이 인간의 자유를 간과할 수 있다는 문제가 제기되었지만, 탈보트는 일단 인간 피조물이 하나님의 제안에 대해 충분히 알게 되면 모든 인간은 그 제안을 거부하는 것이 비합리적이라는 것을 깨닫게 될 것이고, 따라서 그들은 자유롭게 하나님을 받아들일 것이라고 주장한 바 있다.[152]

패리는 지옥에 있는 사람들은 회개할 수 있는 두 번째 기회를 얻어야 한다고 덧붙였다. 사랑의 하나님은 회개하고 도움을 요청하는 사람이 어디에 있든 거절하지 않으실 것이기 때문이다.[153]

크로넨과 레이탄은 "하나님이 망상이나 나쁜 습관과 같은 '구원 억제요인'(salvation inhibitors)을 제거하고, 죄인이 자신의 잘못된 믿음에 집착하는 것이 불가능할 정도로 명확한 비전을 제공할 것이다. 또한, 아무도 계속

부분을 다른 부분과 조화를 이루는 가운데 해석해야 한다는 원칙에 위배되기 때문에 개혁주의가 명시적으로 금지했다는 점은 주목할 가치가 있다. *39 Articles of Religion*, "Neither may [the church] so expound one place of Scripture, that it be repugnant to another" (Art. XX); *Book of Common Prayer* (New York: Church, 1979), 871.

152 *Universal Salvation? The Current Debate*, edited by Robin A. Parry and Christopher H. Partridge (Grand Rapids, MI: Eerdmans, 2003), chaps. 1-3.
153 위의 책, xxiv.

무지를 선택하거나 나쁜 욕망에 속박되지 않을 것이다. 하나님의 은혜를 끊임없이 적용하면 결국 모든 영혼이 자유롭게 구원을 받아들일 것이라는 '산술적 확실성'(mathematical certainty)이 있다"라는 주장을 펼친 바 있다.[154]

보편주의자들의 신학적 주장은 다양하지만 거의 모두가 하나님의 사랑으로 귀결된다. 이런 경향은 보편주의에 대한 철학적 논증과 매우 유사하지만, 탈보트는 논리적으로 영원한 지옥이 있을 수 없다고 주장하는 반면, 패리는 하나님의 본성으로서의 사랑의 의미에 초점을 맞추고 있다. 패리는 "지옥을 단순히 하나님의 정의와 진노의 결과에서 비롯된 보복적인 형벌로 보는 모든 견해는 하나님의 사랑과 심각한 충돌을 일으키고, 하나님의 본성을 분열시킬 위험이 있다"라고 말했다.

그러나 패리는 전통적인 종말론이 단순한 보복이 아닌 지옥의 다른 이유도 있다고 주장하지만, 지옥이 영원한 의식적 고통을 포함한다는 사실은 "저주받은 자에 대한 하나님의 사랑과 일치시키기가 매우 어렵게 만든다"라고 보았다.[155]

일부 보편주의자는 지옥을 징벌적이고 최종적인 것이 아니라 치료적이며 일시적이고 발전적이며 회복적인 것으로 생각한다. 또한, 하나님의 연민과 사랑 때문에 그들은 절대로 구원받은 자의 무리에서 영혼이 최종적으로 배제되지 않을 것이라는 논지를 펼치고 있다.

크로넨과 레이탄은 영원한 지옥이 죄로부터 '영원한 승리'를 가져다준다고 주장했다. 지옥의 징벌 교리에 따르면, 하나님은 그의 정의를 타협해 저주받은 자를 구원할 수 없지만, 하나님은 저주받은 자들에게 은혜를 '의도적으로 유보'하신 것이다. 어떤 경우이든 "하나님은 우리가 믿는 것보다 덜 사랑하시고 능력이 떨어지시고 … 그리고 죄에 대한 그의 최종적인 승

---

154 Kronen and Reitan, *God's Final Victory*, 42, 44, 136-148, 177, 179.
155 Robin Parry, "Evangelical Universalism: Oxymoron?" *Evangelical Quarterly* 84, no. 1 (2012): 9.

리를 부인하셨다."[156] 이들의 주장에 따르면, 지옥에 대한 모든 전통적인 견해는 하나님이 궁극적 목적을 성취하지 못했다는 것을 의미한다.[157]

보편주의자들은 성경이 그들의 견해를 지지한다고 믿는다. 그들은 "내가 땅에서 들리면 모든 사람을 내게로 이끌겠노라 하시니"(요 12:32)라는 예수님의 말씀과 "하늘에 있는 자들과 땅에 있는 자들과 땅 아래에 있는 자들로 모든 무릎을 예수의 이름에 꿇게 하시고"(빌 2:10)라는 바울의 증거와 같이 모든 사람의 구원을 예언한 것처럼 보이는 여러 성경 본문을 제시한다.[158]

그들은 또한 모든 사람이 구원받기를 원하시는 하나님의 의도를 알리는 신약성경 본문을 사용한다(딤전 2:10; 벧후 3:9).

> 오직 우리가 천사들보다 잠시 동안 못하게 하심을 입은 자 곧 죽음의 고난 받으심으로 말미암아 영광과 존귀로 관을 쓰신 예수를 보니 이를 행하심은 하나님의 은혜로 말미암아 모든 사람을 위하여 죽음을 맛보려 하심이라(히 2:9).

이와 같이 그리스도의 십자가를 모든 사람의 구원과 연결하는 것으로 보이는 성경 본문을 선호한다. 그러나 우리는 잠시 동안 천사들보다 낮아진 그분을 볼 수 있다. 즉, 예수님은 죽음의 고통으로 영광의 면류관을 받으셨다. 그는 하나님의 은혜로 모든 사람을 위해 죽으셨던 것이다.[159]

이제 보편주의적 구원론에 대해 비판적으로 검토해 보자. 어떤 경우에도 하나님의 진노와 심판은 말할 것도 없고, 하나님의 사랑과 자비에 대해 완전하게 이해할 수 없으므로 우리는 이 문제를 신중하게 다루어야 한다.

---

[156] Kronen and Reitan, *God's Final Victory*, 24, 27, 47.
[157] 위의 책, 106.
[158] 그들이 제시하는 또 다른 성경 본문은 행 3:21; 롬 5:18; 11:32; 고전 15:22-28 등이 있다.
[159] 보편주의자들은 고후 5:19; 딛 2:11; 요일 2:2 등의 본문을 언급하기도 한다.

여기에는 완전히 드러나지 않은 신비적 요소가 내포되어 있으며, 우리는 성경이 명확하게 진술하는 것을 넘어서는 막연한 추측을 피해야 한다. 그러나 복음주의 관점에서 다음 몇 가지의 비판은 제기할 수 있다.

모든 사람이 하나님의 사랑에 자유롭게 긍정적으로 반응할 것이라는 보편적 구원론에 대한 탈보트의 주장은 문제가 있다.

왜 우리가 이 주장을 받아들여야 하는가?

진정한 자유는 하나님을 거부할 자유를 포함해야 하며, 따라서 지옥의 끔찍한 현실을 스스로 선택할 수도 있어야 한다.[160] 철학자 제리 월스(Jerry Walls)는 『지옥: 정죄의 타당성』(Hell: The Logic of Damnation)에서 보편주의에 관한 탈보트의 주장에 대해 사려 깊은 평가를 제공했다. 월스는 "사람은 악이 선하다고 믿도록 자신을 속일 수 있고, 자신의 이익을 위해 선보다 악을 선호할 수도 있다"라고 진술했다.[161]

이런 경우에는 자신이 선택한 악하고 끔찍한 현실, 즉 지옥을 하나님이 허락하실 것이라고 믿는 것이 타당하다. 크로넨과 레이탄은 하나님이 각 사람에 대한 계획을 알려주시면 누구든지 거짓 믿음에 집착하지 않을 것이라고 확신했다. 그러나 우리는 이것을 성경적 근거가 없는 단순한 추측에 불과한 것으로 간주한다.

더 나아가, 충분한 정보를 주면 모든 사람이 필연적으로 구원을 받아들일 것이라는 개념은 인간에 대한 기계론적 관점을 암시한다. 특정한 정보를 입력하면 특정한 출력을 도출할 수 있다는 것이다. 이는 인간의 자율성에 대한 그들 자신의 주장과도 일치하지 않는다. 우리는 기계를 통해 수학적으로 특정한 결과를 얻을 수 있지만, 자유 의지의 결과는 얻을 수

---

160 Richard Swinburne, "A Theodicy of Heaven and Hell," in *The Existence and Nature of God*, edited by Alfred J. Freddoso (Notre Dame, IN: University of Notre Dame Press, 1983), 49.

161 Jerry L. Walls, *Hell: The Logic of Damnation* (Notre Dame, IN: University of Notre Dame Press, 1992), 138.

없다.[162]

마찬가지로, 하나님의 사랑에 기초한 신학적 주장은 정의와 같은 하나님의 속성을 추상화했다는 이유로 여러 비평가의 논쟁을 촉발했다. 사랑이 정의보다 우세하다는 현대의 감상주의적 입장을 제외하면, 하나님의 속성에 있어서 정의보다 사랑을 더 선호해야 할 타당한 이유는 존재하지 않는다.

더 나아가, 어떤 사람들은 사랑이 정의보다 우세하다는 바로 그 생각이 하나님의 본성을 왜곡하고 신성한 사랑에 대한 성경적 의미를 현대의 감상주의적 취향으로 대체하는 오류에 빠질 수 있다고 주장한다. 성경에 따르면, 하나님의 사랑은 인간의 사랑과 매우 큰 차이가 있다. 하나님의 사랑은 철저하게 거룩하고 형벌을 회피하지 않는 사랑이다. 사랑의 중요성을 강조하신 바로 그 예수님께서도 "그들은 영벌에, 의인들은 영생에 들어가리라 하시니라"(마 25:46)라고 말씀하셨다.

크로넨과 레이탄은 영원한 지옥에서 잃어버린 바 된 사람들이 겪는 고통과 '가장 좋은 것을 이루지 못한 하나님의 궁극적인 실패'로 인해, 천국에 있는 사람들이 '영원한 슬픔'에서 벗어날 수 없을 것이라고 주장했다. 그러나 N. T. 라이트(N.T. Wright)와 C.S. 루이스(C.S. Lewis)를 비롯한 많은 사람이 지옥에 있는 사람들은 하나님에 대한 증오심이 커지면서 점차 비인간화될 것이라고 제안했다.

그들은 '불쌍히 존재들'이다. 구원받은 사람들은 죄를 용서받았기 때문에 죄악이 다시는 하나님 나라를 지배하지 않는다는 것을 깨닫는다. 이제는 죄가 우리를 두렵게 하거나 화나게 할 수 없는 옛 추억과 같다.[163] 크로

---

[162] Kronen and Reitan, *God's Final Victory*, 143, 145, 148.
[163] 위의 책, 106; N. T. Wright, *Surprised by Hope: Rethinking Heaven, the Resurrection, and the Mission of the Church* (New York: HarperOne, 2008), 182; Wright, *Evil and the Justice of God* (Downers Grove, IL: InterVarsity, 2006), 141-144.

넨과 레이탄의 주장과는 달리 열방을 치유하는 새 하늘과 새 땅 그리고 지옥은 하나님의 승리를 보여 준다.

칼 바르트가 그리스도를 통해 나타난 하나님의 구체적인 계시와 상관없는 종말론의 신학적 추상화를 거부한 것은 적절한 판단이었다. 그러나 그가 우리보다 하나님 안에 항상 더 많은 은혜가 있으며, 하나님은 '구속의 범위'를 넓힐 자유가 있다는 논리에 따라 하나님의 자유와 선택이 항상 인간의 저항보다 우세할 것이라는 '희망적 보편주의'의 또 다른 추상적 신학을 받아들인 것을 볼 수 있다.

바르트는 고의적 실명과 청각 장애를 강물이 밀려오는 댐에 비유해, "강물이 강하게 쏟아져 들어오는 데 비해 댐이 너무 약해서 붕괴가 우려된다"라고 표현했다.[164] 여기에서 바르트의 논지는 앞서 언급한 탈보트의 주장과 유사하기 때문에 바르트도 역시 탈보트의 주장에 대한 월스의 비판으로부터 자유로울 수 없을 것이다.

더 나아가 바르트의 논지는 성경적 증거와도 상충하는 것으로 보인다. 이 증거를 제시하는 것은 이제 우리 몫으로 남게 되었다.

우리는 보편주의자들이 하나님의 정의가 회복되어야 한다고 주장하는 것을 보았다. 그들은 또한 심판의 경고 이후에 회개와 자비를 강조하는 구약성경의 본문을 강조했다. 예를 들어, 어떤 보편주의자들은 니느웨가 40일 안에 전복될 것이라는 하나님의 메시지를 전달한 요나를 주목했다. 그 결과는 파괴가 아니라 회복이었다는 것이다. 적어도 그 당시 니느웨는 회개했고, 멸망은 일어나지 않았다.[165]

다른 보편주의자들은 유다가 바벨론으로 유배되어 결국 회개하고 하나님과 땅으로 돌아왔던 것을 사례로 제시했다.[166] 그들은 또한 이집트, 아시

---

164 Barth, *Church Dogmatics*, 2:2, 418; 4:3, 355-56.
165 나훔의 예언은 결국 어느 시점에서 니느웨에 심판이 임했음을 암시했다.
166 이스라엘 백성은 바벨론으로 유배된 후 약속의 땅으로 돌아왔다. 아시리아에 의해 초

리아, 엘람을 인용한다. 그들은 심판의 형벌을 받았지만, 나중에 하나님이 그들에게 자비와 축복을 베풀었다.[167]

그러나 전통적인 종말론자들은 구약성경에 심판을 경고하는 수백 개의 이야기와 본문이 포함되어 있다고 지적하며, 이스라엘의 하나님이 '세상을 심판하시는'(창 18:25) 분이라는 사실을 생생하게 보여 준다. 선지자들은 이스라엘과 열방의 행동에 따라 두 가지 다른 결과가 올 것이라고 예언했다.

자비와 은혜의 보상은 하나님의 뜻에 대한 순종에 달려 있었다. 위에서 언급한 유다와 열방은 심판과 함께 자비를 받았지만, 바빌론이나 에돔과 같이 심판만 받은 사람들도 있었다. 영원한 멸망의 상징이 된 아무도 살지 않는 도시가 된 것이다.[168]

따라서 구약성경의 일부 심판은 마음의 회개와 회복으로 이어졌다. 그러나 다른 심판들은 이집트에서 벗어났음에도 마음이 완악해졌고, 회개하지 않았기 때문에 광야에 '떨어진' 유대 민족의 운명과 비슷했다. 그들은 주께서 그들을 치셨을지라도 그들이 아픈 줄 알지 못했다(렘 5:3). 그 결과 하나님은 그들을 멸하셨다(렘 5:3).

복음서는 이 두 가지의 서로 다른 결말과 비슷한 종말론을 제시한다. 그 증거는 압도적이다. 신약학자인 리처드 보컴(Richard Bauckham)이 보편주의 사상에 대해 "이제 신약성경이 인류를 구원받은 사람과 구원받지 못한 사람의 구분에 대해 명확하게 가르친다는 사실을 의심하는 사람은 거의 없는 상황에서, 보편주의자들은 일부 성경 본문에서 보편주의적 희망을 찾고자 하는 사람들이다"(엡 1:10; 골 1:20)라고 평가했다.[169]

기에 정복된 후 일부는 추방당했고 돌아오지 않았다.
167 예레미야는 엘람에 대해 "그러나 말일에 이르러 내가 엘람의 포로를 돌아가게 하리라 여호와의 말씀이니라(렘 49:39)"라고 기록했다. 모압에 대해서도 마찬가지이다(렘 48:47). 이집트와 아시리아에 대해서는 사 19:24-25절을 참고하라.
168 예레미야는 에돔의 수도인 보스라의 멸망을 소돔과 고모라의 멸망과 비교했다(렘 49:18). 바빌론에 대해서는 계 17, 18장을 참조하라.
169 Bauckham, "Universalism," 52;

또 다른 신약학자인 I. 하워드 마샬(I. Howard Marshall)은 신약의 저자들이 인류에게 두 가지의 결과가 있으며, 이 두 가지는 최종적 결과라는 사실을 보여 주었다고 주장했다.[170] 예수님은 자신을 거부한 사람들을 아버지 앞에서 부인하겠다고 말씀하셨다. 그는 많은 사람이 하나님 나라에 들어가려고 하지만 그럴 수 없을 것이라고 가르치셨다(눅 13:24). 그는 또한 알곡과 가라지, 드라크마의 비유를 통해 어떤 사람들은 그의 나라에서 제외될 것이라고 경고하셨다(마 13:24-30, 36-43, 47-50).

그는 용서받을 수 없는 영원한 죄가 있으며(막 3:28-30), 신랑을 맞이할 준비가 되어있지 않았던 다섯 처녀에게 "진실로 너희에게 이르노니 내가 너희를 알지 못하노라 하였느니라"(마 25:12)라고 책망하셨다. 그리고 저주받은 자들을 향해 "또 왼편에 있는 자들에게 이르시되 저주를 받은 자들아 나를 떠나 마귀와 그 사자들을 위하여 예비된 영원한 불에 들어가라"(마 25:41)라고 단호한 어조로 관계 단절을 선언하셨다.

누가는 예수님이 회개를 강조하셨고, 어떤 사람들은 문을 두드리지만, 집의 주인이 "나는 너희가 어디에서 왔는지 알지 못하노라 행악하는 모든 자들아 나를 떠나가라"(눅 13:25-28)라고 경고했다고 기록했다.

예수님이 선포한 심판은 일시적이고 변경이 가능한 것인가?

마태복음 25:41에서 예수님은 마귀와 그의 사자들을 '영원한 불'로 보내겠다고 말씀하셨다. 전통적인 기독교는 항상 모든 성경이 같은 영에 의해 영감을 받았다고 믿고 가르쳤다. 따라서 요한계시록도 복음서처럼 성령의 영감을 받았다는 것을 확신한다. 요한계시록은 고난의 연기가 '세세토록' 올라갈 것이라고 말한다(계 14:11; 20:10).

---

170 I. Howard Marshall, "The New Testament Does *Not* Teach Universal Salvation," in *Universal Salvation? The Current Debate*, edited by Robin A. Parry and Christopher H. Partridge (Grand Rapids, MI: Eerdmans, 2003), 55-76.

보편주의자들은 '세세토록'(*aiōnios*)이라는 용어가 단지 '오랜 기간'을 뜻할 뿐이라고 주장한다. 그러나 이 용어는 복음서에서 '영원한 삶'이라는 뜻으로 사용되는데, 그 의미는 분명히 '영원히 계속되는 삶'이다.[171]

'영원한 삶'은 '지극히 크고 영원한 영광', '영원한 영광', '영원한 언약' 그리고 '영원한 복음'이라는 표현으로도 사용되며, 이 모든 표현은 끝없이 진행되는 일을 뜻한다. 요한계시록의 저자는 "거기는 그 짐승과 거짓 선지자도 있어 세세토록 밤낮 괴로움을 받으리라"라고 선포했다(계 14:11, 20:10). 여기서 '밤낮'은 영원히 지속하는 끊임없는 활동을 가리킨다.

왜냐하면, "그들이 하나님의 보좌 앞에 있고 또 그의 성전에서 밤낮 하나님을 섬기매 보좌에 앉으신 이가 그들 위에 장막을 치시리니"(계 7:15)라는 본문에서 알 수 있는 바와 같이 영원한 삶은 하늘에 있는 성도들의 경배에도 사용되기 때문이다. '세세토록'(*eis tous aiōnas tōn aiōnōn*)은 또한 '영원한 다스림'(계 22:5)을 뜻하기도 한다.

따라서 이 용어는 매우 일관성 있게 사용되었다. 천국의 끝없는 현실을 묘사하는 데 사용된 이 용어가 지옥에도 사용되었다. 19세기 초의 학자인 모세 스튜어트(Moses Stuart)에 따르면, "우리는 지옥의 끝없는 비참함을 받아들이거나 천국의 끝없는 행복을 포기해야 한다."[172] 우리는 예수님이 '개인적이고 영원한 형벌'을 분명하게 가르쳤다는 스캇 맥나이트(Scot McKnight)의 주장에 동의한다.[173] 라이트(Wright)가 말했듯이, 성경은 참된 하나님에 대한 예배를 거부하는 사람들이 처하게 될 지속적인 상태를 설명할 때 모호한 태도를 보이지 않는다. 라이트는 로마서에서 바울이 "진리에 불순종하고 사악함

---

171 D. A. Carson, *The Gagging of God: Christianity Confronts Pluralism* (Grand Rapids, MI: Zondervan, 1996), 515-536.

172 Moses Stuart, *Exegetical Essays on Several Words relating to Future Punishment* (Andover, MA: Codman, 1830), 62.

173 Scot McKnight, *A New Vision for Israel: The Teachings of Jesus in National Context* (Grand Rapids, MI: Eerdmans, 1999), 38.

에 순종하는 사람들에게 영원한 심판이 있을 것이라고 매우 분명하게 지적했다"라고 말했다.[174]

신약성경의 다른 부분들도 보편주의를 지지하지 않는다. 요한복음은 지옥에 대해 언급하지 않았지만, 심판의 메시지는 잘 나타나 있다(요 3:19-21, 18, 36, 17:3 참조). 사람들이 그리스도의 복음을 믿지 않을 때 심판이 시작된다. 그들 스스로 심판을 초래한 것이다. 예수님은 그를 믿는 사람들을 받아들이고, 그를 거부하거나 그에게 무관심한 사람들은 거절하는 두 가지 반응을 보이셨다. 믿음은 그리스도를 통해 예비된 구원의 필수 조건이다. 자동으로 구원받을 수 없다.

바울 서신은 성경의 다른 어떤 부분보다 보편주의자들이 주로 사용하는 본문들이 많아서 더 도전적이다. 그러나 동시에 바울 서신에는 하나님의 심판에 관한 80여 개의 본문이 포함되어 있다.[175] 보편주의자들은 로마서 5:18의 '모든'과 같은 표현을 즐겨 사용한다. 예를 들어, "한 사람의 범죄 행위 때문에 '모든' 사람이 유죄판결을 받았는데, 이제는 한 사람의 의로운 행위 때문에 '모든' 사람이 의롭다는 인정을 받아서 생명을 얻게 되었습니다"(롬 5:18, 새번역)는 보편주의자들이 가장 좋아하는 본문 중 하나다.

---

174 Wright, *Surprised by Hope*, 182, 183.
175 Francis Chan and Preston Sprinkle, *Erasing Hell: What God Said about Eternity, and the Things We Made Up* (Colorado Springs, CO: David C. Cook, 2011), 98. 바울 서신에서 '죽음'(death)과 '죽다'(die)는 롬 1:32; 5:12, 14, 15, 17, 21; 6:16, 21, 23; 7:5, 9, 10, 11, 13; 8:2, 6, 13; 고전 15:21, 22; 고후 2:16; 3:6, 7; 7:10; 엡 2:1 등을 참고하라. '멸망'(perish), '파멸'(destroy) 그리고 '파괴'(destruction)는 롬 2:12; 9:22; 14:15, 20; 고전 1:18; 15:18; 고후 2:15; 4:3; 갈 6:8; 빌 1:28; 3:19; 살전 5:3; 살후 1:9; 2:10; 딤전 6:9 등을 참고하라. '진노'(wrath)는 롬 1:18; 2:5, 8; 3:5; 5:9; 9:22; 엡 2:3; 5:6; 골 3:6; 살전 1:10; 2:16; 5:9 등을 참고하라. '정죄하다'(condemn), '정죄'(condemnation) 혹은 '심판'(judge)은 롬 2:1, 2, 3, 5, 12; 3:7, 8; 5:16, 18; 8:1; 고전 11:32; 고후 3:9; 살후 2:12; 딤전 5:24 등을 참고하라. '저주'(curse) 혹은 '저주하다'(cursed)는 롬 9:3; 고전 12:3; 16:22; 갈 1:8, 9; 3:10, 13 등을 참고하라. '벌하다'(punish)는 살전 4:6; 살후 1:8-9 등을 참고하라. Douglas J. Moo, "Paul on Hell," in *Hell Under Fire: Modern Scholarship Reinvents Eternal Punishment*, edited by Christopher W. Morgan and Robert A. Peterson (Grand Rapids, MI: Zondervan, 2004), 92-93.

그러나 로마서 5:12부터 5:21까지 이어지는 전체의 맥락 속에서 바울은 동일한 집단에 대해 '많은'(15, 16, 19)과 '모든'(12, 18)이라는 서로 다른 표현을 사용하고 있다. 따라서 '많은'과 '모든'은 보편주의의 결정적인 증거가 될 수 없다. 바울은 여호수아서의 저자가 '온 이스라엘이 그를 돌로 치고'(수 7:25)라고 썼던 것과 같은 의미로 '모든'이라는 표현을 사용한 것으로 보인다. 이것은 모든 이스라엘 사람이 아닌 그 가운데 일부가 아간을 돌로 쳤다는 것을 의미한다.

> 이러므로 하나님이 그를 지극히 높여 모든 이름 위에 뛰어난 이름을 주사 하늘에 있는 자들과 땅에 있는 자들과 땅 아래에 있는 자들로 모든 무릎을 예수의 이름에 꿇게 하시고 모든 입으로 예수 그리스도를 주라 시인하여 하나님 아버지께 영광을 돌리게 하셨느니라(빌 2:9-11).

이 말씀은 보편주의자들이 가장 좋아하는 또 다른 본문이다. 여기서 '모든 무릎을 예수의 이름에 꿇게 하시고'라는 표현을 보편적 구원의 증거라고 인식하는 것으로 보인다. 그러나 이 본문은 거의 직접 인용한 것이라는 사실을 인식해야 한다.

> 땅의 모든 끝이여 내게로 돌이켜 구원을 받으라 나는 하나님이라 다른 이가 없느니라 내가 나를 두고 맹세하기를 내 입에서 공의로운 말이 나갔은즉 돌아오지 아니하나니 내게 모든 무릎이 꿇겠고 모든 혀가 맹세하리라 하였노라 내게 대한 어떤 자의 말에 공의와 힘은 여호와께만 있나니 사람들이 그에게로 나아갈 것이라 무릇 그에게 노하는 자는 부끄러움을 당하리라 그러나 이스라엘 자손은 다 여호와로 말미암아 의롭다 함을 얻고 자랑하리라 하느니라(사 45:22-25).

이사야서는 열방의 신들에 맞서 자신의 실재를 선포하는 야훼 하나님의 메시지다. 그를 믿는 이스라엘 백성들은 부끄러움을 당하지 않을 것이며(사 45:17), 다른 신들을 믿는 사람들은 부끄러움을 당할 것이다(사 45:24). 이들은 하나님에게 대항하는 사람들이다(사 45:24). 이것은 고대 세계의 사람들에게 친숙한 모습이었다. 전쟁에서 패배한 왕들과 장군들은 승리자 앞에 끌려와 무릎을 꿇고 복종해야 했다. 그 패배한 왕과 장군의 백성들도 무릎을 굽혔지만, 기꺼이 복종했다.

야훼 하나님의 메시지는 그에게 굴복하지 않고 통치를 거부하는 사람들을 향한 불의의 심판에 대한 예언으로 끝난다(사 47:14-15). 빌립보서 2장에서 모든 무릎을 꿇고 모든 입으로 예수님을 주님으로 고백하는 이 메시지는 이사야 45장의 배경에 비추어 이해되어야 한다.

일반적으로 신약성경과 특히 바울 서신에는 일부에 한정된 자발적 순종과 그들을 제외한 다른 사람들의 비자발적 순종이라는 두 가지 방식의 순종에 대한 예언이 포함되어 있다. 그러므로 보편주의는 성경이 증거하고 있는 복잡한 현실과 상충하는 중립적 논리를 펼치고 있는 것으로 보인다.

이 간략한 논의를 위해 다음의 두 가지 참고 사항이 도움이 될 것이다.

첫째, 하나님이 모든 사람이 구원받기를 원하신다는 디모데전서 2:4의 선언은 구원을 위해서는 믿음이 필요하다는 같은 서신의 경고를 바탕으로 한 것이다(딤전 1:16; 4:10).

둘째, 데살로니가후서 1장에 언급된 악인의 영원한 멸망은 회복이나 치료가 아니라 형벌의 결과이다.

왜 악인은 '영원한 형벌'(살후 1:9)을 받아야 하는가?

여기에는 두 가지 이유가 있다. 하나님은 환란을 받게 하는 자들에게 환란으로 갚으신다(살후 1:6). 심지어 이 형벌은 하나님을 모르는 자들과 우리 주 예수의 복음에 복종하지 않는 자들에게도 내리시는 형벌(살후 1:8)이다. 로빈 패리(Robin Parry)는 이 본문이 보편주의자들의 주장과 충돌한다고 인정했다.[176] 이 형벌은 영원하고 돌이킬 수 없는 처벌이다. 회복을 기대할 수 없다.

요한계시록은 보편주의자들에게 더 큰 문제를 제기한다. 이 묵시적 드라마에 묘사된 하나님은 많은 보편주의자의 주장과는 달리 불신자들을 설득하지 않고, 그들이 하나님의 사랑을 받아들일 때까지 영원히 기다리지 않는다. 요한계시록의 하나님은 적을 공격하고, 굴복시키고, 정복한다. 일부 보편주의자가 주장하는 것처럼 모든 민족이 구원받았다고 말하지 않는다. 구속받은 사람은 모든 민족에서 나온(ek) 일부일 뿐이다(계 5:9, 7:9).

이것은 마이클 맥클리먼드(Michael McClymond)가 주장한 모든 나라의 모든 사람이 아닌 모든 나라에서 나온 사람이 이스라엘과 함께 참된 하나님을 경배할 것이라는 의미를 가진 '선별적 보편주의'(representative universalism)를 뜻한다.[177]

신약성경의 저자들에게 지옥은 문제가 아니라 해결책이었다. 지옥은 왜 하나님이 악을 처벌하지 않고 계속되도록 허락하는지에 대한 질문에 답하는 데 도움이 된다. 지옥을 문제로 보는 현대인들과는 달리, 고대인들에게 지옥은 신학의 어려운 문제에 대한 해결책이었다.

욥기, 하박국, 마태복음 그리고 요한계시록에 나오는 하나님의 사람들은 죄와 사악함을 허용하는 하나님의 인내심에 대해 불만이 있었지만, 행악자에 대한 하나님의 심판에 대해서는 갈등하지 않았다. 그들에게 있어서 궁극적인 고통은 악인의 고통이 아니라 악인의 압제로 인한 무고한 자의 고통이었다.

176　MacDonald, *Evangelical Universalist*, 151-155.
177　앞서 언급한 맥클리먼드의 자료를 참고하라.

우리는 성경 저자들이 말하지 않은 사랑과 정의에 대한 현대 사상가들의 추측 때문에 보편주의가 많은 사람에게 매력적으로 들릴 수 있다는 사실을 염두에 두어야 한다. 보편주의의 철학적, 신학적 근거가 매우 부실하며, 성경적 증거는 보편주의와 전혀 다른 종말론을 보여 준다.

제5장

그리스도인의 삶

만일 전통적인 기독교의 믿음이 사실이라면, 신약성경에 근거해 우리는 그리스도인의 영적, 윤리적 삶의 방식이 다른 사람들과 현저하게 다를 것이라고 기대할 수 있다. 고린도후서 5:17은 "그런즉 누구든지 그리스도 안에 있으면 새로운 피조물이라 이전 것은 지나갔으니 보라 새 것이 되었도다"라고 선포했다.

사람들이 단순히 '그리스도 안에' 있다고 이전보다 윤리적으로 더 나은 삶을 살게 되는 것은 아니다. 그리스도인들이 성령의 초자연적 역사를 통해 실제로 이전과는 다른 존재론적으로 '새로운 피조물'이 된다는 것은 중요한 의미가 있다. 이전에는 우리가 허물로 죽었지만, 긍휼이 풍성하신 하나님이 우리를 그리스도와 함께 살리셨다(엡 2:4-5). 그리고 우리는 그리스도 예수 안에서 선한 일을 위하여 지으심을 받은 자들이다(엡 2:10).

신약성경에 따르면, 이 새로운 피조물은 세상 사람들과는 뚜렷하게 다른 삶을 사는 사람들이다. 복음주의자들은 마태복음 28:19-20의 모든 민족을 "제자 삼으라"라는 지상 명령을 강조하는 것으로 잘 알려져 있다. 복음주의자들은 이 성경 본문이 복음의 소식을 들어본 적이 없는 사람들에게 복음의 메시지를 선포해야 할 그리스도인의 사명을 제시한 것으로 받아들인다. 물론 이것도 매우 중요하지만, 이 본문에서 제자 삼는 것은 사람들에게 예수님이 명령하신 모든 것에 순종하도록 가르치는 것을 포함한다는 것을 아는 것도 중요하다(마 28:20).

이 예수님의 명령은 산상 수훈과 하나님 나라에 관한 비유와 같은 위대한 설교와 복음서에 나타나 있는 예수님의 모든 가르침을 포함한다. 즉, 예수님의 제자들은 예수님의 가르침에 따라 사는 사람들이며, 예수님의 명령에 순종하는 사람들이다. 무엇보다도 예수님의 제자들은 마태복음 22:34-40의 위대한 계명을 따라야 한다.

제자들은 하나님을 사랑하고, 자기 자신을 사랑하는 것처럼 이웃을 사랑해야 한다. 예수님이 제자들에게 주신 많은 가르침 중에 더 중요한 것은 "그러므로 무엇이든지 남에게 대접을 받고자 하는 대로 너희도 남을 대접하라 이것이 율법이요 선지자니라"(마 7:12)라는 '황금률'이다. 이 윤리적 규범은 그리스도인이 타종교의 신자들 사이에서 살아가는 방법에 엄청난 영향을 미친다.

그러므로 일반적인 인식과는 달리, '위대한 지상 명령을 완수하는 것'은 단순히 구원에 대한 정보를 아직 듣지 못한 사람들에게 복음을 전달하는 것 이상을 의미한다. 여기에는 성령의 역사를 통해 예수님이 제자들에게 가르치고 명령하신 모든 것에 지속적으로 순종하는 진정한 제자들을 낳는 것이 포함된다. 산상 수훈에서 예수님은 소금과 빛의 은유를 사용해 그리스도인들이 주변 세상에 어떤 역할을 담당해야 하는지를 보여 주셨다(마 5:13-15). 제자들의 윤리성이 현저하게 달라져야 한다는 것이다.

이 변화된 삶을 통해 "너희 빛이 사람 앞에 비치게 하여 그들로 너희 착한 행실을 보고 하늘에 계신 너희 아버지께 영광을 돌리게 하라"(마 5:16)라는 결과가 일어나야 할 것이다. 예수 그리스도의 제자를 구별하는 것은 서로에 대한 사랑(롬 12:9-10; 요일 3:11; 4:7-11)과 원수까지도 포함하는 다른 사람에 대한 사랑(마 5:43-48; 22:34-40), 악행과 비방을 일삼는 사람들에게도 선을 행함(마 5:10-12; 롬 12:14-21; 벧전 2:11-12; 2:15; 3:9-17), 성적 순결(마 5:27-30; 고전 5-7장; 갈 5:19; 살전 4:3-7) 그리고 '사랑과 희락과 화평과 오래 참음과 자비와 양선과 충성과 온유와 절제'의 성령의 열매

(갈 5:22-23; 빌 2:5-11; 벧전 5:6-7)를 맺는 것을 포함한다. 그러므로 그리스도의 제자들은 다른 사람들과 달라야 한다.

그러나 오늘날 세상의 많은 사람은 그리스도인의 윤리성이 다른 사람들과 크게 다르다는 것을 발견하지 못하고 있다. 반면, 서구 사람들이 불교, 이슬람, 힌두교 신자들과 개인적으로 친분을 맺게 될 때 그들의 높은 윤리성에 충격을 받기도 한다.

서구 식민주의 시대, 특히 19세기 후반에는 서구 그리스도인들이 아시아, 라틴 아메리카 및 아프리카 사람들보다 윤리적으로 우월하다는 인식에 사로잡혀 있었다. 그러나 이제는 사실이 아니다. 오늘날의 모든 종교가 긍정적인 측면과 부정적인 측면을 갖고 있으므로 종교의 윤리성은 거의 동등하다는 인식이 널리 퍼져 있다.

예를 들어, 존 힉은 유대교, 불교, 힌두교, 이슬람 신자들을 개인적으로 알게 되면서 특정 종교의 신자들이 다른 종교의 신자들보다 윤리적으로 더 우월하다는 것을 느끼지 못했다고 말했다. 그는 "평범한 가정의 사람들이나 서로 다른 종교의 신자들 모두 윤리적 수준이나 영적 상태가 서로 다르다는 것을 발견하지 못했다. 평균적으로 볼 때, 그리스도인들이 더 좋거나 나쁜 것 같지도 않다"라고 진술한 바 있다.[178]

힉은 이 판단이 주관적이며 입증되지 않은 것이라고 인정했다. 그는 "비록 객관적으로 증명할 수는 없지만, 우리는 오직 개인적인 관찰과 과거와 현재의 다른 사람들의 경험을 통해 세계적인 경향을 파악할 수 있을 뿐이다. 실제로, 어떻게 과거의 모든 주요 종교 신자의 윤리적 자질을 평가하고, 그 자질을 객관적으로 비교하며, 만약 차이가 있다면 어떤 종교가 더 많은 성인(saints)을 배출하고 있는지를 어떻게 알 수 있겠는가?"라고 말했다.

---

[178] John Hick, "A Pluralist View," in *Four Views on Salvation in a Pluralistic World*, edited by Dennis L. Okholm and Timothy R. Phillips (Grand Rapids, MI: Zondervan, 1996), 39.

그는 "필연적으로 제한된 수의 가족과 개인을 알고 있을 뿐이고, 역사에 관한 제한된 지식과 여행자 관점에서의 관찰 경험 등을 통해 습득한 나의 지식으로는, 선과 악이 기독교, 불교, 힌두교 그리고 이슬람 등을 포함한 어떤 종교든 상관없이 거의 비슷하게 존재한다는 것이다"라고 평가했다.[179] 개별적인 신자의 삶으로 특정 종교의 문화와 문명을 평가하는 것은 문제를 해결하는 데 도움이 되지 않는다. 힉은 "나는 종교의 윤리성에 순위를 매길 수 있다고 제안하고 싶다. 그러나 실제로 이 순위를 정할 수 있는 객관적 평가 기준을 설정하는 것은 불가능한 것도 사실이다"라고 말한 바 있다.[180]

힉은 기독교 구원의 유일성에 관한 주장을 거부하고, 그의 종교다원주의 모델을 입증하기 위해 종교의 윤리적 동등성을 강조했다.

> 그러나 만약 그리스도인이 성령의 내주로 다른 누구보다 하나님과 더 완전하고 직접적으로 교제할 수 있고 하나님과 더 가까운 관계를 유지한다면 어떻게 타종교 신자들과 별 차이가 없을 수 있는가?
> 바울이 말한 '사랑과 희락과 화평과 오래 참음과 자비와 양선과 충성과 온유와 절제'(갈 5:22-23)의 성령의 열매가 다른 사람들이 아닌 그리스도인들에게서 더 분명하게 나타나야 하지 않는가?
> 물론 무작위로 선택된 그리스도인들이 무작위로 선택된 타종교 신자들보다 윤리적으로 더 우월할 것으로 기대하는 것은 공정하지 않을 것이다. 그러나 그리스도인들의 윤리적 미덕의 평균 수준이 타종교 신자들보다 눈에 띄게 높아야 한다. 그러나 나는 그리스도인이 유대교, 이슬람, 힌두교, 시크교, 불교 신자들보다 윤리적으로 더 우월하다고 생각하지 않는다.[181]

---

179 위의 책, 40-41.
180 John Hick, *Problems of Religious Pluralism* (New York: St. Martin's, 1985), 84.
181 Hick, "A Pluralist View," 41.

비록 이 주장을 바탕으로 종교다원주의를 확립하려는 그의 시도는 매우 문제가 많지만, 힉은 복음주의자들이 간과해 왔던 매우 중요한 문제를 제기했다.[182] 우리는 힉이 타종교 신자들과 무신론자들 가운데 윤리적으로 모범적인 삶을 사는 사람이 많다고 주장한 것에 대해 동의하고, 이런 사람들의 사례를 발견할 때마다 기뻐한다.

더 나아가 힉은 종교 문명의 역사적 유산을 평가하는 것이 어렵다는 점을 분명히 지적했다. 여기서 힉이 제기한 문제에 대한 완전한 대응을 시도하지는 않지만, 몇 가지 요점을 간단히 언급할 수 있다.

힉은 종교 간의 윤리적 동등성에 관한 그의 판단이 개인적이고 주관적인 평가에 불과하다고 인정했다. 그렇다면, 다른 사람들도 그들의 경험을 바탕으로 매우 다르게 평가할 수 있다. 따라서 우리는 이런 개인적이고 주관적인 평가의 한계를 인정해야 한다. 그러나 이런 방식으로 힉의 결론에 의문을 제기할 수 있지만, 힉을 비롯한 많은 사람이 이와 같은 문제를 언급하는 것은 교회와 그리스도인들이 예수님의 가르침을 잘 따를 것이라는 그들의 기대에 부응하지 못했다는 것을 방증하기도 한다.

복음주의 그리스도인은 다음과 같이 힉의 주장에 대응할 수 있다.

첫째, 우리가 이런 평가를 할 때 어떤 사람을 그리스도인으로 간주해야 하는가?

힉이 언급한 '그리스도 안에' 있고 성령의 열매를 나타낼 것으로 기대되는 사람들은 삼위일체 하나님의 초자연적 사역 때문에 영적으로 변화된 사람들이다. 그리스도인이라고 자칭하는 모든 사람이 반드시 이 범주에 속하지는 않는다. 예수님은 그리스도를 따르고 있다고 주장하는 모든 사람이 진정한 제자가 아니라는 사실을 상기시켜 주셨다.

---

182 Harold Netland, *Encountering Religious Pluralism* (Downers Grove, IL: InterVarsity, 2001), 212-246.

마태복음 7:21-23에서 예수님은 말씀하셨다.

> 나더러 주여 주여 하는 자마다 다 천국에 들어갈 것이 아니요 다만 하늘에 계신 내 아버지의 뜻대로 행하는 자라야 들어가리라 그 날에 많은 사람이 나더러 이르되 주여 주여 우리가 주의 이름으로 선지자 노릇 하며 주의 이름으로 귀신을 쫓아 내며 주의 이름으로 많은 권능을 행하지 아니하였나이까 하리니 그 때에 내가 그들에게 밝히 말하되 내가 너희를 도무지 알지 못하니 불법을 행하는 자들아 내게서 떠나가라 하리라 (마 7:21-23).

그러므로 우리는 자신을 그리스도인이라고 부르는 모든 사람이 반드시 예수 그리스도의 진정한 제자라고 단정할 수 없다. 더 나아가, 성령을 통한 회심에 수반되는 영적, 윤리적 변화는 점진적으로 일어나는 과정이다. 물론 성령의 역사에 순종하면서 짧은 시간에 극적인 변화를 나타내는 그리스도인들도 있다. 그러나 많은 그리스도인에게 있어서 변화는 성령의 인도에 대한 점진적인 순종과 지속해서 예수 그리스도를 닮아가는 긴 과정이다(롬 8:29).

힉이 그리스도인의 생활 방식을 비판한 것은 디트리히 본회퍼(Dietrich Bonhoeffer)가 제기한 '값싼 은혜'(cheap grace)를 받아들인 서구 기독교 교회와 무관하지 않다. 본회퍼는 20세기 초에 문화적이고 이름뿐인 유럽 기독교 문제의 심각성을 제기했다. 그는 『제자도의 대가』(The Cost of Discipleship)에서 "값싼 은혜는 우리 교회의 치명적인 적이다"라고 썼다.[183] 값싼 은혜는 예수님이 우리 죄를 위해 죽으셨다고 믿거나 지옥의 공포에 대해 알고 감정적으로 동요된 경험을 한 적이 있다면, 우리가 원하는 대로 살아도 된다는 생각이다.

183　Dietrich Bonhoeffer, *The Cost of Discipleship*, rev. ed. translated by R. H. Fuller (New York: Macmillan, 1963), 45.

결국, 신약성경이 결코 이것을 주장하지 않는다는 사실에도 불구하고, 예수님이 우리를 율법에서 벗어나게 하셨다고 확신하는 것이다. 본회퍼에 따르면, "값싼 은혜는 죄인의 의로움이 배제된 죄의 의로움을 의미한다. 은혜만이 모든 일을 하므로 모든 것이 이전과 동일하게 유지될 수 있다고 믿는 것이다."[184]

이 관점을 옹호하는 사람들의 주장대로, 만약 참된 믿음이 곧 선한 일을 하는 것이라면 구원을 일의 문제로 간주하는 결과를 초래할 수 있다. 다음에서는 힉의 주장에 더 많이 응답하기보다는 신앙과 행위 사이의 관계를 간략하게 언급한 다음 윤리적 행위와 종교적 다양성에 대해 살펴볼 것이다.

1. 서구 사회의 법

복음주의자들과 루터교 신자들은 율법을 그리스도께서 우리를 해방해 주신 무거운 짐으로 생각하는 경향이 있다. 문제는 '토라'(*torah*)를 번역하기 위해 신약성경에서 '규율'(*nomos*) 혹은 '율법'(law) 이라는 용어를 사용한 것이다. 율법에는 '청중을 현명하고 행복한 삶으로 인도하는 가르침'이라는 뜻이 담겨 있다. 문화적인 문제도 있다. 고대인들은 법을 혼돈으로부터 사회를 보호하는 것으로 보았을지 모르지만, 시민 질서에 익숙한 서구 사람들은 경찰차가 해가 갈수록 늘어나는 교통 위반 범칙금을 뜯어내기 위해 지나가는 차를 세우거나, 정부가 각종 규제를 위해 법을 악용하는 것으로 생각하기도 한다.

---

184 위의 책, 46.

율법에 순종하면 구원받을 수 있다는 중세 후기 가톨릭의 주장에 저항했던 개신교는 성경의 율법을 불신하는 경향이 있다. 루터의 동료였던 요하네스 아그리콜라(Johannes Agricola)는 십계명은 "설교 강단이 아니라 법정에서나 필요한 것이다"라고 악평한 바 있다.[185]

루터교 신학자 폴 틸리히(Paul Tillich)는 "율법이 우리의 소원을 보여 주기 때문에 율법은 곧 선물이다"라고 말했다. 그는 『조직신학』(Systematic Theology) 제2권에서 "율법이 계명이 되기를 바라는 희망의 상황은 율법이 성취될 수 없는 상황일 뿐"이라고 경고했다. 이 때문에 '그리스도는 모든 믿는 자에게 의를 이루기 위하여 율법의 마침'(롬 10:4)이 되신다.

여기에서 틸리히는 '절정' 혹은 '목적'이 아닌 '폐지'를 의미하는 '마침'을 강조했다. 틸리히는 "새로운 피조물이 있는 곳에는 계명도 없고 심판도 없다"라고 주장함으로써 그리스도안에서의 자유를 계명의 마침과 연관시켰다.[186]

로마가톨릭의 성경신학자인 제롬 머피 오코너(Jerome Murphy O'Connor)는 『바울: 그의 이야기』(Paul: His Story)에서 "바울의 반율법주의적 관점에 볼 때, 율법은 그리스도인의 삶에서 설 자리가 없어졌다. 바울은 오직 사랑만이 유일한 구속력이 있는 그리스도의 명령이라고 믿었다. 어떤 바울의 공동체에도 유대교 율법이 적용되지 않았다"라고 주장했다.[187]

---

185 이것은 율법의 세 번째 용도는 중생한 사람이 지켜야 할 규범을 제시한 것이며, 그 후에 그들의 삶이 변화될 것이라는 선언을 담은 『일치신조』(The Formula of Concord, 1577)의 제5조와 제6조에 명시한 바대로 반율법주의(antinomianism)에 대한 저항을 촉발했다. The Formula of Concord, in The Creeds of Christendom, Vol. 3, edited by Philip Schaff (Grand Rapids, MI: Baker, 1983), 131.

186 Paul Tillich, Systematic Theology, Vol. 2 (Chicago: University of Chicago Press, 1957), 81, 119.

187 Jerome Murphy-O'Connor, Paul: His Story (New York: Oxford University Press, 2004), 119, 116, 115.

복음주의 교회 목사이자 신학자인 그렉 보이드(Greg Boyd)도 비슷한 접근 방식을 취하고 있다. 그는 유대교 율법은 그리스도인들에게 구속력이 없다고 주장했다. 그 이유가 구약성경의 하나님은 신약의 하나님과 현저하게 다르기 때문이라는 것이다.

보이드에 따르면, "여호와는 이스라엘 역사에서 증오심이 많고 무자비한 분이었다. 여호와는 자신이 예수 그리스도의 참된 하나님이 아닌 전사적 민족주의로 무장한 가나안의 신이라는 것을 보여 주었다. 구약 성경은 결코 하나님의 참된 성품이나 마음을 보여 주지 않았다."[188]

오늘날 서구 교회의 많은 사람이 기독교 반율법주의를 가르치는 것은 놀라운 일이 아니다. 그들은 그리스도가 우리를 율법에서 해방했기 때문에 율법에 따라 사는 것은 잘못된 것이라고 확신한다. 여기에는 어떤 학자가 무려 800개 이상을 찾아낸 예수님과 바울 그리고 다른 사도들의 가르침과 명령도 포함되어 있다.[189]

그리스도인들은 윤리적 삶에 관심이 없을 뿐 아니라 대다수의 다른 종교가 중요하게 인식하고 있는 윤리성을 외면하고 있다는 타종교 신자들의 주장도 놀라운 일이 아니다. 이슬람학자인 세예드 호세인 나스르(Seyyed Hossein Nasr)는 "이슬람은 엄격한 의미에서 신성한 율법인 샤리아를 가지고 있지 않은 기독교를 비판한다. 그리고 기독교가 모세의 율법을 따르지 않는 이유를 이해할 수 없다"[190]라고 지적한 바 있다.

예를 들어, 20세기 말 아프리카 무슬림은 미국의 자유주의 교회가 동성 결혼을 지지하고 동성애 사역자들을 받아들인 것은 공통의 종교적 윤리 기준을 무시한 사례라고 지적했다. 더 나아가, 그들은 이 '기독교' 국가

---

[188] Greg Boyd, 토론토 영상 강의, May 16, 2010, http://vimeo.com/12080925; *Crucifixion of the Warrior God* (Downers Grove, IL: InterVarsity).
[189] 마이클 맥클리몬드(Michael McClymond)는 여러 범주의 계명 목록을 보여 주었다.
[190] Seyyed Hossein Nasr, "The Islamic View of Christianity," in *Christianity through Non-Christian Eyes*, edited by Paul J. Griffiths (Maryknoll, NY: Orbis, 1990), 130.

의 높은 이혼율, 약물 남용, 낙태, 음란물 등은 기독교 신앙이 윤리적 삶과 무관하다는 것을 증명하는 것이라고 주장한다. 아시아의 무슬림들도 이와 비슷한 관점에서 기독교를 비난했다. 2005년 말 무렵에 말레이시아의 이슬람 지도자들은 '기독교'에 뿌리를 둔 부도덕한 행위를 조장하는 '발렌타인데이'(Valentine's Day) 관습에 참여하지 말라고 경고하는 이슬람 법률(fatwa)을 발표했다.[191]

2. 교의신학과 윤리신학의 본질적 연관성

미국은 사회학적 관점에서 볼 때 기독교 국가가 아니다. 그러나 매년 실시하는 설문 조사에 의하면, 미국인의 약 70퍼센트가 예수 그리스도를 구세주나 존경하는 분으로 생각한다고 말한다. 우리는 이 나라에 널리 퍼져 있는 반율법주의를 경계하며, 이 시대적 사조가 신학적으로 잘못되었다고 주장한다.

교의신학과 윤리신학은 서로 밀접한 연관성을 갖고 있다. 성경에서 참된 믿음과 선한 삶은 분리할 수 없는 관계에 놓여 있다. 만약 둘 중 하나가 값싼 모조품이 아니라면, 하나는 다른 하나 없이 존재할 수 없다. 참된 믿음은 항상 행위로 드러나지만, 믿음에서 나온 행위가 아니라면 하나님을 기쁘시게 할 수 없다(히 11:6).

바울은 참된 믿음이 '사랑으로써 역사하는 믿음'(갈 5:6)이라고 가르쳤다. 참된 믿음의 본질은 사랑의 역사다. 그리스도인의 믿음은 자연스럽게 사랑으로 섬기는 삶을 만들어 낼 것이다. 바울은 에베소 교회에 이것이 하나님이 우리를 창조하신 이유라고 말했다.

---

191 "PAS Wants to Stop Valentine's Day Celebration," The Star Online, February 7, 2012, http://thestar.com.my/news/story.asp?file=/2012/2/7/nation/10686706&sec=nation.

> 우리는 그가 만드신 바라 그리스도 예수 안에서 선한 일을 위하여 지으심을 받은 자니 이 일은 하나님이 전에 예비하사 우리로 그 가운데서 행하게 하려 하심이니라(엡 2:10).

이 말씀에서 보는 바와 같이 우리는 믿음에서 나오는 '선한 일'을 해야 한다. 우리가 선행으로 구원받았다는 주장에 맞서 싸우기 위해 '믿음'을 강조했던 루터(Luther)는 선한 일을 하는 것이 참된 믿음의 본질이기 때문에 믿음은 항상 선한 일을 낳는다고 주장했다. 루터에 따르면, "그리스도는 우리를 행위에서 해방시키지 않으시고 행위에 대한 잘못된 견해, 즉 행위로 의롭게 될 수 있다는 어리석은 생각으로부터 우리를 해방시키셨다."[192]

칭의는 그리스도를 믿는 신앙을 통해 이루어지지만, 칭의를 받은 사람들은 다른 사람들을 위한 봉사의 삶을 통해 자신의 신앙을 나타낸다. 루터는 "믿음은 살아 있고 활동적이며 강력한 것이다. 선을 행하지 않는 것은 불가능하다. 선한 일을 해야 하는지 질문하기 전에 이미 실천했을 것이고 끊임없이 행하고 있을 것이다"라고 확언했다.[193]

참된 믿음은 끝까지 지키는 믿음이다. 예수님은 "끝까지 견디는 자는 구원을 얻으리라"라고 말씀하셨다(마 10:22; 24:12-13). 씨 뿌리는 사람의 비유는 환난, 박해, 세상의 염려, 부의 유혹을 견뎌낸 씨앗이 풍성한 열매를 맺는다는 것을 보여 준다(마 13:4-8). 또 다른 비유에서 예수님은 "주인이 와서 깨어 있는 것을 보면 그 종들은 복이 있으리로다"(눅 12:37)라고 선언하셨다. 그리고 그는 "너희가 내 말에 거하면 참으로 내 제자가 되고"라고 말씀하셨다(요 8:31).

---

[192] Martin Luther, "The Freedom of a Christian," in *Martin Luther: Selections from His Writings*, edited by John Dillenberger (New York: Anchor, 1961), 81.

[193] Martin Luther, *Works of Martin Luther* (Philadelphia: Concordia and Muhlenberg, 1960), 35:370.

예수님은 또한 행위가 참된 믿음의 가장 좋은 증거라고 가르치셨다. 산상수훈이 끝날 무렵 그는 거짓 제자와 참된 제자를 다음과 같이 구분하셨다.

> 그러므로 누구든지 나의 이 말을 듣고 행하는 자는 그 집을 반석 위에 지은 지혜로운 사람 같으리니 … 나의 이 말을 듣고 행하지 아니하는 자는 그 집을 모래 위에 지은 어리석은 사람 같으리니(마 7:24, 26).

그래서 우리는 행위를 보면 우리가 어떤 제자인지 알 수 있다.
요한복음에 기록된 예수님의 뜻은 다음과 같다.

> 너희가 나를 사랑하면 나의 계명을 지키리라(요 14:15).

> 사람이 나를 사랑하면 내 말을 지키리니 내 아버지께서 그를 사랑하실 것이요 우리가 그에게 가서 거처를 그와 함께하리라 나를 사랑하지 아니하는 자는 내 말을 지키지 아니하나니 너희가 듣는 말은 내 말이 아니요 나를 보내신 아버지의 말씀이니라(요 14:23-24).

> 너희가 열매를 많이 맺으면 내 아버지께서 영광을 받으실 것이요 너희는 내 제자가 되리라(요 15:8).

> 너희는 내가 명하는 대로 행하면 곧 나의 친구라(요 15:14).

> 너희가 내 말에 거하면 참으로 내 제자가 되고(요 8:31).

3. 행위를 통한 구원?

우리가 위에서 인용한 성경 본문들이 선행으로 구원을 받는다는 것을 의미하는가?

우리가 행위를 지나치게 강조함으로써 그리스도에게서 영광을 빼앗는 것인가?

오직 믿음만으로 의롭게 된다는 개신교의 교리와 충돌하지 않는가?

우리는 다음의 두 가지 이유로 그렇게 생각하지 않는다.

첫째, 이런 행위에 대한 강조는 행위가 하나님의 은혜의 대가가 아니라 믿음의 증거이기 때문이다. 만약 하나님의 은혜가 성경에 언급되어 있지 않았다면 행위를 통한 구원의 가능성을 가리키는 것으로도 이해할 수 있었을 것이다. 이 성경 본문들을 구원에 관한 성경 전체의 맥락에서 볼 때 행위가 참된 믿음의 증거임을 보여 주고 있다. 행위는 믿음에서 나오는 것이며, 우리가 믿음이나 은혜를 얻기 위해 하는 것이 아니다.

만약 우리 중 한 사람이 한 학생에게 돈을 주고 싶어서 1달러 지폐를 그에게 주었다면, 그 학생은 그 돈을 관대함의 표시로 볼 것이다. 그 학생이 돈을 받은 것은 그의 개인적 특성과 어떤 관련성도 없다. 그 옆에 앉아있는 학생에게 그 돈을 줄 수도 있었다. 그리고 이 관대함은 그 학생이 공부를 잘하든 못하든, 친절하든 무례하든, 그의 성격과도 무관한 것이다. 그러나 그 돈은 우리에 대해 뭔가를 말해 준다. 아마도 우리가 관대하다는 것을 보여 주고 싶었거나, 그날 우리 수업을 돋보이게 하고 싶었기 때문이었을 것이다.

마찬가지로, 그리스도인이 선행을 실천한다고 해서 그들이 믿지 않는 사람보다 우월하거나, 더 많은 찬사를 받아야 하거나, 하나님 나라에서 더 나은 자리를 차지할 수 있는 것은 아니다. 그것은 단순히 하나님이 그들에게 은혜를 부어 주셨다는 것을 나타낸다. 그 은혜의 결과가 믿음이며, 그 믿음이 행위를 낳은 것이다. 믿음은 항상 역동적이며 그리스도와 같은 성품을 만들어 낼 것이기 때문이다.

신학적 측면에서 볼 때, 이것은 행위가 배제된 칭의를 뜻한다. 우리 자신의 의로움이 아니라 오직 그리스도의 의로만 하나님에 의해 받아들여지고 그의 나라에 들어갈 수 있다. 다시 말하면, 우리는 우리의 행위가 아니라 그리스도의 행위로 구원을 받는다. 그러나 구원을 받으면 하나님을 기쁘시게 하는 선한 일을 할 수 있게 하는 성령으로 충만해질 수 있다.

둘째, 만약 오직 믿음을 통한 은혜의 칭의가 참된 믿음의 증거인 행위의 필요성과 모순된다면, 그것은 또한 참된 믿음의 표지인 기쁨, 사랑, 감사, 온유, 죄의 용서 등을 비롯한 모든 종류의 거룩한 행위의 필요성과도 모순되는 것이다. 이 가운데 어느 것도 구원에 도달하는 인간의 행위로 볼 수 없다. 그러나 그리스도인이 이런 영적 경험을 은혜의 표지로 보는 것처럼, 그리스도인이 적절하게 가르침을 받으면 행위를 은혜의 표지로 나타낼 것이다.

그러므로 믿음은 순종의 행위와 분리될 수 없다. 복음주의자들은 우리가 어떤 대가도 치르지 않은 은혜의 선물로 구원받았다는 사실을 강조하기 위해 우리가 행함이 아니라 오직 믿음으로 구원받았다고 말한다. 그러나 모든 참된 믿음은 행위를 낳는다. 행위가 없는 믿음은 참된 믿음이 아니다. 본회퍼는 "칭의의 관점에서 믿음과 행위를 분리하는 것이 필요하지만, 우리는 믿음과 행위의 본질적인 일치를 절대 잃어버리지 않아야 한다. 믿음은 순종이 있을 때만 존재하고, 순종이 없는 믿음은 존재하지 않으며, 믿음은 순종의 행위에 대한 믿음이기 때문이다"라고 진술한 바 있다.[194]

---

194 Bonhoeffer, *The Cost of Discipleship*, 69.

4. 기독교 윤리신학과 타종교

윤리신학은 여러 가지 면에서 기독교 종교신학에 영향을 미친다.

첫째, 이 신학적 관점은 우리가 기독교뿐만 아니라 아마도 세계 주요 종교의 본질을 이해하는 데 도움이 될 것이다. 이것은 단순히 실재를 이해하는 방법뿐만 아니라 세상에 존재하는 방법을 이해하는 데도 도움이 된다. 하나님이나 궁극적 실재에 대한 믿음은 특히 다른 사람들과의 관계에 있어서 우리의 생활 방식과 불가분의 관계가 있다.

세계 주요 종교들은 사람의 중심을 움직이게 하므로 사람의 생각뿐만 아니라 선택과 느낌에도 활력을 불어넣어 줄 수 있다. 삶의 전 영역을 다루는 거의 모든 주요 종교는 종교적 신념과 실천 방안 그리고 윤리적 행위에 대한 원칙을 갖고 있다. 따라서 그리스도인들은 타종교를 볼 때 궁극적 실재에 대한 그들의 믿음뿐만 아니라 종교적 행위와 윤리적 관습도 살펴보아야 한다.

윤리적 삶에 대한 가르침은 그들의 궁극적 실재에 대한 믿음을 평가하는 데 도움이 될 수 있다. 어떤 종교가 신자들에게 그들의 궁극적 실재에 대한 믿음을 공유하지 않는 사람들을 죽이거나 타 인종이나 타종교 신자들을 차별하라고 가르친다면, 그런 문제를 일으킬 수 있는 신학적 전제가 무엇인가를 파악해야 한다.

이것은 특정한 종교 내에서도 관점에 큰 차이가 있음을 깨닫는 데 도움이 될 수 있다. 교황 베네딕토 16세(Pope Benedict XVI)가 레겐스부르크(Regensburg) 연설에서 말했듯이, 파괴적이고 병에 걸린 종교적 영역이 있는가 하면, 건설적이고 치유가 일어나는 부분도 있다.[195] 그리스도인은 남아프

195　Pope Benedict XVI, "Three Stages in the Program of De-Hellenization," September 12, 2006, Regensburg, Germany, http://www.zenit.org/en/articles/ papal-address-at-uni-

리카 공화국의 인종 차별 정책과 같은 파괴적이고 질병에 걸린 기독교가 있음을 인정해야 한다. 그러나 예수 그리스도의 이름으로 폭력에 대한 비폭력 저항을 가르치고, 미국 백인 중산층의 인종 차별을 되돌아보게 한 마틴 루터 킹(Martin Luther King)의 기독교도 있다.

또한, 엘살바도르의 오스카 로메로(Oscar Romero) 대주교의 기독교도 있다. 그는 강력한 권력을 가진 지주에 대항해 가난한 농민의 권리를 보호했고, 테러와 살인을 일삼는 집단과 맞서 싸웠다. 그는 1980년 3월 24일 미사를 집전하는 중 심장에 총을 맞았다.

따라서 윤리적 가르침을 살펴보면 다양한 형태의 종교를 분별하는 데 도움이 될 수 있다. 평화를 지향하는 수피 이슬람도 있고, 비 무슬림과 다른 특정 무슬림을 죽여야 한다고 주장하는 와하비(Wahhabi)의 이슬람도 있다. 힌두교도 예외가 아니다. 이슬람과 기독교의 종교적 자유를 박탈하고 때로는 그들을 죽이는 힌두교 무장 집단도 있고, 마하트마 간디(Mahatma Gandhi)가 가르친 관용의 정신을 실천하는 평화롭고 건설적인 힌두교 전통도 있다. 인간의 보편성과 궁극적 실재에 대한 믿음과 윤리적 책무 사이의 본질적인 연관성 때문에, 타종교를 연구하는 그리스도인들은 교의신학과 윤리신학의 연관성을 탐구함으로써 종교와 각 종교의 다양한 측면에 대해 많은 것을 배울 수 있다.

둘째, 교의신학과 윤리신학의 통합이 갖는 의미는 이것이 그리스도인으로 하여금 기독교 신학의 문제를 이해하도록 돕는다는 것이다. 지난 세기 말에, 기독교 지도자들의 '쉽고 간편한 믿음주의'와 윤리적 타락으로 인해 신학자들을 포함한 많은 그리스도인이 신학을 재평가하기 시작했다. 많은 사람이 신앙과 종교적 경험을 너무 강조해 교리와 윤리의 중요성이 가려졌다고 결론지었다.

---

versity-of-regensburg.

신학자들이 신학과 실천이 아닌 은혜와 감성의 강조가 그리스도인의 윤리성을 하나의 선택 사항에 불과한 것으로 취급하며, 예수님에 대한 뜨거운 열정만 있으면 기독교 교리는 중요하지 않다고 생각하는 수많은 그리스도인을 양산했다는 것을 알게 되었다.

악명 높은 윤리적 타락과 반율법주의적 신학의 공개적 선언, 이 둘의 조합은 많은 비기독교인에게 기독교를 진지하게 받아들이지 못하게 하는 원인으로 작용했다. 우리가 증오와 폭력을 일으키는 타종교의 신념을 거부하는 것처럼, 타종교는 윤리적 타락과 무례한 태도를 보이는 기독교 신앙에 문제가 있다고 생각한다.

그러나 이것은 전화위복이 될 수 있다. 그리스도인의 믿음과 행동에 대한 비기독교의 비판은 사실상 기독교 신학의 위험의 징조를 그리스도인들에게 알려주는 일종의 '탄광의 카나리아'가 될 수 있다. 비서구 세계의 무슬림은 그 지역의 그리스도인들이 성적인 문제와 결혼에 대한 신념을 명확히 하도록 요구했고, 이는 유럽과 미국 기독교의 윤리신학을 재검토하게 하는 촉매제가 되었다. 이런 새로운 도전과 질문의 결과로 서구의 교회들은 하나님과 그의 백성과의 관계에 대한 성경적 관점의 차원에서 결혼을 재조명했으며, 교의신학과 윤리신학 사이의 연관성을 재발견하고 있다.[196]

이 흥미로운 방식으로 무슬림들은 그리스도인들이 자신의 신학 문제를 해결하고 더 나은 신학을 구축하도록 도와주었다. 역설적으로 들릴지 모르지만, 기독교 신학에 가장 적대적인 사람들을 포함한 비기독교인들이 기독교 신학을 강화하는데 기여한 것이다. 이것은 또한 그리스도인과 기독교 신앙에 대한 더 깊은 이해로 이어졌다. 어떤 면에서는, 무슬림의 비판이 그리스도인으로 하여금 성경과 기독교 전통의 윤리적 가르침을 더 깊은 차원에서 이해하는 데 도움을 주었다.

---

196 Philip Jenkins, *The New Faces of Christianity: Believing the Bible in the Global South* (New York: Oxford University Press, 2006), 178-193.

5. 신학적 차이와 윤리적 유사성

그리스도인들은 예수 그리스도를 다른 종교 지도자들과 비교할 때 절대적으로 유일할 뿐만 아니라 기독교의 교리도 타종교의 교리와 근본적 차이가 있다고 확신한다. 그러나 기독교 전통의 윤리적 가르침은 다른 주요 종교들의 윤리적 가르침과 상당 부분에 있어서 유사한 측면이 있다.

신학적 차이는 매우 크다. 어떤 타종교 창립자도 자신을 육신을 입은 유일하고 영원한 하나님이라고 주장할 수 없다. 십자가에 못 박히신 예수님이 죽음에서 부활하셨다는 기독교의 핵심 진리는 세계의 모든 종교에 있어서 타의 추종을 불허한다. 우리는 제자들이 부활하신 그리스도의 몸에 있는 상처에 손가락을 집어넣고 생선과 빵으로 아침 식사를 함께한 이야기를 들었다(요일 1:1-3; 요 20:27; 21:13).

타종교의 어떤 신이나 신적 존재도 사람들과 함께 물고기와 빵을 먹지 않는다. 어떤 타종교의 창립자도 신자들에게 십자가에 못 박히신 그리스도를 통해 죄와 죽음과 악으로부터 승리해 하나님의 삼위일체적 공동체로 인도할 것이라고 약속할 수 없다.

예수님은 또한 고통의 문제에 대해 독특한 답을 주셨다. 부처는 그의 추종자들에게 고통에서 벗어나도록 가르쳤지만, 예수님은 자신이 고통을 수용함으로써 고통을 극복하는 길을 직접 보여 주셨다. 이것이 불교 신자들이 연꽃 위에 앉아 자비롭게 미소짓고 있는 부처를 바라보는 이유이고, 그리스도인들이 십자가에 못 박힌 예수님을 예배하는 이유이다. 도덕경은 궁극적 실재를 고통을 최소화하거나 벗어나기 위해 체념하거나 수용해야 하는 비인격적인 존재로 묘사했다.

반면 예수님은 궁극적 실재가 아들이 고통을 대신 감당하도록 보내신 삼위일체 하나님의 인격적 공동체라고 말씀하셨다. 마지막으로, 예수님은 하나님과의 비교할 수 없는 친밀감을 나타내셨다. 꾸란은 알라가 "인간의 목에 있는 혈관보다 내가 인간에게 더 가까이 있노라"라고 말하지만, 알라를 결코 '아버지'라고 부르지 않는다.[197]

반면 예수님은 하나님을 '아빠 아버지'(*Abba*)라고 부르셨고, 우리도 이와 같은 친밀감을 누리게 하셨다. 그러나 종교 간의 윤리적 유사성은 놀라울 정도로 풍부하다. 로널드 그린(Ronald Green)은 이 유사성을 다음과 같이 설명했다.

> 종교 윤리에 관한 비교 연구를 통해 얻은 가장 인상적 교훈 중 하나는 종교 간의 도덕적 규범과 가르침의 유사성이다. 히브리 신앙의 십계명, 산상수훈, 바울의 가르침, 힌두교의 고행(*sadharana*) 혹은 마누법전(Laws of Manu, 10:63), 불교의 오계 그리고 꾸란이 제시한 인간의 도덕적 의무(꾸란 17:22-39)는 매우 보편적 윤리 규범을 보여 준다. 여기에는 살인, 폭력, 속임수의 금지와 맹세에 대한 헌신 등도 포함된다.[198]

거짓말, 속임수, 도둑질, 간음, 살인 등을 윤리적으로 허용하거나 권장하는 종교는 없다. 거의 모든 종교는 적어도 십계명의 두 번째 돌판에 기록된 계명에 동의한다.[199] 모든 사람은 하나님(혹은 궁극적 실재)과 다른 사람을 위해 사는 것이 윤리적인 삶이며, 오직 자기 자신만을 위해 사는 것은 비윤리적인 삶이라고 가르치고 있다.[200]

---

197 Qur'an 50:16.
198 Ronald M. Green, "Morality and Religion," in *The Encyclopedia of Religion*, edited by Mircea Eliade (New York: Macmillan, 1987), 10:99.
199 십계명의 두 번째 돌판에는 인간관계와 관련해 부모를 공경하고, 살인, 간음, 도적질, 거짓증거, 탐욕을 금하는 내용이 기록되어 있다.
200 불교와 같은 일부 종교는 윤리성을 강의 건너편에 있는 열반으로 건네 주기 위해 임시로 사용하는 '뗏목'에 비유한다. 따라서 윤리적 규범이 궁극적인 것은 아니다. 그러나 이런 불교조차도 현세에서 이런 윤리적 규범을 준수하는 것이 의무적이라는 데 동의한다.

비록 윤리적 규범을 다르게 해석하고 적용하지만, 대다수 종교는 윤리적 기본 원칙에 동의한다. 예를 들어, 무슬림은 한 남자가 네 명의 아내를 가질 수 있다고 믿지만, 결혼은 신성하고 간음은 심각한 잘못이라고 생각한다.

불교 신자들은 동물을 죽이는 것도 잘못이라고 믿고 있으며, 심지어 자기방어를 위해서도 인간을 죽이는 것은 잘못이라고 믿고 있다. 대다수 그리스도인은 "살인하지 말지니라"라는 계명을 문자 그대로 받아들이지는 않을 것이다. 실제 기독교 전통은 역사적으로 전쟁과 사형의 정당성을 받아들여 왔다. 그러나 모든 불교 신자와 모든 그리스도인은 살인을 중대한 범죄로 인식하고 있다.

종교들은 특히 그들의 추종자들이 전쟁이나 내전에 휩싸여 있을 때 누가 무고한 사람인가에 대해 서로 동의하지 않을 수 있지만, 적어도 무고한 사람의 생명을 보호하는 것이 윤리적 행위라는 것에 동의한다. 따라서 특정한 세부 관행에 대한 불일치를 근본적인 윤리적 불일치로 간주할 필요는 없다.

> 윤리학자들은 각각의 문화마다 허용하거나 금지하는 행동 방식이 서로 다를 뿐이라는 '문화적 상대주의'를 인정하지만, 이 개념이 반드시 근본적인 윤리적 규범도 다르다는 것을 의미하지는 않는다는 것을 지적한다. 사회적 상황에 따라 공통의 윤리적 기본 원칙이 특정 상황에서 다른 결과로 나타날 수 있다. 예를 들어, 부모에 대한 존중의 일반적 윤리적 규범은 기술적으로 진보된 사회에서는 주로 존속 살해를 엄격하게 금지하지만, 장애인이나 노약자에 대한 보호에 대한 인식이 없는 수렵 혹은 채집 사회에서는 허약한 가족이나 연로한 부모를 버리는 관습으로 나타날 수 있다. 이와 같은 가치관을 지닌 사회에서 의존은 모두에게 수치스러운 것으로 여겼기

때문이다.201

따라서 모든 주요 종교는 근본적으로 같은 것을 가르치지만, 매우 다른 윤리 규범을 추구한다고 주장하는 것은 널리 퍼져 있는 편견에 불과하다. 각각의 종교는 하나님 혹은 궁극적 실재가 어떤 존재인가 그리고 그 존재와 어떤 관계를 유지해야 하는가에 매우 큰 견해 차이를 보인다. 그러나 윤리적 규범에 관해서는 놀라울 정도의 유사성을 갖고 있다.

C. S. 루이스(C.S. Lewis)가 말했듯이, 만약 우리가 세계 주요 종교의 윤리적 가르침을 비교하기 위해 거대한 도서관을 방문했다면, 아마도 3일 정도 지난 후에는 지루함을 느낄 것이다. 왜냐하면, 그가 편집한 것으로 잘 알려진 『도의 예증』(*Illustrations of the Tao*)에서 보여 주었듯이, 그들은 모두 비슷한 윤리 규범을 다른 방식으로 표현했다는 것을 알게 될 것이기 때문이다.202

물론 이것도 검증이 필요하다. 예를 들어, 무슬림과 그리스도인은 다른 사람의 물건을 훔치는 것이 잘못이라는 데 동의하지만, 왜 물건을 훔치지 않아야 하는지에 대한 타종교의 이유와 목적에 따라 그리스도인이 이 윤리 규범을 실천하는 것은 잘못된 것이다. 이슬람은 알라의 명령으로 인해 도둑질을 금지하고 있으며, 이 명령에 복종하는 것은 천국에 들어가기 위한 필수 조건이기 때문이다.

또한, 꾸란의 모든 장의 시작 부분에 언급된 것처럼 알라는 '자비롭고 자애로운 자'이기도 하다. 따라서 대다수 무슬림도 알라의 자비에 의존하고 있다. 그러나 동시에 신의 명령에 대한 복종이 천국에 들어가는 주된 요건이라는 생각은 기독교 신앙보다 이슬람에서 훨씬 더 강하게 나타난다.

그리스도인은 예수 그리스도의 율법에 대한 완전한 순종과 인류의 구원을 위한 그의 죽음을 믿기 때문에, 하나님의 윤리적 명령에 대한 인간의 복종은

---

201 Green, "Morality and Religion," 94.
202 C. S. Lewis, *The Abolition of Man* (New York: Collier, 1962), 93-121.

구원의 결정적 요소가 될 수 없으며, 오직 성령이 그리스도인의 삶 속에 역사할 때에만 비로소 하나님과 만남이 이루어질 수 있다고 확신한다.

따라서 이슬람은 오직 무슬림과 '책의 사람들'만이 천국에 도달한다고 가르치지만, 그리스도인은 그들 중 누구도 구원받을 자격이 없다고 믿는다. 더 나아가 그리스도인이 추구하는 기독교의 본질(*telos*)은 삼위일체 하나님과의 연합이다.[203] 반면 이슬람은 알라와 무슬림의 관계가 사랑보다는 명령에 대한 복종을 통해 천국에 들어가는 것을 추구한다. 그러므로 무슬림은 초월적인 존재인 알라로부터 받아들여지기 위해 자신의 힘으로 도둑질을 하지 않으려고 노력하는 반면, 그리스도인은 예수 그리스도를 통해 모든 그리스도인이 삼위일체 하나님과 친교를 누리기를 바라며, 선한 청지기로서의 직분을 감당하고자 한다.

그러므로, 그리스도인과 무슬림은 도둑질이 종교적으로 금지된 잘못된 행위라는 사실에 동의하지만, 이 명령에 복종하는 이유와 방법 그리고 그 결과에 대해서는 매우 다른 관점을 갖고 있다.

6. 공통의 선을 위한 협력

그리스도인은 공통의 윤리적 관심사에 대해 타종교의 신자들과 협력해야 하는가?

협력해야 한다!

---

[203] 기독교 신앙은 삼위일체 하나님과의 연합을 가르치지만, 인간의 자아가 해체되도록 하나님께 흡수되는 것을 의미하지는 않는다. 예수님이 자신을 아버지와 하나이시며 동시에 분리된 분이신 것처럼(요 17:22-23) 그리스도인도 예수님과 하나이면서도 그의 몸의 다른 지체이기도 하다(엡 3:6; 고전 12:12-27).

만약 그렇게 하지 않는다면 그리스도인은 인류 문명의 미래를 위한 공동의 노력에 있어서 소중한 동반자를 잃게 될 것이다. 많은 사람이 말했듯이 문명의 핵심은 문화이고 문화의 힘은 윤리 전통에서 나온다.

다시 말하면, 모든 위대한 윤리적 전통은 우리가 어떻게 살아야 하는가에 대한 종교적 성찰에서 나온다고 해도 과언이 아닐 것이다. 무슬림은 종교적 헌신이 강하기 때문에 윤리적 규범에 대한 강한 견해를 갖고 있다. 불교 신자는 부처님이 가르친 삶의 철학 때문에 비폭력 정신을 함양해 왔다. 그리스도인은 하나님에 대한 믿음으로 인해 예수님의 윤리적 가르침을 받아들일 뿐만 아니라 성령의 능력으로 이 가르침을 실천할 수 있다고 확신한다. 종교가 무너지면 윤리성이 손상될 수밖에 없다.

오늘날 서구 사회에는 윤리적 상대주의가 만연해 있다. 비록 그리스도인이 신학적으로 무슬림과 동의하지 않더라도, 이슬람은 모든 인류가 실천해야 하는 영원한 윤리적 규범이 있으며, 이를 망각한 개인과 문명에 심판이 내려진다는 고전적 기독교 신념을 공유하고 있다. 다시 말해, 윤리 규범에서 이슬람은 급진적 회의론(radical skepticism)과 상대주의에 맞서 싸우는 기독교 정통의 강력한 동맹이 될 수 있다. 우리는 어떤 것도 윤리적으로 잘못되었다고 주장할 수 없는 시대에 살고 있다. 더 나아가, 만약 어떤 사람이 어떤 신념을 자신에게 옳다고 생각한다면 그것은 그에게 옳은 것이다.

인과적 상대주의(casual relativism)는 종종 미디어, 대학 강의실, 법정 및 입법부에서 흔히 찾아볼 수 있다. 강간, 근친상간, 살인, 테러리즘이 윤리적으로 잘못되었다는 데는 여전히 큰 틀에서 합의가 있지만, 많은 사람이 자신을 윤리적 상대주의자라고 확신한다. 그들은 종교와 윤리가 단순히 개인의 문제일 뿐이며, 이런 종교적 믿음을 따르는 가정과 공동체를 통해 사회화된 결과라고 평가한다. 만약 그들이 다른 곳에서 자랐었다면 아마도 다르게 믿었을 것이라고 주장하기도 한다.

만약 이 주장이 옳다면, 그들은 다른 윤리적 관점을 가진 사람을 어떻게 비판할 수 있겠는가?

이와는 대조적으로, 무슬림은 개인적인 관점과는 상관없이 객관적 윤리 규범과 가치가 존재한다고 주장한다. 알라는 꾸란이 '표지'(signs)로 묘사한 것을 통해 그의 존재와 윤리적 특성을 보여 주었다. 꾸란에 따르면, 나무, 별, 바다, 심지어 인간도 이 우주를 창조한 알라의 마음을 증언하고, 알라는 그의 윤리적 규범에 따라 다스린다. 마치 아무것도 분명하지 않은 것처럼 알라의 표지를 무시하고 인생을 살아가는 것은 변명의 여지가 없다는 것이다.

복음주의자들은 이슬람이 말하는 표지의 명확성에 대해 동의하지 않을 수 있지만, 우리는 도덕적 상대주의에 대한 무슬림의 단호한 태도를 주목해야 한다.

오늘날 어떤 사람들은 의심할 여지가 없이 바로 그 이유로 이슬람으로 개종하고 있다. 도덕적으로 혼란스러운 세상에서 이슬람은 간단하고 명확한 답을 제시하고 있다. 복음주의자들은 신학의 중요한 문제에 대해 무슬림과 동의하지 않지만, 상대주의 문화 속에서 윤리적 객관주의를 위해 연합할 사려 깊은 무슬림을 찾을 수 있을 것이다.

이런 이유로 로마가톨릭과 이슬람은 1995년에 개최된 국제회의에 참석한 막강한 미국 대표단이 이끄는 낙태 합법화 운동에 맞서 싸우기 위해 연합했다. 그들의 단결된 노력으로 낙태 합법화 지지자들이 간과했던 인권을 되찾을 수 있었고, 이 인권은 국제적으로 널리 인정받았다. 2012년에는 이슬람 지도자들이 로마가톨릭과 스코틀랜드 장로교와 연합해 동성 결혼 합법화에 저항했다.[204]

앞으로도 다른 사회적, 윤리적 문제들에 대한 비슷한 저항에서 복음주의자들이 윤리적 삶의 기본 원칙에 동의하는 타종교의 신자들과 기꺼이

---

[204] The Christian Institute (January 13, 2012), http://www.christian.org.uk/news/former-scottish-tory-leader-dismisses-same-sex-marriage/?e130112

협력함으로써 승리할 가능성이 커질 것이다. 복음주의자들은 남성과 여성의 결혼 그리고 어머니와 아버지 모두의 양육을 통해 자녀가 가장 잘 성장할 수 있다는 관점을 지지하기 위해 불교, 이슬람, 힌두교 그리고 시크교 등과 협력할 의지가 있어야 한다.

대다수의 세계 주요 종교 신자는 가족이 사회의 가장 근본적 구성 요소이며 이혼, 포르노, 물질주의 및 상업주의로 인한 붕괴로부터 가족을 보호해야 한다는 데 동의한다. 타종교의 신자들과 함께 우리는 우리 각자의 신앙을 타협하지 않고 가난한 사람들의 권리를 보호하고, 성 착취 범죄와 맞서 싸우고, 생태계를 보호하고, 사회 정의를 발전시킬 수 있다.

7. 타종교로부터의 배움?

우리의 신학적 관점에 영향을 미치지 않는 공통된 윤리적 관심사에 대해 타종교 신자들과 협력하는 것은 가능한 일이다. 그러나 우리가 타종교의 윤리적 전통에서 무엇인가를 배울 수 있다고 생각하는 것은 완전히 다른 문제다.

제2장과 제3장에서 제시한 바와 같이, 기독교 전통이 이스라엘을 통한 삼위일체 하나님의 계시와 예수 그리스도 안에서의 하나님의 완전한 계시에 근거를 두고 있다면 어떻게 그럴 수 있겠는가?

이 질문과 관련해 두 가지 방안을 제안한다.

첫째, 우리는 기독교 신앙의 완전한 의미가 우리가 인식하는 것보다 더 크다는 것을 기억해야 한다. 그리고 타종교 신자들의 삶은 때때로 우리가 실제로 우리의 내면을 더 잘 볼 수 있도록 도울 수 있다. 예수 그리스도의 계시와 그가 교회와 세상을 위해 행하신 모든 것은 인간의 이해를 훨씬 뛰어넘는 것이다. 유대인들과 그리스도인들이 그 의미를 이해하기까지 3천 년이 걸렸고, 이 사실을 진지하게 받아들이는 사람은 우리의 이해가 완전하다고 말할 수 없을 것이다.

기독교 교회는 성령이 계시에 대한 우리의 이해를 돕고 계시므로 우리는 항상 계시에 대한 더 깊은 이해와 새로운 상황에 대한 새로운 적용을 시도해 왔다. 우리는 성령이 우리에게 성경적 계시와 교회의 위대한 역사적 전통과 전혀 다른 새로운 진리를 주셨다는 생각을 거부한다.

우리는 교회가 이스라엘과 예수 그리스도를 통해 나타난 계시의 본질을 이해할 수 있도록 성령이 도우신다는 전통적인 가르침을 지지한다. 이를 바탕으로 최근 몇 세기 동안 교회는 노예제, 인종 차별, 여성의 권리 등과 같은 문제에 대해 이전에는 없었던 분명한 윤리 규범을 받아들이게 되었다.

둘째, 예수님 자신이 이스라엘 밖의 사람들을 윤리적 모범의 사례로 인정하는 것을 거부하지 않았다는 것이다. 선한 사마리아인에게는 이스라엘과 관련이 있는 신앙이 있었지만, 그의 행동은 분명히 유대교의 정통성(눅 10:25-37)을 넘어선 것이었다. 그의 존재가 허구일 가능성은 이 논의와 무관하다. 예수님은 의도적으로 그의 사례를 사용해 제자들을 가르쳤다. 타종교 문화와 타민족 출신의 이 사람은 수천 년 동안 그리스도인들에게 좋은 이웃이 된다는 것이 무엇을 의미하는지 가르치는 데 도움을 주었다.

우리 시대에 달라이 라마는 많은 그리스도인에게 예수님의 용서가 의미하는 바를 더 잘 이해하도록 도왔다. 티베트 불교 지도자인 그는 예수를 자주 언급하지 않지만, 백만 명의 백성을 살해하고 대다수의 티베트 불교 수도원을 파괴한 국가를 기꺼이 용서하려는 그의 의지는 적에게 피해를 주는 것을 거부한 강력한 사례다.

8. 윤리성에 대한 유교의 일편단심

타종교는 우리 자신의 문화적 편견으로 가려진 우리 전통의 보물을 일깨워줄 수 있다. 타종교의 신자나 경전은 그리스도인이 성경과 기독교 전통을 올바로 이해하지 못하도록 방해하는 것이 무엇인지를 알 수 있도록 도와준다. 여기서 공자(B.C. 551-479)와 유교 전통의 사례를 살펴볼 필요가 있다. 이 중국 현자를 초월적 신앙에 기반을 둔 종교와 아무런 관련이 없는 단순한 윤리적 전통에 불과한 유교의 도덕 교사 정도로 취급하는 사람은 유교의 문헌을 주의 깊게 읽지 않을 사람일 것이다.

공자는 '하늘'(the Heaven)의 실체를 확신했다. 공자에게 있어서 하늘은 그의 덕과 기도의 대상이었다.[205] 그는 자신의 문화적 노력을 오직 하늘만이 이해한다고 느꼈고, 이 노력의 성공 여부는 오직 하늘의 주권적 작용에 달려 있다고 생각했다.[206] 그는 하늘의 작용에 경외심을 품었고, 자연의 움직임은 하늘의 통제하에 있다고 생각했다.[207]

공자가 하늘을 마치 인격적인 신처럼 취급했다고 믿을만한 이유가 있지만, 그다음의 위대한 스승이었던 맹자(B.C. 371-289)는 하늘을 더 내재적이고 비인격적인 실체로 다루었다.[208] 그러나 맹자조차도 인간이 의지를 상실했을 때 하늘은 행위를 통해 자신을 드러내며, 일어나야 할 일을 선포한다고 말했다.[209]

205　Confucius, *The Analects*, translated and edited by D. C. Lau (Hammondsworth, UK: Penguin, 1979), 7.23, 3.13, 7.35.
206　위의 책, 14.35, 9.5.
207　위의 책, 16.8, 10.25.
208　Julia Ching, "Confucianism: Ethical Humanism as Religion?" in Hans Küng and Julia Ching, *Christianity and Chinese Religions* (New York: Doubleday, 1989), 71-72. 미덕과 용기에 관한 맹자와 아퀴나스의 비교는 Lee H. Yearley, *Mencius and Aquinas: Theories of Virtue and Conceptions of Courage* (Albany: SUNY Press, 1990)을 참고하라.
209　*Mencius*, translated and edited by D. C. Lau (Hammondsworth, UK: Penguin, 1970), V A.5, V A.6.

공자와 맹자는 이 장의 앞부분에서 논의한 내용, 즉 교의신학과 윤리신학의 완전한 연결의 필요성을 복음주의자들이 더 잘 이해하도록 도울 수 있다. 그들은 고통, 가난, 죽음의 위협에 직면해 있는 상황에서 미덕을 발휘하는 놀라운 헌신을 보여 주었다. 유교에 대한 성찰은 복음주의자들이 미국 기독교가 잃어버렸던 에드워즈의 사심 없는 박애 정신에 바탕을 둔 윤리적 미덕을 회복하는 데 도움이 될 수 있을 것이다.

조나단 에드워즈의 신학적 걸작인 『신앙 감정론』(*The Religious Affections*)에 따르면, 자비로운 감정의 객관적 근거다.

첫째, 하나님의 초월적 탁월성과 거룩성 그리고 사랑의 본질 그 자체다.
둘째, 하나님과 그의 방법에 관한 그리스도인의 헌신이다.[210] 즉, 진정한 영성은 이기심에 뿌리를 두지 않는다.

자연적인 사랑, 즉 이 세상에서의 사랑은 조건적 사랑이다. 그러나 에드워즈가 지적한 예수님의 초자연적 사랑은 "너희가 만일 너희를 사랑하는 자만을 사랑하면 칭찬받을 것이 무엇이냐 죄인들도 사랑하는 자는 사랑하느니라"(눅 6:32)라는 말씀에서 볼 수 있는 바와 같이 용서와 자기희생의 사랑이다. 사탄이 하나님에게 욥이 선한 이유는 하나님이 욥에게 부와 가정생활의 평안을 보장했기 때문이라고 말했을 때 하나님은 사탄의 도전을 받아들이셨다.

하나님은 욥의 믿음이 단순히 이기심에 근거한 것이 아니라는 것을 증명하기 위해 사탄이 욥이 가진 모든 것을 빼앗아 가도록 허용하셨다. 여기서 흥미로운 사실은 하나님은 오직 이기심에 근거한 영성은 무가치하다는 사탄의 논리를 인정하셨다는 것이다.

---

210 Jonathan Edwards, *The Religious Affections* (New Haven, CT: Yale University Press, 1959), 240.

에드워즈는 그리스도인이 하나님을 사랑하는 주된 이유는 무엇인가를 얻을 수 있는 혜택 때문이 아니라, 자신 안에 있는 하나님의 빛나는 위대함, 아름다움, 영광 때문이라고 말했다. 그리스도인은 하나님의 아들, 하나님의 활동, 하나님의 방법, 특히 죄 많은 인간의 구원을 위한 삼위일체 하나님의 위대한 계획에 매료된 사람들이다. 하나님에게서 오는 유익이 있지만, 그 유익은 하나님의 계획과 뜻 그리고 그의 방법에 대한 믿음과 헌신의 결과로서만 누릴 수 있다.[211]

이것은 임마누엘 칸트(Immanuel Kant)의 규범적 윤리론과도 유사한 측면이 있다. 칸트에 따르면, 어떤 행위가 가져올 선한 결과에 상관없이 어떤 행동은 하지 않아야 하며, 인간은 선한 삶을 살아야 할 의무가 있다. 우리는 이 논지에 내포된 장점에 동의한다. 우리는 칸트의 윤리론을 '비결과주의'(nonconsequentialism)라고도 한다.

그러나 에드워즈와 칸트 사이에는 상당한 차이가 있다. 칸트는 보상에 관한 관심이 윤리적 심각성을 약화할 것이라고 믿었지만, 에드워즈는 우리와 하나님과의 관계가 삼위일체의 확고한 의지에 기반을 두고 있다면 성화 과정에서 하늘의 보상을 기대하는 데 아무런 문제가 없다고 생각했다.

그러나 둘 다 우리가 받게 될 혜택 때문이 아니라 인간이 본래 타고난 내면적 윤리성 때문이라는 유교의 전통에 동의했다. 공자와 맹자는 고통이 따르더라도 도의 길을 따르면 내면적 만족을 얻을 수 있지만, 내면의 만족이 아닌 별도의 보상을 기대하는 것은 유교 전통을 따르는 사람을 타락시킬 것이라는 생각이 내포되어 있다.

이것은 C. S. 루이스가 말한 대로 우리가 하나님 자신이 아니라 하나님이 가져다주는 유익을 추구할 때 일어나는 종교의 타락과 유사한 것이다.

---

211 Michael J. McClymond and Gerald R. McDermott, *The Theology of Jonathan Edwards* (New York: Oxford University Press, 2012), 311-320.

이 타락은 '종교를 자기만족의 사치와 자기성애주의(autoeroticism)로 변질시키는 치명적인 오류'이다.[212] C.S. 루이스가 회심한 이후의 첫 몇 개월 혹은 일 년 정도의 초기에는 내세에 대한 믿음을 찾아볼 수 없었다. C.S. 루이스가 '의문을 제기하지 않고' 순종하게 된 것이 하나님의 '가장 큰 자비' 중 하나라고 생각하는 것은 많은 복음주의자에게는 충격적이었을 것이다.[213]

> 나의 훈련은 무덤 너머의 음산하고 별다른 특색이 없는 지옥보다 더 나은 (혹은 더 나쁜) 것이 있다는 속삭임이 있기 수 세기 전에 그리스도께서 자신을 드러내신 유대 민족이 받은 훈련과 같았다. … 나는 보상에 대한 희망이나 처벌에 대한 두려움과 상관없는 선행만이 참된 선행이라고 믿으면서 성장했다. 보상이나 처벌은 그 선한 의지를 오염시킬 수 있다.
> 이 문제는 내가 생각한 것보다 훨씬 더 복잡하지만, 만약 내 생각이 달랐다면, 나의 잘못은 매우 관대하게 받아들여졌을 것이다. 나는 처벌의 두려움이나 보상의 희망이 나를 사기를 꺾을까 두려웠다. 그러나 이런 처벌이나 보상도 약속하지 않았다. 명령은 변경할 수 없지만, 어떤 제재도 받지 않는다. 예수님은 단순히 자신이 하나님이시기 때문에 순종해야 하셨다.
> 오래전부터, 아스가르드(Asgard)의 신들을 통해 그리고 나중에 절대자의 개념을 통해 그는 내가 어떤 유익 때문이 아니라 존재 그 자체로 어떻게 존중받을 수 있는지 가르쳐 주셨다. 따라서 하나님의 존재 자체 그 때문에 그에게 순종해야 한다는 사실을 알게 된 것은 놀라운 일이 아니다. 만약 당신이 왜 우리가 하나님께 순종해야 하는지 묻는다면 최후의 수단으로 나는 "내가 그로다"(I am)라고 대답할 것이다. 하나님을 아는 것은 곧 우

---

212 C. S. Lewis, *Surprised by Joy: The Shape of My Early Life* (London: Geoffrey Bles, 1955), 160.
213 위의 책, 217.

리의 순종이 그분 자신에 근거한다는 것을 아는 것이다. 그의 본성 안에서 그의 주권이 드러나기 때문이다.[214]

C.S. 루이스는 계속해서 천국과 지옥을 하나님의 임재와 부재가 아닌 지상에서의 특정한 삶에 대한 보상이나 형벌로 생각하는 것은 이 두 교리를 왜곡할 뿐만 아니라 우리 자신을 타락하게 한다고 말했다.[215]

에드워즈와 C.S. 루이스는 윤리적 삶의 동기로서 보상이라는 개념을 완전히 무시하지는 않지만, 보상이 윤리적 삶의 핵심 동기가 될 때 이 두 사람 모두 그것을 잘못된 동기라고 일축했다. 공자와 맹자도 그 원리를 생생하게 보여 주었다. 그들은 오른쪽도 왼쪽도 아닌 앞을 향해 걷는 삶에 헌신했다. 보잘것없는 음식을 먹고 물만 마셔도 만약 그 이유가 나의 유익이 아니라 옳은 길을 따라가기 때문이라면 행복한 것이다.[216]

이 행복은 음식에 대한 탐욕이나 안락한 삶을 추구하지 않고 올바른 길을 가고 있는가에 대한 성찰에서 나온 결과이기 때문이다.[217] 현자는 부와 명예의 유혹에 넘어가지 않고, 가난도 그의 삶의 목적에서 빗나가게 할 수 없다.[218]

또한, 그들은 권력 앞에서도 원칙을 타협하지 않는다.[219] 그러므로 덕이 있는 사람은 역경 속에서도 결코 '의'(righteousness)를 포기하지 않고, 성공을 따라가지 않는다.[220] 그들은 부나 권력을 추구하지 않는다.[221] 그들은

---

214 위의 책, 218.
215 위의 책, 219.
216 *Analects*, 7.16, 14.12, 16.10, 19.1, 4.11.
217 위의 책, 1.14, 15.32.
218 *Mencius*, III B.2.
219 위의 책
220 위의 책, VII B.9.
221 *Analects*, 4.5.

한 줌의 쌀을 얻기 위해 비굴하게 살지 않는다.[222] 만약 제국을 얻기 위해 잘못된 행동을 계속하거나 무고한 사람을 희생해야 한다면, 제국을 포기하더라도 그렇게 하지 않는다.[223]

참된 미덕은 다른 사람들의 일반적인 생각과는 다를 수 있고, 모든 사람이 좋아하는 사람이 되는 것보다, 차라리 나쁜 사람이 싫어하는 사람이 되는 것이 더 낫다고 생각한다.[224] 자비를 실천하기 위해서라면 때로는 생명조차도 포기할 준비가 되어있어야 한다.[225]

공자는 그의 상관이 어느 여성 무용수의 뇌물을 받아 진실성이 훼손되었다고 느꼈기 때문에 그의 인생에서 가장 권위 있는 지위를 포기했다.[226] 공자가 진나라에서 다른 지위를 제안받았을 때 그를 초대한 사람이 그의 상관에 대항해 반란을 일으켰다는 사실을 알게 되었다. 공자는 그의 반란 음모에 동조하지 않았다.[227]

공자가 중국 남부를 여행하는 중에 그의 제자들은 공자가 윤리적 규범을 실천할 기회가 없다는 것을 깨달았을 때 그가 어떻게 느꼈는지 알고 싶었다. 그들은 공자에게 악한 왕 아래서 굶주림으로 죽은 두 명의 고대 현자에 관해 물었다. 공자는 그들이 진정한 남자들이라고 대답했다.

그때, 한 제자가 다시 "그들이 후회했을까요?"라고 물었다.

공자는 "그들은 자비로운 사람들이었고, 실제로 자비를 베풀었다. 그런데 왜 후회했겠는가?"라고 단호하게 대답했다.[228]

맹자도 선에 대한 일편단심을 보여 주었다.

---

222 *Mencius*, III B.4.
223 위의 책, II A.2.
224 *Analects*, 12.6, 13.24.
225 위의 책, 19.1
226 위의 책, 18.4.
227 Huston Smith, *The World's Religions: Our Great Wisdom Traditions* (San Francisco: HarperSanFrancisco, 1991), 156.
228 Lin Yutang, *From Pagan to Christian* (Melbourne, Australia: Heinemann, n.d.), 80.

현자 리우 시아 후이(Liu Xia Hui)는 맹자가 가장 좋아하는 사람 중 하나였다. 맹자에 따르면, 리우가 부당하게 지위를 빼앗기거나 그의 미덕이 다른 사람의 주목을 받지 못했을 때도 억울해하지 않았다. 어려운 상황에서도 괴로워하지 않았다. 그는 선의 길에서 자신의 행복을 찾았기 때문이었다.[229] 맹자는 "리우는 아무리 높은 지위에 있었어도 자신의 진실성을 타협하지 않았을 것이다"라고 말했다.[230]

우리 현대인들은 공자와 맹자의 이 관념이 비현실적이라고 생각할 수 있지만, 그들은 여기서 기쁨의 원천을 발견했다. 논어에서 공자는 우리가 가장 소중한 것을 빼앗겼을 때도 참된 선과 의를 얻는 기쁨은 빼앗기지 않는다는 것을 자주 언급했다.

공자는 낡은 오두막에서 밥 한 그릇과 물만 먹고 살아도 기쁨을 누릴 수 있다고 말했다.[231]

> 밥 한 그릇에 물만 마시고 팔을 베고 웅크려 자더라도 기쁨을 누릴 수 있다. 부도덕한 수단을 통해 얻은 부와 지위는 구름이 지나가는 것만큼이나 나와 관련이 없다.[232]

그의 제자들은 그가 일하는 동안 식사하는 것을 잊어버릴 정도로 모든 걱정과 염려를 벗어버리고 기쁨을 누렸던 모습을 떠올리곤 했다.[233] 맹자는 자신이 진실한 사람인지를 성찰하는 것보다 더 큰 기쁨은 없다고 말했다. 그는 한 남자의 세 가지 기쁨은 부모가 살아 있고 형제들이 만사형통하는 것과 하늘과 사람 앞에서 부끄럽지 않은 것과 유능한 제자가 있는 것

---

229 *Mencius*, V B.1.
230 Ibid, VII A.28.
231 *Analects*, 6.11.
232 위의 책, 7.16.
233 Lin, *From Pagan to Christian*, 70.

이라고 말했다.[234]

이제 이와 같은 통찰을 기독교 종교신학에 적용해 보자. 우리는 그리스도인들이 타종교를 이해하고 그들과 대화를 시도할 때 윤리신학이 기독교의 정통 교의신학에서 분리되지 않아야 한다고 주장해 왔다. 역사적으로, 정통 신학은 항상 교의신학과 윤리신학을 하나의 완전체로 취급해 왔기 때문에, 교의신학과 윤리신학이 서로 분리될 때 신학적 왜곡이 발생했었다.

이와 관련해 다른 신앙을 가진 사람들이 그리스도인들에게 도움이 될 수도 있다. 실제로 기독교의 윤리적 가르침에 대한 그들의 냉철한 비판은 그리스도인들이 교의신학과 윤리신학의 연관성을 재검토하는 데 긍정적으로 이바지했다.

기독교 신앙과 윤리 사이의 완전한 통합은 다음 두 가지의 의미가 있다. 그리스도인들이 신학과 윤리를 분리할 때, 자신의 신앙을 잘못 표현할 수 있고, 우리 자신의 윤리적 실천을 성찰하지 않고 타종교의 신학이나 가치관을 이해하고자 할 때 그들에 대한 선입견이나 편견에서 벗어나기 어려울 것이다.

마지막으로, 우리는 복음주의자들이 신학적 신념을 타협하지 않고 윤리적, 사회적 관심사에 대해 타종교 신자들과 협력할 수 있으며, 때로는 타종교가 그리스도인들이 기독교의 윤리적 가르침을 더 깊이 이해하도록 도울 수 있다고 생각한다.

---

234 *Mencius*, VII A.4, A.20.

제6장
종교와 문화

종교신학은 다음의 두 가지 영역에 대한 적절한 이해가 있어야 한다. 신학의 실천으로서, 종교신학은 적절한 성경적, 신학적 이해를 포함해야 한다. 특히, 기독교 신학의 실천으로서 하나님을 아버지, 아들, 성령으로 이해하는 삼위일체적 종교신학을 발전시켜 우리가 사는 세상과 삼위일체 하나님의 관계를 파악해야 한다.

또한, 종교에 관한 신학이기 때문에 종교에 관한 적절한 이해도 필요하다. '종교'(religion) 혹은 '종교들'(religions)이 무엇을 의미하는가?

여기서 단수와 복수의 차이가 종교신학의 중요한 요소인가?

우리가 모두 종교에 대해 알고 있다고 생각하기 쉽지만, 자세히 살펴보면 개념이 더 복잡하다는 것을 알 수 있다. 어떤 면에서 종교는 문화의 개념과 밀접한 관련이 있지만, 우리가 살펴볼 두 가지 측면에서는 서로 차이가 있다. 그러므로 종교신학을 발전시키는 것은 성경과 신학에 대한 책임 있는 연구뿐만 아니라 종교와 문화와의 관계에 대한 적절한 이해도 포함해야 한다.

이 장에서 우리는 종교에 관한 신학적 관점을 다루기보다는 종교 자체의 개념과 우리가 세상에서 만나는 실제 종교 전통을 어떻게 이해해야 하는지를 탐구할 것이다.

선교학자와 신학자들은 기독교의 문화 이해에 상당한 관심을 기울였고, 기독교 복음과 문화의 관계에 관한 연구를 발전시켰지만, 종교에 관한 연구는 아직도 미비한 실정이다. 예를 들어, 어떤 사람들은 특정 종교 관습이나 용어가 문화적인지 아니면 종교와 관련되어 있는지를 명확하게 구분할 수 있으므로 종교와 문화는 명백한 차이가 있다고 주장하기도 한다.

더 나아가, 문화에는 일반적으로 선과 악이 혼재되어 있고, 그리스도의 복음을 통해 문화적 변혁이 일어날 가능성이 있을 것으로 간주하는 반면, 종교는 단순히 죄의 결과이며 하나님을 반역한 결과라고 인식하기도 한다. 물론 특정 종교는 거짓과 악의 표출에 지나지 않는다. 따라서 복음의 상황화에 대한 논의에 있어서, 어떤 관습이나 용어가 전적으로 문화적이라면 원칙적으로 그리스도인들도 받아들일 수 있을 것이다. 그러나 그 의미가 종교적이라면 받아들일 수 없다.

그러나 이런 접근 방식이 이런 문제를 해결하는 올바른 방법인가?

1991년에 선교학자 찰스 타버(Charles Taber)는 이와 같은 기존의 주장에 다음과 같이 도전했다.

종교와 문화는 어떤 관계인가?
종교는 문화의 일부에 불과한가, 아니면 독자적 개념인가?
종교가 문화의 모든 영역에 영향을 주는가, 아니면 분리되어 있는가?
어떤 종교나 문화의 종류와 상관없이 이 둘의 관계는 항상 같은 것인가?
만약, 전통적인 선교학 관점에서 종교가 우상이 다스리는 영역이며 따라서 복음을 통한 변화가 필요한 영역이라면, 종교가 아닌 다른 영역은 선하거나 중립적인가?
아니면 우상이 종교가 아닌 다른 영역도 지배할 수 있는가?[1]

---

1 Charles R. Taber, *The World Is Too Much with Us: "Culture" in Modern Protestant Missions* (Macon, GA: Mercer University Press, 1991), 21.

복음주의자들은 일반적으로 모든 인류를 위한 한 분의 주님이고 구세주이신 예수 그리스도와 성경에 명시된 하나님의 자기 계시의 유일성을 보존하고자 하는 목적 때문에 타종교에서의 하나님의 임재와 활동에 대한 논의는 회피하는 경향이 있다. 이와는 대조적으로, 다원주의적 사상가들은 성경과 성육신을 통한 하나님의 자기 계시를 축소하는 방식으로 타종교에서의 하나님의 임재를 확대해석한다.

그러나 이 두 경우 모두 종교와 문화의 관계에 혼란이 있는 것으로 보인다. 복음주의자들은 종교가 아닌 문화의 영역에서 삼위일체 하나님의 임재와 활동을 기꺼이 인정함으로써 이 두 영역을 뚜렷하게 구분한다. 다원주의자들은 종교와 사회문화적 영역을 하나의 신적 실재에 대한 역사적, 문화적으로 형성된 인간의 반응에 지나지 않는다고 간주한다. 두 접근법의 결론이 매우 다르지만, 종교와 문화의 관계를 재검토해야 할 필요를 제시하고 있다.

이 장에서 우리는 종교와 문화와의 관계를 탐구함으로써 타버가 제시한 몇 가지 문제를 살펴볼 것이다. 우리는 종교와 문화를 이해하는 포괄적인 모델을 제시하려고 시도하지는 않지만, 종교신학의 일부 문제를 명확히 규명할 수 있는 몇 가지 방안을 제안할 것이다. 그러나 종교와 문화의 개념을 검토하기 전에 종교의 본질이 무엇인가를 간략하게 다룰 것이다.

1. 상황화와 종교

1950년대 이후 복음주의 선교학자들은 복음과 문화의 관계에 많은 관심을 기울여 왔다. 이 관심의 상당 부분은 상황화에 관한 논쟁에 반영되었다. 폴 히버트(Paul Hiebert)는 상황화를 "성령의 인도에 따라 특정 지역에서 적절한 언어와 문화적 양식을 사용해 예수 그리스도의 복음을 표현하는 방식과 특정 기독교 공동체가 고유한 문화적 상황 속에서 그리스도의 제자로서의 헌신을 실천하는 방식이다"라고 정의한 바 있다.²

우리가 종교적 현상을 어떻게 이해해야 하는지에 대한 질문을 다루기 전에 상황화에 대해 구체적으로 살펴볼 필요가 있다. 상황화는 종교적 신념과 관습 모두를 포함하는 종교의 본질을 다룬다. 일반적으로 상황화에 관한 논의의 핵심은 타종교의 관습, 용어 혹은 제도가 문화적이라면 원칙적으로 그리스도인들이 받아들일 수 있다고 생각한다. 그러나 종교적이라면 문제가 달라진다.

이 관점은 문화와 종교의 의미에 분명한 차이가 있고 우리가 특정 관습이나 용어가 어떤 영역에 속하는지 명확하게 구분할 수 있다는 것을 전제로 한다. 그러나 이 구분은 실제로 단순하지 않다.

더욱이 종교적 현상이 본질상 문화적 가치, 신념 혹은 관습보다 신학적으로 더 문제가 되는 것도 사실이지 않은가?

1980년대 이후로 광범위한 논쟁을 불러일으킨 한 가지 문제는 무슬림 배경의 신자들이 예수 그리스도의 충실한 제자가 되기 위해 이슬람 배경을 포기해야 하는가에 관한 것이다. 이 논쟁은 예수 그리스도의 유대인 제자들이 유대인의 정체성을 유지하고 유대교 관습의 일부를 계속 실천해도 되는가에 관한 초기 기독교의 논쟁과 유사한 부분이 있다. 복음주의자들 가운데 대다수는 '그리스도인'으로서의 정체성을 명백하게 거부하고, 유대인으로서의 정체성을 유지하는 '메시아적 유대인'(Messianic Jews)의 개념을 받아들였다.³

---

2   Paul Hiebert, "Critical Contextualization," *Missiology* 12, no. 3 (July 1984): 287-296; Darrell Whiteman, "Contextualization: The Theory, the Gap, the Challenge," *International Bulletin of Missionary Research* 21, no. 1 (January 1997): 1-7; A. Scott Moreau, *Contextualization and World Missions* (Grand Rapids, MI: Kregel, 2012).
3   물론 유대교를 배경으로 하는 신자들과 이슬람을 배경으로 하는 신자들 사이에는 중요한 차이가 있다. 무슬림이 아닌 유대인은 기독교가 받아들이는 성경을 사용한다. 그러므로 유대교 경전도 원칙적으로 성경과 일치하는 한 그리스도인들이 받아들일 수

그러나 이 개념이 오늘날의 무슬림 회심자에게 적용하는 근거가 될 수 있는가?

어떤 무슬림 배경의 회심자가 예수 그리스도를 구세주와 주님으로 믿고, 그리스도께서 그의 죄를 위해 죽으시고 죽은 자 가운데서 다시 살아나셨다고 믿으면서도, 여전히 무슬림으로서의 정체성을 유지하고 많은 이슬람의 종교적 관습에 참여할 수 있는가?

아니면 예수 그리스도의 제자가 된다는 것은 종교적 측면을 포함한 삶의 모든 영역에서 새로운 출발을 의미하는 것인가?

이 문제는 1998년에 존 트래비스(John Travis)가 '그리스도 중심의 공동체'가 주변의 무슬림 세계와 어떤 관계를 유지해야 하는가에 관한 소논문을 발표하면서 선교계에서 활발하게 논의되기 시작했다.[4]

트래비스가 C5 모델을 옹호한 것에 대해 광범위하고 격렬한 논쟁이 벌어졌다. C5 모델의 무슬림 회심자들은 교육과 돌봄을 위해 다른 그리스도인들과 정기적으로 만나지만, 기존의 이슬람 공동체에 법적, 사회적, 문화적으로 여전히 남아 있다.

비록 성경의 가르침과 명백히 충돌하는 이슬람의 가르침과 관습은 거부하고, 예수('Isa)를 메시아로 인정하지만, C5 모델의 회심자들은 계속해서 그들을 무슬림으로 인식하며, 무슬림 공동체에 적극적으로 참가한다.

있다. 그러나 꾸란의 경우는 그렇지 않다.

4 John Travis, "The C1 to C6 Spectrum: A Practical Tool for Defining Six Types of 'Christ-centered Communities' (C) Found in Muslim Contexts," *Evangelical Missions Quarterly* 34, no. 4 (1998): 407-408. Travis, "Must All Muslims Leave Islam to Follow Jesus?" *Evangelical Missions Quarterly* 34, no. 4 (1998), 411-415. *Evangelical Missions Quarterly* and the *International Journal of Frontier Missions*. A useful and concise summary of the debate is found in Joseph Cumming, "Muslim Followers of Jesus?" *Christianity Today* (December 2009): 32-35.

그들은 자신을 그리스도인이라고 부르지 않는다. 그들은 자신들을 '메시아 예수(Isa the Messiah)를 따르는 무슬림'으로 간주하고 있으며, 다른 무슬림들도 그들을 무슬림으로 받아들인다.[5] 이와는 대조적으로, C4 모델은 회심자들 스스로 무슬림으로 간주하지 않는다. 그러나 그들은 가능한 한 예배와 자기표현을 위해 문화적으로 적절한 형식을 사용하지만, 자신의 영적 정체성을 분별하기 위해 '그리스도인'이 아닌 다른 용어를 사용하기도 한다.

문제는 무슬림 사회의 다양성을 고려할 때 "무엇이 적절한가?"

이에 대한 일관성이 있는 기준이 없다는 것이다. 이 논쟁의 중심에는 아직도 여전히 해결되지 않은 종교, 문화 그리고 정체성과 관련된 문제가 남아 있다.

'그리스도인'이란 무엇을 의미하는가?
'무슬림'의 뜻은 무엇인가?
모든 종교와 사회 공동체에서 같은 의미를 지니는가?
아니면 그 의미가 상황에 따라 달라질 수 있는가?
'무슬림'은 순수한 종교적 명칭인가, 아니면 문화적, 사회적, 민족적 혹은 정치적 의미도 내포되어 있는가?
종교를 문화적 혹은 민족적 차원에서 분리할 수 있는가?
현대 사회의 변화하는 상황과 무슬림 공동체의 다양성을 고려할 때 누가 그런 용어의 의미를 결정하는가?

몇 년 전, 이 책의 저자 중 한 명이 한 교회에서 강연하자 일본의 한 노인 여성이 다소 긴장된 표정으로 그에게 다가왔다. 그녀는 새로운 그리스

---

5 Travis, "The C1 to C6 Spectrum," 408.

도인이었고 어떤 문제에 대한 일본 그리스도인의 태도를 이해하는 데 어려움을 겪고 있다고 설명했다. 할머니로서 그녀는 손자를 데리고 현지 일본 축제에 참석하는 것을 즐겼다.

특히, 아이들은 여러 남자가 어깨에 '움직이는 신사'라고도 불리는 '가마'(mikoshi)를 메고 행진하는 것을 보면서 군중과 함께 춤추는 것을 좋아했다. 그러나 그녀는 일본 그리스도인들이 이 축제에 참여하지 않는다는 사실을 알게 되었다. 일본에서 가마는 전통적으로 신이나 영혼을 뜻하는 카미(kami)가 머무는 일종의 신성한 공간으로 알려져 있다.

전통적으로 축제 동안 가마를 들고 다닐 때마다 신적 정화의 힘이 지역 사회에 스며들어 사람들을 악으로부터 보호하고 축복하는 영적 의미가 담겨 있다. 따라서 일본 그리스도인들은 전통적으로 가마의 춤 행렬을 거짓 믿음과 우상 숭배로 간주해 왔으며 이 축제에 참여하는 것을 강력하게 금지했다.

이 할머니는 가마의 종교적 배경을 이해하지만, 오늘날 많은 일본인에게 이 행사는 종교 의식이 아니라 단순히 문화 축제일 뿐이라고 말했다. 그녀의 손자들도 실제로 이 행사는 즐거운 축제일 뿐이며, 가마 속에 신이나 영혼이 들어 있다고 믿지 않았다. 할머니는 친구들과 함께 축제에 참여하지 않는 것은 어리석은 일이라고 생각했다.

그녀는 "왜 교회가 이 문제에 대해 그렇게 엄격해야 하는가?"라고 질문했다.

일본 그리스도인들은 이 축제에 참여하지 않아야 하는가?

이 축제에 참여하는 것은 곧 혼합주의 혹은 우상 숭배라고 주장하는 사람들은 일본 국민의 대다수가 가마를 운반하는 것이 전통적으로 지역 신이나 영혼을 숭배하는 종교 행위에 참여하는 것이라고 믿고 있기 때문이다. 그러나 어떤 행위나 의식의 의미는 시간이 지남에 따라 변한다. 축제에서 가마를 가지고 다니는 것이 과거에는 명백한 종교적 의미가 있었다고 해서 반드시 그것이 항상 종교적 의미가 있는 것은 아니다.

만약 가마와 축제의 의미가 크게 달라졌다면, 오늘날의 가마와 축제는 종교적 의미가 거의 없는 문화 축제가 될 수도 있지 않겠는가?
가마와 축제의 공식적인 의미는 누가 결정하는가?
더 혼란스러운 질문이지만, 일본의 가마와 이 축제의 의미가 개인과 지역 사회에 따라 다를 수 있는가?

C4와 C5 모델에 관한 논쟁이나 일본에서의 가마 축제의 의미에 관한 질문에서 가장 중요한 것은 주어진 용어나 관습이 종교적 또는 문화적인지가 아니라 개인이나 공동체가 예수 그리스도의 성숙한 제자가 되는 것을 촉진하는가 아니면 방해하는가의 문제이다. C5 모델이나 일본의 가마 축제가 종교적이든 문화적이든 그것은 부차적인 문제이다. 그러나 물론 어떤 것이 그리스도를 따르는 사람이 되는 것을 촉진하거나 방해하는지를 결정하려면 관련 공동체 내에서 종교적, 문화적 문제와 그 문제가 하나님에 대한 이해와 그리스도의 제자로서의 성장에 미치는 영향을 살펴보아야 한다. 따라서 우리가 종교와 문화를 어떻게 이해하는지에 대한 질문은 피할 수 없다.

2. 종교와 문화: 역사적 사례

복음과 지역적 상황 사이의 관계에 대한 논쟁에서 알 수 있는 바와 같이 종교와 문화의 차이를 구분하기가 매우 어려운 아시아에 풍부한 역사적 사례들이 있다. 근대 이전에는 17세기부터 18세기까지 예수회 선교사

들과 중국인들의 놀라운 만남에서 이 문제가 광범위하게 다루어졌다.[6]

당시 유럽인들은 아메리카, 아프리카 그리고 아시아로의 신대륙 '발견'을 위한 항해로 불안정한 시기를 겪고 있었다. 대다수의 유럽인은 신세계의 사람들을 유럽의 '기독교' 문명보다 분명히 열등하다고 생각했지만, 예수회는 중국에 대한 존경의 태도를 보였다. 이것은 1583년 중국에 도착한 이탈리아 학자 마테오 리치(Matteo Ricci, 1552-1610)의 접근 방식에 잘 나타나 있다. 그는 언어에 대한 특별한 재능을 갖고 있었다.

리치는 중국에서의 기독교의 장기적인 성장은 기독교 신앙의 기본 교리를 얼마나 중국의 엘리트 계층이 수용할 수 있는 언어적, 문화적 양식으로 표현할 수 있는가에 달려 있다는 것을 깨달았다. 그는 중국에서 자신의 과업을 미래 세대의 중국 그리스도인을 위한 지적, 문화적 기반을 준비하기 위한 노력으로 간주했다.

따라서 그는 중국의 문화와 종교적 전통에 관한 연구에 전념했다. 처음에 리치는 중국 불교 스님의 복장과 외모를 채택했지만, 불교가 기독교 신앙과 양립할 수 없으며, 스님이 중국 문화의 핵심 계층이 아니라고 확신하면서 그것을 포기했다. 대신, 그는 중국 지식인 계층을 자신과 동일시하고 중국 문인의 복장을 했으며 유교 고전과 초기 유교 분야의 인정받는 전문가가 되었다.

유교에 관한 신뢰할 수 있는 서구 세계의 연구나 중국어 연구를 위한 문법 혹은 사전이 없었던 시기에 리치는 그 시대의 중국어뿐만 아니라 고전 중국어도 습득했다. 앤드루 로스(Andrew Ross)는 리치가 "중국어와 유교 고

---

6   R. Po-Chia Hsia, *A Jesuit in the Forbidden City: Matteo Ricci, 1552-1610* (New York: Oxford University Press, 2010); Andrew Ross, *A Vision Betrayed: The Jesuits in Japan and China, 1542- 1742* (Maryknoll, NY: Orbis, 1994); *East Meets West: The Jesuits in China: 1582-1773*, edited by Charles E. Ronan and Bonnie B. C. Oh (Chicago: Loyola University Press, 1988); Liam Matthew Brockey, *Journey to the East: The Jesuit Mission to China, 1579-1724* (Cambridge, MA: Harvard University Press, 2007).

전의 대가가 되었기 때문에 중국 문인들이 그를 중국 지식인들 가운데 한 사람으로 받아들일 수 있었다"라고 지적했다.[7]

리치는 연구를 통해 초기 유교가 유일신론적이며, 고대의 천(*Tian*) 사상 혹은 높은 신(*Shangdi*)이 초월적인 창조자인 성경의 하나님과 동일시될 수 있음을 확신했다.[8] 리치는 나중에 여러 세대에 걸쳐 중국 지식인들이 본래의 일신교 사상을 더 모호하고 문제가 있는 형이상학적 신념 체계로 전락시켰다는 논지를 펼쳤다.

수 세기 전에 토마스 아퀴나스가 고향인 이탈리아에서 아리스토텔레스 철학을 바탕으로 유럽인들에게 기독교 진리를 설명했듯이, 리치도 그리스도인들이 유교적 가치관을 사용해 중국인들이 이해할 수 있는 방식으로 기독교 신앙을 표현할 수 있다고 생각했다.

1603년에 리치는 기독교의 하나님을 설명할 때 유교 용어와 가르침을 사용하여 『천주실의』(*On the True meaning of the Lord of the Heaven*)를 출판했다. 로스에 따르면, "리치는 그가 주장한 내용에 담긴 초월적 신은 본래 유교 사상에서 나온 것이었으며, 이 초월적인 천주와 성경의 하나님은 같은 존재라고 믿었다. 여기서 놀라운 사실은, 그가 많은 중국 문인에게 성경의 하나님을 증명하는 데 성공했다는 것이다."[9] 심지어 그의 견해에 동의하지 않는 문인들조차도 그의 해석이 정당하다고 인정했다.

그러나 복음의 토착화에 대한 예수회의 실험은 특정 중국어 용어와 종교적 관습에 관한 해석의 논란으로 인해 중단되었다. 도미니카수도회와 프란체스코수도회 선교사들은 리치의 논지를 유교 전통의 과도한 수용으로 인식해 예수회를 강하게 비판했다. 선교사들 사이의 이 첨예한 분쟁은

---

7   Ross, *A Vision Betrayed*, 135.
8   Julia Ching, *Confucianism and Christianity: A Comparative Study* (Tokyo: Kodansha International, 1978), 20; Ross, *A Vision Betrayed*, 148.
9   Ross, *A Vision Betrayed*, 147.

결국 바티칸의 교황과 심지어 중국 황제까지 참여했다. 이 '전례 문제에 대한 논쟁'(The Rites Controversy)은 기독교 용어를 중국어로 번역하는 것과 기독교 신앙과 유교의 관계에 대한 복잡한 질문도 다루었다.

예수회에서 기독교의 하나님을 지칭하기 위해 중국의 유교 용어인 '높은 신'(Shangdi) 개념과 '천'(Tian) 사상을 사용한 것은 혼합주의라는 비판을 받았다. 그리고 가족 내에서 정기적으로 실행했던 하늘을 위한 희생, 공자를 위한 의식, 지역의 신과 영혼을 숭배하는 의식 그리고 조상을 모시는 의식 등을 포함하는 중국의 유교 의식들도 이 논란의 중심이 되었다.

도미니칸수도회와 프란체스코수도회 소속 선교사들은 주로 이런 의식에 종교적 의미를 크게 부여한 농민들을 대상으로 선교 활동을 펼쳤으며, 그들은 예수회를 우상 숭배 종교인 유교와 타협한 혼합주의라고 비난했다. 이와 대조적으로, 리치와 그의 동료는 주로 유교 의식을 사회적 기능으로 본 지식인들 사이에서 활동했다. 예수회는 조상 숭배 의식 중 일부가 반드시 종교적인 것이 아니므로 그리스도인이 받아들일 수 있다고 주장했다.

이 '전례 문제에 대한 논쟁'은 1630년대에 리치가 사망한 후 발생했으며, 1742년까지 지속했다. 1742년 리치의 편의주의적 접근에 반대하는 베네딕토 14세의 교황 칙서가 공표되기도 했다. 이 논쟁은 그다음 세기에 중국 선교사들 사이에서뿐만 아니라 인류복음화성(Propaganda Fide)과 로마 교황청에서도 계속되었다. 1645년 인류복음화성은 교황 인노센트 10세(Innocent X)의 승인을 받아 예수회 관행을 비판하는 문서를 발행했다.[10]

예수회는 그후 강희제(Kangxi) 황제에게 "조상 숭배가 문화인가, 종교인가?"에 대한 판결을 내릴 것을 요청했다. 황제는 1700년에 유력한 유학자들과 논의한 후에 예수회의 견해를 지지하는 보고서를 작성해 로마로 보냈다. 한 역사가는 황제의 결론을 다음과 같이 요약했다.

---

10   Robert A. Hunt, *The Gospel among the Nations: A Documentary History of Inculturation* (Maryknoll, NY: Orbis, 2010), 73-76.

황제는 공자가 가르치는 자로 존경받았다는 예수회의 진술을 인정한다. 죽은 자에 대한 제사 의식은 가족 구성원에 대한 진심 어린 애정과 조상에 대한 감사의 마음을 표현하는 수단이다. 죽은 조상의 위패는 그들의 영혼의 실제 거처라기보다는 죽은 자를 기억하고 존경하기 위한 것이다. 높은 자(*shang-ti*) 사상과 천(*t'ien*)개념은 물리적인 하늘과 동일시되는 것이 아니라 '천지 만물의 통치자이자 주인'을 지칭하는 것이다. 그리고 예수회에 수여된 비문에 새겨진 '칭 티엔'(*ching t'ien*)은 이런 의미에서 "천국을 되찾다"라는 뜻이다.[11]

그러나 이 논쟁은 1715년에 교황 클레멘트 11세가 공식적으로 예수회와 중국 황제의 해석에 반대함으로써 막을 내렸다.[12] 그 결과 중국 황제도 1717년에 중국에서 기독교 전파를 금지해 외국 선교사를 추방하고 교회를 폐쇄하는 것으로 대응했다. 이 논쟁은 마침내 1939년에 공식적으로 종결되었다. 인류복음화성은 교황 비오 12세의 승인을 받아 유교의 제사 의식이 종교적이지 않고 그리스도인도 참여할 수 있는 문화적 관습이라는 것을 인정하는 지시를 내렸다.[13]

이 전례 문제에 대한 논쟁의 전체 이야기는 비극적이고 교훈적이며 기독교 복음과 아시아의 유교 문화와의 만남에서 제기된 몇 가지의 핵심 질문을 보여 준다. 전례 문제에 대한 논쟁의 핵심 질문은 오늘날 아시아의 상황과 매우 관련성이 높고 논쟁의 여지가 있다.

그리스도인이 전통적 조상 숭배 사상이나 불교 장례식에 어느 정도까지 참여할 수 있는가?

11　Ross, *A Vision Betrayed*, 192.
12　Hunt, *The Gospel among the Nations*, 76-80.
13　위의 책, 80-81.

토착 종교 용어를 사용해 기독교의 주요 개념을 소개할 수 있는가?
기독교와 타종교의 가르침 사이에는 어느 정도의 연관성이 있는가?

선교사, 바티칸 그리고 중국 황실은 모두 문화 인류학, 종교학, 선교학의 핵심 문제를 논의하고 있었지만, 이런 학문이 확립되기까지는 적어도 2세기가 더 지나야 했다. 예수회와 로마 교황청은 그 당시에 종교와 문화를 체계적으로 분석하지는 않았지만 뚜렷하게 구분했다. 더 나아가 양측은 상황화에 관한 현대 선교학 논쟁의 핵심 논지를 받아들인 것으로 보인다. 즉, 어떤 현상이 명확하게 문화적이고 종교적이지 않다면 원칙적으로는 기독교적 의미의 표현으로 채택될 수 있다. 반면에 명확하게 종교적이라면 불가능하다.[14] 이 원칙은 유교 의식 참여를 승인한 인류복음화성의 1939년 지침인 '중국의례에 관한 훈령'(*Plane compertum est*)의 서두에 "동양 국가의 일부 의식은 초기에는 이교도 의식에 묶여 있었지만, 전통과 관습이 수 세기에 걸쳐 시대의 흐름에 따라 변해 왔기 때문에 조상에 대한 헌신, 애국심, 동포에 대한 존중의 시민적 표현을 보존할 뿐이라는 사실을 누구나 알고 있다"라고 명시되어 있다.[15]

다시 말해, 선교사와 교황청은 모두 문제의 조상 숭배가 단순히 문화적이거나 사회 관습이 아니라 종교적이라면 이 의식에 참여하는 것은 우상 숭배에 해당하므로 그리스도인들에게 부적절하다는 데 동의했다. 이 논쟁은 본질상 조상 숭배가 종교적인지 단순히 사회적 혹은 문화적인지에 중점을 둔 것이다.

이 논쟁은 또한 우리가 선교학과 종교신학의 핵심 쟁점을 보다 명확하게 파악할 수 있도록 도와준다.

---

14 Stephen B. Bevans and Roger P. Schroeder, *Constants in Context: A Theology of Mission for Today* (Maryknoll, NY: Orbis, 2004), 202.
15 Hunt, *The Gospel Among the Nations*, 80.

우리는 종교와 문화를 항상 명확하게 구분할 수 있는가?

만약 가능하더라도 기독교 신앙과 관련해 문화적 요소는 수용하고, 종교적 요소는 받아들이지 않아야 한다고 단정할 수 있는가?

이런 질문에 답하기 전 우리는 종교와 문화가 의미하는 바를 더 명확하게 이해해야 한다. 오늘날 종교와 문화라는 용어가 널리 사용되고 있지만 정확하게 정의하는 것은 매우 어려운 일이다. 성 어거스틴(Saint Augustine)은 종교와 문화에 대해 논의하면서, 시간의 본질과 관련해 다음과 같이 질문했다.

"시간이란 무엇인가?"

"누가 이것을 쉽고 간단하게 설명할 수 있는가?"

"누가 이것을 정확하게 이해하고 말로 표현할 수 있겠는가?"

그러나 우리는 익숙한 일상 대화에서 시간에 대해 말하고 있다. 우리가 시간에 대해 말할 때 그 뜻을 확실히 알고 있다. 우리는 또한 다른 사람이 시간에 관해 이야기하는 것을 들을 때 그 의미를 알고 있다.

그렇다면 시간은 무엇인가?

아무도 내게 묻지 않는다면, 나는 시간에 대해 알고 있다. 그러나 누군가가 내게 질문한다면, 나는 설명할 수 없다.[16] 문화와 종교를 정의하려는 모든 사람에게 비슷한 좌절감이 기다리고 있다. 그런데도 설명을 위한 어느 정도의 시도가 필요하다.

---

16   Saint Augustine, *Confessions*, XI.xiii.17, translated by Henry Chadwick (New York: Oxford University Press, 1991), 230.

3. 문화

오늘날 우리가 알고 있는 문화는 현대적 개념이다. 물론 이것은 문화가 현대 이전에 존재하지 않았다는 것을 의미하지는 않는다. 역사를 거슬러 올라가 보면, 사람들은 일정한 유형의 생활 방식과 질서가 있는 공동체에서 함께 살아왔다. 고대부터 다양한 인종과 민족이 다른 언어, 신념, 관습 및 제도로 구분되었다. 고대 사람들은 이런 차이를 잘 알고 있었다. 19세기와 20세기에는 문화라는 개념이 이런 차이점을 설명하는 방법으로 널리 사용되고 있다.

현대 서구 사회가 문화의 개념을 이해하는 데는 적어도 두 가지 방법이 있다. 한편으로는, 문화를 '인간의 업적에 대한 우월적인 도덕적, 영적 교화의 총합'으로서 엄선된 상위 계층이 누리고 있는 삶의 방식으로 생각하는 전통이 있다.[17] 19세기에는 문화를 적절한 사회적 상호 작용에 대한 기대를 반영하는 적절한 교육(특히 문학과 예술)에서 파생된 정교하고 세련된 생활 습관으로 이해했다. 이 관점에 따르면, 모든 사람이 문화를 가지고 있는 것은 아니다. 문화가 특권층에게만 제공되었던 특별한 자질이었다.

다른 한편으로는, 20세기에 문화에 대한 또 다른 관점이 널리 받아들여 졌다. 인류학의 영향으로 실제 공동체에서 관찰할 수 있는 평범한 사람들의 현실을 기반으로 문화에 대한 이해가 발전했다. 토모코 마스자와(Tomoko Masuzawa)는 문화를 '복합적 총체'(complex whole)로 이해했다. 이 관점은 문화를 '차별적이기보다는 총체적이며, 평가적이기보다는 서술적이고,… 우월성보다는 다양성을 전제로 한다"라고 주장했다.[18]

---

[17] Tomoko Masuzawa, "Culture," in *Critical Terms for Religious Studies*, edited by Mark C. Taylor (Chicago: University of Chicago Press, 1998), 73-74.
[18] 위의 책, 77.

이런 관점에서 볼 때, 문화가 이제는 특권 계층의 전유물이 아니다. 모든 공동체에 문화가 있기 때문이다. 문화를 특정한 생활 방식으로 제한할 수 없다. 인간 사회가 서로 다르므로 문화도 민족마다 다르게 나타난다. 따라서 문화는 특정 지역 사회 내에서 관찰할 수 있는 '고유한 문화'라는 개념이 등장했으며, '문화들'(cultures)이라는 표현이 일반화되었다. 우리가 복음, 문화 그리고 종교의 관계를 탐구할 때 우리의 관심은 인류학적 관점에 있다.

기독교 선교사들은 문화의 양면성을 가지고 있다. 한편으로 선교사들은 문화에 대한 현대적 이해를 발전시키는 데 중요한 역할을 했다. 아시아, 아메리카 그리고 아프리카의 다양한 민족 사이에서 살면서 선교사들이 민족지학적 자료(ethnographic data)를 신중하게 수집해 현재 문화에 대한 이해가 형성되는 자료를 제공했기 때문이다.[19]

그러나 동시에 많은 선교사가 문화에 대한 단순하고 오해의 소지가 있는 견해를 채택해, '토착' 문화를 주로 어둠과 악의 영역으로 간주하고, 기독교 복음을 서구의 관습과 가치로 대체하기도 했다. 선교사는 유럽이나 미국 문화의 우월성을 당연한 것으로 받아들였고, 선교를 기독교, 상업, 문명의 축복을 '원시적인' 사람들에게 전파하는 것으로 이해했다. 그들은 토착적인 관습과 제도는 미개할 뿐만 아니라 악한 것으로 인식해 거부했다.

물론 오늘날 우리의 관점에서 초기 선교사들이 지역 문화를 올바로 이해하지 못했던 것을 비난하거나, 기독교의 복음과 그 당시 선교사의 본국 문화를 구분하는 것은 어렵지 않다. 레슬리 뉴비긴에 따르면, "조상의 잘못을 지적하는 것이 자신의 죄를 깨닫는 것보다 훨씬 더 즐겁고 편하다."[20]

19　Robert J. Priest, "Anthropology and Missiology: Reflections on the Relationship," in *Paradigm Shifts in Christian Witness*, edited by Charles E. Van Engen, Darrell Whiteman, and J. Dudley Woodberry (Maryknoll, NY: Orbis, 2008), 23-28; Taber, *The World*, chaps.

20　Lesslie Newbigin, *A Word in Season: Perspectives on Christian World Missions* (Grand Rapids, MI: Eerdmans, 1994), 122.

또한, 모든 선교사가 타문화에 대해 그렇게 무감각했던 것은 아니라는 점도 인정해야 한다. 데이비드 보쉬(David Bosch)는 "선교가 제국주의의 종교적 측면에 지나지 않았다고 주장하는 것은 부적절하다. … 심지어 제국주의가 절정에 달했던 시대에도 일부 선교사와 선교 단체는 국가가 주도하는 선교에 대해 매우 회의적이었다"라고 지적한 바 있다.[21]

그러나 20세기 중반부터 복음주의 선교학자들은 기독교 복음을 서구 문화와 분리하고, 가능하면 지역 문화의 고유한 표현을 수용하고, 그들의 토착 언어로 복음을 표현하도록 장려해야 할 필요성에 대해 기본적으로 동의했다. 선교학은 문화에 대한 적절한 이해가 선교의 이론과 효과적인 실천의 핵심이라고 주장한다.

유진 나이다(Eugene Nida)와 같은 언어학자와 찰스 타버(Charles Taber), 찰스 크래프트(Charles Kraft) 그리고 폴 히버트(Paul Hiebert)와 같은 인류학자들의 연구 결과로, 복음주의 선교학자들은 1970년대부터 사회 과학을 활용한 복음의 상황화를 탐구해 왔다.[22]

문화란 무엇인가?

폴 히버트는 문화를 '관념과 가치와 감정의 통합된 체계 및 이와 관련된 행위의 형태와 그들이 생각하고 느끼며 행동하는 것을 조직화하고 규칙화

---

21 David Bosch, *Transforming Mission: Paradigm Shifts in Theology of Mission* (Maryknoll, NY: Orbis, 1991), 310-311.
22 Taber, *The World*; Paul G. Hiebert, "The Social Sciences and Missions: Applying the Message," in *Missiology and the Social Sciences*, edited by Edward Rommen and Gary Corwin (Pasadena, CA: William Carey Library, 1996), 184-213; Priest, "Anthropology and Missiology." 문화에 대한 관심은 1978년에 로잔위원회의 신학 및 교육 분과가 후원하는 버뮤다(Bermuda)의 윌로우 뱅크(Willowbank)에서 열린 복음과 문화에 관한 협의회에 반영되었다. 6개 대륙에서 온 33명의 신학자, 인류학자, 언어학자, 선교사, 목사들이 모여 복음과 문화의 관계를 연구했다. 이 연구 자료는 *Down to Earth: Studies in Christianity and Culture*, edited by John R. W. Stott and Robert Coote (Grand Rapids, MI: Eerdmans, 1980)을 참고하라.

하는 사람들의 집단에 의하여 공유된 산물'이라고 정의했다.[23] 클리포드 기어츠(Clifford Geertz)는 문화를 '삶에 대한 인간의 지식과 태도를 소통하고 영속시키며 발전시키는 수단으로서 상징적 형태로 표현된 상속되는 개념의 체계'로 이해했다.[24]

이 개념은 다소 모호해, 우리는 문화를 매우 광범위하거나 좁은 의미로 생각할 수 있다. 예를 들어, 우리는 미국 문화나 볼리비아 문화에 대해 다양한 방식으로 설명할 수 있다. 그러나 우리는 또한 더 좁은 의미로 시카고에 있는 한인 2세의 독특한 문화를 말할 수 있다. 또한, 한 개인이 동시에 여러 다른 문화에 속할 수 있다.

한 사람이 미국 문화, 시카고의 한국계 미국인 2세 문화 그리고 중서부 복음주의 기독교 문화의 일부가 될 수 있다. 또한, 문화를 구분하는 경계는 유동적이고 불분명하므로 한 문화가 끝나고 다른 문화가 시작되는 시점이 항상 명확하지는 않다. 문화는 외부 영향으로부터 차단된 폐쇄적 독립체가 아니다. 예를 들어, 미국 문화와 캐나다 문화 혹은 1세대 한인 문화와 2세대 한인 문화 사이의 경계를 명확하게 구분하는 것은 쉬운 일이 아니다.

마지막으로, 문화에는 사람들의 집단을 정의하고 경계를 설정하며 행동에 대한 규범적 기대를 설정하는 데 도움을 주는 상징적 의미가 포함된다. 중요한 변화의 시기에 특정 문화를 구성하는 하위 집단들이 상징적 의미를 정의하는 데 있어서 경쟁 우위를 차지하기 위해 갈등이 일어나기도 한다. 따라서 문화는 집단의 결속력과 정체성을 제공하는 동시에 내부적 긴장과 갈등을 일으킬 수 있다.

선교학자와 신학자들은 문화를 창조와 계시 가운데서 주어진 하나님 은혜의 선물이자 인간의 죄의 산물이며, 다른 한편으로는 하나님이 창조하

---

23 Paul Hiebert, *Cultural Anthropology*, 2nd ed. (Grand Rapids, MI: Baker, 1983), 25.
24 Clifford Geertz, *The Interpretation of Cultures* (New York: Basic, 1973), 89.

신 것을 왜곡한 것으로 문화를 이해하기 위한 신학적 틀을 발전시켜 왔다.[25] 문화와 동일시되는 활동과 제도는 그 자체로 하나님의 은혜 선물이며, 세계의 다양한 문화에서 발견할 수 있는 많은 긍정적 요소는 하나님의 선함을 반영한다.

인간 공동체의 삶의 방식 가운데 내제되어 있는 진리와 선함은 궁극적으로 삼위일체 하나님, 즉 아버지와 아들과 성령의 창조적이고 계시적인 활동의 결과다. 하나님이 모든 선과 진리의 근원이시기 때문이다. 그런데도, 모든 문화는 죄의 영향을 받았다. 특정한 문화적 환경에서의 복음의 상황화에 관한 구체적인 질문은 선한 것과 수용할 수 있는 것 그리고 거부해야 하거나 변화되어야 하는 것 사이의 변증을 전제로 한다.

그러나 일부 기독교 사상가는 문화는 본질적으로 신학적 문제가 없다고 주장한다. W. 더니스(W. Dyrness)는 "문화는 … 신이 인간에게 부여하신 "생육하고 다스리라"라는 사명을 반영한 것이다"라고 주장한 바 있다.[26]

기독교 신앙이 새로운 사회적 상황으로 옮겨감에 따라, 교회는 예수 그리스도의 복음과 문화의 관계를 고심할 수밖에 없다. 여기에서 기독교 신앙의 독특성이 드러난다.

제4장에서 살펴본 것처럼, 앤드루 월스와 라민 사네는 기독교 복음이 다양한 문화적 환경으로 '번역 가능' 하다는 점에 주목했다. 1세기의 신약 교회를 포함한 모든 그리스도인이 이 특정한 역사적, 언어적, 문화적 환경에 영향을 받고 있다는 사실을 반영하는 월스의 '토착화 원리'(indigenizing principle)는 하나님과 인간의 만남이 이런 문화적 상황 안에서 이루어진다

25　D. A. Carson, *Christ and Culture Revisited* (Grand Rapids, MI: Eerdmans, 2008); Paul G. Hiebert, *Anthropological Reflections on Missiological Issues* (Grand Rapids, MI: Baker, 1994); William A. Dyrness, *The Earth Is God's: A Theology of American Culture* (Maryknoll, NY: Orbis, 1997), chaps. 1-2.

26　Dyrness, *The Earth Is God's*, 71.

는 것을 의미한다.[27]

따라서 예수 그리스도의 복음은 특정 언어 혹은 문화 환경에 적합한 방식으로 뿌리내려야 한다. 마찬가지로, 사네는 기독교 복음을 여러 언어 및 문화적 맥락으로 번역할 수 있는 가능성과 성경을 현지 언어로 번역했을 때의 긍정적인 효과를 제시했다.[28] 아랍어 중심의 이슬람과는 달리 모든 신자가 따라야 하는 특정한 '기독교 언어'나 '기독교 문화'는 존재하지 않는다.

그러나 복음의 번역 가능성과 토착화 원리는 월스의 '순례자 원리'(pilgrim principle)와 균형을 이루어야 한다. 복음은 어떤 문화적 환경에서도 표현될 수 있지만, 단순히 어떤 문화와도 동일시될 수 없다. 예수 그리스도의 복음은 모든 문화를 초월하고 도전하며 그리스도인들에게 세상 문화에 안주하지 않아야 한다는 것을 상기시킨다. 상황화에 대한 논의는 토착화 원리와 순례자 원리 사이를 균형을 이루어야 한다.

4. 현대 개념의 종교

종교에 관한 학문적 연구는 19세기 후반에 등장했다. 에드워드 버넷 테일러(Edward Burnett Tylor, 1917), 제임스 프레이저(James G. Frazer, 1941), 막스 뮐러(Max Müller, 1900), 에밀 뒤르켐(Émile Durkheim, 1917) 그리고 막스 베버(Max Weber, 1920)와 같은 사상가의 선구자적 노력이 현대 종교 연구를 위한 방법론적 체계를 만들어냈다.

---

27 Andrew Walls, "The Gospel as Prisoner and Liberator of Culture," in Walls, *The Missionary Movement in Christian History: Studies in the Transmission of Faith* (Maryknoll, NY: Orbis, 1996), 3-15.

28 Lamin Sanneh, *Translating the Message: The Missionary Impact on Culture*, rev. ed. (Maryknoll, NY: Orbis, 2009).

이들 가운데 일부는 역사적 연구를 강조하고, 다른 일부는 종교의 심리적, 사회학적, 현상학적 혹은 구조적 차원을 탐구하는 다양한 접근 방식을 채택했다. 인류학과 마찬가지로, 학문으로서의 종교 연구는 아시아, 라틴 아메리카 및 아프리카에서 탐험가 혹은 상인과 함께 기독교 선교사들이 작성한 광범위한 보고서를 기반으로 발전했다.[29] 상당수 초기 선교사는 타 문화에 관한 풍부한 정보를 기록한 민족지학자들(ethnographers)이었다.

선교사들은 또한 서구 세계와 비서구 세계 사이의 중재자 역할을 했으며, 성경을 현지 언어로 번역할 뿐만 아니라 다른 종교의 경전을 번역해 서구 세계에 제공했다. 그러나 이런 업적에도, 현대 서구 대학에서 종교 연구가 확립됨에 따라 종교학자와 신학자 혹은 선교학자의 관계는 점점 멀어지고 있는 실정이다. 신학자들은 방법론적 자연주의(methodological naturalism)와 연구의 '객관적 타당성'을 거부하지만, 종교학자들은 신학이 다루지 않는 '과학적' 접근을 추구한다.

1960년대부터 학계에서 종교 연구가 번창했고 종교를 다루는 학술적 문헌이 부족하지 않았지만,[30] 오늘날 많은 종교학자는 우리가 종교를 연구하는 방식에 근본적인 문제가 있다고 주장한다. 비평가들은 현대의 종교를 유럽권 기독교 국가(Christendom)의 해체, 유럽 사회의 세속화, 유럽 식민주의 그리고 아시아에서 활동한 기독교 선교사의 부정적 영향에 대한 저항과 함께 등장한 새로운 개념이라고 주장한다.

현대의 종교 연구는 종교를 명확하게 규정한다. 종교를 본질적으로 초역사적이며 초 문화적 분야로 취급하며, 여기에는 이슬람, 힌두교, 기독교,

---

29 Eric J. Sharpe, *Comparative Religion: A History* (La Salle, IL: Open Court, 1986), 144-145.
30 Paul J. Griffiths, "The Very Idea of Religion," *First Things* 103 (May 2000): 30-35; William T. Cavanaugh, *The Myth of Religious Violence* (New York: Oxford University Press, 2009), chap. 2. Wilfred Cantwell Smith, *The Meaning and End of Religion* (New York: Harper & Row, 1963).

불교와 같은 많은 종교가 포함되어 있다.³¹ 따라서 종교는 일반적으로 비종교인의 세속적인 삶의 영역과 분리될 수 있다. 모든 종교는 '세속적'이지 않고 '종교적'이라는 공통의 본질을 공유하고 있다.

이와 같이, 종교는 역사와 문화를 초월하는 본질적 특성을 갖고 있지만, 현대 비평가들은 이 부분에 의문을 제기하고 있다. 비평가들은 이런 대중적인 사고방식과는 달리, 역사와 문화를 초월하는 종교는 존재하지 않을 뿐만 아니라 힌두교, 불교 혹은 이슬람 등을 이와 같은 초월적 종교의 범주로 간주하지 않아야 한다는 것이다.

이 비판에는 중요한 진실이 내포되어 있다. 전통적인 종교의 개념을 비판하는 사람들은 이 전통적인 개념이 오히려 고대 세계 사람들이 받아들이기 어려운 현대적인 개념이라고 지적한다. 근대 이전에는 오늘날의 종교 개념으로 사용된 단일 용어가 없었다. 예를 들어, 고대 그리스어와 라틴어에는 오늘날 '종교'라는 영어 단어와 동일한 의미를 지닌 용어가 없었다.³²

라틴어 '종교'(*religio*)는 고대 로마에서 사회문화적 의무를 이행하는 것을 뜻하는 단어였다. '종교'는 키케로(Cicero)의 『신의 본성에 관하여』(*De natura deorum*)에서 '경건'(*pietas*) 혹은 '거룩'(*sanctitas*) 등의 뜻으로 사용되었다. 키케로에 따르면, "'종교'는 신들과 인간의 관계를 표현하는 단어이다. 이 단어는 '신에게 드리는 경배'(*deorum pius cultus*)를 뜻하며, '신에 대한 두려움'(*est timor inanis deorum*)과 대조를 이룬다."³³

---

31   Paul J. Griffiths, "The Very Idea of Religion," *First Things* 103 (May 2000): 30-35; William T. Cavanaugh, *The Myth of Religious Violence* (New York: Oxford University Press, 2009), chap. 2. Wilfred Cantwell Smith, *The Meaning and End of Religion* (New York: Harper & Row, 1963).
32   Peter Henrici, "The Concept of Religion from Cicero to Schleiermacher," in *Catholic Engagement with World Religions: A Comprehensive Study*, edited by Karl J. Becker and Ilaria Morali (Maryknoll, NY: Orbis, 2010), 1-20.
33   위의 책, 2.

키케로는 사제이자 로마 공화국의 아우구르(Augurs, 새가 나는 모습을 보거나 소리를 듣고 점을 치는 새점관) 위원이었지만, 당시의 대다수 지식인과 마찬가지로 그는 대중의 종교적 신념과 관습을 비판했으며 미신으로 간주했다.

어거스틴(Augustine)은 그의 작품 『참된 종교』(De vera religion)에서 '종교'에 세심한 주의를 기울인 초기 기독교 사상가 중 한 명이었다. 그러나 어거스틴에게 있어서 종교는 현대적인 의미가 아니었고, 유대교, 기독교, 불교, 힌두교와 같은 특정 종교와 관련된 것도 아니었다. 어거스틴은 '종교'를 예배, 즉 공공장소에서 경배와 찬양으로 신에게 예배하는 행위로 이해했다. 그는 마치 부적절하고 저주받을 만한 행위가 있을 수 있는 것처럼, 하나님을 예배하는 올바른 방법이 있을 수 있다고 믿었다. 따라서 참된 종교와 거짓 종교가 존재하는 것이라고 보았다.[34]

어거스틴은 경험적 혹은 제도적 종교로서의 기독교가 아니라 하나님을 예배하는 적절한 방법에 초점을 맞추었지만, '참된' 방법과 '거짓' 방법을 구분할 때 어거스틴은 페르시아 영지주의 종교 가운데 하나인 마니교(Manichaeism)의 교리와 관습을 염두에 두었다. 그는 기독교와 타종교의 신앙과 관습의 차이를 잘 알고 있었다. 흥미롭게도 콘스탄티누스 이후 유럽의 기독교화와 함께 '종교'(religio) 혹은 '종교들'(religiones)이라는 용어는 다른 비기독교적 종교 생활 방식과 관련해 사용되지 않았다.[35]

그 이유는 당시의 그리스도인들은 타종교와의 접촉이 부족했기 때문이었다. 심지어, 그들은 이슬람도 처음에는 기독교의 이단으로 간주했다. 16세기 기독교권 국가들의 분열과 지리적 대발견으로 다양한 형태의 종교에 대한 훨씬 더 많은 정보를 갖게 되었고, 일반적인 종교 개념과 별개의 독립체로서 종교에 대한 용어가 개발되었다.

---

34 Griffiths, "The Very Idea," 31.
35 Henrici, "The Concept of Religion," 6.

마찬가지로, 현대에 이르기까지 비서구 언어에는 일반적으로 영어 단어 '종교'(religion)에 해당하는 단일 용어가 없었다. 에릭 샤프(Eric Sharpe)에 따르면, "최근에 비서구 사회가 사용하고 있는 '종교'라는 단어는 유럽에서 온 것이었다. 힌디어를 영어로 표기하는 사람들에게는 유럽에서 온 '종교'(religion)가 도움이 되었다. 산스크리트어, 힌디어 그리고 타밀어로 '종교'를 표현하고자 한다면 다른 용어를 사용해야 한다.[36]

이런 맥락에서 '진실', '의무', '법', '옳은' 등의 뜻을 가진 산스크리트어인 '달마'(dharma)가 사용될 수 있고, 일본에는 '종교'를 뜻하는 '슈코'(shukyo)라는 단어가 있지만, 종교에 관한 일본의 전통적인 가치관이 아닌 현대적인 의미를 내포하고 있다.

> [슈코(Shukyo)]는 19세기 기독교 신학에서 흔히 볼 수 있는 종교의 개념을 나타내기 위해 일본인이 서양과 특히 기독교 선교사들과 만남의 결과로 19세기에 널리 알려진 파생어이다. 따라서 '슈코'라는 용어는 적어도 원래 사회 및 문화에서 종교적인 것을 분리하는 것을 의미하며, 이 분리는 일본의 전통 문화가 아닌 하나의 새로운 질서 혹은 운동에 대한 헌신을 의미하는 것이었다. 따라서 이 용어는 일본의 전통적인 종교적 가르침과 문화적 현상의 상당 부분을 배제하는 경향이 있었다.[37]

전근대 사회가 종교에 대해 별도의 용어를 사용하지 않은 한 가지 이유는 사회생활의 종교적 차원과 비종교적 차원을 뚜렷하게 구분하지 않았기 때문이었다.[38] 종교를 사회 질서의 다른 측면과 구별하고, 광범위한 사회

---

36 Eric J. Sharpe, *Understanding Religion* (New York: St. Martin's, 1983), 39.
37 Ian Reader, *Religion in Contemporary Japan* (London: Macmillan, 1991), 13-14. *The Invention of Religion in Japan* (Chicago: University of Chicago Press, 2012).
38 그러나 고대 세계의 모든 사람이 일상생활의 모든 영역에서 경건한 종교 생활을 실천한 것은 아니었다. 고대 그리스, 로마 제국, 고대 인도 및 중국은 모두 종교 회의론에

및 정치 체계의 일부로 간주하려는 경향이 전 세계적으로 유럽, 미국 및 기타 사회의 세속화가 증가하는 현상과 일치하고 있다.[39]

종교의 개념 자체는 현대적인 혁신일 뿐만 아니라 특정 종교에 대한 우리의 견해도 현대 사회의 영향을 받는다. 이것은 힌두교를 살펴보면 간략하게 설명할 수 있다. 힌두교를 별개의 종교로 생각한 것은 18세기와 19세기 인도와 영국 식민주의, 서구 기독교 선교 활동, 인도 민족주의 등과 만남을 통해 발전한 현대적 개념이다. 제프리 오디(Geoffrey Oddie)에 따르면, "'힌디'(Hindi)와 '힌두교'(Hinduism)라는 용어는 인도 종교와 사회의 복잡성을 해석하고 설명하기 위해 외부인이 발명한 개념이었다.[40]

인더스강을 가리키는 산스크리트어가 페르시아어로 변형된 용어인 '신두'(*sindhu*)가 사용되기 시작한 초기에는 주로 지리적으로 인도 고유의 모든 것을 지칭했으며 특별한 종교적 의미는 없었다. 따라서 영국 동인도 회사가 인도에 도착한 후 한참이 지난 19세기 초에 인도 아대륙(subcontinent)의 토착 문화를 따르지 않는 사람들을 '힌두 그리스도인'(Hindoo Christians) 혹은 '힌두 무슬림'(Hindoo Muslims) 등으로 구분해 부르기도 했다.[41]

그러나 '힌두'(Hindu)라는 용어가 점점 더 종교적 의미를 갖게 되었고, 결국 기독교와 같은 외국 종교와는 대조적으로 인도의 토착 종교를 나타

대한 풍부한 전통을 갖고 있었다.

39　세속화는 그 자체로 매우 복잡하고 논쟁의 여지가 있는 주제다. Judith Fox, "Secularization," *The Routledge Companion to the Study of Religion* edited by John R. Hinnells (New York: Routledge, 2005), 291-305; Peter Berger, "Reflections on the Sociology of Religion Today," *Sociology of Religion* 62, no. 4 (Winter 2001): 443-454. 유럽과 미국의 세속화에 관한 가장 유용한 자료 가운데 하나는 Charles Taylor, *A Secular Age* (Cambridge, MA: Harvard University Press, 2007)이다.

40　Geoffrey A. Oddie, "Constructing 'Hinduism': The Impact of the Protestant Missionary Movement on Hindu Self-Understanding," in *Christians and Missionaries in India: Cross-Cultural Communication Sinces*, edited by Robert Eric Frykenberg (Grand Rapids, MI: Eerdmans, 2003), 156.

41　Robert Eric Frykenberg, "Constructions of Hinduism at the Nexus of History and Religion," *Journal of Interdisciplinary History* 23, no. 3 (Winter 1993): 525.

내는 단어로 '힌두교'(Hinduism)라는 용어가 도입되었다. 힌두교는 1820년대와 1830년대에 선교사들과 인도인들에 의해 영어 출판물에 사용되었으며, 선교사들은 '힌두교'를 기독교와 대조되는 부정적인 의미로 사용했지만, 인도인들은 긍정적인 대안으로써 이 용어를 옹호했다.

힌두교가 이슬람, 기독교, 시크교, 조로아스터교, 자이나교, 불교가 아닌 인도의 종교 전통을 지칭하는 일반적인 용어로 받아들여진 것이다. 대중 종교와 철학적 전통이 혼란스러울 정도로 다양할 뿐만 아니라 서로 충돌하고 있음에도, '힌두교'라는 단어를 '기독교와 이슬람과 같은 다른 종교 전통들과 비교할 수 있는 일관되고 포괄적이며 통일된 종교 체계'로 사용하기 시작한 것이다.[42]

힌두교는 스와미 비베카난다(Swami Vivekananda)와 사르베팔리 라다크리슈난(Sarvepalli Radhakrishnan)과 같은 현대 인도 지식인들의 영향을 받아서 '베다 경전(Vedic scriptures)에 뿌리를 둔 인도의 고대 브라만 전통'(Brahmanic traditions)으로 정의되었으며, 특히 아드바이타 베단타(Advaita Vedanta) 전통의 밀교 신비주의 혹은 일원론 등과 구분했다.[43]

윌프레드 캔트웰 스미스(Wilfred Cantwell Smith)와 같은 일부 학자는 이런 역사적, 언어적 사실을 근거로 제시하며 각각의 종교를 별개의 실체로 보는 개념, 특히 '종교들'(religions)과 같이 이 용어를 복수로 표현하는 것은 폐기되어야 하는 현대적 개념의 혼란이라고 결론을 내렸다.[44]

예를 들어, 그는 "힌두인(Hindus)은 있지만, 힌두교(Hinduism)는 없다"라고 주장한 바 있다.[45] 스미스의 이 대담한 주장은 힌두교를 추상적이고 통

---

42 Oddie, "Constructing 'Hinduism,'" 155.
43 Brian K. Pennington, *Was Hinduism Invented? Britons, Indians, and the Colonial Construction of Religion* (New York: Oxford University Press, 2005); Torkel Brekke, *Makers of Modern Indian Religion in the Late Nineteenth Century* (New York: Oxford University Press, 2002), 13-60.
44 Smith, *The Meaning and End*, 53-79.
45 위의 책, 65.

합된 체계로 보는 것이 아니라, 힌두인의 실제적 삶의 방식으로 이해한 것이다. 이 관점은 힌두교 공동체를 이해하고자 하는 누구에게나 유익할 것이다. 그러나 일반적으로 종교의 개념이나 힌두교, 이슬람교, 불교와 같은 특정 종교의 개념을 포기해야 한다는 그의 주장에는 문제가 있다.

한편으로, 종교에 대한 우리의 현대적 이해 혹은 힌두교와 같은 특정 종교에 대한 이해가 유럽 기독교권 국가의 분열과 유럽 사회의 세속화, 아시아와 아프리카의 많은 다양한 문명과 유럽인의 만남 그리고 유럽 식민주의자들과 아시아인들의 복잡한 역학 관계 속에서 형성되었다는 것은 의심의 여지가 없다.

스미스는 또한 종교 개념을 보편화하거나 획일화하는 것을 반대했다. 앞으로 살펴보겠지만, 종교가 의미하는 바를 정확하게 정의하는 것은 매우 어렵고, 경험적 실재인 종교는 새로운 환경에 적응하면서 지속으로 변화하고 있다는 것을 기억해야 한다. 그러나 이 모든 것을 인정한다고 해서 현재 이 용어가 이해되고 있는 것처럼 종교라는 용어가 의미가 없거나 힌두교나 불교 혹은 이슬람과 같은 특정 체계를 종교의 차원에서 설명할 수 없는 것은 아니다.

그리고 현대적 관점의 종교 개념이 반드시 잘못되었거나 도움이 되지 않는 것도 아니다. 또한, 힌두교와 불교가 어느 정도 현대 사회의 영향을 받았다는 사실이 현대 사회의 산물이라는 것을 의미하는 것도 아니다. 종교에 대한 학문적 추세는 현대에 발전된 개념들로 가득 차 있지만, 우리가 근대와 현대인들에게 익숙한 세계의 특성을 이해하는 데 도움이 될 수 있다.

예를 들어, 'H_2O'의 개념은 고대 세계에 알려지지 않았지만, 사람들이 물을 인식하지 못했거나 물과 기름을 개념적으로 구분할 수 없었다는 의미는 아니다. 이와 마찬가지로 종교가 정확히 무엇을 의미하는지 명확하게 규정된 그들 고유의 용어는 없었지만, 고대 사람들은 종교적 신념과 의식을 잘 알고 있었고 다양한 종교 집단의 신앙과 관습을 구분할 수 있었다.

흥미롭게도, 일본에는 6세기 불교가 일본에 도입되기 전까지 일본의 전통적이고 토착적인 종교 전통에 대한 용어가 없었다. 그러나 외국 종교가 도입됨에 따라 일본의 종교 전통을 '부처의 길'(Butsudo)과 구별하기 위해 '카미의 길'(Shinto)이라는 용어가 만들어졌다.[46]

그러나 오늘날 우리가 종교로 정의하는 신념과 가치를 지키고 종교 활동에 참여하는 사람들은 '종교'(religion)에 해당하는 특정한 용어가 없어도 종교적인 사람들일 수 있다. 더 나아가 고대와 중세 시대의 사람들은 종교 공동체 간의 차이를 잘 알고 있었다.

예를 들어, 비슈누(Vishnu)를 숭배했던 12세기의 인도 사람들은 환생을 믿고 엄격한 카스트 제도를 유지한 사람들과 알라에게 기도하고 꾸란을 낭송하며 예언자 무함마드를 모방하기 위해 노력한 사람들의 종교가 서로 다르다는 것을 알고 있었다. 특정 지역의 종교 집단을 이해하는데 있어서 서구의 종교적 판단 기준을 가진 외부자의 관점은 한계가 있으므로 신중해야 한다.

인도의 종교적 내부자들은 그들 스스로 종교 집단을 구분했으며, 어떤 경우에는 서로 받아들일 수 없었기 때문에 다른 종교 공동체를 거부하기도 했다. 인도는 오랫동안 다양한 종교 전통이 공존해 왔지만, 분열과 갈등도 있었다. 심지어 고대에도 힌두교와 초기 불교 그리고 자이나교 사이의 경계는 분명했다.

당시의 힌두교 신자들은 불교와 자이나교를 힌두교와는 분명하게 구분되는 종교 전통으로 인식하고 고타마 붓다(Gautama Buddha)와 자이나교의

---

46 Joseph M. Kitagawa, *On Understanding Japanese Religion* (Princeton, NJ: Princeton University Press, 1987), 139. Toshio Kuroda, "Shinto in the History of Japanese Religion," *Japanese Journal of Religious Studies* 7, no. 1 (1981): 1-21.

창시자인 마하비라(Mahavira)의 추종자들을 거부했다. 고타마 붓다와 마하비라의 추종자들이 베다 경전의 권위를 거부했기 때문에 힌두교는 그들을 이교도 집단으로 간주하고 받아들이지 않았다.[47]

'종교'(religion)와 '종교들'(the religions)이 어느 정도 현대적 개념이라는 것을 인정한다고 해서 반드시 종교의 의미를 왜곡하는 것은 아니다. 킴 노트(Kim Knott)는 "일반적으로 학자들은 '종교'가 역사적이고 학문적인 체계라는 데 동의한다. 이것은 사람들의 신성한 경험을 경시하거나 종교적 주장의 진실성을 판단하기 위한 것이 아니다. 오히려 '종교'가 특정 유형의 인간 행동, 신념, 조직 및 경험을 인식하고 구분하며 설명하는 데 사용되는 개념이다"라고 말한 바 있다.[48]

문제는 일반적인 종교 개념과 힌두교, 불교, 이슬람 등의 특정 개념이 다양한 종교 공동체의 실체를 이해하고 분류하는 데 있어서 유용한 범주인지의 여부이다. 우리는 적절하게 이해하면 그럴 수 있다고 생각한다. 이런 용어를 포기하면 고대와 중세의 과거와 현대 세계의 서로 다른 종교 공동체를 묘사하기 위해 또 다른 용어를 도입해야 한다.

5. 종교의 신학적 이해

기독교 종교신학은 종교에 관한 기독교의 신학적 이해를 제공해야 한다. 종교에 관한 많은 신학적 관점이 제시되었지만, 이 가운데 가장 중요한 논의는 스위스의 위대한 신학자인 칼 바르트(Karl Barth)의 『교회 교의

---

47 Wendy Doniger O'Flaherty, "The Origin of Heresy in Hindu Mythology," *History of Religions* 10, no. 4 (1971): 272.

48 Kim Knott, "How to Study Religion in the Modern World," in *Religions in the Modern World: Traditions and Transformations*, 2nd ed., edited by Linda Woodhead, Hiroko Kawanami, and Christopher Partridge (London: Routledge, 2009), 16.

학』(Church Dogmatics)에 언급된 '종교의 폐지로서의 하나님의 계시'다.⁴⁹ 여기서 바르트는 종교를 극도로 부정적인 것으로 간주했다.

앨런 레이스(Alan Race)는 바르트가 '배타주의 이론의 가장 극단적인 형태'를 대표한다고 말했다.⁵⁰ 그러나 최근 연구는 이런 평가가 부적절했다는 것을 보여 주었다. 바르트의 견해는 처음에 예상했던 것보다 훨씬 더 복잡하고 미묘했다.⁵¹

바르트의 견해에 대한 혼란은 부분적으로 독일어에서 영어로의 번역 문제에서 비롯되었다. 바르트의 『교회 교의학』의 표준 영어 번역은 최근에 주요 용어의 번역에 있어서 오류를 지적받고 있다.

첫째, '*Aufhebung der Religion*'을 '종교의 폐지'(abolition of religion)로 번역하는 것은 바르트의 미묘한 입장을 적절하게 반영하지 못한 것이라는 비판을 받아 왔다. 가렛 그린(Garrett Green)은 '폐지' 대신 '지양'(sublation)을 제안했다.⁵² 바르트가 말한 하나님의 계시에는 종교의 소멸(dissolution)과 번영(elevation) 사이의 긴장이 포함되어 있다. 이런 의미에서 '폐지' 보다 '지양'이 더 적절한 번역일 수 있다.

49　Karl Barth, *Church Dogmatics* 1:2, *The Doctrine of the Word of God*, edited by G. W. Bromiley and T. F. Torrance (New York: Scribner's, 1956), 280-361. 이 '단원'(paragraph)은 80페이지가 넘는 방대한 분량을 차지한다.
50　Alan Race, *Christians and Religious Pluralism* (London: SCM, 1983), 11.
51　Peter Harrison, "Karl Barth and the NonChristian Religions," *Journal of Ecumenical Studies* 23, no. 2 (Spring 1986): 207-224; Garrett Green, "Challenging the Religious Studies Canon: Karl Barth's Theory of Religion," *Journal of Religion* 75 (1995): 473-486; J. A. Di Noia, O.P., "Religion and the Religions," in *The Cambridge Companion to Karl Barth*, edited by John Webster (Cambridge, UK: Cambridge University Press, 2000), 243-257.
52　Green, "Challenging," 477. Peter Harrison proposes "superseding" as a better translation. Harrison, "Karl Barth," 208, n. 3.

둘째, 그린은 '불신앙'(unbelief)으로 번역된 'unglaube'의 더 나은 번역은 '무신앙'(faithlessness) 혹은 '비신앙'(unfaith)일 것이라고 주장했다.[53] 바르트에 따르면, 하나님의 계시를 기준으로 판단했을 때 인간의 종교는 믿음이 없거나 "하나님의 은혜와 계시를 통해 이루어진 구원의 역사를 거부하고, 하나님을 알고 그의 뜻을 따르려는 인간의 모든 시도를 포기하는 것"이다.[54]

바르트는 종교신학이 신학의 주요 주제로 발전되기 전에 이 글을 썼으며, 그의 관심은 종교의 개념 그 자체에 있었다. 디 노이아(Di Noia)는 바르트가 성령의 역사에 비추어 계시의 가능성에 대해 폭넓게 논의한 것으로 평가했다.[55] 바르트는 자유주의 신학이 하나님의 계시보다는 종교의 개념을 신학적 탐구의 중심에 두는 것을 비판하는 것으로 이 단원을 시작했다.

따라서 신학자들이 예수 그리스도 안에서 일어난 하나님의 자기 계시에 비추어 인간의 종교를 해석하기보다는, 계시를 종교의 관점에서 해석한 '계시와 종교의 건강하지 못한 역행'을 가져왔다는 것이다.[56]

바르트는 19세기와 20세기 초 독일의 신학적 자유주의가 죄를 범했다고 믿었기 때문에, 심지어 최고조에 이른 인간의 문명 속에서 하나님의 계시를 발견하려는 시도를 단호하게 반대했다. 오직 하나님만이 하나님 자신을 계시하실 수 있다. 그는 "계시는 하나님의 자기희생이자 자기표현이다. 계시는 인간이 자신의 관점에서 하나님을 알고자 하는 시도가 전적으로 무익하다는 것을 전제로, 원칙적으로 필요하기 때문이 아니라 진리의 실질적인 필요성 때문에 하나님이 인간을 만나는 것이다.

---

53 Green, "Challenging," 480.
54 Di Noia, "Religion and the Religions," 250.
55 위의 책, 246.
56 Barth, *Church Dogmatics* 1:2, 284.

요한계시록에서 하나님은 자신이 하나님이며 주님이라고 말씀하신다. 계시는 인간에게 다른 어떤 방식으로도 하나님 자신에 대해 알 수 없고, 말할 수 없는 완전히 새로운 진리를 나타내는 것이다"라고 확언했다.[57]

디 노이아에 따르면, "바르트가 바로잡고자 했던 것은 '계시와 종교의 역행'이었다.[58] 그리고 하나님의 계시에 비추어 볼 때, 종교는 '무신앙'(Unglaube)이다. 그러나 이 관점은 단순히 기독교를 다른 종교와 비교해서 나온 것이 아니었다. 바르트는 "우리가 종교를 우상 숭배와 독선으로 규정하는 이유는 오직 예수 그리스도 안에서의 하나님의 계시만 타종교가 '무신앙'임을 보여 줄 수 있기 때문이다"라고 주장했다.[59]

하나님의 계시는 종교를 무력화할 수도 있지만, 반대로 증가시키거나 높이기도 한다. '지양'(Aufhebung)은 변증의 양극단을 모두 포함한다. 계시는 종교를 해체하거나 파괴하지 않는다. 바르트는 의문을 제기했다.

> 우리는 하나님이 인간 종교의 세계에 자신을 나타내신다는 것을 부인할 필요가 없다.
> 그러나 우리가 올바로 분별해야 할 것은 이것이 과연 '하나님의 현존인가?'[60] 라는 점이다.

하나님이 기독교를 높이는 것은 하나님의 은혜로운 활동으로 기독교가 참된 종교가 될 때만 가능하다. 바르트는 기독교를 참된 종교라고 말했지만, 기독교 자체에 내재된 미덕 때문이 아니다. 기독교의 경험적 역사는 하나님의 심판 아래에 있다. 지난 2천여 년의 인간의 역사를 볼 때, 기독

---

57 위의 책, 301.
58 Di Noia, "Religion and the Religions," 248.
59 Barth, *Church Dogmatics* 1:2, 314.
60 위의 책, 197.

교는 그 자체가 거룩하지 않기 때문에 거룩성에 있어서 정당화될 수 없다.

기독교는 하나님으로부터 의롭게 여김을 받았기 때문에 비로소 정당성이 있는 것이다. 기독교라는 종교 그 자체는 거룩하지도 않았었고, 앞으로도 그럴 것이다. 그러나 기독교가 참된 종교인 것은 거룩하게 여김 받았기 때문이다.

> 기독교는 참된 종교가 어떤 것인가를 나타내기 위해 거룩하게 여김을 받은 것이다.[61]

우리가 기독교를 참 종교로 말할 수 있는 유일한 근거는 '의로운 죄인'이 되었기 때문이다.[62] 하나님의 은혜로 의롭게 된 죄인처럼 기독교는 오직 하나님의 은혜로만 참된 종교가 될 수 있다.

바르트의 강한 그리스도 중심적 계시에 대한 이해에도, 또한 그는 우리가 제3장에서 논의한 바와 같이 성경 밖에서의 계시의 가능성을 인정했다. 『교회 교의학』에서 바르트는 '다른 가르침'(other words)과 '다른 빛'(other lights)에 대해 언급하고 진술했다.

> 우리는 예수 그리스도가 하나님의 말씀이라는 사실이 성경과 교회 밖의 세상에는 주목할 만한 다른 가르침이 없다는 것을 의미하지 않는다는 것을 알고 있다. 성경과 교회의 영역 밖의 모든 가르침은 거짓 예언이며, 따라서 이 바깥 영역에서 빛나는 다른 빛은 무가치하고 공허하며 부패된 것이고, 다른 모든 가르침은 무조건 거짓이라고 주장하는 것은 오해의 소지가 있다.[63]

---

61 위의 책, 359.
62 위의 책, 325.
63 위의 책, 4:3, 97.

조셉 디 노이아는 이해했다.

> 그리스도인들은 바르트가 왕국의 비유에서 그리스도의 자유로운 의사소통이라고 표현한 진리가 실제로 타종교에서도 발견될 것이며, 그런 진리가 성경 및 교리의 기준을 바탕으로 검증이 가능할 것이라는 기대를 하고 타종교 신자들과 만나서 대화할 수 있다는 것이 바르트의 핵심 논지이다.[64]

바르트의 접근 방식은 기독교 종교신학에 중요한 방법론적 문제를 제기한다. 종교에 대한 우리의 이해는 우리 주변 세상의 종교적 현상에 대한 주의 깊은 관찰에서 비롯된 것인가, 아니면 예수 그리스도와 성경에 있는 하나님의 자기 계시에서 비롯된 것인가?

인도의 신학자 나일스(D.T. Niles)는 이 질문과 관련해 칼 바르트와 나눈 대화를 들려주었다. 바르트가 종교를 '무신앙'으로 규정한 것에 비추어, 나일스는 바르트가 실제로 만난 힌두교 신자가 몇 명인지 물었다. 바르트는 '없다'라고 대답했다.

"어떻게 힌두교가 무신앙이라고 말할 수 있는가?"라고 나일스가 물었다.

이에 바르트는 "선험적 인식에서 나온 것이다!"(A priori!)라고 대답했다.[65]

이 대답은 유머이지만 실제 종교 전통에 대한 현상학적 관찰이 필요하지 않고, 전적으로 성경적 해석에 의존해 종교를 판단한 바르트의 접근 방식을 잘 보여 준다.

바르트의 퉁명스러운 대답은 그가 실제 타종교의 가르침과 관습에 관심이 없었다는 것을 암시할 수도 있지만, 그는 타종교 전통을 잘 알고 있었다. 위에서 논의한 '종교의 폐지로서의 하나님의 계시'에서 바르트는 실제로 정토

---

64 J. A. Di Noia, "Religion and the Religions," 255.
65 D. T. Niles, "Karl Barth-A Personal Memory," *South East Asia Journal of Theology* 11 (Autumn 1969): 10-11.

불교의 가르침과 기독교 교리의 명백한 유사점에 주목하면서 일본 불교의 정토 신앙에 대한 놀라운 통찰을 보여 주었다.[66] 적어도 구조적으로 볼 때는, 기독교와 마찬가지로 정토 불교는 사악한 인간이 할 수 있는 것은 아무것도 없다고 가르치기 때문에 은혜의 종교인 것처럼 보인다.

그렇다면, 기독교 신앙의 독특성은 어디에서 찾아야 하는가?

기독교 신앙을 구분하는 결정적인 단 한 가지의 진리는 '예수 그리스도의 이름'이다. 바르트는 정토 불교와 박티(bhakti) 힌두교의 일부 형태를 조사한 후, "기독교의 진리는 예수 그리스도의 이름으로 둘러싸여 있으며 다른 것은 없다. 실제로 우리 종교의 진리를 구성하는 하나님의 계시 핵심이 이 단순한 이름 속에 내재되어 있다"라고 주장했다.[67]

우리가 예수 그리스도에 대한 하나님의 명확한 자기 계시에 비추어 인간의 종교성을 이해한다는 그의 강력한 주장을 인정하기 위해 바르트의 모든 주장에 반드시 동의할 필요는 없다.[68] 바르트는 진정한 종교신학과 비교 종교학 혹은 종교 현상학과의 뚜렷한 차이를 상기시켜 준다.

그러나 우리는 하나님 계시의 우선순위를 유지하더라도 종교신학을 확립하는 데 있어서 성경이 전부인지 아니면 세상에서 만나는 종교를 이해하는 데 도움이 되는 지식도 필요한지 질문해야 한다. 우리는 바르트의 생애 후반부에 종교에 대한 기독교적 이해를 발전시키려고 노력한 또 다른 신학자인 폴 틸리히(Paul Tillich)의 견해를 살펴봄으로써 이 문제에 접근할

---

66 Barth, *Church Dogmatics* 1:2, 340-344.
67 위의 책, 343. 기독교의 은혜에 의한 구원과 정토 불교의 가르침과의 관계에 대한 유용한 토론은 다음을 참조하라. Timothy C. Tennent, *Theology in the Context of World Christianity* (Grand Rapids, MI: Zondervan, 2007), chap. 6.
68 대다수의 복음주의자는 바르트의 구원론에서 보편주의를 암시하는 부분을 받아들이지 않을 것이다. 비그리스도인의 구원과 관련해 바르트는 궁극적으로 "비그리스도인의 혐오, 반역 혹은 저항이 그들에게 선언된 성령의 약속에 저항하거나 예수 그리스도에 대한 무지를 극복하는 것을 방해할 만큼 강하지 않을 것이다"라고 주장했다. Barth, *Church Dogmatics* 4:3, 355. 복음주의와 보편주의에 관한 내용은 위의 제4장을 참조하라.

수 있을 것이다.

틸리히는 『기독교와 세계 종교의 만남』(Christianity and the Encounter of World Religions)에서 "종교는 다른 모든 것을 부차적인 문제로 간주할 만큼 인간의 삶의 의미에 대한 해답이 내포된 궁극적 관심의 표현이다"라고 정의했다.[69] 틸리히의 정의는 종교에 대한 신학적 설명과 함께 우리가 관찰할 수 있는 종교에 대한 현상학적 설명도 포함하고 있다.

그러나 틸리히가 말하는 종교는 모든 인간에게 적용되는 것인가? 아니면 인류의 일부에게만 적용되는 것인가?
종교의 범위가 어느 정도로 포괄적인가?
모든 사람이 종교적인가?
아니면 종교는 어떤 사람들에게는 의미가 있지만, 다른 사람들에게는 그렇지 않은 것인가?

일반적으로 종교적 헌신과 관련된 많은 부분을 언급하고 있지만, 모든 사람이 종교적이라는 논지를 배제하지 않은 틸리히의 정의는 너무 광범위하다.

틸리히의 정의에는 신학적 장점이 있다. 예를 들어, 많은 신학자의 비판에도 그는 모든 사람이 본질적으로 종교적이라고 주장했다. 심지어 틸리히는 자신을 비종교인 사람이라고 명시적으로 주장하는 무신론자조차도 종교적인 사람으로 간주한다. 왜냐하면, 그들에게도 궁극적으로 헌신하는 무언가가 있기 때문이다. 이 관점은 아무도 하나님에 대해 중립적이지 않다는 기독교의 주장과도 부합한다. 어떤 사람이 하나님을 반역해도 그는 창조주 하나님과 어떤 관계를 맺고 있다는 것이다.

---

69   Paul Tillich, *Christianity and the Encounter of World Religions* (New York: Columbia University Press, 1963), 4.

요하네스 블라우(Johannes Blauw)가 말했듯이, "종교가 없는 사람은 그 자체로 모순이다. … 하나님과의 관계가 인간의 본질에 속하기 때문에 필연적으로 종교적이다. 인간은 오직 하나님 앞에서의 인간일 뿐이다."[70]

하나님에 대한 인간의 반응과 관련해 그의 신학적 판단은 의심할 여지 없이 정확하다. 그러나 여기서 종교, 즉 인간의 종교는 모든 인간에게 적용되는 것이었다. 종교는 하나님의 피조물로서 모든 사람에게 필연적 요소다. 그렇다면 종교는 세계관과 같은 것이다. 모든 사람은 세계관을 가지고 있으며, 한 사람의 세계관은 하나님을 경배하든 대적하든 하나님에 대한 관점을 반영하고 있다.

그러나 틸리히의 정의는 종교를 정의하는 목적에 대한 의문을 제기한다. 종교라는 용어가 어떤 의도를 가지고 특정 집단을 선택하거나 특정한 삶의 방식을 추구하기 위해 사용된다면, 틸리히의 정의는 너무 포괄적이기 때문에 도움이 되지 않는다.[71] 그리스도인이든 무슬림이든 영원한 창조자를 믿고 이 신념에 따라 살아가려고 노력하는 사람들과 우리가 책임져야 할 물리적 세계 이외에는 어떤 것도 존재하지 않는다고 믿는 사람들 사이에는 중요한 차이가 있다.

이것은 실재에 대한 전혀 다른 이해와 삶의 방식을 말한다. 우리는 이런 차이를 구별할 방법이 필요하며, 종교라는 용어는 모든 사람의 세계관의 차이가 아닌 독특한 신념 체계와 관찰이 가능한 삶의 방식을 따르는 개인과 공동체를 지칭하는데 적합한 용어다. 따라서 이런 특성을 반영한 정의를 찾고 있다면 틸리히가 제공하는 것보다 더 구체적인 정의가 필요하다.

---

70 Johannes Blauw, "The Biblical View of Man in His Religion," in *The Theology of the Christian Mission*, edited by Gerald H. Anderson (New York: McGraw-Hill, 1961), 32.
71 만약 '종교'라는 용어가 지나치게 포괄적이어서 뚜렷한 의미가 없다면 의미론적 법칙의 적용을 받아 결국 빈 껍데기가 될 수 있다. Henrici, "The Concept of Librity", 1.

우리가 종교에 대한 구체적인 정의를 채택해야 할 필요가 있는가는 정의의 목적에 따라 달라진다. 만약 기독교적 관점에서 종교 현상을 정의하려고 한다면 종교에 대한 신학적 이해가 필요하다. 또한, 명시적인 신학적 정의를 위해서도 종교에 대한 서술적 접근이 필요하다. 신학적 정의는 종교의 실제적인 현상에 관한 기독교적 관점을 제공하기 때문에 신학적 설명이 종교적 신념과 관습을 정확하게 반영해야 한다.

즉, 종교에 대한 적절한 신학적 이해는 성경의 가르침에 충실할 뿐만 아니라, 종교의 제도, 신념 그리고 관습에 대한 정확한 설명이 필요하다. 신학적 설명은 그런 현실을 이해하기 위한 규범적 틀을 제공하기 위해 단순히 종교적 현상을 설명하는 것 이상으로 종교적 신념과 행동을 정확하게 파악해야 한다. 따라서 종교의 신학적 정의는 실제로 종교에 대한 서술적이고 현상학적 이해를 전제로 한다. 그리고 이것은 단순히 성경을 주해하는 것이 아니라, 실제 종교 공동체의 살아있는 현실에 대한 주의 깊은 관찰에서 비롯된다.

6. 종교의 현상학적 이해

종교의 현상학적 이해는 특정 종교의 신자들이 공유하고 있는 중요한 신념 체계와 관습에 대한 이해에서 시작해 분명하지 않거나 부분적인 현상으로 진행하는 것이 바람직하다. 만약 오늘날에도 '종교'가 의미가 있다면 기독교, 이슬람, 불교, 일본의 신도는 세계 주요 종교들 가운데 일부다.

이 주요 종교들은 어떤 고유한 특성이 있는가?

그리고 다른 종교들과 어떤 특성을 공유하고 있는가?

로저 슈미트(Roger Schmidt)와 그의 동료들은 주요 종교의 공통된 특성을 바탕으로, 종교를 '신성하고 궁극적으로 중요한 것에 대한 관점을 표현하는 삶의 방식, 신앙 공동체 및 세계관으로 구현된 의미 체계'라고 정의했다.[72] 우리는 서술적이고 현상학적 방식으로 종교를 규정한 이 정의를 채택할 것이다.

따라서 종교는 궁극적으로 실제적이고 중요한 것이 무엇인지에 대한 특별한 이해에 뿌리를 둔 복잡하고 통합적인 의미 체계를 포함한다. 여기에서 틸리히의 정의에 대한 반응을 참고하라. 유신론적 종교의 경우 궁극적으로 중요한 것은 신이고, 다른 모든 것은 신과 관련해 그 중요성이 결정된다. 무신론적 종교는 불교의 열반(nirvana)이나 공(sunyata)과 같은 특정한 상태나 도교의 도(Dao)와 같은 신념 체계에 궁극적인 중요성을 부여한다.

더 나아가, 종교는 신자들의 공동체 속에서 그들의 고유한 종교적 가치와 이상을 실천하는 것을 포함한다. 따라서 종교는 특정한 삶의 방식을 요구하며, 종교 공동체 내에서 신자들은 서로 특정한 삶의 방식을 따를 것을 기대한다. 이는 곧 종교에는 사회 제도와 관습이 포함되어 있다는 것을 의미한다. 따라서 종교는 사람들이 신성하고 궁극적으로 중요한 것이 무엇인가를 이해하고, 그 가르침에 따라 살아갈 수 있게 하는 포괄적인 해석의 틀을 제공한다.

종교의 다면적 본질을 강조한 니니안 스마트(Ninian Smart)는 종교를 이해하기 위한 일곱 가지 차원을 제안했다.[73]

첫째, 의식 차원(ritual dimension)이다. 의식은 종교 공동체 내에서 중요한 의미를 지닌 질서 있는 행동을 말한다. 종교 의식에는 기도, 명상, 자선,

---

72 Ninian Smart, *The World's Religions*, 2nd ed. (Cambridge, UK: Cambridge University Press, 1998), 11-22; and Smart, *Worldviews: Crosscultural Explorations of Human Beliefs*, 2nd ed. (Englewood Cliffs, NJ: Prentice-Hall, 1995).

73 Ninian Smart, *The World's Religions*, 2nd ed. (Cambridge, UK: Cambridge University Press, 1998), 11-22; and Smart, *Worldviews: Crosscultural Explorations of Human Beliefs*, 2nd ed. (Englewood Cliffs, NJ: Prentice-Hall, 1995).

장례식, 결혼 예식 그리고 희생제물 등이 포함될 수 있다.

둘째, 신화 혹은 이야기 차원이다. 종교는 일반적으로 우주의 기원이나 현재 상황에 대한 적절한 행동 반응을 보여 주는 중요한 인물에 대한 풍부한 이야기를 포함하고 있다.

셋째, 대다수 종교는 교리적 혹은 철학적 차원의 신념 체계를 갖고 있다. 교리는 종교 전통의 중심 신념을 명확하게 규정하고 통합하기 위한 체계적인 시도이며, 종교와 관련된 철학은 일반적으로 교리 체계와는 별개이지만 이성을 사용해 종교적 실재를 이해하기 위한 인식의 틀이다.

넷째, 종교는 고유한 도덕적 가치와 원칙을 포함한 윤리적 차원을 갖고 있다.

다섯째, 사회 및 제도적 차원은 종교 전통에 필요한 제도 외에도 종교 공동체의 신자들 사이의 바람직한 관계의 유형과 관습을 반영한다.

여섯째, 경험적 차원은 신자들이 예배, 기도, 명상 등을 통해 종교적 전통의 다양한 의식에 참여하는 것을 포함한다.

일곱째, 물질적 차원은 종교적 의미를 표현하거나 종교의 실천을 촉진하는 종교 예술, 상징, 건물, 도구 등 많은 가시적 혹은 물질적 대상을 의미한다.

모든 종교가 각 차원에 동일한 의미를 부여하는 것은 아니다. 어떤 사람들에게는 종교적 가르침이나 교리가 가장 중요하다. 반면 다른 사람들은 교리보다 사회적 차원이나 의식을 강조하기도 한다.

또한, '공식적'(formal) 혹은 '고등'(high) 종교와 '민속'(folk) 종교를 구별하는 것이 중요하다.[74] 공식적 혹은 고등 종교적 요소는 종교적 전통의 공식적인 가르침과 관습, 즉 신성한 경전과 종교의 공식적인 권위에 의해 규정

74　Paul G. Hiebert, R. Daniel Shaw, and Tite Tiénou, *Understanding Folk Religion* (Grand Rapids, MI: Baker, 1999).

된 제도, 신념 및 관행을 말한다. 공식 혹은 고등 종교는 일반적으로 종교의 정통성을 보호하기 위해 신중하게 경계를 정해 놓았으며, 바람직한 신앙생활을 영위하고, 세상을 이해하기 위해 교리의 의미를 해석하는 데 상당한 주의를 기울인다.

반면 민속 종교는 종교의 가르침에 대한 체계적인 이해에 특별한 관심이 없는 사람들의 종교적 신념과 관습을 말한다. 민속 종교는 종종 영혼과 악마의 복잡한 영역을 인정하고, 건강, 권력, 결혼, 풍성한 수확, 죽음에 대한 두려움, 내세, 영혼 등을 포함한 일상생활의 실제적이고 실존적 관심사를 강조한다.

민속적 관습은 종교의 공식적 가르침과 차이가 있을 수 있다. 그러나 우리는 민속 종교가 원시적이거나 전근대적이고 고등 종교가 현대적이라고 단정할 수 없다. 일본, 브라질 혹은 미국과 같이 고도로 현대화된 사회에도 민속 종교 전통이 존재하고 있으며, 근대 이전에 이미 아시아 전역에서 번성했던 고등 종교가 있었다.

7. 현대화와 세계화가 종교에 미치는 영향

종교는 시간이 지남에 따라 변한다. 이것은 종교 전통의 내부 변화와 사회 변화 모두에 적용된다. 이런 변화를 파악하는 한 가지 방법은 현대화와 세계화가 종교에 미치는 영향을 관찰하는 것이다. 우리는 현대화를 산업화, 현대 과학, 도시화, 자유 무역, 시장 자본주의 및 민주 정부 형태의 부상과 관련된 사회적, 문화적 변화의 과정으로 생각할 수 있다. 현대화 이전의 종교는 현대화 이후의 종교 전통과 분명한 차이가 있다.

20세기 중반부터 세상이 전례 없는 방식으로 서로 연결됨에 따라 우리는 세계 역사의 새로운 국면에 들어섰다. 세계화는 전 세계적으로 이런 새로운 차원의 상호 연결성을 표현하는 용어이다. 전 세계의 상호 연결성이 반드시 새로운 것은 아니다. 무역, 전쟁, 사람들의 이주는 고대 세계의 사람들이 서로 연결되었고, 16세기 유럽의 신대륙 발견 이후부터 전 세계의 문화는 점점 더 서로 긴밀한 관계를 갖게 했다.

그러나 20세기 후반의 상호 연결성은 과거의 차원을 넘어서는 것이다. 나얀 찬다(Nayan Chanda)가 지적했듯이, "과거의 세계화와 현대의 세계화를 구분하는 가장 큰 차이점은 제화와 정보를 전달하는 속도(velocity), 소비자와 제화의 양(volume)과 다양성(variety) 그리고 그 결과의 가시성(visibility)이 현저하게 향상되었다는 것이다."[75]

세계화의 핵심은 지역 사회가 다른 지역의 변화로부터 매우 큰 영향을 받는다는 것이다. 말콤 워터스(Malcolm Waters)에게 세계화는 "경제적, 정치적, 사회적, 문화적 접근성에 대한 지리적 제약이 사라지는 사회적 과정이며, 사람들이 상호 연결의 필요성을 인식하고 그에 따라 행동하는 것이다."[76] 따라서 세계화는 정치, 경제, 사회, 문화 및 종교를 포함한 다면적 차원에서 전통적인 경계를 넘어 확장된 상호 연결성을 포함하는 과정이다.

세계화는 종교에 깊은 영향을 주었다. 마크 유르겐스마이어(Mark Juergensmeyer)는 진단했다.

> 종교 공동체와 전통은 항상 경계를 침투해 왔기 때문에 종교는 항상 세계적이었다. 그들은 전 세계에서 서로 교류하고, 이동하고, 상호 작용해 왔다.… 종교는 사람과 정보의 전 세계적 교류와 관련되어 있다는 점에서 세계적이다.[77]

75　Nayan Chanda, *Bound Together: How Traders, Preachers, Adventurers, and Warriors Shaped Globalization* (New Haven, CT: Yale University Press, 2007), xiii; emphasis in original.
76　Malcolm Waters, *Globalization*, 2nd. ed. (New York: Routledge, 2001), 5.
77　Mark Juergensmeyer, "Thinking Globally about Religion," in *The Oxford Handbook of Global Religions*, edited by Mark Juergensmeyer (New York: Oxford University Press,

특히, 일부 종교는 의도적으로 기존의 지리적 경계를 넘어 새로운 문화 환경의 일부가 되었다. 유르겐스마이어는 기독교, 이슬람, 불교와 같은 종교는 초국가적 종교 혹은 보편적 신념과 세계적 야망을 품은 종교 전통이라고 부른다. 이 주요 종교의 특성은 "신앙의 핵심은 그들의 종교가 어느 특정 지역의 공동체보다 더 크고, 특정 지역의 문화적 경계에 국한될 수 없다는 것이다."[78]

8. 불교의 변화

불교는 진정한 세계 종교가 되기 위해 발생지를 넘어 널리 퍼져 온 초국가적 종교의 좋은 사례다. 불교는 인도 아대륙에서 북아시아와 동아시아로 이동한 다음 북미와 유럽에 전파되면서 큰 변화를 경험했다. 불교가 지리적 경계를 건너감에 따라 새로운 지역의 문화, 새로운 종교 환경, 현대화, 서구 식민주의 그리고 기독교 선교와의 상호 작용으로 제기된 급진적 도전 등의 영향을 받아 변화를 거듭해 왔다.

고도로 현대화된 이 시대에 우리가 아시아와 서구 세계에서 볼 수 있는 것은 새로운 환경에 적응한 불교이며, 결과적으로 전근대 아시아의 불교와 거의 닮지 않은 새로운 불교의 측면도 있다.

불교의 창시자인 싯다르타 고타마(Siddhartha Gautama, B.C. 563-483)는 인도 북부의 부유한 족장의 가정에서 태어났다.[79] 고통과 괴로움의 원인을 찾기

2006), 4-5.
[78] 위의 책, 7.
[79] Donald S. Lopez Jr., *The Story of Buddhism: A Concise Guide to its History and Teachings* (New York: HarperCollins, 2001); Donald W. Mitchell, *Buddhism: Introducing the Buddhist Experience*, 2nd ed. (New York: Oxford University Press, 2008). Terry C. Muck, "Missiological Issues in the Encounter with Emerging Buddhism," *Missiology* 28, no. 1 (January 2000): 35-46.

로 결심한 그는 호화로운 생활을 거부하고 방황하는 수행자가 되었다. 많은 명상과 금욕적인 훈련 끝에 고타마는 '깨달음'을 경험했고, 그 후 40년 동안 인도 전역을 여행하면서 법(*dharma*)을 가르치고 많은 추종자를 갖게 되었다.

문자 그대로 '깨달은 자' 혹은 '눈을 뜬 자'의 의미가 있는 부처의 가르침의 핵심은 '사성제'(The Four Noble Truths)로 축약될 수 있다.

첫째, 진리는 고통(*dukkha*)에 대한 명확한 인식이다.
둘째, 진리는 고통의 근본 원인에 대한 인식 즉 욕망(*tanha*)에 대한 집착이다. 고통을 초래하는 것은 단순히 잘못된 욕망이 아니라 욕망 그 자체라는 것이다.
셋째, 진리는 고통이 사라진 상태 즉 고통의 원인이 제거된 평온의 상태를 말한다.
넷째, 진리는 고통을 소멸하는 도덕적 자기 수양과 명상 그리고 지혜를 제시하는 여덟 가지의 수행 방법인 '팔정도'(The Noble Eightfold Path)다.

부처는 존재하는 모든 것이 무상하며, 상호 관련된 어떤 인과적 조건의 결과로 계속 존재하고 사라지고 있다고 주장했다. 고타마는 한 삶에서 다른 삶으로 넘어가는 불멸의 영혼인 영원한 자아(atman)의 실체에 대한 힌두교의 가르침을 거부했다. 그는 영원한 자아에 대한 믿음은 잘못된 것이며, 그 결과 고통을 낳는 욕망이나 집착으로 이어진다고 주장했다. 그는 인간은 단순히 물질(matter), 감각(sensations), 지각(perceptions), 정신(mental formations) 및 인식(consciousness)의 '다섯 가지 집합체'(Five Aggregates)인 정신적, 물리적 힘의 끊임없이 변화하는 조합일 뿐이라고 규정했다.

사람이 죽을 때 현생에서 내세로 넘어가는 것은 영혼이 아니라, 현생과 내세에서 영속하는 사람에 대한 잘못된 인식을 만들어내는 행위의 누적된 업보다. 오직 열반(nirvana)만이 영구적이고 무조건적이며 궁극적 실재다.

그러나 열반은 기독교적 의미의 천국이 아니다.[80] 불교의 열반은 욕망의 불과 환생의 고통이 제거될 때 실현되는 상태다. 열반은 어떤 형태의 고통도 없는 완전한 행복의 상태다.

그러나 열반은 의식이나 존재가 없는 영역이기 때문에 우리는 열반이 인간의 영혼이 완전한 행복을 느끼는 곳이라고 생각하는 것은 잘못된 것이다. 불교의 열반은 영혼이 없는 상태이므로 천국에 대한 기독교적 이해와는 전혀 다른 것이다.

오늘날 불교는 크게 대승 불교와 소승 불교로 나뉘어 있지만, 세계화와 함께 이들 간의 차이는 무너지고 있다. 스리랑카, 버마, 태국, 라오스, 캄보디아에서 발견되는 소승 불교는 불교 초기 경전(Pali canon)만을 권위 있는 경전으로 받아들이고 열반에 도달하는 데 있어서 사성제를 강조하며, 일반적으로 형이상학적 추론을 금한다. 초기 불교 신자들은 브라만에 대한 힌두교의 믿음을 거부했고, 지금의 소승 불교를 통해 유지되고 있다.

각 개인은 자신의 노력으로 깨달음의 경지에 도달해야 할 책임이 있다. 따라서 깨달음을 얻는 데 필요한 훈련을 습득할 수 있는 소수로 제한된다. 대승 불교는 오늘날 중국, 한국, 베트남, 일본 그리고 서구 사회에 널리 퍼져있으며, 다양한 분파를 포함한다. 그들은 다양한 경전과 형이상학적 교리를 개발했다. 소승 불교는 열반에 도달하기 위한 자기 노력을 강조하는 반면 대승 불교는 깨달음을 얻는 데 도움을 주는 보살과 같은 수많은 영적 존재를 인정함으로써 대중에게 길을 열었다.

오늘날 일본에서 가장 인기 있는 불교의 형태인 정토 사상은 자신의 노력이 아닌 아미다 부처의 자비와 공덕에 의지해 불교의 낙원인 정토에서 환생할 수 있다고 가르친다. 소승 불교는 고타마를 깨달음을 얻은 비범한

---

80 그러나 대중적 차원에서 일반 불교 신자들은 종종 열반을 일종의 낙원이라고 생각하기도 한다. 특히, 중국과 일본의 대승 불교의 후기 정토 전통에서 정토는 종종 낙원 혹은 천국으로 간주된다.

인간으로 간주하지만, 대승 불교는 부처의 '삼신불'(Trikaya)에 관한 정교한 형이상학적 교리를 발전시켰다.

불교는 항상 선교적인 종교였으며 의도적으로 근원지인 인도를 넘어 남아시아와 동아시아로 이동했다. 불교가 확산하면서 인도 아대륙과는 매우 다른 문화와 종교적 전통을 접하게 되었다. 대승 불교는 새로운 환경에 매우 유연하게 적응해 왔다. 예를 들어, 불교가 중국의 토착 문화와 만났을 때 그 적응력이 분명하게 드러났다.

1세기에 불교가 중국에 들어왔을 때, 유교와 도교가 이미 잘 확립되어 있었다. 유교에 의해 형성된 중국인의 윤리적 규범은 개인이 아닌 가족에 기반을 두고 있으며 효의 미덕(hsiao)을 강조했다. 부모에 대한 공경과 조상 숭배를 바탕으로 하는 중국의 효 사상은 독신 생활을 추구하는 인도의 개인주의적 불교를 수용하기 어려웠다.[81]

따라서 불교는 사회의 기본 질서를 파괴한다는 이유로 유교 추종자들의 공격을 받았다. 이런 상황에서 불교 신자들이 유교적 가치에 대한 지지를 보여 주기 위해 시도한 한 가지 방법은 조상 숭배와 장례 의식 등의 유교 관습을 받아들이는 것이었다. 따라서 중국의 불교는 윤회(samsara) 사상과 업보(karma)의 카르마의 개념이 부족했다. 인도의 업보 사상이 중국인들에게는 중요한 문제가 아니었다.

결과적으로, 중국, 한국, 일본의 불교에서 윤회, 업보 그리고 열반의 개념이 축소되었고, 현세에서의 긍정적인 깨달음에 더 큰 의미를 부여했다. 대승 불교의 이상은 현실의 실체를 꿰뚫고 자유롭게 통찰함으로써 얻어지는 사회적, 우주적 질서의 조화인 만큼 업보로부터 해방되는 것이 중심 사상은 아니다.

81　Kenneth K. S. Ch'en, *The Chinese Transformation of Buddhism* (Princeton, NJ: Princeton University Press, 1973), 15.

동아시아 전역에 퍼져 나가면서 불교는 대중적인 토착 종교와 관습을 거부하지 않고 받아들였다. 불교는 중국과 일본에서 흔히 볼 수 있는 고대 조상 숭배 관습을 수용했고, 대중적으로 잘 알려진 지역 신들을 불교의 부처 혹은 보살에 포함했다. 예를 들어, 6세기에 불교가 일본에 들어왔을 때 어디에서나 찾아볼 수 있는 조상신을 숭배하는 일본의 토착 종교인 '신도'(Shinto)를 만났다.

초기의 신도는 외국 종교에 매우 적대적이었지만 결국 불교와 신도는 일종의 화해를 이루었다. 불교는 카미(kami)의 원래 본질은 부처라고 해석했고, 그 결과 많은 카미가 일본에서 부처의 현현으로 여겨졌다.[82] 지난 수 세기 동안 불교와 신도의 관계는 불안했지만, 오늘날의 대다수 일본인은 두 종교를 상호 보완적인 것으로 간주한다. 따라서 일본에서 대중화된 불교에는 신도와 민속 종교에서 채택된 다신 사상과 높은 신에 대한 숭배가 포함되어 있다.

최근까지 불교는 거의 아시아에서만 보편화되어 있었다. 그러나 이제 불교는 유럽과 북미에서도 주요 종교로 정착했다. 그 결과로 불교와 서구의 종교가 모두 변화를 경험하고 있다.[83] 최근 학자들은 오늘날의 불교가 서구 세계뿐만 아니라 많은 현대 아시아 사회에서도 단순히 고대의 가르침을 충실히 전달하는 것이 아니라, 서구 식민주의, 기독교의 선교 그리고 현대화 등과의 만남을 통해 형성된 새로운 형태의 불교로 변화하고 있다는 데 동의하고 있다.

---

82 Ian Reader, *Religion in Contemporary Japan* (London: Macmillan, 1991), 38-40.
83 Richard Hughes Seager, *Buddhism in America* (New York: Columbia University Press, 1999); Robert Wuthnow and Wendy Cadge, "Buddhists and Buddhism in the United States: The Scope and the Influence," *Journal for the Scientific Study of Religion* 43, no. 3 (2004): 361-378; James William Coleman, *The New Buddhism: The Western Transformation of an Ancient Tradition* (New York: Oxford University Press, 2001); *Westward Dharma: Buddhism Beyond Asia*, edited by Charles S. Prebish and Martin Baumann (Berkeley: University of California Press, 2002).

데이비드 맥마한(David McMahan)은 이와 같은 현상을 불교적 현대주의(Buddhist modernism)라고 표현했다. 맥마한에 따르면, "많은 미국인과 유럽인이 '불교'라고 이해하는 것은 실제로는 부처의 깨달음과 초기 불교 경전만큼이나 유럽 계몽주의와 낭만주의 그리고 초월주의에 뿌리를 둔 현대의 혼합적 전통이다."[84]

맥마한은 불교적 현대주의의 핵심으로 탈전통화(detraditionalization), 비신화화(demythologization), 심리화(psychologization)라는 세 가지의 발전을 지적했다.[85] 탈전통화는 불교의 전통 관습과 권위 구조를 이성, 경험 그리고 직관을 강조하는 현대의 추세를 반영해 개인의 선택에 따라 개별화되고 사유화된 불교 관습을 의미한다. 비신화화로 인해 현대인이 받아들이기 어려운 다양한 차원의 지옥에 대한 믿음, 공적을 쌓는 행동, 인간뿐만 아니라 동물 또는 굶주린 귀신으로서의 환생, 악마, 영혼 및 신의 존재 등의 전통적인 불교 신념은 무시되거나 다른 방식으로 재해석되었다.

마찬가지로, 지난 세기 동안 불교 사상은 특히 서구의 심리학에 큰 영향을 주었다. 불교의 형이상학적 주장이 정신 분석적 언어와 마음의 내면세계로 전환된 것이다. 불교가 전통적 교리를 받아들이는 것과는 별도로 일반 대중이 수행할 수 있는 심리적 치료의 한 형태가 된 것이다.[86]

불교적 현대주의는 서구 세계뿐만 아니라 아시아 전역에서 고등 교육을 받은 불교 신자들 사이에서도 발견된다. 제이 가필드(Jay Garfield)는 다음과 같이 말한다.

84　David L. McMahan, *The Making of Buddhist Modernism* (New York: Oxford University Press, 2008), 5. *Buddhism in the Modern World*, edited by David L. McMahan (London: Routledge, 2012).

85　McMahan, *The Making*, 42-59.

86　Stephen Batchelor, *Buddhism without Beliefs: A Contemporary Guide to Awakening* (New York: Riverhead, 1997).

서구의 영향이 아시아 불교에 미치는 영향은 무시할 수 없는 수준이다. 불교 문화는 극적이고 빠른 변화를 가져오고 있다. 아시아 불교 문화는 서구의 기술과 대중문화뿐만 아니라 불교 자체에 대한 서구의 접근 방식도 흡수하고 있으며, 서구화된 불교 양식과 아시아 불교의 서구적 해석을 통해 조정이 이루어져 왔다.[87]

특히, 흥미로운 사례는 19세기에 실론에서 불교가 서구의 영향을 받아 '프로테스탄트 불교'(Protestant Buddhism 혹은 신불교)라는 결과를 낳았다.[88] 영국 식민주의 정책과 기독교 선교 활동의 자극을 받고, 신지학협회(Theosophical Society)의 맹렬한 반기독교 지도자인 마담 블라바츠키(Madame Blavatsky)와 헨리 스틸 올콧(Henry Steel Olcott) 등의 영향을 받아 전성기를 맞이한 실론의 불교는 그들을 고대 지혜의 전통과 현대 과학 그리고 모든 신앙을 포용하는 관대한 종교로 탈바꿈했다.

불교가 서구 식민주의와 기독교 선교에 반대하는 항의 운동을 펼쳐 왔는데도, 개신교의 영향을 받아 평신도의 중요성이 커지고 경전과 문헌 연구가 더 강조했다. 1881년에 신지학자 올콧은 다양한 불교 전통의 요소를 통합해『불교 교리 문답』(Buddhist Catechism)을 출판했다. 이 불교 교리 문답은 40판 이상이 출판되었으며, 20개 이상의 언어로 번역되었고 20세기 후반까지 스리랑카 학교에서 사용되었다.[89]

87　Jay L. Garfield, "Translation as Transmission and Transformation," in *TransBuddhism: Transmission, Translation, Transformation*, edited by Nalini Bhushan, Jay L. Garfield, and Abraham Zablocki (Amherst: University of Massachusetts Press, 2009), 90.

88　Richard Gombrich and Gananath Obeyesekere, *Buddhism Transformed: Religious Change in Sri Lanka* (Princeton, NJ: Princeton University Press, 1988); Richard Gombrich, *Theravada Buddhism: A Social History from Ancient Benares to Modern Colombo* (London: Routledge & Kegan Paul, 1988), chap. 7.

89　Stephen Prothero, *The White Buddhist: The Asian Odyssey of Henry Steel Olcott* (Bloomington: Indiana University Press, 1996), 101. 곰브리치(Gombrich)는 "이 문서는… 불교 신조라기보다는 신지학협회의 문서로 볼 수 있다. 이 문서는 특히 신지학과 조직화된

서구 세계에서 불교는 '선불교'(Zen Buddhism) 혹은 '선'(Zen)과 동일시됐다. 일본학자이자 불교 선교사인 다이세츠 데이타로 스즈키(Daisetzu Taitaro Suzuki, 1870-1966)는 선의 개념을 확립하고 서구 세계에 전파한 핵심 인물이었다.[90] 1893년에 시카고에서 열린 세계종교의회(The Parliament of World Religions)의 불교 참가자인 샤쿠 쇼엔(Shaku Soen)의 제자인 스즈키는 쇼엔을 통해 저명한 편집자인 폴 카루스(Paul Carus, 1852-1919)를 소개받았다.

젊은 시절에 정통 기독교를 거부했던 카루스는 불교에 매료되었다.[91] 1897년에 스즈키는 미국 일리노이주의 라 살레(La Salle)로 이주해 카루스와 함께 오픈코트출판사(Open Court Publishing)에서 번역가로 일했다. 따라서 서구 불교의 주요 번역가로서 스즈키의 길고 풍부한 경력이 시작되었다. 그는 불교에 관한 100여 권의 책과 기사를 포함한 많은 출판물과 강의 그리고 서구 지식인과의 광범위한 접촉의 결과로 서양에서 가장 영향력이 있는 '선'(Zen) 사상의 대변인이 되었다.

스즈키는 뛰어난 학자였으며 서구의 불교 연구에 중요한 공헌을 했다. 더 나아가 그는 서구 사회의 일반 대중들 사이에 불교에 관한 관심을 불러일으키고 매력적인 방법으로 불교의 역설적인 가르침을 전파했다. 서구 사람들은 스즈키를 현대 서구 사회에서 고대 불교를 객관적으로 재확인하게 해 준 매우 냉철하고 엄격한 학자로 인식했다.

불교 사이의 연관성이 깊은 영국에서는 널리 받아들여지지 않았다"라고 말한 바 있다. Gombrich, *Theravada Buddhism*, 186. Yoshinaga Shin'ichi, "Theosophy and Buddhist Reformers in the Middle of the Meiji Period," *Japanese Religions* 34, no. 2 (July 2009): 119-131; Akai Toshio, "Theosophical Accounts in Japanese Buddhist Publications of the Late Nineteenth Century," *Japanese Religions* 34, no. 2 (July 2009): 187-208.

90 "Early Memories" and "An Autobiographical Account," both in *A Zen Life: D. T. Suzuki Remembered*, edited by Masao Abe (New York: Weatherhill, 1986), 3-26.

91 Martin J. Verhoeven, "Americanizing the Buddha: Paul Carus and the Transformation of Asian Thought," in *The Faces of Buddhism in America*, edited by Charles S. Prebish and Kenneth K. Tanaka (Berkeley: University of California Press, 1998), 207-227.

그러나 실제로 스즈키의 접근 방식은 아시아 불교 신자들 사이에서 매우 심각한 논란의 여지가 있었다. 실제 일본의 선불교 신자들은 선에 대한 서구의 관점에 충격을 받기도 했고, 일본의 선불교와 스즈키의 선 사상을 분리하기도 했다.[92] 스즈키가 서구 세계에 제시한 것은 단순히 영어로 된 고대 불교 사상이 아니었다. 스즈키의 선불교는 본질적으로 물질주의와 이성주의의 심각한 질병에 사로잡혀 있던 서구 사회를 치료할 수 있는 하나의 해독제로 제시한 '동양의 지혜'라고 하는 이상적인 영성이었다.

스즈키의 견해는 단순히 고대 불교의 가르침의 산물이 아니라 다양한 외부 영향이이 반영된 결과였다. 예를 들어, 1903년과 1924년 사이에 선에 대한 그의 초기 문헌이 등장하기 시작했을 때 스즈키는 스웨덴의 기독교 계통의 신흥 종교인 스베덴보리교(Swedenborgianism)와 신지학협회에 강한 관심을 가졌다.[93]

스즈키는 엠마누엘 스베덴보리(Emanuel Swedenborg, 1688-1772)의 네 작품을 일본어로 번역해 출판했다. 1920년대에 스즈키와 그의 미국인 아내 베아트리체(Beatrice)는 교토에 신지학협회의 학교를 개설했다. 스즈키의 선에 대한 접근에는 일본에서 제기되어 온 민족주의, 스즈키가 이해한 기독교, 스웨덴의 스베덴보리교 그리고 현대 서구의 근대화와 물질주의에 대한 그의 반응을 포함한 여러 가지의 영향이 반영되어 있었다.

스즈키는 일본 선 사상의 역설적이고 비이성적인 요소를 강조하면서 이것을 불교 전반의 중심적인 특징으로 취급했다. 예를 들어, 스즈키는 개념, 교리, 합리적 성찰을 초월하는 깨달음의 '순수한' 즉흥적 경험이라고 하는

---

[92] Heinrich Dumoulin, *Zen Enlightenment: Origins and Meaning*, translated by Joseph C. Maraldo (New York: Weatherhill, 1979), 7.

[93] Thomas Tweed, "American Occultism and Japanese Buddhism: Albert J. Edmunds, D. T. Suzuki, and Translocative History," *Japanese Journal of Religious Studies* 32, no. 2 (2005): 249-281.

깨달음(satori)의 '비합리성'에 대해 말했다.[94] 이 깨달음이 불교의 중심이 된 것이다. 그러나 비평가들은 이 견해가 다른 전통적인 불교 흐름과 상충한다고 지적했다.[95] 불교는 역사적으로 논리와 인식론의 문제에 주의를 기울여 왔으며, 특히 소승 불교는 불교 원리의 합리성을 강조했다.[96]

스즈키는 일본의 선 사상을 불교뿐만 아니라 '동양의 영성'의 본질로 보았다. 그러나 비평가들은 이런 스즈키의 관점이 선 사상의 역사적 뿌리와 불교의 다양성을 간과한 것이라고 비난했다.[97] 스즈키는 고타마의 핵심 가르침을 부적절하게 이해했다는 이유로 소승 불교를 강하게 비판하기도 했다.

스즈키에 따르면, 초기 불교 신자들은 부처님의 고귀한 가르침을 이해할 수 없었다는 것이다.[98] 스즈키는 선불교를 아시아의 철학과 사상이 반영된 일본 영성의 고유한 표현으로 이해했다. 그는 "선불교는 동양 사람들 특히 일본인의 모든 철학과 종교 그리고 삶 자체가 체계화된 것이다"라고 주장했다.[99]

로버트 샤프(Robert Sharf)는 "선불교는 불교의 보편적인 가르침에 기반을 두고 있지만, 독특한 일본 정신의 표현이 내포되어 있다. … 선불교는 아시아 영성의 심장부이자 일본 문화의 정수이며 일본 민족의 고유한 특성을 보여 주는 종교 사상으로 널리 알려져 있다"라고 평가했다.[100] 물론 다

94　Daisetz T. Suzuki, *The Essentials of Zen Buddhism: Selected from the Writings of Daisetz T. Suzuki*, edited by Bernard Phillips (Westport, CT: Greenwood, 1962), 163.
95　Dumoulin, *Zen Enlightenment*, 6.
96　Hajime Nakamura, "Unity and Diversity in Buddhism," in *The Path of the Buddha*, edited by Kenneth W. Morgan (New York: Ronald Press, 1956), 372; K. N. Jayatilleke, *The Message of the Buddha*, edited by Ninian Smart (New York: Free Press, 1974), 43-44.
97　Dumoulin, *Zen Enlightenment*, 6.
98　D. T. Suzuki, *Essays in Zen: First Series* (New York: Weidenfeld, 1961 [1949]), 164-166. For a contrasting Theravada perspective on Zen, David Kalupahana, *Buddhist Philosophy: A Historical Analysis* (Honolulu: University of Hawaii Press, 1976), 163-177.
99　Suzuki, *The Essentials*, 8.
100　Robert Sharf, "The Zen of Japanese Nationalism," in *Curators of the Buddha: The Study of Buddhism under Colonialism*, edited by Donald S. Lopez Jr. (Chicago: University of Chi-

른 아시아의 불교뿐만 아니라 힌두교, 시크교, 자이나교, 도교 등도 일본의 선불교와 '동양의 영성'을 동일시하는 것에 대해 이의를 제기할 것이다.

불교에 관한 이 짧은 논의에서 보듯이, 종교는 유동적이고 시간이 지남에 따라 변할 수 있다. 종교에 대한 우리의 이해에는 몇 가지 함축적인 의미가 있다.

첫째, 현대의 종교 현상을 이해하려고 노력하는 데 있어서 단지 그들의 역사적 근원과 고대의 교리를 연구하는 것만으로는 충분하지 않다. 또한, 우리는 종교적 전통을 따르는 오늘날의 사람들이 그들의 종교를 어떻게 이해하는지 살펴보아야 한다. 특히, 현재의 인식이 그 종교의 과거에 관한 이해와 다를 때는 이 문제가 더욱 중요해진다. 이 변화는 특히 서구 세계가 불교를 이해하는 것과 관련이 있지만, 불교가 현대화와 세계화의 변화를 겪고 있으므로 아시아의 불교 공동체에 관한 연구와도 무관하지 않다.

둘째, 종교는 어느 문화에서 다른 문화로 이동할 때 너무 많이 변화해 이제는 과거와 같은 종교로 간주하기 어려울 수 있다. 일본 불교는 1,500여 년 동안 일본 문화와 토착 종교 전통과 교류하면서 2,500여 년 전에 인도에서 발생했던 불교와 너무 달라져서, 일부 일본 불교학자는 오늘날 일본 불교가 정말 불교적인지 의문을 제기하기도 한다.[101] 종교가 세계화됨에 따라 기독교와 이슬람에도 이와 유사한 문제가 발생하고 있다.

이것은 특정한 종교가 그 정체성을 잃어버리지 않는 범위에서 과연 얼마나 넓은 변화를 받아들일 수 있는지에 대한 문제를 제기한다.

스즈키의 선불교가 정말 불교인가?

---

cago Press, 1995), 128, 111; emphasis in the original.
101 Paul L. Swanson, "Why They Say Zen Is Not Buddhism: Recent Japanese Critiques of Buddha-Nature," in *Pruning the Bodhi Tree: The Storm over Critical Buddhism*, edited by Jamie Hubbard and Paul L. Swanson (Honolulu: University of Hawaii Press, 1997), 3-29.

어느 불교가 진정한 불교인지에 대해 누가 판단할 수 있는가?

이 질문은 종교학자들 그리고 확실히 불교 신자들에게는 중요한 질문이지만, 선교학적 관심과는 다를 수 있다. 주어진 종교적 전통과의 선교적 만남에서 가장 중요한 것은 그 종교를 따르는 신자들의 현재의 자기 이해다.

예를 들어, 주로 스즈키의 가르침을 따르는 서구의 불교 신자와의 만남에서 중요한 것은 스즈키의 가르침이 고대 불교 전통과 어느 정도로 일치하는지의 문제가 아니라, 오히려 서구 불교 신자들의 선불교에 대한 현재의 이해와 실천이 중요한 것이다. 그들의 종교적 헌신과 예수 그리스도의 복음 사이에서 만남이 일어나야 하는 시점이 바로 현재이기 때문이다.

서구 세계에서 현재 나타나고 있는 불교가 진정 불교인지, 아니면 고전 불교와 구별되는 새로운 종교적 혁신을 이루고 있는가의 문제는 불교 신자들 스스로 해결해야 할 문제이다.

셋째, 종교가 시간이 지남에 따라 변한다는 사실은 상황화에 관한 선교적 논의에 영향을 미친다. 종교 의식이나 특수한 종교 용어 혹은 종교적 관습과 제도의 의미는 시간이 지남에 따라 변할 수 있으므로 우리가 단지 특정한 용어나 관습의 역사적 뿌리를 추적하는 것만으로는 현재의 문제에 대한 논쟁을 해결할 수 없다. 어떤 경우에는, 한때 종교적 의미가 분명했던 용어나 관습이 이제는 종교적이지 않을 수도 있다.

일본의 '다도'(*cha-no-yu*) 문화가 좋은 예로서, 다도는 원래 선불교의 원칙과 가치에 강한 영향을 받아 불교 수도원에서 행해졌다.[102] 그러나 많은 일본인은 오늘날의 다도 문화를 불교 전통으로 생각하지 않으며, 일부 일

---

102 G. B. Sansom, *Japan: A Short Cultural History* (Stanford, CA: Stanford University Press, 1952), 345, 400; D. T. Suzuki, *Zen and Japanese Culture* (Princeton, NJ: Princeton University Press, 1959), starting at 272.

본 기독교 목회자는 이것을 기독교 공동체와 비기독교 일본인 사이의 유대관계 확립에 이용하면서 이 의식의 주인이 되었다.

따라서 복음을 지역적 환경에 적합한 방식으로 상황화하려는 시도에서, 특정한 용어나 관습의 역사적 의미를 추적하는 것만으로는 충분하지 않으며, 현재의 의미와 중요성을 살펴보아야 한다.

9. 종교와 문화

종교와 문화는 서로 밀접하게 관련되어 있다. 종교와 문화의 영역은 서로 겹치고 많은 공통점을 갖고 있지만, 이 둘은 다를 뿐만 아니라 둘 다 서로에 의해 그 고유한 의미가 축소될 수 없다. 영어 단어로는 단수를 사용해 추상적인 개념의 종교(religion)와 문화(culture)로 이해할 수도 있지만, 복수로 사용해 두 개념 모두 실제 현실에 뿌리는 둔 특정 문화(cultures)와 특정 종교(religions)를 지칭하기도 한다. 종교에 대해 생각할 때, 우리는 추상적이고 일반적인 종교 개념보다는 불교, 힌두교 혹은 이슬람과 같이 특정한 종교의 신자들로 구성된 공동체에 관심을 두고 있다.

종교와 문화의 유사점은 니니안 스마트(Ninian Smart)의 분류 방법에 따라 종교를 이해할 때 더욱 분명하게 드러난다. 종교의 의식적, 사회적, 윤리적, 물질적 차원은 사회 혹은 문화와 겹치는 부분이 많이 있다. 종교는 추상적 개념으로만 존재하는 것이 아니라, 종교 공동체의 산물이기 때문에 문화의 일부이기도 한 것이다.

신자의 공동체에 뿌리를 둔 모든 종교는 사회적, 문화적 요소들을 포함한다. 우리가 불교의 사례에서 살펴본 것처럼, 종교의 문화적 표현은 종교가 문화적 상황에 적응함에 따라 매우 다른 모습으로 변할 수 있다.

그러나 종교와 문화에는 분명한 차이가 있다. 예를 들어, 모든 종교가 문화적 차원을 포함하지만, 위에서 슈미트가 제시한 관점으로 종교를 생각하는 한 모든 문화가 종교적 차원을 포함하는 것은 아니다. 비종교적이거나 적어도 종교적 헌신이 사회적 중요성을 거의 갖지 않는 사회나 문화가 있을 수 있다. 따라서 종교적 요소가 없는 문화는 존재하지만, 문화적 표현이 없는 종교는 존재하지 않는다.

더 나아가 종교와 문화의 개념은 서로 다르므로 둘 다 서로에 의해 그 의미가 축소될 수 없다. 종교는 항상 문화 속에 있지만, 특정 문화를 초월해 존재하기 때문에 종교와 문화는 같은 개념이 아니다. 불교와 같은 종교는 다양한 사회와 문화에 적응해 왔기 때문에 태국 불교, 중국 불교, 일본 불교, 미국 불교 등으로 분류할 수도 있다. 그러나 비록 불교의 지역적인 표현에는 많은 차이가 있지만, 여전히 불교다. 태국 문화와 미국 문화는 매우 다르지만, 공통된 종교적 표현을 찾을 수 있다.

마찬가지로, 미국 기독교, 케냐 기독교, 한국 기독교 등 다양한 문화적 표현이 있지만, 종교로서의 기독교를 이런 특정 문화적 표현과 구분하는 것은 중요한 의미가 있다. 기독교 복음은 항상 특정한 언어적, 문화적 형식으로 표현되었지만, 그런 문화적 표현으로 분리될 수는 없는 공통점이 있다.

이 장의 앞부분에서 한 개인이나 집단이 서로 다른 여러 문화 일부가 될 수 있다는 것을 언급했다. 예를 들어 파키스탄계 미국인은 일반적으로 미국 문화, 2세대 파키스탄 이민자 문화, 무슬림 문화, 시카고대학교 박사 과정 학생 문화의 일부가 될 수 있다. 이런 각 문화적 맥락은 다소 독특하지만 같은 사람이 동시에 여러 문화의 일부가 될 수 있다는 것을 보여 준다.

그러나 종교에 대해서도 이와 같은 현상을 적용할 수 있는가?

하나 이상의 종교적 정체성을 동시에 가질 수 있는가?

개인이 여러 종교 전통과 동일시하는 종교, 사회적 상황이 실제로 존재한다. 예를 들어, 일본 종교에 관한 연구는 많은 일본인이 두 개 이상의 종교 전통을 받아들이고 있기에 신도, 불교 그리고 일본 전체 인구를 훨씬 초과하는 다양한 새로운 종교 운동을 지지하는 현상을 보인다.[103]

많은 일본인이 하나 이상의 종교적 전통에 참여하는 것이 이상하다고 생각할 필요는 없다. 이와 같은 현상이 전통적으로 다중적인 종교 정체성을 선택 사항으로 간주하지 않는 그리스도인들에게는 어려움이 될 것이다.

그러나 다중적인 종교적 정체성은 또한 하나 이상의 종교적 전통과 동일시하고 있는 서구에서 그리스도인들 사이에서도 증가하고 있는 현상이다. 서로 다른 종교를 가진 사람들의 결혼이 증가하고 있다. 그리고 점점 더 많은 사람이 하나 이상의 종교를 갖고 있다고 말하고 있다.[104]

예를 들어, 영국 교회에 환멸을 느낀 앨런 와츠(Alan Watts)는 동양 종교에 심취해 1960년대와 70년대에 서구 세계에 선불교를 전파하는 사람이 되었다. 그는 자신의 혼합적 영성을 '힌두교와 가톨릭 그리고 동유럽 정교회의 영향을 받은 불교와 도교의 혼합'에서 나온 것이라고 주장했다.[105]

이와 같은 영적 절충주의(spiritual eclecticism)는 서구에서 점점 더 확산하는 추세를 보이고 있다. 로마가톨릭 신학자 폴 니터(Paul Knitter)는 자신을 그리스도인이자 불교 신자라고 밝혔다. 1939년에 그리스도인으로 세례를 받은 니터는 2008년에 자신을 불교 신자라고 공개적으로 밝힌 바 있다.

그러나 그는 새로운 불교 정체성으로 그의 그리스도인으로서의 정체성을 대체할 의도는 없었다. 니터는 "나에게 있어서 이중적 종교 정체성이

---

[103] Reader, *Religion in Contemporary Japan*, 6; Jan Van Bragt, "Multiple Religious Belonging of the Japanese People," in *Many Mansions? Multiple Religious Belonging and Christian Identity*, edited by Catherine Cornille (Maryknoll, NY: Orbis, 2002), 7-19.

[104] Amy Frykhom, "Double Belonging: One Person, Two Faiths," *Christian Century* (January 25, 2011): 20-23.

[105] *Asian Religions in America: A Documentary History*, edited by Thomas A. Tweed and Stephen Prothero (New York: Oxford University Press, 1999), 229.

가능할 뿐 아니라, 이 정체성이 필요하다. 내가 종교적인 사람이 될 수 있는 유일한 방법은 특정 종교를 초월하는 것이다. 나는 불교 신자가 됨으로써 진정한 그리스도인이 될 수 있다"라고 주장했다.[106]

니터의 이중적 정체성은 종교다원주의자로서의 관점에서 나온 것이며, 그 길을 따라가는 복음주의자는 거의 없을 것이다. 그러나 이중적 정체성에 관한 질문은 다른 방식으로 복음주의자들이 직면하고 있다.

앞서 살펴본 바와 같이, 예수 그리스도를 따르는 사람이 무슬림으로서의 정체성을 유지하고, 이슬람의 종교 활동에 참여할 수 있는가의 문제와 관련된 상황화의 C5 모델에 관한 논쟁은 종교적 정체성과도 관련이 있다.

일반적으로 무슬림이라는 용어와 그들의 관습은 주로 종교적 정체성의 표지인가, 아니면 사회적, 문화적 정체성도 포함되어 있는가?

종교와 문화의 경계가 특히 모호한 유교의 경우, 다중적 종교 정체성을 생각하는 것이 가장 쉬울 것이다. 따라서 유교적 그리스도인이 되는 것은 불교와 기독교가 생각하는 것만큼 어려운 일은 아닐 수 있다. 아마도 C5 모델은 무슬림의 정체성을 종교적이기보다는 문화적인 것으로 간주할 때 가장 그럴듯해 보일 것이다.

다중적 종교 정체성의 문제는 종교와 문화에 관한 관점의 차이를 잘 보여준다. 우리는 일반적으로 문화를 서로 양립할 수 없는 것으로 생각하지 않기 때문에 어떤 상황에서는 누군가가 여러 다른 문화적 상황에 동시에 참여하고 있다고 생각하는 것이 합리적이다. 그러나 많은 경우에 다중적 종교 정체성의 문제는 문화와 달리 종교에는 가르침이나 교리가 포함되어 있으며, 주요 종교의 일부 중심 교리는 서로 충돌한다는 사실을 간과할 수 없다.

영혼과 궁극적 실재(*Brahman*)를 부정하면서도, 이 둘의 실재를 믿고 있는 베단타 힌두교를 완전히 포용하는 소승 불교의 진정한 추종자가 될 수

---

106 Paul F. Knitter, *Without Buddha I Could Not Be a Christian* (Oxford, UK: Oneworld, 2009), 216.

있는가?

예수 그리스도가 단지 인간 예언자일 뿐이라는 이슬람의 주장을 온전히 받아들이면서 나사렛 예수와 삼위일체의 성육신을 믿는 전통적인 그리스도인이 될 수 있는가?

따라서 종교와 문화의 중요한 차이점 중 하나는 종교의 교리적 차원이다. 종교는 교리 이상을 포함하지만, 실재의 본질에 대한 근본적인 주장을 포함한다. 반면 문화는 일반적으로 궁극적 실재에 대한 신념이나 교리를 다루지 않는다.[107]

이것은 결국 종교와 문화 사이에 많은 차이가 있다는 것을 보여 준다. 어떤 특정 문화가 항상 모든 사람에게 참되거나 규범적이라고 주장할 수 없지만, 어느 종교가 모두에게 참된 진리이고 규범적이라고 말하는 것은 다른 문제다. 19세기 서구 선교사들은 복음을 유럽이나 미국 문화와 구별하지 않고 예수 그리스도의 제자가 되는 것은 곧 서구 문화를 받아들이는 것으로 생각하는 경향이 있었다.

오늘날 시간과 공간을 초월해 모든 사람이 따라야 할 규범적 문화가 있다고 주장하는 사람은 거의 없다. 우리는 앞서 앤드루 월스와 라민 사네가 주장한 복음의 번역 가능성에 대해 언급한 바 있다. 복음은 사실상 모든 언어적 혹은 문화적 형태로 번역될 수 있으며, 이런 의미에서 복음은 모든 문화에서 '그들의 복음'이 될 수 있다.

그러나 우리는 복음이 모든 종교에서 '그들의 복음'이 될 수 있다고 쉽게 말할 수 없다. 일부 종교에는 기독교의 전통적 교리와 전혀 다른 가르침과 관습이 포함되어 있으므로 문제가 되는 교리나 전통을 포기하지 않는 한, 복음을 그런 종교적 체계로 번역하는 것은 의미가 없다.

---

[107] 이것은 기본적인 신념과 가치가 종종 문화에 내포되어 있음을 부정하는 것이 아니다.

따라서 문화와는 달리 어떤 종교가 모든 사람에게 참되거나 규범적이라고 말할 수 있다. 이것은 특정 종교의 핵심 가르침이 참되고 그 가르침이 모든 인류에게 적용된다고 주장하는 것이다. 예를 들어, 그리스도인, 불교인 혹은 무슬림은 그들의 종교에 대한 신념과 확신이 매우 분명하다. 종교는 그 추종자들이 받아들이는 실재의 본질을 포함하고 있으며, 이것이 종교를 문화와는 다른 영역으로 분류하는 이유다.[108]

10. 일부 성경 주제와 종교

복음주의 종교신학의 발전에 있어서 우리의 종교에 대한 이해는 종교와 문화 사이의 개념과 관계의 모호성을 반영해야 한다. 이 방향으로의 도움이 되는 움직임은 1992년에 개최된 세계복음주의연맹의 마닐라 선언에 잘 나타나 있다.

> '종교'라는 용어는 복잡한 현상을 말하며, 다양한 측면을 구별하는 것이 중요하다. 많은 사회에서 종교는 정체성의 중요한 부분을 형성한다. 이와 같이, 비록 사람들이 기독교를 포함해 종교들을 그들의 문화와 종교 집단의 거짓된 절대성과 우월성을 만들어 내기 위해 잘못 사용했다는 것을 간과할 수 없지만, 종교의 다양성은 하나님의 선한 창조의 풍요 일부로 확증할 수 있다.

---

[108] Harold Netland, "Jesus Is the Only Way to God," in *Oxford Contemporary Dialogues*, edited by J. P. Moreland, Khaldoun Sweis, and Chad Meister (New York: Oxford University Press, 2013); *Can Only One Religion Be True? Paul Knitter and Harold Netland in Dialogue*, edited by Robert Stewart (Minneapolis, MN: Fortress, 2013).

종교는 또한 하나님에 대한 봉사, 교제 그리고 그에 대한 찬양을 목적으로 우리가 하나님의 형상 속에서 창조된 것이기 때문에 본질적인 인간의 특성인 하나님과의 교제에 대한 갈망의 표현으로 이해될 수 있다. 여기서도, 실제로 항상 죄악에 의해 타락하지만, 우리는 원칙적으로 종교의 다양성의 선함을 단언할 수 있다.

그러나 우리는 종교가 성경에 기록된 예수 그리스도 안에서 하나님의 구원 행위와 일치하지 않는 구원의 길, 즉 구원의 개념을 가르치기 때문에 이 조건이 없이는 종교의 다양성을 긍정할 수 없다. 종교가 만약 예수 그리스도를 모든 창조물의 주님이시며, 세상의 유일한 구원자인 그리스도로 선포하지 못한다면, 우리는 그 종교의 타당성을 인정할 수 없을 것이다.[109]

바람직한 종교신학은 종교와 문화 사이의 변증법적 관계와 각각의 긍정적인 요소와 부정적인 요소 사이의 긴장을 포함해야 한다.

성경에 나타난 하나님의 계시에 비추어 볼 때, 우리는 다양한 종교 현상을 어떻게 이해해야 하는가?

우리는 세 가지의 핵심적인 성경적 주제, 즉 창조와 계시, 죄, 사탄과 마귀의 영향이라는 관점에서 종교신학을 이해해야 한다고 주장한다.

종교적 표현의 가능성은 그 자체로 창조와 계시를 통해 주어진 하나님의 선물이다. 우리는 우주 속에서 자신의 위치를 돌아볼 수 있는 능력, 물리적 세계를 초월한 궁극적 실재에 대한 인식, 창조자와 육체적 죽음을 넘어서는 삶에 대한 갈망, 우리가 경험하는 세계가 의도한 대로가 아니라는 인식 그리고 신이나 신들에게 예배하거나 더 나은 삶을 사는 방법 등을 찾고 있다. 우리가 종교와 동일시하는 이 모든 것은 창조와 계시를 통해 아버지와 아들과 성령 하나님의 임재와 활동으로 인류가 하나님과 우주에

---

[109] "The WEF Manila Declaration," in *The Unique Christ in Our Pluralistic World*, edited by Bruce J. Nicholls (Grand Rapids, MI: Baker, 1994), 14-16.

대한 진리를 이해할 수 있게 했기 때문에 가능한 것이다.

이 주제와 밀접한 관련이 있는 것은 인간이 하나님의 형상(*imago Dei*)으로 창조되었다는 개념이다. 특히, 우리가 자기 성찰, 의사소통, 타인과의 관계, 창조적인 자기표현, 도덕적 인식 능력을 포함하는 하나님의 형상을 이해한다면, 종교가 하나님이 피조물에 부여한 이런 능력을 표현하는 방식이라고 생각하는 것이 합리적이다. 인간은 죄로 인해 이런 능력을 적절하게 표현할 수 없었기 때문에 우상 숭배의 결과를 초래했다. 그러나 실제로는 아무리 잘못되었더라도, 이와 같은 표현의 가능성은 본질상 하나님이 피조물에게 주신 은혜의 선물이다.

제3장에서 살펴본 일반 계시의 교리는 종교를 이해하는 데도 중요하다. 이것은 칼빈의 '신의식'(*sensus divinitatis*) 개념에 잘 나타나 있는 것처럼, 창조에 관한 가르침과 밀접한 관련이 있다. 그러나 여기서 특히 강조하는 것은 창조 질서와 인간의 양심을 통한 하나님의 자기 계시이며, 이를 통해 인간은 하나님에 대한 진리와 그에 대한 우리의 책임을 인식하게 된다.

성경이 하나님에 대한 일반적 인식과 하나님 앞에서의 우리의 책임을 계시하고 있지만, 이 본질적인 가르침이 모든 사람과 문화에 똑같이 명확하고 완전하게 드러나 있다고 암시하는 곳은 없다. 계시에 대한 이해의 정확성과 충만함의 정도는 사람마다 그리고 문화마다 다를 수 있다는 것이다.

실제로 우리는 한 문화에서 다른 문화로 그리고 한 세대에서 다음 세대로 옮겨감에 따라 사회 내에서 계시에 대한 다양한 이해와 함께 일반 계시의 구체적인 내용에 어느 정도의 유동성이 존재한다는 것을 예상할 수 있을 것이다. 하나님에 대한 인식의 다양성은 문화나 종교 전통에 반영되어 있으며, 이슬람이나 유대교와 같은 신학 전통은 소승 불교보다 기독교에 훨씬 더 가깝다. 그러나 성경이 강조하는 것은 하나님의 계시에 대한 인간의 반응이 도덕적 책임을 갖기에 충분하다는 것이다.

이런 관점에서 볼 때, 인간의 삶의 종교적 차원은 하나님의 피조물로서의 인류의 표현이며 부분적으로는 하나님의 자기 계시에 대한 인간의 응답으로 간주할 수 있다. 크리스토퍼 J. H. 라이트(Christopher J. H. Wright)는 "모든 인류는 하나님의 말씀을 받고 그에게 응답할 수 있는 능력이 있다. 인간은 하나님에 대한 자신의 책임을 알고 있는 피조물이다"라고 주장했다.[110] 네덜란드 선교학자 헤르만 바빙크(J. H. Bavinck)도 "종교는 하나님 혹은 적어도 하나님의 계시에 대한 인간의 응답이다"라고 말한 바 있다.[111]

창조와 계시의 교리는 우리가 타종교 신자들을 이해하는데 있어서 중요한 의미가 있다. 예를 들어, 하나님의 일반 계시와 모든 사람이 하나님의 형상을 지니고 있다는 사실을 고려할 때, 우리는 타종교에서 진리와 가치의 요소를 발견할 수 있다는 사실에 대해 놀랄 필요는 없을 것이다. 비기독교 종교가 가르치는 모든 것이 거짓이며, 완전히 무가치하다고 주장할 이유가 없다.

이런 주장은 성경적이지도 않을 뿐만 아니라 타종교 전통의 실체도 아니다. 우리는 종교가 창조와 일반 계시를 통해 나타난 하나님의 실재에 관한 기초적인 인식을 다양한 정도와 방식으로 보여 주는 것으로 생각할 수 있다.

이것은 하나님이 부처나 무함마드에게 자신을 직접 계시했다거나, 타종교의 경전이 하나님의 영감을 받았을 것이라고 말하는 것이 아니다. 그러나 타종교 전통의 창시자인 인간은 하나님의 형상대로 창조되었고, 그들의 가르침과 실천에 반영된 하나님에 관한 이해의 정도가 다양하다는 것을 인정하는 것이다. 그러나 계시에 관한 그들의 이해는 부분적이고 왜곡

---

110 Christopher J. H. Wright, "The Christian and Other Religions: The Biblical Evidence," *Themelios* 9, no. 2 (1984): 4.

111 J. H. Bavinck, *The Church between Temple and Mosque* (Grand Rapids, MI: Eerdmans, 1966), 18.

되어 있다.

예를 들어, 우리는 제5장에서 기본적 도덕 규범에서 대다수 주요 종교가 명확한 공통점을 갖고 있다는 것을 보았다. 이 종교들 가운데 일부에서는 황금률의 수많은 다양한 표현을 볼 수 있다. 이것은 예상하지 못한 일이 아니다. 모든 사람이 하나님의 일반 계시를 접하고 하나님의 형상대로 창조되었기 때문에 황금률과 같은 도덕적 규범이 다양한 종교에 다양한 방식으로 반영되어 있을 수 있다. 만약 이것이 사실이 아니라면 오히려 놀랄 만한 일이다.

더 나아가, 창조에 대한 가르침은 특히 우리가 종교적 타자에 대해 어떻게 생각하는지에 영향을 미친다. 창조의 진리는 하나님의 형상을 지닌 피조물로서의 공통점이 인간의 모든 차이보다 훨씬 더 중요하다는 것을 의미한다. 민족적, 문화적, 종교적 경계를 넘는 하나님의 피조물로서의 공통성은 궁극적으로 그들을 구분하는 차이점보다 더 중요하다.

창조와 계시에 대한 성경적 가르침에서 우리는 종교를 '비록 잘못 인도되었지만 참된 하나님을 찾고, 갈망하는 인간의 제한된 표현'으로 생각할 수 있다. 하나님의 형상대로 창조된 인간은 하나님의 말씀에 응답할 수 있는 능력을 갖추고 있다. 인간은 죄에도 불구하고 하나님의 실재와 하나님 앞에서의 우리의 책임에 대한 기본적인 인식이 남아 있다. 그러므로 인간의 종교적 차원은 부분적으로 우리가 창조주와의 친밀감을 위해 손을 내미는 피조물의 표현으로 볼 수 있다.

북아프리카의 위대한 신학자인 어거스틴은 하나님에 대한 인간의 갈망을 "당신(하나님)은 당신 자신을 위해 우리를 만드셨고, 우리의 마음은 당신 안에서 쉼을 얻을 때까지 안식을 누릴 수 없습니다"라고 표현했다.[112]

---

112 Augustine, *Confessions*, translated by Henry Chadwick (Oxford, UK: Oxford University Press, 1991), 3.

물론, 종교에는 단순히 하나님을 찾는 인간의 표현 이상의 것이 포함되어 있다. 죄는 인간의 종교성을 표현하는 능력을 포함한 인간과 사회의 모든 영역을 타락시켰다. 종교 역시 죄의 산물이다. 성경은 사람들이 하나님의 실재와 그에 대한 책임에 대해 어느 정도 인식하지만, 이 진리에 적절하게 응답하지 않고 오히려 이 진리를 억압하고 거부해야 한다고 가르치는 것이다. 이 반역은 주로 인간의 삶의 종교적 차원에서 나타나고 있다.

인류의 역설은 모든 사람이 하나님의 형상으로 창조되어 창조자와 피조물의 적절한 관계를 갈망한다는 것이다. 그러나 동시에 그들은 반역자이자 죄인이기 때문에 필사적으로 하나님으로부터 자신을 숨기려고 노력한다. 종교는 하나님께 다가가는 방법일 수 있지만, 그분을 피하고 숨는 수단이 될 수도 있다. 의미심장하게도, 예수님의 가장 강력한 비판은 일부 바리새인과 유대교의 다른 지도자들에게 주어졌다. 그들은 그 당시의 사람들에게 유대교가 제공해야 했던 가장 종교적이고, 가장 경건하며, 가장 풍부한 종교적 지식을 가진 것으로 여겨졌던 사람들이었다(마 23:1-36).[113]

여기서 우리는 개인과 사회적 차원 모두에서의 죄를 생각해야 한다. 성경은 모든 사람이 죄인이라고 가르친다. 따라서 각 사람은 자신의 죄에 대해 하나님께 책임을 져야 한다. 그러나 죄와 죄의 결과는 또한 사회 전반에 걸쳐 그리고 우리 사회 제도의 전 영역에서 명백하게 드러난다. 이렇게 볼 때, 죄는 문화와 종교의 전 영역에 구조적으로 내포되어 있다.

마지막으로, 타종교에 대한 진정한 성경적 관점은 그들이 사탄의 영향을 받는다는 것이다. 모든 타종교 현상을 사탄적 현상이라고 주장하는 것

---

113 예수님은 일부 바리새인의 위선을 비판했지만, 일반적으로 그들의 가르침을 칭찬했다(마 23:2-3). 예수님의 가장 가혹한 비판은 일반적으로 유대인 지도자들과 사람들이 아니라 성전 지도자들에게 주어진 것이었다. Randall Buth and Brian Kvasnica, "Temple Authorities and Tithe-Evasion: The Linguistic Background and Impact of the Parable of the Vineyard Tenants and the Son," in *Jesus's Last Week: Jerusalem Studies on the Synoptic Gospels*, Vol. 1, edited by R. S. Notley, B. Becker, and M. Turnage (Leiden: Brill, 2006), 53-80.

은 너무 단순할 수 있지만, 그들 중 어떤 것은 그렇지 않다고 주장하는 것도 똑같이 순진한 생각일 것이다. 사도 바울은 자신의 독자들에게 고린도 종교의 이교도 제물은 문제가 없어 보였을 수도 있지만, 사실은 악마에게 바쳐진 것이라고 상기시켜 주었다(고전 10:20). 이것은 타종교의 관습에 관한 과도한 낙관주의에 대한 엄중한 경고이다.

성경은 다른 신들에 대한 우상 숭배와 타종교 전통의 의식에 참여하는 것을 일관되게 비판한다(출 20:2-5; 신 7:1-6, 25-26; 시 115편; 사 41:21-24; 44:9-20; 행 14:15; 17:16, 17:23-24, 29; 고전 8:4-6). 더 나아가, 성경은 아직 영적으로 눈이 멀고, 이 세상의 신(고후 4:4; 엡 4:17-18)의 권세 아래서 구원받지 못한 사람들에 대해 말하고 있다.

우리는 사탄과 마귀의 세력을 포함한 영적 실체를 인식해야 한다. 하나님 나라와 이 시대의 신들 사이에 영적 싸움이 벌어지고 있으며, 종교는 사탄의 활동 일부다. 많은 서구 그리스도인은 이론적으로는 초자연적 차원을 인정하면서도 실제로는 무시하는 기능적 자연주의를 선호하고 있다. 예를 들어, 폴 히버트(Paul Hiebert)는 비서구 사회에서 널리 받아들여지고 있는 '초자연적인 존재와 힘'의 영역인 '배제된 중간층'(excluded middle)의 실체를 환기해 주었다.[114]

이 배제된 중간층에서는 인간의 세계인 자연계와 구분되는 영적 권세와 힘이 존재하며 이 영역 안에서 활동하고 있다. 서구 선교사들은 자연주의적 편견 때문에 이런 차원을 무시하는 경향이 있지만, 대부분의 비서구 사회에서는 이 영역의 세계를 받아들이고 있다. 그러나 히버트는 서구 선교사들에게 이 영역을 더 진지하게 받아들일 것을 요구하면서 경고한 바 있다.

---

114 Paul Hiebert, *Anthropological Reflections on Missiological Issues* (Grand Rapids, MI: Baker, 1994), 189-201.

우리는 현대의 세속주의와 정령 신앙처럼 인간과 그들의 욕망이 아닌 하나님과 그의 행위에 우리의 신학을 집중해야 한다. 우리는 우리 자신의 목적을 위해 어떤 종교적 공식이나 구호를 통해 하나님을 통제하는 방법이 아니라, 예배와 하나님과의 관계에 초점을 맞출 필요가 있다. … 우리가 신으로서 하나님이 우리의 명령을 수행하게 하는 새로운 마법으로 기독교를 만드는 것은 너무 쉬운 일이다.[115]

영적 전쟁의 영역을 진지하게 받아들이면서도 우리는 '기독교적 정령 신앙'에 지나지 않는 접근 방식을 채택하지 않아야 한다.

로버트 프리스트(Robert Priest), 토마스 캠벨(Thomas Campbell) 그리고 브래드포드 멀린(Bradford Mullen)은 "많은 선교사와 선교학자가 그런 개념을 무의식적으로 내면화해 선교적 방법의 기초로 사용해 성경적 가르침과 상충하는 영적 존재와 힘에 대한 정령적이고 마법적 개념을 전파하고 있다"라고 지적했다.[116] 책임 있는 종교신학은 타종교 현상을 단순히 악마적 활동의 표현으로 간주하고, 오직 능력 대결(power encounters)의 관점에서만 타종교에 대한 기독교적 반응을 생각하는 일종의 '기독교 정령 신앙'의 오류에 빠지지 않아야 한다.

---

[115] 위의 책, 200-201.
[116] Robert J. Priest, Thomas Campbell, and Bradford A. Mullen, "Missiological Syncretism: The New Animistic Paradigm," in *Spiritual Power and Missions: Raising the Issues*, edited by Edward Rommen (Pasadena, CA: William Carey Library, 1995), 11-12.

11. 결론

종교와 문화의 개념은 우리가 인간의 삶의 공동체적 측면을 분류하고 이해하는 데 도움이 되는 경험적 도구다. 종교와 문화는 필요하고 유용한 개념이지만 모호하고 어려운 질문을 제기한다. 오늘날 세상에서 예수 그리스도의 제자로 살고 다른 사람을 예수님의 제자로 초대하는 것이 어떤 의미인지 이해하려는 사람의 관점에서 가장 중요한 질문이다.

"우리가 어떻게 문화와 종교의 경계를 구분하는가?"
혹은 "어떤 특정 현상이 종교적인 것인가 문화적인 것인가를 어떻게 분별할 수 있는가?"라는 문제가 아니다.
그것은 "특정한 가르침이나 행동 방식이 예수 그리스도의 제자로 살 수 있게 하는가, 아니면 그렇게 하는 데 방해가 되는가?"라는 문제다.

우리가 믿음이나 행동을 개념적으로 분류하는 것은 부차적인 문제에 불과하다. 그리스도인의 관심사는 타종교의 성실한 추종자를 포함한 모든 민족을 예수 그리스도의 제자로 만드는 것이다. 그리스도인은 하나님의 인도와 권능에 힘입어 하나님에 대한 죄의 반역 속에 사는 사람들이 예수 그리스도를 통해 회개하고 하나님과 화해하도록 격려해야 한다.

우리는 종교적인 것으로 확인된 타종교의 믿음과 행동을 거부해야 한다. 일반적으로 힌두교, 불교 혹은 이슬람이 하나님에 대한 적절한 반응을 방해하는 한 우리는 이런 종교들을 거부해야 한다. 그러나 만약 타종교 신자나 공동체의 생활과 사고방식이 복음과 무관하거나 예수 그리스도의 제자가 되게 하는 데 사용될 수 있는 것이라면, 해당 개인이나 공동체가 기독교 정체성을 확립하는 데 있어서 유용한 가교가 될 수 있을 것이다.

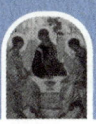

제7장

다종교 세계에서의 복음 전도

기독교 신앙은 지역과 민족 혹은 문화를 초월해 모든 사람을 위한 메시지를 기반으로 한다. 정보를 전달할 뿐만 아니라 개별적인 응답을 요구하는 메시지다. 그리스도의 복음은 광범위한 사회적, 공동체적 의미가 있으므로 메시지의 의미를 단순히 개인적 관심사로 제한할 수 없다. 신약성경에 기록된 복음의 메시지의 핵심은 예수 그리스도를 주님으로 받아들이고 그에게 헌신하겠다는 개인적인 응답을 요구하는 것이다.

이 개인적인 응답이 신앙의 표현을 사적인 문제로 제한하는 것이 아니라, 종교적인 표현을 지리적 경계, 민족, 혹은 문화를 초월해 획일화시킨 고대 종교의 지배적인 견해와의 단절을 의미한다. 초대 교회에 대해 언급하면서, 라민 사네는 말한 바 있다.

> 신앙을 개인적으로 표현하는 것은 특정 지역에 한정되지 않는 유연한 신앙적 응답을 가능하게 한다. 구원받는 것은 약속된 영토를 소유하는 것이 아니라, 자유로운 행위자로서의 정직하고 신실한 믿음에 바탕을 둔 것이다. 영토는 믿음의 요구 사항이 아니다.[1]

---

[1] Lamin Sanneh, *Disciples of All Nations: Pillars of World Christianity* (New York: Oxford University Press, 2008), 7.

그리스도인은 '자신의 종교가 어떤 특정 지역의 집단보다 크고, 그 지역의 문화적 경계 속에 국한될 수 없다는 개념'을 정체성의 필수 구성 요소로 가지고 있다.[2] 기독교 복음은 본질상 선교적이며, 예수를 따르는 사람들이 모든 민족을 예수 그리스도와 그분의 나라에 헌신하도록 부르는 데 있어서 지리, 계층, 민족, 종교의 경계를 넘도록 요청하고 있다. 이것이 바로 죄악으로 황폐해진 세상에 전해야 할 구원과 하나님과의 화해의 기쁜 소식이다.

처음에는 압도적으로 유대인이 많았던 초기 기독교 공동체가 곧 유대인과 이방인 모두를 포함하게 되었고, 예루살렘에서 로마, 안디옥, 알렉산드리아와 같은 주변 지역으로 퍼져 나갔다. 교회는 로마 제국과 현재 북아프리카로 그리고 나일강을 따라 현재의 우간다, 남아시아, 유럽 그리고 중국으로 이동했다.

18세기와 19세기의 선교 운동과 20세기 교회의 괄목할 만한 성장으로 기독교는 오늘날 진정한 세계 종교가 되었다. 2천여 년 전 팔레스타인의 외딴 지역에서 예수와 아마도 수백 명의 제자가 함께 시작한 이 운동이 오늘날 '세계에서 가장 크고 가장 널리 퍼진 종교'가 된 것이다.[3]

사네는 "기독교는 전 세계에서 2천 개가 넘는 언어 집단의 종교다. 세계의 다른 어떤 종교보다 기독교에서 더 많은 사람들이 더 많은 언어로 기도하고 예배한다"라고 말했다.[4] 기독교가 진정한 글로벌 종교가 된 것은 지난 2천 년 동안의 기독교 선교 활동 때문이었다. 물론 여기에는 17세기부

---

2   Mark Juergensmeyer, "Thinking Globally about Religion," in *The Oxford Handbook of Global Religions*, edited by Mark Juergensmeyer (New York: Oxford University Press, 2006), 7.
3   Douglas Jacobsen, *The World's Christians: Who They Are and How They Got There* (Oxford, UK: Wiley-Blackwell, 2011), 1.
4   Lamin Sanneh, *Whose Religion Is Christianity? The Gospel beyond the West* (Grand Rapids, MI: Eerdmans, 2003), 69. Mark Hutchinson and John Wolffe, *A Short History of Global Evangelicalism* (Cambridge, UK: Cambridge University Press, 2012).

터 20세기까지의 현대 선교 운동이 포함되지만, 적어도 중동, 북아프리카, 유럽, 아시아 및 라틴 아메리카에 흩어져 있는 수많은 현지 그리스도인이 조용히 이웃과 복음을 나누고, 때로는 우리에게 알려지지 않은 방식으로 복음을 새로운 사회적, 종교적 상황으로 전달했기 때문이다.[5]

기독교 복음의 선교적 성격은 종교다원주의에 대한 현재 논의에 있어서 서구 세계의 많은 사람을 당혹스럽게 했다. 오늘날 대다수 그리스도인은 교회의 성장과 세계화에 기뻐하지만, 많은 사람이 현대 선교 운동과 전도에 대한 강조 그리고 회심의 필요성에 의문을 제기하고 있다. 레슬리 뉴비긴은 "서구 그리스도인은 오늘날 기독교의 확장에 만족하지만, 이 확장을 가능하게 한 19세기의 선교 활동에 대해서는 당혹감을 감추지 못한다"라고 지적한 바 있다.[6]

확실히, 현대 선교의 역사에는 우리가 잠시 멈추고 회개해야 하는 많은 것이 있다. 현대 서구 선교사들은 종종 문화적으로 무감각해 비서구의 사람들에게 유럽이나 미국의 사회 문화적 방식을 강요했고, 선교 사역에 대한 권력이나 통제권을 포기하지 않았다. 너무 자주 선교사들은 고의적이든 우연이든 정치적, 군사적, 경제적 식민지 개척자들과 동일시되었다. 안타깝게도 세계 여러 곳에서 기독교는 식민지화 세력과 구분하기 어려웠던 것도 사실이다.

그러나 이런 실수와 오류는 솔직히 인정해야 하지만 과장하지는 않아야한다. 현대 선교를 서구 식민주의와 제국주의의 종교적 차원 정도로 치부하는 것은 지나치게 단순한 발상이고 오해의 소지가 있다. 선교사와 선교 단체는 종종 식민주의 세력과 양면적 관계를 갖고 있었다.[7] 서구 선교사

---

5 Sanneh, *Disciples of All Nations*; Andrew F. Walls, *The Missionary Movement in Christian History: Studies in the Transmission of Faith* (Maryknoll, NY: Orbis, 1996).

6 Sanneh, *Disciples of All Nations*; Andrew F. Walls, *The Missionary Movement in Christian History: Studies in the Transmission of Faith* (Maryknoll, NY: Orbis, 1996).

7 Brian Stanley, *The Bible and the Flag: Protestant Missions and British Imperialism in the*

들은 식민주의 세력이 제공하는 보호의 혜택을 받았지만, 동인도 회사와 같은 식민주의적 기관이 선교사를 식민지에서의 이익을 훼손하는 파괴자로 인식했기 때문에 종종 선교사들에게 적대적이었다는 사실을 기억해야 한다.

   식민주의와 선교 사이의 연관성은 특히 인도에서 분명하게 드러났지만, 여기에서도 현실은 일반적으로 알려진 것보다 훨씬 더 복잡했다. 이와 관련하여 비노스 라마찬드라(Vinoth Ramachandra)는 다음과 같이 말했다.

> 인도의 기독교 선교는 오늘날의 인도 학계에서 단순히 식민주의의 부속물로 취급받고 있다. 그러나 사실상, 기독교 선교는 현대 힌두교 개혁 운동과 인도 민족주의 발전의 토대가 되었다. 19세기 말부터 20세기 초까지 인도의 지식적, 정치적 지도자의 대부분은 기독교 학교와 대학에서 나왔다. 간디(Gandhi)는 힌두교 경전인 '바가바드 기타'(*Bhavagad Gita*)의 영향을 받았지만, '비폭력'(*ahmsa*)과 '진리의 추구'(*satyagraha*)에 관한 그의 철학은 이 경전에서 나온 것이 아니었다. 간디에게 가장 깊은 영향을 준 것은 신약성경과 자이나교의 자기를 부인하는 삶의 개념과 톨스토이의 작품을 통해 나타난 산상 수훈의 교훈이었다. 인도의 그리스도인들은 오랫동안 여성 해방 운동에 앞장섰으며, 영국과 미국의 선교 단체는 종종 식민지 정부가 지역 감정이 일어날 것을 두려워해서 들어가기 어려웠던 지역에서 사역하기도 했다. 영국과 미국의 선교 단체는 인도의 그리스도인들과 함께 식민 정부가 지역 민심을 자극할 가능성이 있기 때문에 두려워했던 여성의 인권을 위한 운동을 주도하기도 했다.[8]

Nineteenth and Twentieth Centuries (Leicester, UK: InterVarsity, 1990); *Missions and Empire*, edited by Norman Etherington (New York: Oxford University Press, 2005).

8 Vinoth Ramachandra, *Faiths in Conflict? Christian Integrity in a Multicultural World* (Leicester, UK: InterVarsity, 1999), 78-79.

그렇다면 필요한 것은 현대 선교와 식민주의 사이의 모호하고 때로는 혼란스러운 관계를 인식하고 선과 악을 모두 인정하는 과거에 대한 정직한 평가이다.

더욱이, 우리는 현대 선교에 대한 현재의 문제가 단순히 오늘날 더 큰 겸손과 문화적 민감성의 문제일 뿐이라고 속단하지 않아야 한다. 이에 대해 뉴비긴은 다음과 같이 진단했다.

> 19세기 선교 운동에 대한 당혹감은 우리가 생각하는 것처럼 단순히 우리가 그 당시의 선교사들보다 더 겸손해졌다는 증거가 아니다.
> 오히려, 나는 오늘날의 변질된 믿음이 훨씬 더 두렵다. 이 두려움은 우리가 이 세상의 구세주이고 주님이신 예수 그리스도의 유일성, 중심성, 확실성 그리고 그가 세상이 나아가야 할 진정한 목적이며, 세상의 모든 진리의 기준이 되는 궁극적 진리이고, 진정으로 충만한 삶이라는 사실을 확고하게 받아들일 준비가 덜 되어 있다는 증거다.[9]

요하네스 베르쿠일(Johannes Verkuyl)은 "여러 현대 선교학과 종교신학 이론에서 만나는 선교 명령에 대한 불복종은 단순히 예수 그리스도에 대한 배신일 뿐이다"라고 말했다.[10] 따라서 오늘날에 진정으로 필요한 것은 예수 그리스도의 복음에 관한 부끄럽지 않은 믿음과 21세기 세계의 상황에 적합한 방식으로 종교적 타자들에게 그리스도를 증거하는 삶이다.

9　Newbigin, *A Word in Season*, 115.
10　Johannes Verkuyl, "The Biblical Notion of Kingdom: Test of Validity for Theology of Religion," in *The Good News of the Kingdom*, edited by Charles Van Engen, Dean S. Gilliland, and Paul Pierson (Maryknoll, NY: Orbis, 1993), 77.

1. 기독교 선교

복음주의자들의 특징은 선교에 헌신되어 있다는 점이다. 제1장에서 보았듯이 데이비드 베빙턴(David Bebbington)은 회심주의와 행동주의를 복음주의의 네 가지 특성 가운데 두 가지로 인정했고, 앨리스터 맥그래스(Alister McGrath)는 복음주의자들의 여섯 가지 근본적인 신념 중 두 가지로 개인적인 회심의 필요성과 전도의 우선순위를 제시했다.[11] 복음주의자들은 기독교 선교의 강력한 지지자였으며, 현대 선교 운동에 적극적으로 참여해 왔다.

1970년대부터 기독교 선교의 본질과 실천 방법에 대해 복음주의자들 사이에서 지속적인 논의가 있었다. 여기서 이 주제를 자세하게 다루는 것은 불가능하지만, 선교에 대한 복음주의 관점과 21세기 그리스도인들에게 미치는 영향에 관한 몇 가지 중요한 주제를 살펴보고자 한다.

기독교 선교는 삼위일체 하나님과 세상을 향한 하나님의 선교에 근거를 두고 이해해야 한다. 따라서 하나님을 아버지와 아들과 성령으로 받아들이고 삼위 하나님의 목적을 이해하는 것은 기독교 선교의 본질을 파악하는 데 있어서 매우 중요한 신학적 기초가 될 것이다.

앨런 록스버그(Alan Roxburgh)는 다음과 같이 주장했다.

> 선교는 하나님의 백성이 하나님 나라를 경험할 수 있는 현존으로서 교회를 통해 하나님의 실재를 증거하는 것이다. 그러므로 선교는 하나님의 본질에 집중해야 한다. 우리는 아버지와 아들과 성령으로 계시된 하나님에 대해 말하고, 선포하고, 증거해야 한다. 이 계시는 오직 예수 그리스도를

---

11 Alan Roxburgh, "Rethinking Trinitarian Missiology," in *Global Missiology for the 21st Century: The Iguassu Dialogue*, edited by William D. Taylor (Grand Rapids, MI: Baker and World Evangelical Fellowship, 2000), 180.

통해서만 알려져 있다. 예수 그리스도의 선교는 그의 계시의 중심에 있는 삼위일체 하나님의 선교이다.[12]

데이비드 보쉬(David Bosch)는 또한 선교신학에 대한 삼위일체 교리의 중심성을 "선교는 궁극적으로 창조자, 구원자, 성화자이신 삼위일체 하나님의 사역이며, 세상을 향한 교회의 책무다"라고 이해했다.[13] 선교는 교회가 스스로 주도하거나 교회의 힘으로 할 수 있는 것이 아니다. 그리스도인은 하나님이 그의 피조물의 구속을 위해 선교하시는 하나님이기 때문에 그의 선교에 참여하는 것이다. 티모시 테넌트(Timothy Tennent)는 기독교 선교는 단순히 예수님의 지상 명령에 대한 순종 이상의 의미가 있다고 상기시켜 주었다.

그러므로 선교는 교회에 주어진 지상 명령에 대한 순종일 뿐만 아니라, 세상에서 하나님의 구속 사역에 참여하도록 요청하는 기쁨의 초대다. 아버지 하나님은 그의 아들 예수 그리스도가 중심 인물인 위대한 구속의 이야기를 펼치고 있으며, 교회로서 우리는 이 대서사(grand narrative)의 전개에 참여하도록 성령 하나님을 통해 부르심을 받고 그의 권능을 부여받았다. … 그러므로 선교는 삼위일체 하나님이 활동하시는 세상으로 들어가는 것과 동시에 선교하는 하나님의 내면에 들어가는 것이다.[14]

하나님은 거룩하고 의롭고 도덕적으로 정결하실 뿐만 아니라 사랑과 자비와 연민이 충만하신 분이다. 이 하나님의 성품은 죄로 손상된 피조물을 구속하기 위해 아버지가 아들을, 아버지와 아들이 성령을 세상에 보내시

---

12 Alan Roxburgh, "Rethinking Trinitarian Missiology," in *Global Missiology for the 21st Century: The Iguassu Dialogue*, edited by William D. Taylor (Grand Rapids, MI: Baker and World Evangelical Fellowship, 2000), 180.
13 David Bosch, *Transforming Mission: Paradigm Shifts in Theology of Mission* (Maryknoll, NY: Orbis, 1991), 392.
14 Timothy C. Tennent, *Invitation to World Missions: A Trinitarian Missiology for the Twenty-First Century* (Grand Rapids, MI: Kregel, 2010), 61; emphasis in the original.

는 결과를 가져 왔다. 교회를 세상으로 보내는 것은 그 자체가 이와 같은 삼위일체 하나님의 보내심의 경륜에 뿌리를 두고 있다.

오늘날 세계 기독교 교회의 사명에 대해 크리스토퍼 J. H. 라이트(Christopher J. H. Wright)는 정의했다.

> 우리의 선교는 하나님의 피조물의 구속을 위해 하나님이 다스리시는 세계의 역사 속에서 하나님 자신의 선교를 위해 하나님의 초대와 명령에 따라 하나님의 백성으로서의 헌신적인 참여를 뜻한다.[15]

선교의 범위는 어디까지인가?[16]

선교라는 용어는 교회가 하는 모든 것을 포함하는 것인가, 아니면 그 범위가 더 제한되어야 하는가?

20세기 후반의 복음주의에는 선교의 범위와 우선순위에 대해 일치된 견해가 없었다. 그러나 지난 반세기 동안 기독교 선교에 관한 복음주의 사고와 실천에 큰 영향을 미쳤던 존 스토트(John Stott)의 제안에 따라 어느 정도의 합의가 이루어졌다. 존 스토트에 따르면, 선교는 하나님이 세상에서 하시는 모든 일이나 교회가 하는 모든 일이 아니라, 교회가 세상 속에 보냄을 받아서 하는 모든 일을 하는 것이다. 선교는 이 땅에서 빛과 소금이 되어야 하는 교회의 이중적 봉사의 소명을 포함한다.[17]

복음주의 선교학자인 도널드 맥가브란(Donald McGavran)과 아서 글라서(Arthur Glasser)는 선교를 "문화적 경계를 넘어 예수 그리스도의 복음을 전

---

[15] Christopher J. H. Wright, *The Mission of God: Unlocking the Bible's Grand Narrative* (Downers Grove, IL: InterVarsity, 2006), 23. Craig Ott and Stephen J. Strauss, *Encountering Theology of Mission: Biblical Foundations, Historical Developments, and Contemporary Issues* (Grand Rapids, MI: Baker, 2010), 61-74.

[16] David Bosch, *Transforming Mission*, 368-510.

[17] John R. W. Stott, *Christian Mission in the Modern World* (Downers Grove, IL: InterVarsity, 1975), 30.

해 그분을 주님과 구세주로 받아들이며, 교회의 책임 있는 구성원이 되게 하고, 성령의 인도에 따라 전도와 봉사에 참여하도록 격려해 하나님의 뜻이 하늘에서 이루어진 것 같이 땅에서도 이루어지게 하는 것이다"라고 정의한 바 있다.[18]

기독교 선교에 대한 우리의 이해는 하나님 나라에 대한 성경적 가르침도 고려해야 한다. 마태복음이 '천국 복음을 전파'(마 4:23)하는 것으로 공적 사역을 시작하신 예수님을 제시한 것은 중요한 의미를 내포하고 있다. 복음은 하나님 나라와 직접 연결되어 있다. 마가복음에서 예수님은 "때가 찼고 하나님 나라가 가까이 왔으니 회개하고 복음을 믿으라 하시더라"(막 1:15)라고 선포했다. 사도행전은 바울이 로마에서 하나님 나라를 전파하고 예수 그리스도에 대해 가르치는 것으로 끝을 맺는다(행 28:31).

하나님 나라는 일관성 있는 성경의 중심 주제다. 크레그 오트(Craig Ott)와 스테판 스트라우스(Stephen Strauss)는 하나님 나라를 다음과 같이 설명한다.

> 하나님 나라는 선교의 지향점이라는 점에서 선교의 중심이다.… 하나님 나라의 개념은 하나님의 통치를 회복하고, 모든 것을 자신과 화해시키고, 타락하고 파괴된 것을 회복시키고, 그에게 대항하는 모든 세력을 굴복하게 하는 하나님의 의도다.[19]

마찬가지로, 요하네스 베르쿠일(Johannes Verkuyl)도 하나님 나라를 다음과 같이 이해했다.

---

18   Donald McGavran and Arthur Glasser, *Contemporary Theologies of Mission* (Grand Rapids, MI: Baker, 1983), 26.
19   Ott and Strauss, *Encountering Theology*, 86.

> 성경 메시지의 핵심은 우주와 만물의 창조자이신 하나님이 우주와 모든 인류에 대한 그의 구속과 통치를 회복하기 위해 적극적으로 참여하고 있다는 것이다.[20]

하나님 나라의 개념은 하나님의 주권적이고 역동적 통치를 뜻한다. 다음은 신약학자인 조지 래드(George E. Ladd)의 주장이다.

> 하나님 나라는 모든 사람들 가운데 그의 주권을 확립하기 위해 역동적으로 활동하는 하나님의 구속적 통치이며, 그의 나라는 말세의 시대에 종말론적인 행위로 나타날 것이다. … 이미 예수 그리스도의 인격과 사명으로 인간의 역사에 들어와서 악을 극복하고, 사람들을 악의 권세에서 구출하고, 그들을 하나님의 통치 축복으로 인도하셨다.[21]

오늘날 일부 종교신학자는 예수 그리스도의 '유일성'을 강조하는 것을 피하기 위해 '나라'(kingdom)의 개념을 사용하는 경향이 있다. 예를 들어, 폴 니터(Paul Knitter)는 1985년에 발간한 『오직 예수?』(No Other Name?)에서 예수님은 '신 중심적'(theocentric)이고 '왕국 중심적'(kingdom-centric)이라고 주장하며, 예수님의 관심은 단순히 우리가 의와 정의의 하나님 나라에 관심을 두게 하는 것이었다고 주장한 바 있다. 니터는 "예수님의 모든 사역은 하나님과 그의 나라를 섬기는 것이었다. 다른 모든 것은 부차적인 것이었다. "나라가 임하시오며 뜻이 하늘에서 이루어진 것 같이 땅에서도 이루어지이다"라는 기도가 예수님의 기도 내용이었고 활동이었다"라고 주장했다.[22]

---

20 Verkuyl, "The Biblical Notion," 72.
21 George Eldon Ladd, *A Theology of the New Testament* (Grand Rapids, MI: Eerdmans, 1974), 91. Ladd, *The Presence of the Future: The Eschatology of Biblical Realism* (Grand Rapids, MI: Eerdmans, 1974).
22 Paul Knitter, *No Other Name? A Critical Survey of Christian Attitudes toward the World*

니터에 따르면, 예수님을 자신을 신적인 존재이거나 왕으로 여기지 않았다. 그는 "예수님이 전파하신 하나님 나라의 본질적 특성 가운데 하나는 이 세상적인 특성이었다. 예수님과 오늘날의 교회가 하나님 나라를 추구하는 것은 유한한 세상에서 인류의 안녕을 추구하는 것이다"라고 진술했다. 그는 또한 "따라서 하나님 나라는 인간의 내적 변화 혹은 자율성에 기반을 둔 사랑, 정의, 평등의 사회에 대한 이상적인 비전으로 정의될 수 있다"라고 규정했다.[23]

이런 논지를 감안할 때, 니터가 타종교를 '하나님 나라의 대리자'(agents of the Kingdom), '은혜의 수단'(vehicles of grace) 혹은 '하나님 나라의 동역자'(co-workers for the Kingdom)라고 표현한 것은 놀라운 일이 아니다.[24]

우리는 하나님 나라의 개념에 '이 세상적인' 의미가 포함되어 있다는 니터의 견해에 동의하고 의와 정의를 추구하는 사람들을 언제 어디서나 기뻐할 수 있지만, 하나님 나라를 오직 현재의 세상의 관심사로 제한하려고 하는 환원주의적 접근을 거부한다. 하나님 나라에 관한 성경적 관점은 단순히 도덕적 차원으로만 축소될 수 없다.

하나님 나라는 본질적으로 예수 그리스도의 십자가에서의 구속 사역과 성령의 역사를 통해 하나님의 의로운 통치를 회복하고, 죄 많은 인간이 변화를 받아 하나님의 다스림에 복종하며 경배하는 것이다. 하나님 나라에 관한 성경적 가르침은 삼위일체적이며, 그의 백성을 다스리시는 왕으로서의 예수님의 중심성에 뿌리를 두고 있다.

베르쿠일은 우리에게 "진정한 하나님 나라 중심의 신학은 철저한 삼위일체적 신학이다. 이 신학은 창조자, 구속자 그리고 보혜사를 그 중심에

Religions (Maryknoll, NY: Orbis, 1985), 173-175.
23   Paul Knitter, *Jesus and the Other Names* (Maryknoll, NY: Orbis, 1996), 116-117.
24   위의 책, 118-119.

둔 신학이다"라고 상기시켜 주었다.²⁵ 성부, 성자, 성령의 독특한 사역을 언급하지 않고는 신약성경의 하나님 나라에 대해 말할 수 없다.

특히, 신약성경에서 하나님 나라의 도래는 나사렛 예수의 인격과 사역을 중심으로 전개된다. 래드는 하나님 나라의 도래를 다음과 같이 이해했다.

> 하나님 나라가 예수 그리스도를 통해 역사 속에 들어왔다. 하나님은 새로운 일을 하셨다. 그는 예수님의 선교를 통해 그의 백성들을 찾아와서 그들에게 메시아적 구원을 가져다 주셨다. 하나님의 역사는 주권적 활동이지만, 여전히 인간의 반응을 필요로 한다.²⁶

따라서 베르쿠일은 "그리스도의 중심성이 배제된 신 중심적 신학은 기독교 신학이라고 할 수 없다. … 왕이 없는 왕국은 존재할 수 없다"라고 단언했다.²⁷ 아버지께서 아들에게 그의 나라를 맡기셨다(눅 22:29). 성육신하신 하나님의 아들 나사렛 예수께서 세상에 오셨고, 이것이 지금의 현실이 된 것이다. 예수 그리스도의 사역은 성령의 권능을 받아 이루어졌다(눅 4:14). 예수님이 하나님의 성령을 힘입어 귀신을 쫓아내시고 하나님 나라의 실재를 보여 주신 것이다(마 12:28).

그러나 예수님의 생애와 사역으로 하나님 나라가 이미 도래했지만, 아직 완성되지 않은 미래의 영역이기도 하다. 장래 하나님 나라가 도래할 것이며, 요한계시록 21장의 '새 하늘과 새 땅'에서 악한 자의 최종 심판과 물질적 세계의 변화가 그 절정을 이룰 것이다. 마지막에는, 그가 모든 통치와 모든 권세와 능력을 멸하시고 나라를 아버지 하나님께 바칠 것이다(고전 15:24).

---

25 J. Verkuyl, "The Biblical Notion," 72.
26 Ladd, *The Presence of the Future*, 194.
27 Verkuyl, "The Biblical Notion," 77.

하나님의 통치 목적 가운데 하나는 죄와 악의 권세로부터 죄 많은 인간을 구속하는 것이다(행 26:16-18; 고전 15:23-28). 하나님 나라 복음은 "이제 하나님이 사람들을 사탄의 속박으로부터 구하기 위해 사람들 가운데서 행동하고 계신다"라는 선언이다.[28] 하나님 나라와 교회 사명의 연관성은 교회가 악의 세력에 대항하는 하나님의 주권적 활동에 참여하도록 부름을 받았다는 것을 고려할 때 더욱 분명해진다.

보쉬는 "선교는 세상의 구원을 위해 하나님께서 교회에 부여하신 지상 사명을 뜻하지만, 항상 악과 절망 그리고 상실이 만연해 있는 특정한 상황과 관련이 있다"라고 덧붙였다.[29]

> 그가 우리를 흑암의 권세에서 건져내사 그의 사랑의 아들의 나라로 옮기셨으니(골 1:13).

이 말씀에서 알 수 있는 바와 같이 하나님 나라에 들어가는 것은 어둠과 사탄의 영역에서 구출되는 것을 의미한다. 하나님 나라에 들어가는 것은 회개를 필요로 하는 초자연적인 사건인 새로 태어나는 것을 뜻한다. 예수님은 존경받는 유대인 지도자 니고데모에게 그가 '거듭하지 않으면' 하나님 나라를 볼 수 없다고 말씀하셨다(요 3:3). 회개한 죄인에 대한 성령의 특별한 역사는 거듭남과 어둠의 지배에서 하나님 나라로 구출되는 결과를 가져온다(요3:5-8; 딛 3:5).

예수님은 또한 하나님 나라의 임박한 도래를 고려해 "때가 찼고 하나님 나라가 가까이 왔으니 회개하고 복음을 믿으라"(막 1:15)라고 선포하셨다.

예수 그리스도께서 하나님 나라를 선포하신 것과 회개를 위한 부르심은 기독교 선교의 중심 메시지다. 성경에 따르면, 예수 그리스도는 타종교의 독실한 신자들을 포함해 모든 인류를 위한 유일한 주님이자 구세주이다(제2장

---

28 George Eldon Ladd, *The Gospel of the Kingdom* (Grand Rapids, MI: Eerdmans, 1959), 47.
29 Bosch, *Transforming Mission*, 412.

과 제4장 참조). 우리는 주님께 순종해 잃어버린 자에 대한 연민과 사랑으로 모든 사람을 제자로 삼아야 한다(마 28:18-20).

따라서 성경에 충실한 종교신학은 전도를 포함한 기독교 선교에 대한 헌신을 포함해야 한다. 베르쿠일은 다음과 같이 확신한다.

> 누구와도 상관없이 우리는 세상 사람들에게 "때가 찼고 하나님 나라가 가까이 왔으니 회개하고 복음을 믿으라" 라는 메시지를 거듭 선포해야 한다. 어떤 상황에서도 복음은 중립적인 태도를 요구하지 않는다. 복음은 항상 결단을 촉구한다. … 그리스도의 통치에 대한 성경적 가르침에 바탕을 둔 신학과 선교학은 회심이 하나님 나라의 핵심 목표 가운데 하나라는 사실을 부인하지 않을 것이다.[30]

하나님 나라는 확실히 이보다 훨씬 더 많은 것을 포함하지만, 하나님 나라에 대한 성경적 이해는 전도와 회심의 필요성을 포함해야 한다.

넓은 의미에서, 하나님 나라의 도래는 그것이 어디에 있든 어떤 형태를 취하든 상관없이 모든 악에 대한 직접적 도전이다. 우리는 예수님의 사역에서 개인적인 회개와 함께 신체적, 사회적 필요의 이중적 목표를 볼 수 있다. 성경은 이 두 가지 차원에서 다음과 같이 악(evil)을 말한다.

> 예수께서 온 갈릴리에 두루 다니사 그들의 회당에서 가르치시며 천국 복음을 전파하시며 백성 중의 모든 병과 모든 약한 것을 고치시니(마 4:23).

따라서 기독교 선교 역시 개인적 회심과 신체적, 사회적 필요를 채우는 것 모두를 포함해야 한다. 선교에 대한 신학적 토대로서의 하나님 나라의

---

30 Verkuyl, "The Biblical Notion," 72-73.

개념에는 많은 의미가 내포되어 있다. 여기서 중요한 것은 삼위일체 하나님이 이미 전 세계에서 주권적으로 그의 목적을 성취하고 그의 통치를 일으키고 계신다는 진리이다.

이 진리는 우리가 타종교 신자들에게 그리스도의 복음을 증거하는 방식에도 영향을 미친다. 선교학자 폴 히버트(Paul Hiebert)는 "하나님은 우리가 태어나기 오래전부터 일하고 계셨고, 우리가 떠난 후에도 일하실 것이다. 우리가 사람을 구원하는 것이 아니다. 또한, 우리가 교회를 세우는 것도 아니다"라고 말한 바 있다.[31]

2. 증인

모든 그리스도인은 가까운 곳에서 시작하여 '땅끝까지'(행 1:8) 그의 증인이 되어야 한다. 그리스도인은 예수님의 제자로서 말과 행동으로 복음을 선포함으로써 하나님과 하나님의 구속적 사랑과 변화를 일으키는 그의 능력을 전해야 한다. 제자들은 변화된 삶의 방식을 통해 하나님의 실재를 강력하게 선포하고 하나님께 영광을 돌려야 한다.

예수님은 제자들이 세상의 '소금과 빛'이라고 말씀하신 후 "이같이 너희 빛이 사람 앞에 비치게 하여 그들로 너희 착한 행실을 보고 하늘에 계신 너희 아버지께 영광을 돌리게 하라"(마 5:16)라고 가르치셨다. 제자들의 하나됨과 서로에 대한 사랑, 심지어 원수들까지도 사랑하는 마음은 그리스도인의 정체성과 하나님의 변화시키는 능력이 그들 안에서 역사하고 있다는 사실을 보여 준다(마 5:43-48; 요 17:20-23; 요일 3:11-24).

---

31 Paul Hiebert, "Evangelism, Church, and Kingdom," in *The Good News of the Kingdom*, edited by Charles Van Engen, Dean S. Gilliland, and Paul Pierson (Maryknoll, NY: Orbis, 1993), 160.

그러나 예수 그리스도의 복음을 말로 전하고 메시지를 설명하고 다른 사람들에게 예수를 주님으로 영접하도록 촉구하는 것도 필요하다. 따라서 복음주의자들은 기독교 선교에 있어서 전도의 중요성을 강조해 왔다. 로잔언약(1974)은 복음주의자들이 널리 채택한 전도에 대한 견해를 다음과 같이 제시했다.

> 전도는 기쁜 소식을 널리 전파하는 것이며, 기쁜 소식은 예수 그리스도께서 성경대로 우리 죄를 위해 죽으시고, 죽은 자들 사이에서 다시 살아나신 것과, 만물을 통치하시는 주로서 지금도 회개하고 믿는 모든 사람의 죄를 용서하시고, 우리를 자유하게 하시는 성령의 은사를 공급하신다는 것이다. 전도하기 위해 그리스도인이 이 세상에 존재하는 것은 필수불가결하며, 상대방을 이해하려면 상대방의 이야기를 경청하는 대화도 매우 중요하다. 그러나 전도 자체는 사람들이 인격적으로 하나님께 나아가 하나님과 화목하도록 설득하기 위한 목적으로, 역사적이고 성경적인 그리스도를 구세주와 주로 선포하는 것이다.[32]

'전도'(*euangelizomai*)는 좋은 소식 혹은 복음(*euangelion*)을 선포하는 것을 의미한다. 신약은 좋은 소식을 '영원한 복음'(계 14:6), '평안의 복음'(엡 6:15), '그리스도의 복음'(고전 9:12), '하나님의 은혜의 복음'(행 20:24) 그리고 '천국 복음'(마 4:23; 24:14)이라고 표현했다.

그러나 성경은 오직 하나의 복음만 있다고 주장한다(갈 1:8). 사도 바울은 그리스도께서 우리 죄를 위하여 죽으시고 장사 지낸 바 되셨다가 성경대로 사흘 만에 다시 살아나셨다고 증거했다(고전 15:1-4). 이 복음은 모든 믿는 자에게 구원을 주시는 하나님의 능력이다(롬 1:16).

---

32 "The Lausanne Covenant," in *Let the Earth Hear His Voice*, edited by J. D. Douglas (Minneapolis: World Wide Pictures, 1975), 4.

오늘날 그리스도인들에게 복음이라는 용어는 예수 그리스도의 완전한 구속 사역을 가리키는 짧은 표현이 되어 버렸다. 따라서 2010년에 개최된 제3차 로잔운동의 케이프타운 서약은 다음과 같이 언급했다.

> 우리는 복음을 나사렛 예수의 삶과 죽음, 부활이라는 역사적 사건의 기쁜 소식으로 선포한다. 하나님은 다윗의 자손으로 예언된 메시아이자 왕이신 예수님을 통해 그분의 나라를 세우셨고, 아브라함에게 약속하신 대로 땅에 있는 모든 열방이 복 받을 수 있도록 이 세상의 구원을 위해 행동하셨다.[33]

존 스토트(John Stott)도 이와 비슷한 주장을 한 바 있다.

> 우리가 선포하는 예수 그리스도에 대한 좋은 소식은 그가 우리의 죄를 위해 돌아가셨고 죽음에서 다시 살아나셨고, 결과적으로 그분은 하나님의 오른편에서 주님이자 구세주로 다스리며 회개를 명령할 권한이 있으며, 회개하고 믿고 세례를 받는 모든 사람에게 죄 사함과 성령의 은사를 베푸시는 분이라는 것이다.[34]

복음 전파자들은 예수님이 구세주와 주님이시며, 그분의 이름으로 우리의 죄를 용서하고 구속하며, 성령의 내주하는 능력을 통해 새 생명을 얻었으며, 궁극적으로 하나님과의 영원한 관계를 회복하게 되었다고 선포해야 한다. 그러나 이 복음의 메시지는 결코 '손쉬운 믿음주의'이나 '값싼 은혜'가 아니다. 성경적 의미에서 그리스도를 주님으로 영접하는 것은 삶의 모

---

[33] *The Cape Town Commitment: A Confession of Faith and a Call to Action* I.8.B (Peabody, MA: Didasko and Hendrickson, 2011), 23.
[34] Stott, *Christian Mission*, 54-55.

든 영역에 대한 그의 주권을 인정하고 대가에 관계없이 복종하는 것이다. 이것은 단순히 개인과 예수님 사이의 사적인 일이 아니다. 예수 그리스도의 주권에 대한 복종은 다른 사람들과의 관계와 세상을 대하는 방법에 혁명적인 변화를 가져온다는 의미가 있다(제5장 참조).

복음주의자들은 일반적으로 기독교 선교와 전도를 위한 '출동 명령'인 마태복음 28장의 지상 명령을 강조하는 것으로 잘 알려져 있다. 그러나 복음주의자들은 종종 이 지상 명령을 마태복음의 다른 가르침과 분리된 독자적 본문으로 취급하는 경향이 있다. 이로 인해 그리스도인들에게 단순히 전 세계로 가서 예수 그리스도에 대한 최소한의 정보와 죄 사함과 하나님과의 화해의 가능성을 전달하라고 명령한 것처럼 이 본문을 오도하고 피상적으로 읽는 결과가 발생하기도 한다. 그들은 일단 충분한 숫자의 사람들에게 정보를 전달하면 지상 명령이 완료되었다고 선언하기도 한다.

그러나 보쉬는 "마태복음에서 이 본문이 등장한 상황에 대한 적절한 언급이 없이, 이 부분만을 발췌해 독립적으로 해석하는 것은 용납될 수 없다"라고 단호하게 주장한 바 있다.[35]

지상 명령은 마태복음 전체의 넓은 맥락에서 이해되어야 하며, 그렇게 할 때 우리는 본문이 제시하는 더 풍부하고 도전적인 메시지를 발견할 수 있다. 본문 자체는 이렇게 말한다.

> 예수께서 나아와 말씀하여 이르시되 하늘과 땅의 모든 권세를 내게 주셨으니 그러므로 너희는 가서 모든 민족을 제자로 삼아 아버지와 아들과 성령의 이름으로 세례를 베풀고 내가 너희에게 분부한 모든 것을 가르쳐 지키게 하라 볼지어다 내가 세상 끝날까지 너희와 항상 함께 있으리라 하시니라(마 28:18-20).

---

35 Bosch, *Transforming Mission*, 57.

이 본문에서 가장 강조되는 부분은 '제자로 삼아'(mathēteusate)이다.[36] 따라서 우리의 첫 번째 관찰은 우리가 주님께 충실하려면 모든 민족을 '제자로 삼아야' 한다는 것이다. 여기에는 타종교의 신자들도 포함된다.

제자로 삼는다는 것은 무엇을 의미하는가?

예수님의 제자는 어떤 모습인가?

보쉬는 "'제자'(mathetes)가 마태복음에 73번 등장한다. 제자도는 마태복음의 중심이며 교회와 선교에 대한 마태의 이해 중심이다"라고 언급했다.[37] 예수 그리스도의 제자로 삼는 것은 단순히 예수에 관한 정보를 다른 사람들에게 전달하는 것 이상을 의미한다. 마태복음에 기록된 예수님의 가르침은 산상 수훈이나 비유와 같은 위대한 설교에서 제자의 삶이 어떤 것인지에 대한 좋은 사례를 발견할 수 있다.

예수님의 제자는 예수님의 가르침과 명령을 실천하는 사람이다. 마태복음 22장에서 우리는 가장 큰 계명이 무엇인가에 대한 질문으로 예수님에게 다가온 종교 지도자를 볼 수 있다.

이 질문에 대한 예수님의 대답은 우리가 지상 명령을 어떻게 수행해야 하는지에 대한 함축적 의미를 내포하고 있다.

> 선생님 율법 중에서 어느 계명이 크니이까(마 22:36).

이렇게 질문하는 율법사에게 예수님은 "네 마음을 다하고 목숨을 다하고 뜻을 다하여 주 너의 하나님을 사랑하라"라고 말씀하셨다. 이것이 첫 번째 되는 계명이다. 그리고 두 번째도 이와 같다.

---

[36] D. A. Carson, "Matthew," in *The Expositor's Bible Commentary*, Vol. 8, edited by Frank E. Gabelein (Grand Rapids, MI: Zondervan, 1984), 595-596. R. T. France, *The Gospel of Matthew* (Grand Rapids, MI: Eerdmans, 2007) 1115,

[37] Bosch, *Transforming Mission*, 73. Matthew, Michael J. Wilkins, *Discipleship in the Ancient World and Matthew's Gospel*, 2nd ed. (Grand Rapids, MI: Baker, 1995).

> 네 이웃을 네 자신 같이 사랑하라(마 22:39).

이 두 계명은 모든 율법과 선지자의 강령이다(마 22:35-40; 신 6:4-5; 막 12:28-34; 눅 10:25-37 참조). 예수님의 제자들은 전심으로 하나님을 사랑하고 자기 자신을 사랑하는 것처럼 이웃을 사랑하는 사람들이다. 오늘날 우리 이웃에는 타종교를 따르는 사람들이 포함되어 있다. 우리는 타종교 신자들도 사랑해야 한다. 예수님이 제자들에게 주신 많은 가르침 가운데 가장 중요한 것은 소위 황금률이다.

> 무엇이든지 남에게 대접을 받고자 하는 대로 너희도 남을 대접하라 이것이 율법이요 선지자니라(마 7:12).

이 윤리적 원칙은 그리스도인들이 타종교 신자들을 전도하는 방법을 포함하여 예수의 제자들이 다른 사람을 대하는 방법에도 매우 큰 영향을 미친다. 지상 명령, 지상 계명, 황금률은 모두 예수의 가르침의 핵심이며, 예수 그리스도의 제자가 어떤 사람인지에 대해 정의하는 데 도움이 된다. 따라서 이런 말씀을 기반으로 타종교의 신자에 대한 그리스도인의 세 가지 의무를 추론할 수 있다.

(1) 타종교 신자를 제자로 삼는다.
(2) 타종교 신자를 사랑한다.
(3) 타종교 신자를 우리가 존중받고 싶은 방식으로 존중한다.

3. 다종교 사회에서의 전도

그러나 우리가 예수 그리스도의 제자로 삼아야 할 세상은 종교적 갈등과 불신이 가득한 세상이다. 우리는 4백여 년에 걸친 서구 제국주의의 불의를 잘 알고 있고, 기독교가 그런 불의에 대해 많은 책임이 있다고 믿고 있는 탈식민주의 세계에 살고 있다. 너무 자주 인종적, 민족적, 종교적 긴장이 폭력으로 분출되어 다양한 종교 공동체가 평화롭게 공존할 것을 바라는 세상 사람들을 절망하게 하고 있다.

그리스도인은 모든 인류를 위한 구세주와 주님이신 예수 그리스도에게 헌신하고, 타종교 신자들을 전도하는 동시에 종교적 다양성을 이해하고 종교 간의 조화로운 관계를 위해 노력할 수 있는가?

이 질문이 복음주의자들이 해결해야 할 당면 과제이다.

전도에는 적절한 방법도 있고, 부적절한 방법도 있다. 오늘날 세상의 현실을 감안할 때, 교회가 성경의 메시지에 충실할 뿐만 아니라, 다른 사람을 존중하며 신선하고 유익한 방식으로 예수 그리스도의 복음을 전해야 한다. 제자를 삼는 지상 명령의 중요성은 위에 언급되어 있다. 복음의 메시지와 선교의 동기와 방법은 모두 하나님의 사랑에 뿌리를 두고 있다.

보쉬가 말했듯이 "선교는 하나님의 마음에서 시작된다. 하나님은 사랑을 흘려보내는 샘물의 원천이시다. 이것이 지상 명령의 가장 깊은 원천이다. 이보다 더 깊은 다른 원천은 존재하지 않는다. 하나님이 사람을 사랑하시기 때문에 선교가 존재한다."[38]

2010년의 케이프타운 서약은 기독교 선교와 증거에 있어서 사랑의 중요성을 매우 적절하게 표현했다. "하나님의 선교는 하나님의 사랑에서 흘러나온다. 하나님 백성의 선교는 하나님에 대한 우리의 사랑과 하나님이

---

38 Bosch, *Transforming Mission*, 392.

사랑하는 모든 이들에 대한 사랑에서 흘러나온다."[39] 이 서약은 "네 이웃을 네 자신같이 사랑하라"라는 지상 계명의 중심성을 인정한다. 우리의 이웃에는 다른 신앙을 가진 사람들도 포함되어 있다. 이 서약은 전도를 종교적 강요와 구별하고, 높은 윤리성을 바탕으로 하는 겸손과 존중 가운데서의 전도를 요청하고 있다.

> 우리는 값싼 개종이 아니라 복음 전도를 통해 좋은 소식을 나누기 위해 부름을 받았다. 사도 바울의 본을 따라 설득력 있고 이성적 논쟁을 포함하는 우리의 복음 전도는 "복음에 관한 청취자들의 사고방식을 형성할 자유를 전적으로 그들에게 일임하며 복음을 정직하고 개방적으로 진술하는 것이다. 우리는 타종교인들에 대해 민감하기 원하며, 그들을 억지로 회심시키려는 어떤 방식도 거부한다." 이와 대조적으로 개종은 타종교인들을 '우리처럼' 만들고 '우리의 종교를 받아들이게' 하거나 '우리의 교파에 소속하도록' 강요하려는 시도다.[40]

이런 이유로 이 서약은 그리스도인에게 강제적이고 비윤리적이며 거짓되고 경멸적인 어떤 전도 방식도 거부할 것을 요구하고 있다.[41] 지상 계명에 표현된 사랑의 중요성 외에도 케이프타운 서약은 타종교인들과의 상호작용에 대해 다음과 같이 언급했다.

> 이웃 사랑에는 타종교 신자들도 포함될 뿐만 아니라 우리를 미워하고 비방하며 박해하고 죽이기까지 하는 사람들도 포함된다. 예수님은 악의 사슬을 끊기 위해 진리로 거짓을 대항하며, 친절과 자비와 용서의 행위로 악

---

39 *The Cape Town Commitment*, I.1, 9.
40 위의 책, II.C.1, 47.
41 위의 책, II.C.1.A, 48.

을 행하는 자들에 대항하고, 자기희생으로 폭력과 살인에 맞서라고 우리에게 가르치셨다.[42]

타종교 신자들을 비롯한 모든 사람이 하나님의 형상으로 창조되었다는 사실은 우리가 종교적 타자를 이해하고 상호 작용하는 방법에 있어서 중요한 의미가 있다(창 1:26-27; 5:1-3; 9:6; 고전 11:7; 약 3:9). 그들과 우리의 많은 차이에도, 예수님을 따르는 사람들과 타종교의 신자들 사이에는 하나님이 창조하신 피조물로서의 기본적 일치가 존재한다.

크리스토퍼 J. H. 라이트(Christopher J. H. Wright)는 그리스도인과 타종교 신자들과의 관계에 대해 다음과 같이 말했다.

> 하나님의 형상으로서 모든 인간은 창조주의 성품을 지니고 있고, 그에게 반응하며, 창조의 섭리를 인식하고, 다른 피조물과 함께 하나님의 돌보시는 손길을 바라고 있다(시 104:27). 하나님은 사람의 전 생애에 관여하신다. 사람은 하나님과의 관계를 통해서만 인간일 수 있기 때문이다. 그러므로 인간은 누구든지 자신에게서 하나님을 완전히 배제할 수 없다. … 하나님의 형상을 따라 창조된 모든 인간은 본질상 하나이며, 힌두교, 무슬림, 혹은 세속적인 이교도 등의 차이는 부차적인 것이다. 따라서 그들의 종교는 그의 인간성 일부이기 때문에 우리가 '타종교 신자'를 만날 때마다, 우리는 창조주 하나님과 중요한 관계가 있는 사람을 만나는 것이다.[43]

리처드 마우(Richard Mouw)는 "여기에 민족적, 인종적, 종교적 적대감으로 찢겨진 오늘날의 세상을 위한 중요한 교훈이 있다. 하나님은 우리가 온

---

42 위의 책, II.C.1, 47.
43 Christopher J. H.. Wright, "The Christian and Other Religions," *Themelios* 9 (January 1984): 5.

전히 그들의 존엄성에 기초해 다른 사람들을 존중하기를 원하신다. 그리스도인과 무슬림, 아프리카계 미국인과 유대계 미국인, 이성애자와 동성애자, 부자와 가난한 사람은 모두 신성한 하나님의 형상을 가진 존재로 창조되었다. 서로 다른 사람들을 존중하는 것은 곧 하나님의 형상을 존중하는 것이다"라고 말했다.[44]

이와 같은 관점은 우리가 타종교 신자들을 대하는 태도 변화를 요구한다. 타종교 신자들을 만날 때 우리가 주로 힌두교, 불교 혹은 이슬람 신자로 구분하는 것은 그들과 우리 사이의 차이점을 강조하는 것이다. 이것은 우리가 그들과 인격적인 상호 존중의 관계를 형성하고 소통하는데 있어서 반드시 극복해야 할 요소인 그들과 우리 사이를 분리하는 장벽을 우선적인 기준으로 인식하는 것을 뜻한다.

반면 성경이 제시하는 본질적 기준인 '하나님이 창조하시고 하나님이 사랑하시는 동료 인간'으로 그들을 대하는 것은 어떤 차이점보다 더 근본적 공통점을 인정하는 것이다. 그리스도인과 무슬림 혹은 힌두교 신자로서의 차이는 매우 현실적이지만 부차적인 것이다. 인종, 계급, 문화 및 종교적 경계를 넘어서는 공통점은 궁극적으로 어떤 차이보다 더 중요하다. 우리가 공통점을 가지고 있다는 것을 인정하고 의미를 부여할 때, 비록 차이는 남아 있지만 상호 존중과 수용을 바탕으로 그들과 진정한 소통과 인격적 관계 형성을 위한 다리를 구축할 수 있다.

2011년, 종교적으로 다원화되어 있는 세계에서의 기독교 증언에 관한 중요한 문서를 일반적으로는 서로 협력하지 않았던 세 공동체가 협력해 제작했다. 5년간의 연구와 성찰 그리고 대화 끝에 교황청 종교간대화평의회(The Roman Catholic Pontifical Council for Interreligious Dialogue)와 세계교회협의회(The World Council of Churches) 그리고 세계복음주의연맹(The World Evan-

---

44 Richard J. Mouw, *Uncommon Decency: Christian Civility in an Uncivil World* (Downers Grove, IL: InterVarsity, 1992), 41.

gelical Alliance)은 『다종교 세계에 있어서 그리스도인의 증거: 실행을 위한 권고』(Christian Witness in a Multi-Religious World: Recommendations for Conduct)라는 제목의 짧은 문서를 발행했다.

이 문서는 케이프타운 서약과 같은 복음주의 문서에서도 언급되고 있는 유용한 주제들을 다루고 있다. '다종교 세계에서의 그리스도인의 증거'는 "선교는 교회의 핵심이다. 하나님의 말씀을 선포하고 세상에 복음을 증거하는 것은 모든 그리스도인의 필수적 사명이다. 동시에 복음의 원리에 따라 모든 인간을 온전히 존중하고 사랑해야 한다"라는 선언으로 시작된다.[45] 이 문서는 그리스도인들이 다종교 상황 가운데서 예수 그리스도를 전하는 데 도움이 되는 12가지 원칙을 제시한다. 이 원칙은 중요한 통찰을 제공해 주기 때문에 그 가운데 몇 가지를 간략하게 언급하고자 한다.

첫째 원칙은 우리가 이미 강조한 주제, 즉 그리스도인은 하나님의 사랑에 따라 행동해야 한다는 것이다. 그리스도인들은 하나님이 모든 사랑의 근원이심을 믿으며, 따라서 그들은 사랑의 삶을 살도록 부르심을 받았다. 우리는 이웃을 자신처럼 사랑해야 한다(마 22:34-40; 요 14:15). 이미 살펴본 바와 같이 이 주제는 케이프타운 서약에도 잘 나타나 있다.

둘째 원칙은 그리스도인의 삶에서 도덕적 완전성과 겸손을 요구한다. "그리스도인들은 정직, 사랑, 긍휼, 겸손으로 행동하고 모든 오만함, 겸손, 비난을 극복하도록 부름받았다"(갈 5:22). 그리스도의 증인은 말과 행동에 있어서 도덕적 진실성을 지닌 사람이며, 도움이 필요한 사람들에게 자비롭고 관대하며 겸손하고 은혜로운 사람이어야 한다.

---

45   *Christian Witness in a Multi-Religious World*, http://www.oikoumene.org/en/resources/documents/wcc-programmes/interreligious-dialogue-and-cooperation/christian-identity-in-pluralistic-societies/christian-witness-in-a-multi-religious-world (accessed November 15, 2013).

셋째 원칙은 종교적 긴장과 폭력으로 분열된 세상에서 특히 중요하다. 그리스도인들은 전도에 있어서 폭력이나 권력 남용을 거부해야 한다.

> 그리스도인들은 권력 남용을 비롯해 심리적으로나 사회적으로 모든 형태의 폭력을 거부하도록 부름을 받았다. 또한, 종교적 혹은 세속적 권력에 의한 폭력, 부당한 차별 혹은 억압을 거부한다. 여기에는 예배 장소, 신성한 상징 혹은 경전에 대한 폭력이나 파괴도 포함된다.[46]

제자가 갖추어야 할 자질을 가르치면서 예수님은 "화평하게 하는 자는 복이 있나니 그들이 하나님의 아들이라 일컬음을 받을 것임이요"(마 5:9)라고 말씀하셨다. 예수님의 제자들이 더 이상 폭력이 아니라 평화로운 관계를 위해 노력함으로써 폭력과 박해에 대응할 때 그것은 하나님 은혜의 변화를 일으키는 능력에 대한 강력한 증거가 될 수 있다.[47]

넷째 원칙은 종교와 신념의 자유에 관한 것이다.

> 자신의 종교를 공개적으로 고백하고, 실천하고, 전파하고 변경할 권리를 포함한 종교적 자유는 하나님의 형상을 따라 창조된 모든 인간의 존엄성에서 비롯된 것이다(창 1:26). 따라서 모든 인간은 동등한 권리와 책임을 갖고 있다. 어떤 종교가 정치적 목적에 의해 도구화되거나 종교적 박해가 발

---

46 모든 형태의 폭력을 거부할 것을 촉구하는 이 원칙은 엄격한 평화주의를 지지하는 것으로 해석될 수 있으며, 이는 국가가 시민을 보호하기 위해 폭력을 합법적으로 사용하는 것조차 거부한다. 그러나 이 원칙의 맥락은 그리스도인의 증거이기 때문에 이것을 억압의 거부, 부당한 압력 혹은 그리스도인의 증거에 대한 억압으로 이해하는 것이 좋으며 반드시 평화주의에 대한 약속은 아니다.

47 David W. Shenk, "The Gospel of Reconciliation within the Wrath of Nations," *International Bulletin of Missionary Research* 32, no. 1 (January 2008), 3-9; Miroslav Volf, *Exclusion and Embrace: A Theological Exploration of Identity, Otherness, and Reconciliation* (Nashville, TN: Abingdon, 1996).

생하는 곳에서 그리스도인들은 그런 불의에 저항하는 예언자적 증거에 참여하도록 부름을 받았다.

이것은 또한 그리스도인들에게 모든 사람의 종교적 자유를 위해 노력할 것을 촉구하는 케이프타운 서약에서도 확인되었다. 그러나 이 선언은 종교적 양심의 자유를 수호해 인권을 보호할 것을 요구하고 있지만, 또한 그리스도인들이 선량한 시민이 되고, 우리가 사는 국가의 복지를 추구해 공동선을 증진하도록 장려한다.[48]

인권 보호, 특히 회심을 포함한 종교적 양심의 자유의 권리는 오늘날 특히 중요하다. 회심을 위한 선택은 자신의 종교적 양심의 표현일 수 있기 때문에 전 세계의 모든 사회는 종교 선택의 자유를 증진하고 보호하도록 장려해야 한다. 20세기는 인류 역사상 가장 전체주의적이고 독재적인 정권의 부상을 경험했지만, 역설적으로 인간의 존엄성과 인권 보호의 중요성에 대해서도 전례를 찾아보기 힘들 정도로 강조해 왔다.[49]

오늘날 많은 국가는 종교나 신념을 바꿀 수 있는 권리를 비롯한 모든 사람의 양심의 자유에 대한 권리를 보장하는 유엔의 세계 인권 선언(The Universal Declaration of Human Rights)을 지지한다고 주장한다.[50] 그러나 오늘날에는 그런 노력에도 종교적 회심을 용납하지 않는 곳이 많이 남아 있다. 한 사회의 지배적인 종교가 다른 견해와 관습을 가진 소수의 사람을 박해하는 것을 어렵지 않게 찾아볼 수 있다. 일부 이슬람 사회에서는 예수님을 구세주와 주님으로 믿고 따르기로 결심한 사람들이 심한 박해를 받고 있다.

48　*The Cape Town Commitment*, II.C.6, 52.
49　Lynn Hunt, *Inventing Human Rights: A History* (New York: Norton, 2007); *Religion and Human Rights: An Introduction*, edited by John Witte Jr. and M. Christian Green (New York: Oxford University Press, 2012).
50　"Universal Declaration of Human Rights," Article 18, in 위의 책, 226. Perez Zagorin, *How the Idea of Religious Toleration Came to the West* (Princeton, NJ: Princeton University Press, 2003).

그리스도인은 세계적인 차원에서의 종교적 자유와 양심의 자유를 증진하기 위해 노력해야 하지만, 자신이 속한 지역 사회 내에서의 소수 종교의 권리도 보호해야 한다. 더욱이 그리스도인들은 인권의 바탕이 되는 인간 존엄의 개념은 인간을 하나님의 피조물이며 그의 형상을 지닌 존재로 볼 때 비로소 의미가 있다는 것을 다른 사람들에게 상기시켜야 한다.

다섯째 원칙은 그리스도인의 증거에 있어서 정직과 존중의 중요성을 다음과 같이 지적했다.

> 그리스도인은 진실하고 다른 사람을 존중해야 한다. 그들은 다른 사람들의 신념과 관습에 대해 배우고 이해하기 위해 경청해야 하며, 그들에게서 참되고 좋은 것이 무엇인지를 인정하고 감사해야 한다. 어떤 논쟁이나 비판적 접근도 상호 존중의 정신으로 이루어져야 한다.

무엇보다도 이것은 그리스도인들이 타종교 신자들을 대할 때 공정하고 정직해야 한다는 것을 의미하며, 오해의 소지가 있는 말이나 비난을 거부하고 폭력이나 증오를 조장하지 않아야 한다. 이웃에 대해 거짓 증언을 하지 말라는 십계명의 명령은 타종교 신자들에게도 적용되어야 한다(출 20:16).

이 모든 원칙은 매우 중요하며, 우리가 사는 다종교 세계에서의 그리스도인의 증거에 관한 풍부한 통찰을 제공하고 있다. 그러나 이 원칙들을 하나의 원칙으로 축약하면, "그러므로 무엇이든지 남에게 대접을 받고자 하는 대로 너희도 남을 대접하라 이것이 율법이요 선지자니라"(마 7:12)라는 소위 '황금률'이라고 하는 예수님의 가르침이 될 것이다. 이 원칙은 그리스도인들이 다종교 사회에서 어떻게 살아야 하고, 타종교 신자들에게 어떻게 예수 그리스도를 전해야 하는지를 비롯해 많은 적용이 가능하다.

예를 들어, 그리스도인들은 타종교 신자들을 어떻게 전도해야 하는가?

이 질문에 답할 때, 우리를 자신의 종교로 개종시키려고 하는 타종교에서 온 누군가가 우리를 어떻게 대하는지를 생각해 보는 것이 도움이 될 것이다. 복음 전파자는 자신이 대접받고자 하는 방식으로 타종교 신자들을 대해야 한다. 이 기본 윤리 원칙은 전도뿐만 아니라 그리스도인이 종교적으로 다양한 사회에서 공개적인 대화에 참여하거나 공공 정책을 추구하는 방법에도 심오한 영향을 미친다.

우리가 다종교 사회에서 적절한 방법으로 예수 그리스도를 전하는 것은 또한 시민의 덕목, 혹은 우리나라와 더 넓은 세계 공동체에서 선하고 책임 있는 시민이 되는 것을 의미한다. 상황은 나라마다 매우 다양하지만, 미국에 사는 그리스도인들에게 어떤 의미가 있는지에 대해 몇 가지 간단한 언급을 할 것이다.

21세기에 미국에서 예수님의 제자로 산다는 것은 무엇을 의미하는가?

이 질문에 적절하게 응답하려면 미국 그리스도인의 두 가지 의무를 살펴보아야 한다.

첫째, 예수 그리스도의 제자로서 책임과
둘째, 지역 및 전 세계의 차원에서 훌륭한 시민으로서 의무다.

정치적으로, 미국은 국가 종교의 설립을 명시적으로 배제하고 종교의 자유를 보장하는 헌법을 가진 공화국이다. 미국 사회의 종교적 전통이 놀라울 정도로 다양해지고 있다. 역사적으로 미국은 기독교 가치와 원칙의 영향을 받아 기독교 인구가 지배적인 국가였다. 그러나 오늘날 미국 사회에는 다양한 종교 전통이 포함되어 있으며 앞으로 수십 년 동안 더욱 다양해질 것으로 예상된다.

대다수 미국인은 어떤 의미에서 여전히 그리스도인으로 인식하고 있지만, 불교, 힌두교, 시크교, 자이나교, 바하이교, 유대교 그리고 몰몬교 신자의 수가 증가하고 있다. 또한, 무신론자이든 단순히 불가지론자이든 비종교적인 미국인의 비율도 증가하고 있다.

예수 그리스도의 제자가 된다는 것은 미국의 선하고 책임 있는 시민이 된다는 것을 의미하며, 그렇게 하는 것이 그리스도의 제자로서 책임과 충돌하지 않는 한 미국의 법적, 사회적 기대를 존중해야 한다. 그리스도의 제자와 시민으로서의 의무는 최소한 다음 세 가지 차원에서 고려할 수 있다.

첫째, 타종교 신자들과의 상호 관계적 차원이다.
둘째, 더 넓은 사회에서 그리스도인의 존재와 행동을 포함하는 공공 영역의 차원이다.
셋째, 세계화된 사회에 사는 우리는 종교적 긴장 가운데서 그리스도인의 존재와 행동의 의미를 살펴보아야 한다.

위에서 언급한 다양한 원칙은 이 세 가지 차원과 관련이 있다.
예를 들어, 이른바 황금률에 내포되어 있는 예수의 가르침은 종교적으로 다원화된 사회 윤리를 위한 지침이 될 수 있다. 이는 그리스도인이 다수인 경우와 소수인 경우 모두에 적용되지만 전자와는 특별한 관련이 있다.
종교적 주류가 단순히 그들의 종교적 신념에 근거해 공공 정책을 결정할 수 있는가?
무신론, 힌두교 혹은 이슬람이 지배하는 사회에서 복음주의 그리스도인이나 가톨릭 신자가 소수 집단이거나 미국 유타(Utah)주의 프로보(Provo)에 사는 몰몬교 신자들과 같은 입장이라면 어떻겠는가?
황금률의 중심에는 일종의 '사고 실험'(thought experiment)이 작용하고 있다.

주류와 비주류의 상황이 바뀌고 다른 사람의 입장에 서게 된다면, 어떤 대우를 받고 싶겠는가?

내가 무례하게 대우받고 싶지 않다면 나도 다른 사람을 무례하게 대하지 않아야 한다. 이것은 그리스도인이 전도하는 방법, 타종교 신자들과 올바른 관계를 맺고 상호 작용하는 방법, 종교적으로 다원화된 사회에서 공공 정책과 관련된 논쟁을 다루는 방법 등에 있어서 중요한 의미를 갖는다.[51]

4. 종교 간의 대화

이 장을 마치면서 우리는 종교적으로 다변화된 사회에서 그리스도인의 증거에 특히 중요한 두 가지 문제에 주목할 것이다.

첫째 문제는 종교 간 대화 문제와 그리스도인의 증거와 선교의 관계다. **둘째 문제는** 비록 주목받는 주제는 아니지만, 다원주의 세계에서 복음주의 변증론자의 역할 혹은 기독교 선교에 관한 기독교 신앙의 변론에 대해 다룰 것이다.

만약 종교 간의 대화를 그리스도인과 타종교 신자 사이의 양방향 대화로 생각한다면, 이것은 예수님과 사도 시대에서도 그 사례를 찾아볼 수 있다. 요한복음 4장에서 예수님과 사마리아 여인과의 대화는 인종적으로나 종교적으로도 다른 사람과의 대화였다.

51　종교적 자유와 공공 영역에서의 종교 정책을 다루는 유용한 문서는 주로 복음주의자 오스 기니스(Os Guinness)가 초안을 작성한 '윌리엄스버그 헌장'(Williamsburg Charter)이다. 이 헌장은 Guinness, *The Case for Civility: And Why Our Future Depends on It* (New York: HarperCollins, 2008), 177-198에서 찾아볼 수 있다. Ramachandra, *Faiths in Conflict?* 141-165도 참고하라.

바울이 사도행전 14장에서 다신론자들을 만난 것과 사도행전 17장에서 스토아파와 에피쿠로스파와의 만남도 양방향 대화나 토론을 포함했을 것이다. 흥미롭게도, 성경에서 '논쟁하다' 혹은 '토론하다'(*dialegomai*)의 동사에서 파생한 '강론하다'(reasoned)라는 용어는 신약 성경에서 바울의 활동을 설명하는 데 자주 사용된다. 이 용어는 유대인 회당(행 17:2, 17; 18:4), 아테네의 시장(행 17:17), 두란노서원(행 19:9), 드로아의 교회(행 20:7, 20:9)에서의 바울의 강론 활동을 설명하는데 주로 사용되었다.

바울의 유대인 혹은 이방인과의 만남에 관한 주의 깊은 연구들은 바울이 종교 간의 오해를 명확히 하고, 의혹과 도전에 응답하고, 질문을 제기하고, 믿음과 신념을 주장하고, 회심을 촉구하는 등과 관련된 타종교 신자들과의 비공식적인 대화에 참여해 왔다는 것을 보여 준다.

그러나 존 스토트(John Stott)가 말했듯이 "바울이 세상과 대화한 주제는 오직 예수 그리스도의 복음과 회심에 관한 것이었다."[52] 회심을 목적으로 하는 이와 같은 종교 간 대화는 18세기와 19세기의 현대 선교운동을 비롯해 수세기 동안 그리스도인의 증거의 중심을 차지했다. 사실 이런 비공식적인 대화 없이는 타종교 신자들에게서 회심이 일어나는 것을 보기가 쉽지 않다.

그러나 '종교 간의 대화'라는 용어는 20세기에 들어와서 전혀 다른 뜻으로 사용되기 시작했다. 종교 간의 대화는 종교 지도자들 사이에 서로 합의된 목표를 추구하기 위해 정해진 절차를 따라 진행하는 종교 간의 공식적인 대화 혹은 둘 이상의 종교 전통의 대표자들의 조직화된 모임 등을 지칭하는 용어가 되었다.

이런 의미에서 종교 간 대화는 1970년대 이후 세계교회협의회(The World Council of Churches)의 주요 관심사로 등장했다. 이와는 대조적으로, 많은

---

52 Stott, *Christian Mission*, 63.

복음주의자가 세계교회협의회가 의도하는 종교 간 대화의 전제와 방식이 복음주의 신학과 선교학의 관점을 약화 혹은 변질시킨다는 인식을 갖게 되었다.

따라서 1974년에 제정된 로잔언약은 "우리는 또한 모든 종류의 혼합주의를 거부하며, 그리스도께서 어떤 종교나 어떤 이데올로기를 통해서도 동일하게 말씀하신다는 식의 대화는 그리스도와 복음을 손상시키므로 거부한다"라고 선언했다. 그러나 이 언약은 "전도하기 위해 그리스도인이 이 세상에 존재하는 것은 필수불가결하며, 상대방을 이해하려면 상대방의 이야기를 경청하는 대화도 매우 중요하다"라는 선언에서 보는 바와 같이 대화를 전적으로 거부하지는 않았다.[53]

복음주의자들은 그리스도의 성육신과 기록된 성경에 나타난 하나님의 계시가 결정적이지 않거나 원칙적으로 예수 그리스도가 타종교 지도자들과 다를 바가 없거나 타종교의 신자들이 그리스도를 통해 하나님과 화해할 필요가 없다고 주장하는 종교 간의 대화는 거부했다. 종교 간 대화에 관여하는 많은 사람은 어느 한 당사자가 자신의 종교적 신념과 관습이 절대적 진리라고 간주한다면 진정한 대화가 일어날 수 없다고 생각한다.

예를 들어, 폴 니터는 다음과 같은 종교 간 대화의 전제 조건을 제시했다.

> 대화는 모든 종교에 진리가 존재할 수 있다는 인식에 기초해야 한다. 이 진리를 인식하는 인간의 능력은 모든 종교의 공통 목표라는 가설에 근거해야 한다. … 그러므로 상대방의 종교적 신념과 관습은 전적으로 '불완전' 하고 오직 나의 믿음과 신념만 완전한 것이라고 가정한다면, 마치 사과와

---

[53] "Lausanne Covenant," sections 3 and 4, in *New Directions in Mission and Evangelization 1: Basic Statements 1974-1991*, edited by James A. Scherer and Stephen B. Evans (Maryknoll, NY: Orbis, 1992), 254-255.

오렌지를 비교하는 것처럼 비교가 불가능한 두 집단을 비교하는 것일 뿐이며 진정한 경청은 불가능하다. 이것이 의미하는 바를 공식화하기 위해 우리는 모든 종교가 근본적으로 동일한 궁극적인 실재, 동일한 신성한 임재, 혹은 동일한 충만함이나 공(emptiness)의 상태를 추구한다고 인정해야 한다."[54]

니터는 "대화의 상대방이 최종적이고 바뀔 수 없는 진리를 소유하고 있다는 확신으로 대화에 참여하면 대화가 불가능하다"라고 주장했다.[55] 그는 종교 간의 대화에 대해 '어떤 종교도 진리의 충만함을 갖고 있지 않다고 전제하는 대화가 최종 승자가 되는 대화'라고 말하기도 했다.[56] 이와 마찬가지로, 도널드 스웨러(Donald Swearer)는 "우리가 종교적 진리에 대한 어떤 특정한 인식만이 올바른 것이라고 믿는다면 진정한 대화는 전혀 일어나지 않는다"라고 단언했다.[57]

불교와 기독교의 대화에 오랫동안 참여해 온 폴 인그램(Paul Ingram)은 또한 종교 간의 대화에 참여하는 사람들은 이 대화를 진리에 대한 탐구로 간주해야 한다고 주장한다. 그에 따르면, 대화는 본질상 상대적인 진리를 탐구하는 것이다. 진리는 일반 상대성과 특수 상대성이 지배하는 우주에서 주관적인 신념이 절대성을 가질 수 없다. 종교 간의 대화는 비록 인간이 된다는 것이 무엇을 의미하는지에 대해 서로 다른 방식으로 이해하고 표현하고 있지만, 우리의 공통의 인간성으로부터 도출되는 것이기 때문에 의미가 있다.

---

54 Knitter, *No Other Name?* 208-209.
55 위의 책, 211.
56 Paul Knitter, "Paul Knitter Responds to Gavin D'Costa and Daniel Strange," in Gavin D'Costa, Paul Knitter, and Daniel Strange, *Only One Way? Three Christian Responses on the Uniqueness of Christ in a Religiously Plural World* (London: SCM, 2011), 157.
57 Donald K. Swearer, *Dialogue: The Key to Understanding Other Religions* (Philadelphia: Westminster, 1977), 41; emphasis in original.

서로 다른 방식의 신성한 존재와의 만남은 여전히 타당하고 실제적이지만, 그 존재는 이름의 차이일 뿐이다.58 더 나아가, 인그램은 진정한 대화에서 타종교 신자의 회심이라는 어떤 숨은 동기도 용납될 수 없다고 주장했다. 그는 "단지 불교의 교리와 관습을 기독교 교리와 관습과 체계적으로 비교하기 위한 목적으로 불교와의 대화에 참여하지 않고 불교 신자를 전도하려고 하는 것은 기독교와 불교 전통의 관계를 훼손하는 것이다. 사람들을 자신의 특정한 신앙 전통으로 끌어들이기 위해 대화에 참여하는 것은 대화가 아니라 독백에 불과하다"라고 강조했다.59

대화에 관한 이런 관점에 많은 것을 말할 수 있지만, 몇 가지 간단한 의견으로 충분할 것이다. 물론 타종교 신자들과 성실하고 겸손하며 경청하고 배우려는 진정한 의지로 대화에 접근하는 것이 중요하다. 우리는 이미 복음주의자들이 타종교의 전통을 존중하고, 종교적 타자의 주장을 주의 깊게 경청하며, 그들의 관점을 이해하려고 노력해야 하고, 대화의 결과로 어떤 측면에서는 도전과 변화에 대해 열려 있어야 한다는 점을 이미 언급했다.60

그러나 복음주의자들은 위에서 언급한 니터, 스웨러 그리고 인그램 등의 견해는 받아들일 수 없다. 니터가 말하는 대화에는 모든 종교가 추구하는 신적 실재는 동일하다고 주장하는 종교다원주의자들만 참여할 수 있다.

그러나 우리가 왜 그 주장을 받아들여야 하는가?

그것은 정통 기독교보다 오히려 이슬람이나 불교가 더 용납하지 않을 것이다.

---

58 Paul O. Ingram, *The Process of Buddhist-Christian Dialogue* (Eugene, OR: Wipf & Stock, Cascade, 2009), x.
59 위의 책, ix.
60 제3장을 보라.

더 나아가, 진정한 대화가 상대방의 회심에 대한 기대와 양립할 수 없다는 인그램의 주장을 왜 받아들여야 하는가?

테리 머크(Terry Muck)는 30년 이상 불교와 기독교의 대화에 적극적으로 참여한 복음주의자로서 10년 동안 불교와 기독교 연구 저널의 편집자로 봉사했다. 인그램의 주장에 구체적으로 대응하면서 머크는 "복음주의 그리스도인으로서 나는 폴 인그램이 말하는 '회심'의 동기가 있었다는 것을 고백한다. 나는 대다수의 그리스도인이 이 동기를 갖고 있다고 생각한다. 솔직히 말해서, 대다수의 불교 신자도 이런 동기를 갖고 있을 것이라고 생각한다. 그리고 나는 인그램의 주장이 오히려 기독교와 불교의 선교적 본질을 훼손하는 것이라고 생각한다. 이 선교 사명을 최소화하려는 것은 이 두 종교 전통을 잘못 이해한 것이다"라고 말했다.[61]

머크는 종교 간의 대화 참여자들이 진리에 대한 공통의 이해를 추구해야 한다는 인그램의 주장에 대해 다음과 같이 언급했다.

> 공통의 진리에 대한 탐구가 종교 간의 대화의 목적이라는 인그램의 주장은 대화를 누구도 감당할 수 없는 넓은 범위로 확대한 것이다. 진리를 어떻게 정의하든 인그램의 주장을 충족하는 대화는 그 목표에 도달할 수 없다. 만약 대화 참여자들이 그들의 확고한 신념을 대화의 자리에 가져올 수 없다면, 대화에 필요한 합리적 권위와 기준 혹은 기존의 논리 체계나 인지적 사고에 대한 호소 등을 창밖으로 내던져 버리는 것과 같다.[62]

한편으로, 우리는 타종교 전통과 우리 자신의 전통에 대해 더 많이 배울 수 있기 때문에 종교 간의 대화가 진리를 찾는 것이 될 수 있다는 데 동의

---

61 Terry C. Muck, "Interreligious Dialogue: Conversations That Enable Christian Witness," *International Bulletin of Missionary Research* 35, no. 4 (October 2011): 188.
62 위의 책

한다. 그러나 우리는 또한 진리가 종교다원주의적 관점에 국한되어야 한다는 개념을 거부하는 머크의 의견에 동의한다. 대화가 종교다원주의적 관점을 기반으로 한다면 복음주의자들이 대화를 거부하는 것은 놀라운 일이 아니다.

종교다원주의적 관점을 종교 간의 대화에 필수적인 것으로 간주할 이유가 없으며, 복음주의자들은 적절한 형태의 종교 간의 대화가 기독교 선교의 중요한 구성 요소임을 점점 더 인정하고 있다.

복음주의 선교학자 데이비드 헤셀그레이브(David Hesselgrave)는 1978년에 적절한 형태의 종교 간의 대화에 참여하도록 복음주의자들에게 도전한 바 있다.[63] 세계 복음화에 관한 제2차 국제회의에서 도출된 마닐라 선언문(1989)은 그리스도인의 증거의 일환으로 종교 간의 대화와 전도를 명시적으로 연결했다.

> 과거 우리는 다른 종교를 신봉하는 사람들에게 무지, 거만, 무례 혹은 대적의 태도를 취하는 잘못을 범해 왔다. 우리는 이에 대해 회개한다. 그럼에도 타종교와의 대화를 포함한 모든 형태의 전도에서, 그리스도의 생애나 죽음과 부활에 있어 우리 주님의 유일성을 적극적으로 증거하며, 결코 타협하지 않을 것을 다짐한다.[64]

대화의 중요성은 2010년에 발표된 케이프타운 서약에서 재확인되었다.

---

63 David Hesselgrave "Interreligious Dialogue-Biblical and Contemporary Perspectives," in *Theology and Mission: Papers Given at Trinity Consultation No. 1*, edited by David J. Hesselgrave (Grand Rapids, MI: Baker, 1978), 227-240.

64 "Manila Manifesto," A.3, in *New Directions in Mission and Evangelization 1: Basic Statements 1974-1991*, edited by James A. Scherer and Stephen B. Evans (Maryknoll, NY: Orbis, 1992), 297.

우리는 바울이 회당과 공공장소에서 유대인들이나 이방인들과 논쟁을 벌였던 것처럼, 타종교인들과 대화를 위한 적절한 장소를 모색한다. 기독교 선교의 합법적 방법인 대화는 그리스도의 유일성과 복음의 진리에 대한 확신과 함께 존중하는 마음으로 다른 이들의 주장을 경청하려는 태도와 결합된다.[65]

복음주의자들은 종교 간의 대화가 타종교에 대한 이해의 심화, 상호 존중 강화, 긴장 완화, 공동의 선을 위한 협력 촉진 등 많은 긍정적 목적에 기여할 수 있다는 사실을 인식하고 있다.[66] 테리 머크는 복음주의자들이 종교 간의 대화를 "우리가 이미 실천해 온 다른 종교 전통을 가진 사람들과의 다양한 상호 작용 방식 중 하나로 보아야 한다. 종교 간의 대화는 확실히 중요한 상호 작용 방식이지만 유일한 방식은 아니다. 대화가 타종교 신자들과 좋은 관계를 발전시키는 하나의 활동으로 정의해야 한다"라고 주장했다.[67]

따라서 대화에는 선포, 토론, 논쟁, 심지어 변증과 같은 방식이 포함될 수 있다. 머크는 '대화의 선교적 신학'은 "모든 사람을 위한 하나님의 계시에 관한 정통적인 인식에 바탕을 두어야 하며, 진정한 겸손으로 대화에 참여해야 한다"라고 제안했다. 더 나아가, 그는 "이웃 사랑의 정신에 입각한 그리스도인의 증거에 대한 헌신을 이 대화에 참여하는 모든 사람에게 알려야 한다.[68] 이것은 종교 간의 대화에 관한 복음적 접근 방식을 구축하는 데 있어서 중요한 지침이다"[69]라고 말했다.

---

65 *The Cape Town Commitment*, II.C.1.E, 48.
66 Bob Robinson, *Christians Meeting Hindus: An Analysis and Theological Critique of the Hindu-Christian Encounter in India* (Carlisle, UK: Regnum, 2004).
67 Muck, "Interreligious Dialogue," 188.
68 위의 책, 191-192.
69 Douglas McConnell, "Missional Principles and Guidelines for Interfaith Dialogue," *Evangelical Interfaith Dialogue* 1 (Winter 2010): 3-6.

캘리포니아의 파사데나(Pasadena)에 있는 풀러신학교(Fuller Theological Seminary)가 종교 간의 대화에 복음주의적 참여의 중요한 사례를 제공했다. 2005년에 풀러신학교는 '평화와 정의를 위한 살람연구소'(Salam Institute of Peace and Justice)와 '북미이슬람협회'(The Islamic Society of North America)가 함께하는 무슬림과 복음주의 그리스도인의 갈등 전환 프로그램에 참여했다.

미국 법무부가 후원하는 이 3개년 프로젝트의 목적은 종교 간의 갈등 감소, 해결 그리고 전환을 위한 대안과 개인적인 신앙의 차이에서 오는 갈등을 해결하기 위한 공통의 실천 방안을 찾는 것이었다.[70] 복음주의자들은 공식적, 비공식적 혹은 제도적 차원에서 종교적 긴장을 해소하고 상호 이해와 존중을 위해 다른 신앙 공동체와의 소통을 강화하고 있다. 서로에 대한 이해와 공통의 가치 그리고 긴장 완화에 대한 열망은 복음주의 기독교와 타종교의 차이를 명확하게 규정하고자 하는 열망과 함께 발전해야 한다.

복음주의자들은 몰몬교와의 대화에 다양한 방식으로 참여해 왔다.[71] 몰몬교 신자와 복음주의 그리스도인들 모두 예수 그리스도의 가르침에 충실해야 한다고 주장하기 때문에 이 둘 사이에는 상당한 공통의 기반이 있을 것이라고 기대할 수 있다. 그러나 자세히 살펴보면 몇 가지 공통점이 있음에도 중요한 차이점을 발견할 수 있다. 복음주의 기독교와 몰몬교의 대화의 경우, 복음주의자들은 몰몬교의 가르침이 역사적으로 기독교 전통에서 어떻게 벗어났고, 이 차이가 왜 중요한가를 보여 주고자 하는 의지가 동반될 수밖에 없다. 여기에서, 종교 간의 대화에는 종교 간의 변증(apologetics)이 포함되어야 한다는 것을 알 수 있다.

---

70 *Peace-Building By, Between, and Beyond Muslims and Evangelical Christians*, edited by Mohammed Abu-Nimer and David Augsberger (Lanham, MD: Lexington, 2009), xii.
71 Richard J. Mouw, *Talking with Mormons: An Invitation to Evangelicals* (Grand Rapids, MI: Eerdmans, 2012); Craig Blomberg and Stephen E. Robinson, *How Wide the Divide? A Mormon and Evangelical in Conversation* (Downers Grove, IL: InterVarsity, 1997); Gerald R. McDermott and Robert L. Millett, *Evangelicals and Mormons: Exploring the Boundaries* (Vancouver, BC: Regent College, 2011).

5. 종교 간의 변증

우리는 위에서 테리 머크가 제시한 종교 간의 대화에는 변증이 포함된다고 언급했다. 머크의 이와 같은 주장은 변증이 그리스도인의 증거와 무관하거나 심지어 해로운 것으로 간주해 온 사람들뿐만 아니라 선교에 참여해 온 사람들의 일반적인 인식과 충돌하는 것이었다. 기독교 변증론은 종종 유럽 계몽주의에 의해 제기된 다양한 도전에 대한 현대 서구 세계의 반응으로 인식되어 왔다.

이런 인식에 따르면, 현대 서구에서는 변증이 가능했지만, 타종교와의 대화에 있어서 변증이 가능한가에 대해서는 확신하기 어려운 것이 사실이다. 많은 사람이 종교 간의 변증은 아시아 종교 전통에서는 적용할 수 없는 서구의 유신론적 관심사일 뿐이며, 그리스도인의 증거에 있어서 부적절하거나 심지어 비생산적이라고 생각한다. 그러나 이 일반적인 선입견은 심각한 오해의 소지가 있으며, 우리는 변증을 적절하게 이해하고 실천할 때 그리스도인의 증거에 있어서 필수 요소가 될 수 있다는 머크의 견해에 동의한다.

헬라어 '변명'(apologia)에서 파생된 용어인 변증은 제기된 비판에 대해 기독교 신앙을 변론하는 활동을 의미한다. 오늘날 신학 분야의 밖에서는 이 용어가 일반적으로 경멸적인 뜻으로 사용하고 있다. 예를 들어, 담배 사업 혹은 보험 사업을 위한 변론을 그 사업에 관한 객관적인 평가라고 볼 수 없다는 것이다. 이 사업을 변론하는 사람이 자신의 의도에 따라 진실을 왜곡할 가능성을 배제할 수 없기 때문이다.

마찬가지로 기독교 변증가는 종종 극단적 편견에 사로잡혀 있기 때문에 기독교의 신론에 관한 객관적인 입장을 제시할 수 없는 사람으로 간주되기도 한다. '변증'이 아닌 다른 용어가 더 적절할 수도 있지만, 신학 분야에서 이미 오랫동안 사용해 온 관례를 고려할 때 여기서도 계속 사용할 것이다.

어떤 용어를 사용하든 관계없이 그 용어 자체보다는 어떤 의미로 사용하는가가 더 중요하다. 마크 한나(Mark Hanna)는 기독교 변증을 "기독교 신앙의 주장에 필연적으로 다가오는 공격에 대한 성찰적이고 문화적으로 적절한 그리스도인의 체계적인 반응"이라고 정의했다.[72]

자신의 믿음에 대한 이유를 제공하고 다른 사람들의 신념에 질문을 제기하는 변증론은 계몽주의 이후의 현대적인 개념이 아니라, 초기 기독교의 교부 시대까지 거슬러 올라갈 수 있다.

2세기와 3세기에 저스틴 마터(Justin Martyr), 클라우디우스 아폴리나리스(Claudius Apollinaris), 아테나고라스(Athenagoras), 타티안(Tatian), 안디옥의 테오필루스(Theophilus of Antioch), 알렉산드리아의 클레멘트(Clement of Alexandria), 터툴리안(Tertullian), 오리겐(Origen)과 같은 기독교 변증가는 기독교 신앙과 실천에 대한 중요한 변론을 통해 비평가들에게 대응했다.[73]

처음 4세기 동안 기독교 변증가들은 유대교나 주변의 그리스-로마 세계에서 발생하는 문제를 다루었지만, 8세기에는 새로운 도전인 이슬람으로 관심을 돌렸다. 8세기와 9세기에 이슬람의 급속한 부상과 함께 다마스커스(Damascus)와 바그다드(Baghdad)와 같은 지역의 그리스도인은 변증과 신학에 관한 저술 활동을 통해 이슬람의 종교적 추세와 지식적 특성을 파악했다.

예를 들어, 다마스쿠스의 요한(John of Damascus, d. 749)은 정통 기독교의 가르침을 체계적으로 정립했을 뿐만 아니라, 이슬람의 압도적인 지식적 도전에 대한 응답을 제시하기 위해 『지식의 근원』(*Fount of Knowledge*)을 썼

---

72 Mark Hanna, *Crucial Questions in Apologetics* (Grand Rapids, MI: Baker, 1978), 63.
73 Robert M. Grant, *Greek Apologists of the Second Century* (Philadelphia: Westminster, 1988); *Apologetics in the Roman Empire*, edited by Mark Edwards, Martin Goodman, and Simon Price (Oxford, UK: Oxford University Press, 1999); Avery Dulles, *A History of Apologetics* (Philadelphia: Westminster, 1971), chap. 2.

다. 이 문헌은 또한 그리스도인들이 이슬람의 종교적 주장의 진실을 올바로 분별하도록 돕는 역할도 담당했다.⁷⁴

다마스쿠스의 요한의 제자인 테오도르 아부쿠라(Theodore Abu Qurrah, d. 830)는 조로아스터교, 사마리아 종교, 유대교, 기독교, 마니교, 이슬람 등을 비롯한 신적 계시를 주장하는 모든 종교 중에서 어떤 종교를 선택해야 하는가의 문제를 다룬 문헌인 『신과 참 종교』(*God and the True Religion*)를 저술했다. 이 책에서 그는 "기독교는 하나님에 대한 가장 신뢰할 만한 계시를 제시하고 있으며, 인간의 종교적 필요에 대한 완전한 이해와 가장 적절한 해결책을 보여 주고 있다"라고 말했다.⁷⁵

불교에 관한 기독교 최초의 기록 중 하나는 1253년에 몽골 궁정에 도착한 프란체스코회 수도사였던 루브룩의 윌리엄(William of Rubruck)의 일기에서 찾을 수 있다. 윌리엄은 1254년에 악명 높은 몽골 통치자로 잘 알려진 징기스칸의 손자인 몽케 칸(Mongke Khan) 앞에서 일어난 불교 신자와 자신 사이의 논쟁에 관한 흥미로운 이야기를 기록했다. 윌리엄과 불교 신자들은 서로의 세계관에서 약점을 발견하고 논쟁하면서 활발하게 교류했다. 불교 신자들은 일신론을 파괴적인 악의 문제로 인식하고 강하게 압박했다.

그들은 "당신의 하나님이 당신의 말과 같으면 왜 그가 만물의 절반을 악하게 만들었습니까?"라는 의문을 제기했다.

윌리엄이 하나님에게서 나오는 모든 것이 선하다고 주장했을 때 불교 신자들은 "그렇다면, 어디에서 악이 오는가?"라고 항변하기도 했다.⁷⁶

---

74 Sidney H. Griffith, *The Church in the Shadow of the Mosque: Christians and Muslims in the World of Islam* (Princeton, NJ: Princeton University Press, 2008), 42.
75 Dulles, *A History of Apologetics*, 74.
76 Richard Fox Young, *"Deus Unus or Dei Plures Sunt?* The Function of Inclusivism in the Buddhist Defense of Mongol Folk Religion against William of Rubruck (1254)," *Journal of Ecumenical Studies* 26, no. 1 (1989): 115. Samuel Hugh Moffett, *A History of Christianity in Asia*, Vol. 1 (New York: HarperCollins, 1992), 409-414.

16세기 예수회 선교사였던 마테오 리치의 놀라운 업적은 제6장에 다루었다. 1603년에 리치는 기독교 변증의 인상적인 작품인 『천주실의』(On the True meaning of the Lord of Heaven)를 출판했다.[77] 리치는 중국의 지식인들에게 큰 영향을 미쳤으며 많은 유교 문인이 그의 사역을 통해 그리스도인이 되었다. 따라서 타종교에 대한 기독교 변증은 오랜 역사를 갖고 있다.

더 나아가, 이성과 변론에 호소해 자신의 종교적 신념의 진실성을 옹호하고 다른 사람들이 그것을 받아들이도록 설득하려는 시도는 전통 아시아 종교에서도 흔히 찾아볼 수 있다. 힌두교, 불교 그리고 도교의 일부 전통이 이성의 역할을 최소화한 것은 사실이지만, 이 종교들은 역사적으로 그들의 종교적 주장을 뒷받침하기 위해 철저한 이성적 분석을 사용했다.

힌두교, 불교, 자이나교 신자들은 영속적인 영혼이 존재하는지 아니면 창조자가 존재하는지에 대해 논쟁했다.[78] 아시아 문화에 기독교를 도입하는 것은 힌두교, 이슬람, 불교 신자들이 그들의 가르침과 삶의 방식에 대한 직접적인 위협으로 간주했다. 때로는 그리스도인의 전도가 기독교 주장의 허위성 혹은 비합리성을 드러내려고 했던 힌두교, 이슬람, 불교 신자들로부터 강력한 지식적 대응을 불러일으키기도 했다.[79]

---

77 Matteo Ricci, *The True Meaning of the Lord of Heaven*, translated by Douglas Lancashire and Peter Hu Kuo-chen (St. Louis, MO: Institute of Jesuit Sources, 1985).

78 Parimal G. Patil, *Against a Hindu God: Buddhist Philosophy of Religion in India* (New York: Columbia University Press, 2009); Arvind Sharma, *The Philosophy of Religion: A Buddhist Perspective* (Delhi: Oxford University Press, 1995). Paul Williams, "Aquinas Meets the Buddhists: Prolegomena to an Authentically Thomasist Basis for Dialogue," in *Aquinas in Dialogue: Thomas for the Twenty-First Century*, edited by Jim Fodor and Christian Bauerschmidt (Oxford, UK: Blackwell, 2004), 87-117; Keith Yandell and Harold Netland, *Buddhism: A Christian Exploration and Appraisal* (Downers Grove, IL: InterVarsity, 2009), 180-192.

79 Richard Fox Young, *Resistant Hinduism: Sanskrit Sources on Anti-Christian Apologetics in Early Nineteenth Century India* (Vienna: Institut für Indologie der Universität Wien, 1981); R. F. Young and S. Jebanesan, *The Bible Trembled: The Hindu-Christian Controversies of Nineteenth Century Ceylon* (Vienna: Institut für Indologie der Universität Wien, 1995); *Religious Controversy in British India*, edited by Kenneth W. Jones (Albany: SUNY

따라서 현대 이전에도 그리스도인과 타종교의 신자들이 그들 종교의 우월성을 증명하기 위해 격렬한 토론에 참여해 온 종교 간의 변증의 오랜 전통이 있었다. 종교 지도자들은 그들의 종교적 주장이 매우 중요하다는 것을 가르쳤고, 그 종교 전통에 속한 사람들은 이런 가르침을 참된 것으로 받아들이고 실천해 왔기 때문에 종교 간의 변증은 놀라운 일이 아니다. 자신의 믿음에 대해 의문을 제기하는 타 전통의 비판이 정당하지 않은 경우 적극적으로 대응해야 한다는 것은 거의 모든 종교가 당연한 것으로 받아들이고 있다.

그러나 많은 사람이 종교 간의 변증은 오늘날의 다종교 세계에서 불쾌하고 부적절하다고 생각한다. 위에서 언급한 바와 같이 많은 사람이 종교 간의 변증을 상호 이해와 공통점을 찾는 것으로 한정해야 하며, 자신의 입장만 진실이라고 주장하는 것은 용납될 수 없다고 주장하고 있다.

따라서 폴 그리피스(Paul Griffiths)는 "종교 간의 변증의 유일한 목적과 기능은 상호 이해를 증진하는 것이며, 자신의 종교 공동체가 아닌 다른 종교적 신념과 관습에 대한 판단과 비판은 항상 부적절하고, 자신이 속한 종교 공동체의 믿음과 관행을 적극적으로 주장하는 것은 바람직하지 않다"라는 전통적인 관점에 대한 자신의 견해를 밝혔다.[80]

『변증론을 위한 변증』(*An Apology for Apologetics*)에서 그리피스는 이 견해를 강력하게 비판하면서, 종교 공동체가 종교 간의 변증에 참여할 의무가 있다고 주장했다. 그는 특정 종교 공동체의 대표적인 지식인들이 그들의 핵심 교리의 일부 또는 전부가 다른 종교 공동체의 대표자들이 제기한 주장과 충돌한다고 판단한다면, 그들은 타종교의 주장이 정당하지 않거나 적

Press, 1992); *Hindu-Christian Dialogue: Perspectives and Encounters*, edited by Harold Coward (Maryknoll, NY: Orbis, 1989); *Christianity through Non-Christian Eyes*, edited by Paul J. Griffiths (Maryknoll, NY: Orbis, 1990).

[80] Paul Griffiths, *An Apology for Apologetics: A Study in the Logic of Interreligious Dialogue* (Maryknoll, NY: Orbis, 1991), xi.

어도 자신의 신념이 그런 주장에 의해 위협받지 않는다는 것을 보여 주기 위해 타종교의 주장에 대응할 의무가 있다고 말했다.[81]

그리피스는 이 의무에 인식론적 요소와 도덕적 요소가 모두 포함되어 있다고 주장했다.[82] 종교 공동체는 자신의 종교적 신념이 사실이라고 주장하기 때문에 다른 공동체가 이런 신념에 도전하는 다른 주장을 제기했을 때, 그 도전을 인식론적으로 받아들일 수 있는지의 여부를 검토해야 하는 인식론적 의무가 있다. 더 나아가 대다수의 종교는 그들의 주장이 진실일 뿐만 아니라 이런 믿음을 진실로 받아들이고 실천할 만한 구원의 가치가 있다고 주장한다.

그리피스는 만약 어느 종교 공동체가 인류가 죄의 문제로 고통당하고 있다고 믿고, 그들의 주장이 진실이며, 이런 주장을 받아들이고 적절하게 반응하면 그 문제를 해결할 수 있다고 믿는다면 그 종교 공동체는 이 종교를 벗어난 사람들과 이 좋은 소식을 공유하고 적절한 방법으로 이런 신념을 받아들이도록 설득해야 하는 윤리적 의무를 지니고 있다.

우리는 오늘날 그리스도의 증인으로서 적절한 형태의 변증이 필요하다고 주장한다. 오늘날 많은 상황에서 전도는 당연히 기독교 주장에 대한 질문과 비평으로 이어진다. 이런 질문에 책임성과 진실성을 갖고 능동적으로 대응해야 한다. 윌리엄 아브라함(William Abraham)은 오늘날 그리스도인의 증거에서 적절한 형태의 변증의 중요성을 강조해 왔다. 아브라함의 관심은 종교 간의 변증이 아니라 후기 기독교 시대(post-Christendom) 이후의 유럽과 북미의 세속 사회에서 그리스도의 복음을 전하는 것이었다.

그러나 그의 통찰은 종교적 다양성과 다원주의의 도전에도 적용된다. 아브라함은 오늘날의 전도자는 현대 사회가 제기하는 다양한 질문에 응답할 준비가 되어 있어야 한다고 주장했다.

---

81 위의 책, 3.
82 위의 책, 15-16.

그리스도인이 단순히 하나님 나라의 좋은 소식을 선포하거나 사람들을 개인적인 결단을 촉구하는데 머문다면, 현대 사회가 제기하는 새로운 도전을 극복하기 어려울 것이다. … 모든 종류의 지적 문제가 해결되어야 한다. 오해와 혼란을 해소해야 한다. 서로 연락할 수 있는 정보도 제공해야 한다. 복음의 지식적 내용은 명확하고 간결하게 표현되어야 한다. 과거의 오류를 인정하고 회개해야 한다. 그리고 해당 종교 안에 있는 희망에 대한 이유를 제시하려는 노력에서 아끼지 않아야 한다.[83]

당연히, 일부 복음주의자도 다원주의적이고 상대주의적인 세계에서 그리스도인의 증거에 있어서 새로운 방식의 기독교 변증이 요구된다고 인식하고 있다. 로잔운동(Lausanne Movement)을 창립하는 데 중요한 역할을 한 존 스토트(John Stott)가 1974년에 로잔에서 열린 세계복음화대회의 첫 모임 이후의 20년을 회상하면서 책임있는 사과와 효과적인 전도 사이에 분명한 연결 고리를 만들었다.

우리 복음주의자들은 사도들이 결코 범하지 않았던 변증과 전도를 분리한 모든 잘못을 회개해야 한다. 우리는 우리가 선포하는 복음을 변증해야 한다. 우리는 바울이 베스도(Festus)에게 말한 "내가 미친 것이 아니요 참되고 온전한 말을 하나이다"(행 26:25)라고 청중에게 자신있게 말할 수 있어야 한다. 우리는 모든 종교의 독립적 타당성을 주장하는 사상으로서의 '다원주의'에 굴복할 수 없다. 오히려 우리의 임무는 진리를 평가할 수 있는 기준을 설정한 다음 예수 그리스도의 유일성과 최종성을 입증해야 한다.[84]

---

83 William J. Abraham, *The Logic of Evangelism* (Grand Rapids, MI: Eerdmans, 1989), 207. Abraham, "A Theology of Evangelism: The Heart of the Matter," in *The Study of Evangelism: Exploring a Missional Practice of the Church*, edited by Paul W. Chilcote and Laceye C. Warner (Grand Rapids, MI: Eerdmans, 2008), 23-27.

84 John Stott, "Twenty Years after Lausanne: Some Personal Reflections," *International Bulle-*

오늘날 기독교 신앙은 다양한 종교적, 비종교적 신념과 경쟁하고 있다. 종교적 다양성과 불일치는 예수 그리스도를 따르는 사람들과 복음의 메시지에 관심이 있는 사람들 모두에게 난해한 질문을 제기한다.

오늘날 우리가 선택할 수 있는 많은 대안이 있는데 왜 그리스도인이 되어야 하는가?
종교 간에 명백한 견해 차이가 있는데도 자신의 종교만 참된 종교이고 다른 모든 종교는 거짓이라고 주장할 수 있는가?
서로 동의하지 않는 상황에서 특정한 종교적 가르침을 유일한 진리라고 주장할 때 그 타당성을 입증할 수 있는가?

오늘날 기독교 신앙에 대한 도전은 세속주의자와 무신론자뿐만 아니라 종교성이 깊은 사람들도 제기하고 있다. 세계화의 추세에 따라 오늘날의 사람들은 이전에는 없었던 종교적 다양성과 불일치를 인식하고 있다. 더욱이 오늘날의 기독교 신학자들을 포함한 많은 사람이 종교 세계관의 진실 혹은 합리성을 공정하게 평가할 수 있는지에 대해 의문을 제기한다. 우리는 한 종교적 관점이 다른 관점보다 진실일 가능성이 더 높다고 결론을 내릴 수 있는 공정하고 객관적인 기준은 존재하지 않는다고 주장한다.[85]

따라서 다가올 미래의 기독교 변증가들은 타종교의 지식인들의 수준 높은 도전과 특정 종교를 유일한 진리의 종교라고 주장하는 것을 명백히 거부하는 다원주의적이고 상대주의적 사상을 포함한 새로운 문제와 싸워

---

tin of Missionary Research 19, no. 2 (April 1995): 54.
85 Harold Netland, *Encountering Religious Pluralism* (Downers Grove, IL: InterVarsity, 2001), 284-307; Michael Peterson, William Hasker, Bruce Reichenbach, and David Basinger, *Reason and Religious Belief*, 5th ed. (New York: Oxford University Press, 2013), 337-340; *Interpreting across Boundaries: New Essays in Comparative Philosophy*, edited by Gerald James Larson and Eliot Deutsch (Princeton, NJ: Princeton University Press, 1988).

야 한다.

종교 간의 변증에서 다루는 문제의 종류는 후기 기독교 시대 이후에 불가지론이나 무신론의 맥락에서 다루어 왔던 문제와는 다소 차이가 있을 것이다. 물론 몇 가지 질문은 비슷할 것이다. 신의 존재와 악의 문제는 불교, 자이나교, 세속적 불가지론자 그리고 무신론자에게도 핵심이 될 것이다.

예수 그리스도의 신성은 불교와 힌두교 신자들과 무신론자들 모두에게 적합한 주제이다. 그러나 다른 문제들은 종교 간의 관계에 따라 달라질 것이다.

어떤 종교 경전이 신적 영감을 받았는지를 어떻게 알 수 있는가?
성경을 하나님의 말씀으로 받아들이는 사람이 왜 꾸란은 거부하는가?
많은 종교에 포함되어 있는 기적에 관한 주장을 어떻게 이해해야 하는가?[86]
모든 기적을 참된 것으로 받아들여야 하는가?
그렇지 않다면, 왜 우리는 성경에 있는 기적은 받아들이고, 타종교의 기적은 받아들이지 않아야 하는가?
어떤 신비로운 상태가 궁극적 실재에 직접적으로 접근하게 하는가?
그렇지 않다면, 무엇이 문제인가?
타종교의 종교적 경험을 어떻게 평가해야 하는가?
모두 다 진실인가?

---

86 Kenneth L. Woodward, *The Book of Miracles: The Meaning of the Miracle Stories in Christianity, Judaism, Buddhism, Hinduism, and Islam* (New York: Touchstone, 2000); David K. Clark, "Miracles in the World Religions," in *In Defense of Miracles*, edited by R. Douglas Geivett and Gary Habermas (Downers Grove, IL: InterVarsity, 1997), 199-213; Craig S. Keener, *Miracles: The Credibility of the New Testament Accounts*, 2 vols. (Grand Rapids, MI: Baker, 2011). *The Cambridge Companion to Miracles*, edited by Graham H. Twelftree (New York: Cambridge University Press, 2011).

진실한 것과 그렇지 않은 것을 어떻게 구별할 수 있는가?

　종교 간의 변증에 참여하는 사람들은 타종교 전통을 주의 깊게 연구하는 데 필요한 시간을 투자해 타종교의 세계관을 정확하게 이해하고 단순히 풍자적으로 다루지 않도록 주의해야 한다. 이를 위해서는 타종교의 권위 있는 경전과 문헌을 연구하는 데 필요한 언어를 습득하고 종교 공동체에 대한 문화 기술지 연구(ethnographic research)로 보완하는 엄격하고 광범위한 연구가 필요하다.

　더 나아가, 책임 있는 종교 간의 변증은 타종교 세계관을 공정하게 다루며, 그 세계관이 거짓이거나 다른 문제가 있는 것을 지적하더라도 기꺼이 그 안에서 참되고 선한 것이 무엇인지 인정할 수 있어야 한다. 기독교 변증의 목표는 다른 사람을 희생시키면서 손쉬운 승리를 쟁취하는 것이 아니라 다른 사람의 입장을 적절하게 이해해 그들이 받아들일 수 있는 방식으로 예수 그리스도의 복음을 제시하는 것이다.

　이 시대의 깊은 민족적, 문화적, 종교적 긴장을 감안할 때, 종교 간의 변증에 참여하는 사람들은 그런 긴장을 불필요하게 고조시키지 않도록 특히 주의해야 한다. 그들은 잠재적인 오해를 해소하기 위해 문화적으로 적절한 설득 수단을 개발해야 한다.

　종교 간의 만남은 역사적 혹은 문화적 공백 속에서 발생하지 않는다. 양쪽 모두 그들의 과거의 축적된 유산과 현재에 오해의 가능성을 변증을 위한 만남에 가져올 수도 있다. 도덕적으로 수용가능하고 문화적으로 적절한 설득 수단을 효과적으로 사용하려면 종교 간의 만남이 일어나는 과거와 현재의 현실을 이해해야 한다.

　기독교 변증가들은 또한 종교 간의 만남에 있어서 상징적 권력에 민감해야 한다. 타종교 신자들에게 자신의 근본적인 신념을 바꾸고 기독교의 가르침을 진실로 받아들여야 한다고 설득하는 것이 만약 문화적, 경제적,

정치적 혹은 군사적 권력과 관련되어 있는 경우 부적절한 권력을 행사하는 것으로 쉽게 인식될 수 있다. 인위적인 조작이나 강압적이거나 다른 사람의 존엄성을 침해하는 행위는 거부해야 한다. 역사적 요인은 특정 상황에서 종교 간의 변증을 특히 어렵게 할 수 있다.

기독교가 문화적 우월성, 인종주의 혹은 경제적 착취와 밀접한 관련이 있는 상황에서는 종교 간의 변증에 신중을 기해야 한다. 그리스도인들은 과거에 기독교권 국가의 권력으로부터 크게 고통 받았던 유대교와 이슬람과 같은 종교 공동체와의 변증적인 만남에 특히 주의해야 한다. 종교 간의 만남에 있어서 기독교 변증가들은 기독교의 진리를 수호하는 데 능숙해야 할뿐만 아니라, 지혜롭고 자비로운 화해의 도구가 되어야 한다. 그러나 적절하게 실행되기만 한다면, 타종교 세계관에 대한 기독교 변증은 기독교의 전도와 제자도의 필수적이고 중요한 요소가 아닐 수 없다.

이 장을 마치면서 우리는 예수 그리스도의 복음으로 돌아가고자 한다. 예수 그리스도의 복음의 핵심은 십자가의 메시지이다. 크리스토퍼 J. H. 라이트(Christopher J. H. Wright)에 따르면 "예수 그리스도의 십자가와 부활은 우리를 구속 역사의 구심점으로 인도한다. 여기에 우주의 모든 죄악과 우주 만물의 모든 악행과 그 파괴적인 영향에 대한 하나님의 대답이 있다."[87]

그러나 라마찬드라(Ramachandra)가 우리에게 상기시켜 주듯이 이것은 충격적인 사건이었다.

> 십자가의 메시지는 하나님의 사람은 '선한 그리스도인', '진실한 힌두교 신자', '경건한 무슬림' 혹은 '인격적인 사람'이 아니라는 사실을 알려 주기 때문에 충격적인 사건이다. 오히려 나쁜 그리스도인, 나쁜 힌두교 신자, 나

---

87 Christopher J. H. Wright, *The Mission of God's People: A Biblical Theology of the Church's Mission* (Grand Rapids, MI: Zondervan, 2010), 43.

쁜 불교 신자, 즉 자신을 도덕적 실패자라고 알고 있는 사람들이 하나님 나라에 더 가까울 수 있다. 그 이유는 구원이 오직 십자가의 그리스도를 통해 중재되고 믿음으로 받은 은혜를 통해 이루어지기 때문이다. 나는 세상의 어떤 종교에서도 바울이 주 예수 그리스도의 아버지를 '경건하지 아니한 자를 의롭다 하시는 이'(롬 4:5)라고 묘사한 것보다 더 급진적인 표현을 찾아 볼 수 없었다.[88]

인간의 종교성이 우리를 하나님께 받아들여지게 만드는 것이 아니다. 십자가 사건은 세상에서 가장 경건한 사람들조자도 자비와 은혜가 필요하다는 영적 파탄(spiritual bankruptcy)을 증거하고 있다. 십자가는 우리의 영적 무력함에 대한 하나님의 은혜로운 대답이다. 그리스도인의 증거와 복음주의 종교신학의 핵심은 바로 우리를 대신해 그리스도 안에서 행하신 하나님의 메시지다.

세상은 복음주의 교회와 그리스도인들이 점점 증가하고 있는 타종교 신자들에게 어떻게 반응하는지 지켜보고 있다. 다가올 시대에 복음주의자들은 모든 민족을 위한 주님이시며 구세주이신 예수 그리스도의 충성된 제자이며, 동시에 서로 다른 종교의 신자들 사이에서 평화와 조화 그리고 상호 존중을 위해 일할 수 있음을 보여 주어야 한다. 그리스도인에게는 타종교 신자들을 전도해야 할 책임이 있다.

또한, 정의를 실현하고 소수 종교 공동체의 권리를 보호해야 하는 책무도 갖고 있다. 따라서 불교, 힌두교, 이슬람 신자들을 우리와 같은 하나님의 형상대로 창조된 피조물이며 시민으로 받아들이면서도 예수 그리스도를 통해 하나님과 화해하도록 겸손하게 촉구해야 한다. 이것이 바로 많은 종교가 공존하고 있는 세상에 복음의 빛을 비추는 그리스도의 제자로서의 삶이다.

---

88 Ramachandra, *Faiths in Conflict?* 116.

제2부 | 논찬

논찬1　라민 사네

논찬2　벨리-마티 케르케이넨

논찬3　비노스 라마찬드라

논찬4　크리스틴 쉬르마허

논찬 1

라민 사네

이 논찬에 제목을 붙인다면, '진리와 차이'(Truth and Divergence)가 될 것이다. 그 이유는 다음과 같다. 구원의 사건은 타종교 전통과 그 추종자들이 전혀 다르게 받아들여도 그리스도인들은 이 사건이 진리라는 자기 확신이 있다.

이 책은 복음주의 관점에서 그리스도인들이 모순이나 타협이 없이 타종교 전통과 그 신자들을 어떻게 대해야 하는지에 관한 익숙한 문제를 다루고 있다. 이 문제는 어떻게 한 사람이 복음의 진리를 옹호하는 동시에 타종교가 제기하는 질문과 도전에 어떻게 응답할 수 있는지에 대한 도전이다. 저자들의 관심사는 이 문제에 대한 복음주의 관점을 정립하는 것이며, 그 목표가 이 논찬의 배경이다.

토론과 논쟁은 그리스도인의 자기 이해에서 비롯된 것이며, 종교적 신앙의 핵심은 그 발전 과정에서 광범위한 자료와 경험이 도입됐다. 그 결과로 다채롭고 다양한 종교 전통뿐만 아니라 종교에 관한 풍부한 지식과 문화적 유산을 물려주었다. 예를 들어, 이슬람과 같은 타종교도 마찬가지로 놀라운 사례를 보여 준다.

이슬람은 비록 상대적으로 역사가 짧고 단순한 기원을 가진 종교이지만, 그들의 지적 혹은 문화적 자산은 매우 풍부하다.

칼 베커(Carl Becker)는 "우리가 이슬람으로 알고 있는 종교가 얼마나 무함마드의 가르침을 따르는가, 혹은 상충되는가?"라고 묻는다.

이런 질문은 "현대 가톨릭이나 개신교가 예수님의 가르침을 얼마나 밀접하게 따르고 있는가, 혹은 상충되는가?"라는 질문과 매우 비슷하다. 무함마드와 그의 동시대 사람들의 단순한 믿음은 그 이후 오랜 발전 과정에서 만들어진 복잡한 종교 체계를 갖춘 지금의 이슬람이 우리에게 보여 주고 있는 단일성이나 다양성과는 전혀 다른 것이다"라고 지적한 바 있다.[1]

의식 있는 그리스도인은 그리스도인들이 관대한 것처럼 보이기 위해 한편으로는 그들의 배타적인 종교적 주장을 기꺼이 포기하는 듯한 태도를 보이면서도, 다른 한편으로는 기독교를 비판하는 타종교 신자들의 권리를 옹호함으로써 한 입으로 두말하는 태도를 보이면서 타종교와 문화를 괴롭혀 온 우리 자신의 편견을 극복해야 할 책임이 있다.

이런 태도가 바람직한가?
기독교를 제외한 어떤 타종교도 완전한 진리를 갖고 있지 않으며, 그들의 종교적 존재 이유를 포기하도록 요구하지 않으면 최종 승자가 될 수 없다는 인식을 바탕으로 진정한 종교 간의 대화가 이루어질 수 있는가? 만약 무슬림이 이렇게 주장해도 우리가 종교 간의 대화를 통해 이슬람에 대한 존중과 이해를 증진하고 있다고 주장할 수 있는가?
더 나아가, 특정한 논제에 대해 명확하게 의견이 충돌할 때 대화는 어떤 의미가 있는가?
우리가 종교적인 사람으로서의 정체성과 종교적 차별성 그리고 평가 기준의 독특성을 배제하고 우리 자신의 정체성을 논할 수 있겠는가?
종교 간의 만남은 우리의 특정한 신념이나 전통을 전제로 해야 하는가?
종교적 정체성이 없거나 타종교와 차별화하고 평가하는 기준이 없는 종교적인 사람을 상상할 수 있는가?

---

1   C. H. Becker, *Christianity and Islam* (London and New York: Harper, 1909), 9.

종교 간의 만남이 이루어지기 전에 우리가 이미 타종교 전통을 인질로 삼는 것은 아닌가?

특정한 종교적 가르침을 유일한 진리로 간주하는 것을 특권으로 인식하는 종교적 독특성을 거부하는 사람들의 일방적인 비판은 진정한 대화를 불가능하게 만들고, 다른 사람들의 독특한 종교적 신념에 대한 암묵적인 공격이 될 수도 있다.

대화의 길을 만들기 위해 한 개인의 정체성을 구성하는 종교적 본질을 내려놓을 수 있는가?

종교적 독특성에 대한 공격의 필연적인 결과는 종교적 독특성을 고수하기 위한 투쟁을 불러일으키고 그 편협성에 대한 대가를 지불하는 것이다. 이는 곧 우리의 죄가 본질상 자신의 신앙에 대한 헌신에서 비롯된다는 것을 뜻한다.

이 문제에 대한 이 책의 반응은 명확하다. 여기서 반복해 언급할 필요는 없다. 성경과 전통의 예수님과 그리스도인의 만남은 예수님에 의한 진리와 예수님을 위한 진리 주장에 대한 성찰이 요구된다는 이 책의 핵심 주장은 타종교의 진리 주장이 어디에 자리해야 하는가에 대한 질문을 낳게 한다. 그리스도인이 기독교의 가르침을 진리라고 주장하는 것은 곧 타종교가 그들의 신념을 진리라고 주장하는 것이 타당하다는 것을 뜻한다.

이 논의의 핵심은 인간의 반역과 죄의 문제가 우리의 도덕적 본성을 규정하는 자유와 선택의 문제라는 것이다. 기독교의 가르침은 하나님의 개입이 강압적이거나 기계적이지 않으면서도 치유를 위한 사랑과 은혜의 하나님 주권을 바라보게 한다는 것이다. 반역과 죄의 영향 아래에 있는 인간의 의지는 믿음과 신뢰와도 연관이 있다.

기독교는 우리 자신의 의지적 결단이 없을 때 구원을 받을 수 없다고 단언한다. 죄에 연루된 개인의 도덕적 기만은 하나님께서 영과 진리로 우리에게 베푸신 은혜에 적절하게 응답하지 않을 때 반역의 결과를 가져올 수 있다.

이와 관련해, 나는 구원이 믿음의 보상이며 하나님이 우리에게 알려 주신 그리스도의 구원 공로에 대한 신뢰의 보상이라는 주장에 동의한다. 기독교적 방식을 뒤엎는 다른 종교적 대안이 존재할 것이라는 주장을 받아들일 수 없다. 그 반대의 경우도 마찬가지이다.

타종교가 그들의 주장과 상충하는 기독교 가르침을 거부할 권리를 갖고 있다는 것을 인정한다면, 우리는 그들이 똑같이 편파적인 주장, 정확히는 그리스도인에 대한 비판으로 우리를 거부할 수 있도록 허용해야 할 것이다. 종교 간의 만남의 세계는 무언의 편협함과 배제로 가득 차 있는 동시에 관대한 포용과 다양성의 환상도 가지고 있어야 할 것이다.

이것은 수탉이 합창단과 조화를 이루지 못한 경우가 아니라, C. S. 루이스가 말했듯이 이기심으로 가득 찬 심술쟁이가 우주의 폭군이 된 상황에 더 가깝다. 이 폭군의 사고방식에 따르면, 어떤 사람이 구원에서 제외될 수 있다는 것은 아무도 구원에서 배제될 수 없다는 확신을 하지 않는 한, 아무도 구원을 보장받을 수 없다는 것을 의미한다. 이것은 마치 관대하고 개방적인 입장처럼 들리지만 실제로는 강경한 배타주의적 관점의 또 다른 표현일 뿐이다.

이것은 우리가 영구적인 배제와 분리의 벽 뒤에 갇혀 있다는 것을 의미하지 않는가?

이 책은 그렇지 않다고 주장하고 나도 동의한다. 타종교에도 진리의 파편이 존재하고 있다. 타종교의 추종자들 사이에서도 어떤 신적 진리와 궁극적인 결과에 대해 겸손하게 개방적이어야 하는지에 대한 진정한 도덕적 고군분투의 증거가 있기 때문이다. 구원은 우리가 스스로 성취할 수 있는 것도 아니고, 우리가 아무리 관대하거나 다른 사람들을 존중한다고 하더라도 그들에게 줄 수 있는 것도 아니다. 막연한 종교적 선의는 우리 자신이나 다른 사람의 가치를 생각하지 않고 먼저 우리 자신을 드려야 하는 진리에 합당하지 않다.

이 모든 논의가 제기하는 중심 질문은 우리가 마음대로 처리할 수 있는 문화적 전리품이 아니라 하나님의 고유한 주권이자 계시로서의 진리에 관한 것이다. 진리에 대한 이런 견해가 성경적 진리의 본성 그 자체와 일치하며, 종교 간의 만남에서 필수적인 상호 책임의 요구와도 일치한다는 점에서 이것이 이 책의 가장 큰 장점이다.

종교의 근본적인 도전에는 신적 존재, 종교적 방법론 혹은 궁극적인 진리에 대한 믿음과 관련해 우리가 다른 사람들과 공유하는 세계에 대한 설명이 포함된다. 이 책에 기술된 기독교적 설명은 우리가 알고 경험하는 세상, 즉 하나님이 만드시고 우리에게 주신 세상 그리고 우리가 속한 세상과 그 가운데서 직면하는 도전을 연관시키고자 한 것이다. 하나님이 세상에 계시는 것처럼 하나님이 우리 안에 계신다는 것과 어떤 결정적인 상황에서 교회가 '행동'해야 할 때 단순히 '말'하는 것으로 대체하고 싶은 유혹을 물리쳐야 하는 것은 신앙적 헌신의 본질이다.

하나님의 자기 계시와 구원에 관한 기독교적 이해에는 세 단계가 포함된다.

첫째, 궁극적인 진리이신 하나님은 진리와의 만남을 위한 우리의 친화력이나 능력과 상관없이 우리의 이해를 초월하신다.

둘째, 진리만이 그 자체로 가치가 있는 한 그리고 진리가 스스로 모순될 수 없는 한 하나님의 직접적인 자기 계시가 결정적이고 최종적인 진리의 척도다. 이 자기 계시가 우리에게 그리스도를 계시한 방법이다(요 1:18; 10:30, 38; 마 11:27; 골 1:19; 2:9). 성령의 역사는 하나님의 자기 계시의 영역에 속하며 사도의 가르침을 확증하고 수호하는 기능을 한다. 성령은 하나님의 자기 계시로서의 그리스도의 인격과 사역을 입증하며, 편견 없는 믿음과 행실에 권위를 부여한다.

셋째, 하나님의 행위로서의 구원과 우리의 응답으로 말미암아 하나님의 경륜 안에서 변화된 우리의 위치와 관련이 있다.

기독교 신앙에 대한 도전은 하나님의 구원 능력에 대한 인간의 응답이 기독교가 아닌 타종교에서 일어날 수 있는지, 또 어떻게 일어날 수 있는지의 문제이다. 이것은 다자간의 타협으로 피할 수 없는 중요한 문제이다. 따라서 그리스도인의 신앙적 헌신의 다양성과 그 다양성에 대한 역사적 증거가 신앙적 획일성이나 일치성을 목표로 하는 공격의 대상이 되지 않아야 한다.

진리와 다름(difference)은 모순적 관계가 아니다. 이 역설은 다양한 문화 속에서 광범위하게 발생하며 영국 철학자 메리 미즐리(Mary Midgley)가 지적한 바와 같이 "문화[와 종교]가 크게 다른 것은 사전에 정해진 공통의 우선순위 체계가 없기 때문이며, [도덕적 자유]에 관한 공통된 문제가 있지만, 그럼에도 매우 유사하다."[2]

이 유사성은 차이를 희생시키는 것이 아니므로, 여기에서 종교적 평등의 성배를 찾는 것은 잘못된 것이다. 미즐리가 적절하게 지적한 것처럼, 인간의 삶에 대한 유일한 목표는 없지만, 삶의 의미와 목적에서 나타나는 본질적인 일관성은 존재한다. 이것은 교회가 타종교를 정복하기 위해 존재한다는 것을 의미하지 않는다.

---

[2] Mary Midgley, "On Being Terrestrial," in *Objectivity and Cultural Divergence*, Royal Institute of Philosophy Lecture Series 17, edited by S. C. Brown (Cambridge: Cambridge University Press, 1984), 79-91, 89. 미즐리(Midgley)가 인용한 바와 같이, 다윈은 "인간의 도덕적 구성의 기본 원리인 사회적 본능은 능동적인 지적 능력과 습관의 영향으로 자연스럽게 황금률로 이어진다. "남에게 대접을 받고자 하는 대로 너희도 남을 대접하라."(눅 6:31)가 도덕의 기초다"라고 말한다. Charles Darwin, *The Descent of Man* (Princeton, NJ: Princeton University Press, 1981 [1871]), 105.

본회퍼(Bonhoeffer)의 관점을 수정해 표현하면, 교회는 그리스도의 완전하고 거룩한 희생을 통해 세워진 다양한 배경을 가진 인간의 성장하는 공동체다.[3] 복음주의적 증거의 핵심은 삼위일체 하나님의 자기 계시의 진리가 인간의 삶의 의미와 목적에 미치는 영향과 그 결과가 우리를 하나님께서 스스로 선언하신 목적과 그리스도의 삶과 사역의 정당성을 입증하는 것과 어떻게 조화를 이루게 하는지에 대한 것이다.

이 책은 타종교의 존재가 관용과 다양성의 가치와 충돌하는 것이 아니라, 그런 가치에 헌신할 기회라는 사실을 보여 준다.

알베르 까뮈(Albert Camus)의 소설 『이방인』(L'Étranger)에는 불신자와 대면하는 신부에 관한 이야기가 있다. 사제는 서랍에서 은으로 만든 십자가를 꺼내서 완고한 친구의 얼굴을 향해 휘두르며 그를 넘어뜨리려고 했다. 영국 작가인 제프리 잉어(Geoffrey Ainger)는 이 에피소드에 대해 논평하면서, "예수님이 십자가를 휘두르라고 우리를 부르시지 않았다. 그는 십자가의 메시지를 전하라고 우리를 부르셨다"라고 말했다.[4] 이것은 단지 수사학적인 주장이 아니다.

왜냐하면, "나의 존재 자체나 나의 말을 통해 그리스도께서 다른 사람들에게 더 실제적으로 나타나실 때마다 그분은 나에게 더 실제적이 되시기 때문이다."[5] 복음의 증인은 자신의 증거에 대한 첫 회심자다.

선교와 증거에 대한 이런 엄격한 이해와 일치하지 않는 복음주의 신학의 변형들이 있으며, 이 책은 이들 중 일부를 다루고 있다. '내부자 운동'이 그 대표적인 사례이다. 내부자 운동은 이슬람 공동체 안에 남아 있는 그리스도('Isa)의 추종자들에 관한 것이다. 이런 '내부자'에 대한 복음주의

---

3   Dietrich Bonhoeffer, *Ethics* (London: SCM, 1971), 64.
4   John V. Taylor, *The Go-Between God: The Holy Spirit and the Christian Mission* (London: SCM, 1972), 139에서 인용
5   위의 책

적 태도는 이슬람과의 일체의 연합을 완전히 거부하는 관점에서부터 이슬람의 종교와 문화를 포용하는 관점에 이르기까지 그 범위가 넓지만, 그리스도에 대한 믿음은 유지한다.

내부자 운동이 일어나게 된 동기는 기독교에 대한 수 세기에 걸친 무슬림의 저항과 이 문제를 해결하고자 하는 열망에서 비롯된 것이다. 관련된 통계적 수치는 중요하지 않지만, 종교적 저항의 요새는 아직도 거의 불가항력적 상태로 남아 있다. 한편, 이슬람과의 관계 문제를 해결하기 위해 치러야 하는 대가가 너무 많을 수 있다. 내부자들은 이웃의 보복에 취약한 상태에 놓여 있고, 해외 복음주의자들은 진리와 상황화에 대한 무익한 신학적 논쟁에 빠져 있다.

한편으로는 그리스도의 완전하고 충분한 구원의 메시지와 다른 한편으로는 순전히 인간의 논리로 축소되고 왜곡된 믿음으로 분열된 기독교의 증거가 기독교에 대한 이슬람의 견해에 영향을 미치고 있다. 오직 진리만이 그 자체로 가치가 있다. 우리는 태양 자체의 빛을 통하지 않고는 태양을 볼 수 없다. 이슬람 사원의 첨탑에서 예배 시간을 알리는 사람이 "알라는 위대하다"(*allahu akbar*)라고 외치는 것이 마치 그리스도인의 심약함을 질책하는 것처럼 들리기도 한다. 내부자 운동은 이런 무슬림 주장의 우월성을 인정하는 것으로, 이 책이 명료하게 제시하는 결정적인 하나님의 자기 계시와는 거리가 멀다.

넓은 의미에서, 나는 이 책을 종교가 다른 사람들을 희생시키면서 자신의 이익을 극대화하기 위해 존재한다는 것과 그들의 모든 노력의 목적을 오직 생존에 두는 은밀한 다원주의에 감염되어 있다는 것에 대한 경고로 받아들인다.

계시하시고 구속하시며 구원하시고 심판하시며 경고하시며 인도하시는 하나님 앞에서 그리고 우리가 모든 빛을 볼 수 있게 하는 진리의 빛 가운데서 우리는 세상을 살아가는 인간의 궁극적인 운명에 대해 헤아릴 수 없는 많은 질문을 갖고 있다. 타종교의 주장은 이해할 수 없는 것도 아니고, 그들의 신앙과 증거가 부당한 것도 아니다.

 신학적인 기독론의 교리를 잘못 이해하고 있기 때문에 이를 거부하는 많은 사람도 실존적으로는 하나님 말씀의 성육신에 대한 완전하고 진정한 기독교 신앙을 갖고 있을지도 모른다. 예수 그리스도와 십자가 그리고 그의 죽음을 생각하는 사람은 누구든지 살아 계신 하나님이 죄 많고 죽음의 운명에 처한 모든 속박에서 그들을 구원해 주는 최종적이고 결정적이며 돌이킬 수 없는 말씀을 그들에게 주셨다고 진정으로 믿고 있으며, 이 진리를 이해하든 못하든 그들은 하나님 말씀의 성육신을 믿고 있다.[6]

---

6 Karl Rahner and Herbert Vorgrimler, "Jesus Christ," in *Concise Theological Dictionary*, edited by Cornelius Ernst and translated by Richard Strachan (London: Burns and Oates, 1965), 241.

논찬 2

벨리-마티 케르케이넨

나는 두 명의 선도적인 복음주의 종교학자가 펴낸 이 새로운 문헌의 출판을 진심으로 환영한다. 이 문헌은 여러 측면에서 타종교에 대한 적절한 대응을 위한 복음주의 신학자의 지속적인 탐구에 큰 진전을 이루게 해 주었다. 먼저 이 문헌의 주요 장점에 대해 간략히 언급한 다음 몇 가지의 개선 방안에 대해 자세히 설명하고자 한다.

첫째, 일반적으로 특정 문제에 대해 구체적으로 서술하지 않고, 추상적이고 형식적인 표현으로 끝나는 접근 방식인 추상주의와 형식주의적 종교신학에서 벗어나, 맥더모트(McDermott)와 네틀랜드(Netland)는 종교신학을 다루는 신학적 체계로서 삼위일체 교리를 채택했다. 이것은 중요한 변화이며 종교신학 분야의 학문적 추세와도 일치한다.[1]

---

1 Raimundo Panikkar, *The Trinity and the Religious Experience of Man* (Maryknoll, NY: Orbis, 1973); Jacques Dupuis, *Toward a Christian Theology of Religious Pluralism* (Maryknoll, NY: Orbis, 1998); Gavin D'Costa, *The Meeting of Religions and the Trinity* (Maryknoll, NY: Orbis, 2000); S. Mark Heim, *The Depths of the Riches: A Trinitarian Theology of Religious Ends* (Grand Rapids, MI: Eerdmans, 2001); Keith E. Johnson, *Rethinking the Trinity and Religious Pluralism: An Augustinian Assessment* (Downers Grove, IL: InterVarsity, 2011); Veli-Matti Kärkkäinen, *Trinity and Religious Pluralism: The Doctrine of the Trinity in Christian Theology of Religions* (Aldershot, UK: Ashgate, 2004). For a sympathetic and critical assessment of these (and some other) proposals, Veli-Matti Kärkkäinen, "'How to Speak of the Spirit among Religions': Trinitarian 'Rules' for a Pneumatological Theology of Religions," *International Bulletin of Missionary Research* 30, no. 3 (July 2006): 121-127.

둘째, 저자들의 관점이 '비교신학'(comparative theology)으로 나아가고 있다는 것이다. 종교신학의 관점이 '중립'에 머물지 않고 그 이상으로 나아가는 비교신학은 계시와 같은 특정 주제를 탐구함으로써 타종교 공동체와 상호 작용하는 것이다. 비교신학은 기독교 신학뿐만 아니라 다른 신앙 전통에 대한 기본 지식을 요구하기 때문에 도전적인 학제 간의 통합적 연구를 필요로 한다.[2]

이 책의 저자들은 이 작업을 탁월하게 수행했다. 옥스퍼드 신학자이자 철학자인 키스 워드(Keith Ward)가 먼저 타종교 전통을 살펴본 후에 기독교 종교신학을 정립함으로써 비교 신학을 시도한 반면, 이 문헌은 먼저 기독교 신학을 탐구한 다음에 비교 작업을 실행했다. 두 가지 모두 훌륭하고 적절한 방법이다.

셋째, 종교적, 신학적 대화에 '그리스도인의 삶'(제5장), 즉 종교윤리와 실천적 측면도 포함했다는 점이 중요하다. 여러 가지 이유로 종교 간의 대화 일부 주제를 놓치는 경우가 많지만, 실제로는 윤리적, 도덕적 차원을 포함하여 종교인들의 실제적인 생활 방식과 관련된 문제가 가장 중요한 주제로 제기되기도 한다. 다종교 사회 환경, 특히 소수 종교의 신자로 살았던 사람은 일상생활에서 이런 문제의 중요성을 경험적으로 알고 있다.

이 책은 제6장에서 종교와 문화의 관계를 매우 세심하게 다루고 있다. 이는 복음주의자들이 지난 수 십 년간 지속해 온 다소 제한된 '상황화'의 논의를 뛰어넘는데 성공한 것으로 평가할 수 있다.

이 논찬에 참여하면서 나는 "다원주의란 무엇인가?"

Veli-Matti Kärkkäinen, *Trinity and Revelation*, Vol. 1 of *Constructive Christian Theology for the Pluralistic World* (Grand Rapids, MI: Eerdmans, 2014), especially chaps. 14 and 15.

2   비교신학을 탐구하는 학자들은 주로 두 가지 주요 배경에서 나온다. 일부는 주로 종교학(Francis X. Clooney)을 전공했고, 다른 학자는 신학(Keith Ward)의 배경을 갖고 있다.

이런 질문을 떠올렸다.

이 책의 저자들은 다원주의를 어떻게 생각하는가?

물론, 이 책의 제1장에는 다원주의에 대한 간략한 논의를 포함하고 있으며, 모든 종교의 공통 관심을 강조한 존 힉(John Hick)의 '1세대 다원주의'에서부터 라이문도 파니카(Raimundo Panikkar)의 '힌두-기독교'적 우주신인론 개념과 마크 하임(Mark Heim)의 독특한 삼위일체적 접근에 이르기까지 다양한 유형의 기독교 다원주의를 다루고 있다. 이 책의 저자들은 종교다원주의에 정통한 사람들이다. 따라서 이 책의 명확성과 논증을 위해 다원주의의 모호한 유형들을 명확하게 정립한 것은 매우 유용한 작업이었다.

실제로 현재 우리는 '포스트모더니즘'(postmodernism)을 '다원주의'로 이해하고 있다. 종교다원주의를 주장한 힉의 순진하고 철학적, 신학적으로 많은 문제가 있는 '대등한 관계' 접근 방식은 아마도 이 책의 논의에서 너무 크게 부각된 것으로 보인다. 이 점을 염두에 두었다면, 이 책의 도입부에 해당하는 제1장을 상당히 다르게 계획할 수 있었을 것이다. 아마도 이미 잘 알려진 종교신학의 역사적 배경을 탐구하기보다는 종교다원주의 현상에 대한 보다 자세한 연구가 필요했을 것이다.

또한, 항상 책을 늦게 쓰는 것이 더 낫다는 것을 잘 알고 있지만, 같은 장에 있는 복음주의에 대한 매우 상세한 논의가 복음주의 학자들 사이에서 이미 논의되어 온 표준화된 자료와 접근 방식을 반복해서 언급했다는 점을 추가하겠다. 나는 복음주의에 대한 무미건조하고 추상적인 정의를 21세기 초에 급격하게 달라진 세상과 교회의 상황을 반영해 재정의하거나 '개방'해야 할 필요가 있다고 생각한다. '세상'에 대한 복음주의적 참여의 최전선에 있는 두 명의 저자는 이런 과업을 실행할 수 있는 가장 적합한 학자일 것이다. 나는 그들의 추후의 저술에서 이 제안을 받아들일 것을 희망한다.

제3장의 계시에 관한 논의에서 만약 타종교 신앙의 성경적 본질과 역할에 대한 이해를 좀 더 집중적으로 살펴보았다면, 대화에 관한 더 구체적인 결과를 얻을 수 있었을 것으로 사료된다. 모든 살아있는 신앙이 엄청난 양의 종교 문헌을 만들어 냈다는 것은 흥미로운 사실이다. 그 가운데 일부는 '경전'에 해당하고, 다른 부차적인 문헌들도 포함되어 있다. 미래의 종교 신학은 '아래로부터' 시작될 것이다.

예를 들어, 구원에 관한 가르침을 불교, 힌두교, 이슬람의 경전이 가르치는 일반적인 교리에 의존하지 않고, "신자들이 실제로 어떻게 이해하고 있는가"라는 질문에서 시작되어야 하는 것이다. 모든 유형의 기독교 종교다원주의자가 사실상 예외 없이 타종교의 경전을 신성한 영감을 받은 궁극적 권위로 인정하는 것은 '나쁜 소식'이 아닐 수 없다. 심지어 소승 불교도 그들의 경전은 석가모니가 경험한 깨달음의 길에 접근하는 '유일한' 방법이라고 주장한다.

긍정적인 측면으로 돌아가서, 이 책의 저자들이 달라이 라마(Dalai Lama)와 존 힉(John Hick)의 관점으로 구원을 이해하는 것은 추상적인 범주를 넘어서 여러 가지의 세부 사항을 심층적으로 다루었다는 점에서 탁월한 통찰이 아닐 수 없다. 특히, 종교 간의 갈등과 폭력의 원인이 구원의 문제와 관련이 있다는 주장은 매우 설득력이 있다.

그러나 폭력이라는 주제에 관해서는 좀 더 깊이 다루어야 할 필요가 있다. 왜냐하면, 폭력은 그리스도인들과 타종교와의 관계에서 뿐만 아니라, 인도 아대륙에서 끊임없이 발생하고 있는 분쟁과 같이 타종교들 사이에서도 매우 시급한 문제이기 때문이다. 폭력이라는 중요한 주제를 다루려면, 아마도 이 책의 한 장 전체를 할애해야 할 것이다. 그렇지 않다면 적어도 기독교의 구원론에 있어서 폭력의 역할에 대해 논의해야 할 필요가 있다.

가장 두드러진 것은 십자가 사건이다. 그리스도의 속죄론에 나타난 폭력의 존재와 그 필연성을 옹호하는 것은 종교학자들을 비롯한 타종교 학자들로부터 가혹한 비판을 받고 있다. 이 장은 이와 같은 비판에 대응할 수 있는 놀라운 기회를 제공할 것이다. 이 비교신학의 논의에서 배제 되어 있는 중요한 주제 중 하나는 창조와 인류에 관한 신학이다.

복음주의자들이 일반적으로 상호 관련된 주제에 초점을 맞추지 않았기 때문에 이 주제가 배제된 것은 아닌가?

반면에 우리는 모든 주요 종교 전통이 인류의 지위를 포함한 창조와 우주에 관한 풍부한 통찰을 제공하고 있다는 것을 알고 있다. 와드(Ward)의 『종교와 인간의 본질』(*Religion and Human Nature*)이 보여 준 것처럼, 인류의 기원과 본질에 관한 이야기는 타종교와의 대화에 있어서 훌륭한 발판을 제공할 것이다. 더 나아가, 또 다른 신학적 주제인 종말론도 누락되었다. 종말론은 복음주의가 다루고 있는 중요한 주제 가운데 하나라는 점에서 볼 때, 이 주제를 다루지 않은 것은 이해하기 어려운 일이다.

다시 말하지만, 종교는 종말론적 비전과 희망 그리고 신화의 모체다. 타종교와의 대화에 있어서 이 두 가지의 주제가 반드시 다루어져야 한다는 것은 아니다. 그러나 나는 이 주제들이 왜 누락되었는지 궁금하다.

이 책의 비교신학적 대화와 관련해, 나 자신의 전공 분야인 조직신학과 에큐메니컬 신학을 중점적으로 살펴볼 것이다. 성경 자료와 몇 가지 유용한 역사적, 신학적 고려 사항이 이 책에 언급되어 있지만, 이상하게도 현대의 조직신학, 구성주의신학 그리고 교의신학의 풍부한 유산을 간과한 것으로 보인다. 이런 신학 분야들은 최근 수십 년 동안 이 책에서 다루고 있는 질문에 관한 많은 답변을 제공해 왔다.

이 책의 종교 간의 대화 도전과 기회에 접근하는 삼위일체의 관점으로 돌아가서, 나는 다음과 같은 문제를 지적하고자 한다. 이 책의 제2장에서 기독교 교리에 관한 하나님의 삼위일체적 설명을 풍부하고 훌륭하게 발전시켰지만, 이후의 나머지 부분에서 삼위일체는 잘 보이지 않는다.

내가 알고 싶은 것은 단순하다. 이 책 전체에서 삼위일체론을 확실하게 전제하고 있고, 때로는 간략하게 언급했지만, 만약 이 책의 모든 논의에 삼위일체적 관점이 적용되었다면 어떤 일이 일어났을지 궁금하다.

삼위일체적 관점으로 정립된 기독교의 계시나 구원의 교리는 어떤 형태일 것인가?

나에게는 이 책이 그리스도론적 기준과 자료를 집중적으로 다룬 것 같아 보인다.

그러나 이상하게도 성령론적 자료가 부족하고 세상과 종교 그리고 기독교 신앙에서의 성령의 역할은 거의 찾아볼 수 없다. 사실상, 현대 종교신학의 담론이 성령론으로 '복귀'하는 것은 신중해야 할 필요가 있고, 이 책은 이런 추세를 잘 반영한 것으로 보인다. 그러나 건강한 삼위일체적 관점에서 건설적인 방향으로 성령론을 다루었다면, 이 책을 더욱 강력하고 역동적으로 만들었을 것이다.

논찬 3

비노스 라마찬드라

그리스도인들은 관용과 사회적 포용이라는 자유주의적 정치 윤리뿐만 아니라 성경적 가르침인 '이방인에 대한 사랑'이라는 자비로운 관대함을 다원주의 사회에 가져 왔다. 이것은 우리가 그들과 완전히 동의하지 않더라도 다른 사람들을 이해하고, 감사하고, 배우려는 열망을 내포하고 있다.

이 관대한 포용성이 삼위일체론과 어떤 연관성이 있는가?

삼위일체신학이 '일반' 신자들은 물론이고 전문 신학자들과 교회 지도자들의 삶에 어떤 영향을 미치는지 살펴보려면, 동방정교회가 형성한 사회에서의 정치를 한 번 둘러보기만 해도 될 것이다.

이 책이 신학에 대해 너무 많은 것을 주장하는 반면에 모든 좋은 신학의 기초가 될 뿐만 아니라 교회의 정체성을 구성하는 성경적 담론과 사회적 관습에 너무 적은 관심을 기울였다고 결론을 내려야 하는가?

삼위일체론이 실재의 본질을 설명하기 위한 추상적인 통일성과 독특성의 원칙을 결합한 것이 아니라는 맥더모트와 네틀랜드의 주장을 지지한다. 이 용어는 철학적 퍼즐 조각이 아니라 나사렛 예수를 중심으로 한 특정한 역사적 사건에 바탕을 두고 있다. 십자가 사건을 통해 계시된 하나님은 서사적 정체성을 갖고 있기 때문에, 삼위일체적 정체성은 교회가 '종교'를 포함한 세상에 참여할 때 그 서사적 진리와 인식론적 중심성을 전제로 한다.

이 책의 저자들이 삼위일체의 역사적 기원을 주의 깊게 다루지 않았던 이유가 최근 몇 년 동안 서구와 아시아의 일부 학자가 하나님의 삼위일체적 본질에 종교적 다원성의 기반을 두려는 잘못된 시도에서 비롯된 것이라고 지적한다. 차이점을 단순히 옹호하는 것은 우상 숭배의 심각한 결과를 간과하는 오류를 범할 수 있다.

지금까지는 그런대로 잘됐다. 인간의 사고와 행동에는 우상 숭배의 성향이 만연해 있으며, 삼위일체신학도 예외가 아니다.

맥더모트와 네틀랜드는 이 문제에 충분한 주의를 기울이고 있는가?

미국의 전형적인 일반 대학에서 비교 종교학을 배우고 있는 어느 젊은 힌두교 학생을 상상해 보라. 그녀는 캠퍼스에 50개가 넘는 기독교 모임이 있고, 많은 사람이 스스로를 '복음주의적' 그리스도인이라고 말하지만, 인종, 교단 그리고 조직이 서로 나뉘어져 있는 것을 보게 될 것이다. 그들은 그 학생을 전도하기 위해 서로 경쟁한다. 그 학생은 교회들도 분리되어 있는 것은 마찬가지며, 목회자들 사이의 경쟁과 반감도 알게 될 것이다. 교회는 예배를 위해 함께 모일 수 없으며, 자료나 훈련 자원을 공유하지도 않는다. 이 '복음주의적' 교회들은 '선교'라는 이름으로 그들의 분열과 경쟁을 해외로 수출하고 있다.

이 모든 것이 그 학생을 매우 당혹스럽게 할 수 있다. 그 학생은 제자 공동체의 가시적인 일치가 그리스도의 메시지의 신뢰성에 어떤 영향을 주는가를 알고 있다.

> 곧 내가 그들 안에 있고 아버지께서 내 안에 계시어 그들로 온전함을 이루어 하나가 되게 하려 함은 아버지께서 나를 보내신 것과 또 나를 사랑하심 같이 그들도 사랑하신 것을 세상으로 알게 하려 함이로소이다(요 17:23).

그녀는 바울 서신을 읽었다. 교회는 그리스도의 몸이며, 그 연합은 실현 불가능한 이상이 아니라 성령 안에서 이루어져야 하는 실재인 것이다 (엡 4:3).

따라서 이 힌두교 학생은 "세상은 복음주의 교회와 그리스도인들이 점점 증가하고 있는 타종교 신자의 존재에 어떻게 반응하는지 지켜보고 있다. 다가올 시대에 복음주의자들은 모든 민족을 위한 주님이시며 구세주이신 예수 그리스도의 충성된 제자이며, 동시에 서로 다른 종교의 신자들 사이에서 평화와 조화 그리고 상호 존중을 위해 일할 수 있음을 보여 주어야 한다"라는 맥더모트와 네틀랜드의 결론에 전적으로 동의하지는 않을 것이다.

교회의 화해에 관한 온갖 미사여구와 현실의 차이 그리고 복음주의 그리스도인들이 세상 사람들은 말할 것도 없고 다른 그리스도인들과도 서로 사랑하지 못하는 것을 보면서 기독교의 진리를 신뢰할 수 없게 되었기 때문에, 그 학생은 세계가 기독교로부터 감명을 받지 못했다고 대답할 것이다. 그리고 복음의 진리를 거부하면서 그 학생이 성경에서 도출된 인식론적 기준을 사용하고 있음을 주목하라.

여기서 문제는 경쟁과 분열이 아니라고 덧붙이고 싶다. 왜냐하면, 경쟁과 분열은 사도 시대의 교회에서도 분명하게 드러났었다. 죄는 종말까지 우리의 관계를 무너뜨릴 것이다. 문제는 사도 시대와 교부 시대 이후, 복음주의 지도자들 사이에 그리스도에 대한 불순종에서 오는 괴로움과 정신적 고통이 사라져 버렸다는 것이다.

고대 세계의 교회는 그리스도인들 사이의 분쟁이 교회의 존재 자체를 위협하는 것으로 이해했다. 바울은 그리스도인들의 분열에 대해 분노했다 (고전 1:12-13). 로마의 클레멘트는 1세기 말경 고린도에 있는 같은 교회에 다음과 같이 썼다.

여러분들에게 왜 이 모든 다툼과 증오 그리고 반목과 불화가 사라지지 않고 있는가?

우리는 모두 같은 하나님, 같은 그리스도를 믿고 있지 않은가?

그 분은 우리 모두에게 똑같은 은혜의 영을 주시는 분이지 않은가?

우리는 그리스도 안에서 같은 부르심을 받지 않았는가?

그렇다면 우리는 왜 그리스도의 팔다리를 찢고 또 찢으며 우리 지체들 사이의 불화를 조장하고 있는가?

왜 우리는 분별력과 이성을 잃어버리고 서로에 대한 책무를 망각해 버렸는가?

여러분의 분열로 인해 많은 사람이 길을 잃어 버렸다. 그런데도 여러분의 불화가 좌절과 의심이 많은 사람의 마음에 뿌려져 상처와 고통을 주었지만 우리는 여전히 서로에게 불만을 품고 있다.[1]

1. 믿음과 실천의 관계 해체

복음주의의 사각지대에 대한 이 힌두교 학생의 관찰은 부분적으로 힌두교 정체성이 믿음보다는 실천을 강조한다는 사실에서 비롯된 것일 수 있다. 프리츠 스탈(Frits Staal)은 힌두교 신자들은 "유신론자, 범신론자, 무신론자, 공산주의자일 수도 있으며, 그들이 좋아하는 것을 믿고 따른다. 그럼에도 그들이 힌두교 신자인 것은 그들이 수행하는 종교적 관습과 준수

---

[1] Clement of Rome, First Epistle to the Corinthians, 46 (A.D. 96), in *Early Christian Writings: The Apostolic Fathers*, translated by Maxwell Staniforth (Harmondsworth, UK: Penguin, 1968), 47.

하는 규칙 등을 포함한 그들의 실천 때문이다"라고 말했다.[2]

그러나 기독교 전통에서도 믿음과 실천의 관계는 일방적이지 않았다. 메노나이트의 역사학자 알렌 크라이더(Alan Kreider)는 기독교권 국가(Christendom) 시대 이전의 회심은 사람의 행동, 소속감 그리고 신념의 순서로 총체적 변화가 일어났다고 주장했다. 비록 이 변화는 세례 후보자가 그의 개인적, 인종적, 국가적 적대자들을 비롯한 모든 계층의 사람이 속한 공동체와 기꺼이 동일시하려는 의지와 행동의 변화만큼 중요하지는 않은 것으로 간주되었지만, 강력한 변화를 동반할 수 있었고 실제로도 그랬다.

크라이더는 다음과 같이 말했다.

> 초기 기독교의 교리 교사들은 기존 사회와 다른 가치를 가진 공동체를 세우기 위해 노력하지 않았다. 기독교 지도자들은 사람들이 새로운 종류의 생활 방식이 아닌 새로운 사고방식에 따라 살게 된다고 인식했다. 세례 후보자들의 사회화와 직업 그리고 삶에 대한 인식의 변화와 헌신이 세상 사람들이 기독교 공동체가 말하는 복음을 수용할 수 있는지 여부를 결정하게 할 것이다.[3]

만약 크라이더의 지적이 옳다면, 초기 그리스도인의 회심이 진정한 반문화 운동을 만들어 낸 것이다.

우리 시대의 복음주의 운동은 사람들을 회심자가 아닌 '기독교인'을 만들고 있지는 않는가?

---

[2] Gavin Flood, *An Introduction to Hinduism* (Cambridge, UK: Cambridge University Press, 1996), 53.

[3] Alan Kreider, *The Change of Conversion and the Origin of Christendom* (Harrisburg, PA: Trinity Press International, 1999), 23.

스탠리 존스(Stanley Jones)는 20세기 중반에 미국 감리교 선교사로 인도에서 대부분의 삶을 보냈으며, 마하트마 간디(Mahatma Gandhi)의 개인적인 친구였다. 다음은 간디와 기독교인들의 관계 비극과 도전에 대한 그의 평가다.

> 그리스도인들이 십자가를 통해 하나님은 그리스도 안에서 세상을 자신과 화해시키셨으며 우리의 죄를 대신해 그분이 십자가에서 죽임을 당하셨다고 보는 것을 마하트마 간디는 볼 수 없었다. 간디는 그것을 보지 못했다. 그러나 그가 십자가에서 본 것은 자신의 고통을 다른 사람에게 전가하지 않고도 다른 사람의 마음을 정복할 수 있다는 것이었고, 그는 그 정신을 국가적 차원에서 실천했다. 그렇다면 차이점은 분명하다. 간디는 우리보다 십자가를 더 온전하게 이해하지는 못했지만, 더 많이 실천했다. 우리는 십자가를 교리로 받아들였고 그는 실천으로 받아들였다.[4]

존스는 또한 간디가 스스로 실천하지 않은 것은 무엇이든 전파하기를 거부했다고 언급했다.

> 내가 전쟁이 일어나기 전에 그가 평화를 위해 기여해 주길 바라는 마음으로 그에게 유럽을 방문할 것을 촉구했을 때 그의 대답은 간단했다.
> "나는 우리나라에서조차도 평화를 보여 주지 못했다."
> "그런 내가 어떻게 유럽에서 그것을 전파할 수 있겠는가?"[5]

---

4 E. Stanley Jones, *Mahatma Gandhi: An Interpretation* (London: Hodder & Stoughton, 1948), 105.
5 위의 책, 106.

이것은 종교 간의 관계가 가져 오는 일종의 도전이다. 그리스도인들이 공동의 관심사에 대해 다른 사람들과 함께 일할 때, 그들은 자신의 신념과 가치를 서로에게 소개하고 질문을 할 기회를 갖게 될 것이다. 일부 서구적 상황을 제외하면 대부분의 사람은 자신의 종교적 신념에 대해 자유롭게 이야기할 뿐만 아니라 심지어 격렬하게 논쟁하기도 한다.

그리고 맥더모트와 네틀랜드가 올바로 지적한 바와 같이, 비평은 풍자와 독설로 이어지지 않는 한 다른 사람의 견해에 대한 존중의 표현이 될 수도 있다. 우리가 근본적으로 서로 다른 사람들과 그런 대화를 해 보기 전까지는 우리의 삶이 우리가 믿는 것과 얼마나 일치하는지는 말할 것도 없고, 우리가 진정으로 무엇을 믿고 있는지 조차도 제대로 알 수 없다. 그리고 그런 대화는 종교적이든 세속적이든, 직접적인 참여나 글을 통해 타 종교의 신념과 실천의 최고의 경지에 이른 대표적인 인물들과 만나는 것도 포함한다.

다양한 종교 공동체의 지도자나 학자가 참여하는 공식적인 종교 간의 대화는 해당 공동체의 더 넓은 사회적, 정치적 맥락을 다루기도 한다. 따라서 미국의 기독교와 이슬람의 대화는 중동의 정치적 상황이 복음주의 교회의 정치적, 상업적 이해관계에 미치는 영향을 피할 수 없다.[6]

마찬가지로, 스리랑카의 불교-기독교 대화는 싱할라-불교(Sinhala-Buddhism)의 다른 공동체에 대한 민족주의와 폭력을 조장하는 국수주의적 이데올로기와 직면해야 한다. 삼위일체 하나님은 경건하지 않고 타락한 사람들에게도 무조건적인 은혜를 베푸는 것 외에도 다음과 같은 방법으로 종교 세계에 도전하신다.

---

6   특히, 2001년 9월 11일 이후 아랍계 미국 시민의 권리에 대한 공격, 전쟁 범죄를 포함한 이스라엘에 의해 자행된 잔혹 행위, 파키스탄 북서부와 다른 여러 지역에서의 미군의 드론 무기 사용에 대한 시온주의자들과 수많은 복음주의 지도자의 침묵도 여기에 해당한다.

하나님은 자신의 세상에서 일어나는 불의에 대해 진노하신다. 성경에 나타난 불의와 가난한 자들에 대한 압제에 대한 하나님의 진노는 아시아의 주요 종교 전통과 비교할 수 없다. 실제 하나님의 진노는 그들을 근원적으로 심판할 것이다. 그러므로 평안과 만족이 아니라 진노와 저항이 삼위일체 하나님의 교회 사명에 내재되어 있다.

하나님은 세상의 고통과 탄식을 듣고 계신다. 칼빈은 '하나님의 상처'(wounds of God)에 대해 언급할 때 십자가뿐만 아니라 하나님의 형상으로서의 인간에 대해서도 담대하게 말했다. 니콜라스 월터스토프(Nicholas Wolterstorff)는 칼빈이 인간에게 해를 입히는 것은 하나님께 해를 입히는 것이며, 인간에게 불의를 저지르는 것은 하나님께 고통을 가하는 것이라고 말했다고 언급했다.

월터스토프에 따르면, "우리가 사는 세상에서 경험하는 사회적 고통의 이면에는 하나님의 고통이 있다. 칼빈은 우리가 진정으로 이 사실을 믿는다면, 가난하고 억압받는 자들과 세상의 약자들을 희생시키는 일을 훨씬 더 꺼려할 것이라고 탄식했다. 정의를 추구하는 것은 하나님의 고통을 덜어드리는 것이다."[7]

월터스토프는 칼빈이 여기서 더 나아갔다는 것을 발견했다. 칼빈은 하박국 2:6의 주석에서 희생자들의 탄식이 바로 하나님의 탄식이라고 주장했다.

하나님은 "언제까지 이르겠느냐?"라고 울부짖으며 탄식하셨다.[8]

오늘날 칼빈주의 공동체에서 이런 마음의 표현을 거의 찾아볼 수 없다. 고통과 절망의 상황 가운데서 억압받는 사람들과 함께 머물면서 그들과의 연대를 표현하고 그들의 탄식을 나누는 것은 복음을 증거하는 교회의 독

---

[7] Nicholas Wolterstorff, "The Wounds of God: Calvin on Social Injustice," *Reformed Journal* (June 1987): 16.
[8] 위의 책, 17.

특한 특징이 되어야 한다.

하나님은 그의 세상을 구원하신다. 이 구원은 이 땅과 인간의 고통으로부터의 구속, 관계의 회복, 정의와 평화 가운데 내주하시는 하나님의 통치를 반영한 피조물의 변화를 포함한다.

이 비전은 모든 종교신학에 심오한 도전을 제시한다.

내가 다른 곳에서 썼듯이, "엄청나게 쏟아져 나오고 있는 종교다원주의에 관한 신학적 문헌들은 왜 인간과 하나님의 만남이 우선적으로 위치해야 하는 곳을 '세계의 종교'의 영역으로 한정하고, 인간의 모든 정신 활동(과학적 탐구, 음악 연주, 정의 추구, 노인 돌보기 등) 중에서 성령의 구원 활동을 왜 단순한 '종교적 체험'의 영역으로 가정하고 있는가?

의심의 여지없이, 예수 그리스도의 복음은 이런 가정에 근본적인 의문을 제기한다."[9]

이런 복음의 특징이 맥더모트와 네틀랜드의 논의에서 강조되지 않았다는 것은 놀라운 일이다.

2. 분류의 해체

칼빈이 '복음주의적'이었는가라는 질문에 대해 우리의 대답은 틀림없이 그게 무슨 상관인가라고 말해야 한다. 이 책의 본문에 "복음주의자들의 관점은 …" 그리고 "복음주의자들이 믿는 것은 …" 등의 문장이 자주 언급되어 있어 당혹감을 감출 수 없다. 역설적이지만, 이 책의 저자들이 광범위하게 인용하는 뉴비긴, 보쉬, 사네 등과 같은 많은 학자는 자신을 '복음

---

[9] Vinoth Ramachandra, "Truth and Pluralism," in *Mission in Context: Explorations Inspired by J. Andrew Kirk*, edited by John Corrie and Cathy Ross (Farnham, UK, and Burlington, VT: Ashgate, 2012), 137.

주의자'로 생각하지 않을 것이다.[10]

예를 들어, 나는 '전도의 우선성'과 관련된 성경 본문이 무엇을 의미하는지 전혀 이해하지 못했으며, 이런 본문이 중요하다고 믿고 있는 사람들의 삶 속에서 어떻게 구현되고 있는지를 보고 싶다. 또한, '형벌 대속'(penal substitution)을 바울의 중심적인 비유로 받아들이면서도 이 비유가 복음의 핵심이거나 많은(대다수는 아니지만) 상황에서 십자가의 중요성을 전달하는 가장 적절한 방법이라는 주장을 부인하는 것도 여전히 가능하다.

내가 아는 한 이 모든 정의가 베빙톤(Bebbington), 놀(Noll), 맥그래스(McGrath) 등과 같이 서구 세계의 밖에서 살아본 적이 없고 비서구 교회의 역사와 신학에 대한 인식이 거의 없는 학자의 통찰이라는 것은 놀라운 일이 아니다. 앤드루 윌스(Andrew Walls)는 "역사적 복음주의는 기독교가 충분하지 않은 기독교 사회에 저항하는 종교다. ⋯ 기독교권(Christendom)의 원리와 실제적인 실현 사이의 긴장이 서구 기독교의 역사이다"라고 진술한 바 있다.[11]

복음주의는 명목상의 기독교와 이신론적 기독교에 대한 반작용이다. 그러나 아시아와 아프리카의 그리스도인들은 서로 다른 신학적 역사와 도전들과 씨름하고 있다.[12]

영국계 미국인 역사의 일부가 중요하기는 하지만, 주로 강경파 복음주의자들이 만든 그 전통을 세계 기독교의 규범으로 만들려고 하는 것은 문

---

10   나는 '복음주의'라는 이름을 사용하는 조직에서 일하지만, 함께 일하는 사람들 가운데는 이 용어를 명사가 아닌 형용사적 의미(예: '복음주의 윤리' 혹은 '복음주의적 생활 방식')로 이해하고 있는 실정이다. 우리는 삶의 모든 영역에서 복음을 실천하기 위해 노력하지만 '복음주의'와 관련된 신학적, 문화적 '짐짝'(baggage)은 아니다.
11   Andrew F. Walls, "The Evangelical Revival, the Missionary Movement, and Africa," chap. 7 of *The Missionary Movement in Christian History: Studies in the Transmission of Faith* (New York: Orbis, 1996), 81.
12   '복음주의'뿐만 아니라 '자유주의', '근본주의', '은사주의'도 서구의 신학적 논쟁을 반영한다. 자신을 '복음주의자'라고 밝히는 미국 남부에 있는 사람들은 주로 20세기 중반에 보수적인 북미 혹은 영국 선교사들이 설립한 교회나 단체에 속해 있거나 미국이나 영국의 보수적인 신학교에서 교육을 받았다.

화 제국주의적 행위가 아닌가?

물론 맥더모트와 네틀랜드는 이렇게 하지 않았다. 그들은 자신의 신념을 공유하지 않는 다양한 학자에게 빚을 지고 있음을 인정한다. 또한, 그들의 비판은 날카롭고 사려 깊은 통찰을 제공할 뿐만 아니라 항상 배려와 은혜가 있다.

그러나 나는 여전히 그들의 신학에 '삼위일체'를 접두사로 붙임으로써 얻을 수 있는 것이 무엇인지, 더 근본적으로 '종교신학'이 가능한지 궁금하다. 만약 신학이 합리적인 학문 체계라면, '종교신학'은 '종교적'인 것으로 간주하는 엄청난 범위의 현상을 포괄해야 하고, 종교에 대한 이해와 평가를 위한 포괄적인 해석의 틀이 요구된다. 나는 이런 시도가 반드시 실패할 것이라고 생각한다. 그 이유는 다음과 같다.

첫째, 종교신학이 그들이 논의하는 '종교'의 범위를 축소하기 때문이다. 원시 종교(primal religions)는 민족주의, 소비주의, 인본주의 혹은 마르크스주의 등과 같은 '세속 종교'와 마찬가지로 종교신학에서 일상적으로 간과하고 있다. 실제로 세속적 인본주의는 제6장에서 맥더모트와 네틀랜드가 제시한 종교에 대한 모든 설명을 충족하며 북미와 서유럽에서 기독교나 이슬람보다 훨씬 더 큰 문화 권력을 갖고 있다.[13]

또한, 쇼핑몰, 헬스클럽, 축구 경기장, 증권 거래소 및 독립 기념일 축하 행사 등은 종교적 행동을 연구하기에 좋은 장소다. 그들은 정교한 전례, 의식, 신비로운 분위기로 둘러싸인 후기 현대 세계에 등장한 새로운 형태의 사원과 신성한 성물이다. 그들은 공동체에 대한 헌신과 충성을 촉구한다. 종교를 별도의 학문 분야로 취급함으로써 우리는 소위 세속적인 사람들 사이에서 종교가 번성하는 방식에 대해 스스로를 눈 멀게 할 수 있다.

---

13 영국인본주의협회(The British Humanist Association)는 종교 단체로서 인정해 줄 것을 추구하고 있다.

둘째, 종교신학은 환원주의(reductionism)를 지향하는 경향이 있으며, 다른 사람의 관습과 믿음의 '타자성'을 희석할 수 있다. 그리고 각각의 특정한 신앙 전통의 복잡성과 독특성을 희생할 위험이 있다.

인간이 처한 상황은 서로 비교할 수 없을 뿐만 아니라, 아마도 심지어 같은 기준으로 측정할 수도 없는 문제에 직면해 있다는 사실을 인정하는 것이 더 낫지 않는가?

논찬 4

크리스틴 쉬르마허

　기독교 종교신학에서 종교 간의 대화보다 더 중요한 주제는 거의 없을 것이다. 그리고 오늘날의 세계 환경에서 특히 중요한 종교 간의 대화는 그리스도인과 무슬림의 대화이다. 이 책의 독자들이 이 두 공동체가 공유하고 있는 역사 속에서 일어났던 주요 대화와 만남을 다룬 다음 이것이 오늘날의 대화에 어떤 의미가 있는지 간단히 생각해 보는 것이 도움이 될 것이다.

　만약 오늘 어떤 그리스도인과 무슬림이 서로 만나서 대화를 시작한다면, 이 만남은 이 둘 사이의 첫 만남이 아니라 이미 이슬람의 창시자인 무함마드의 생애에서 시작된 1,400년의 기독교와 이슬람의 만남의 역사 중 가장 최근의 만남이 될 것이다. A.D. 7세기에 무함마드는 아라비아 반도의 유대인과 그리스도인들과의 만남에서 하나님의 참 계시에 대한 문제로 첫 번째 논쟁을 벌였다.

　7세기의 신학적 대화 시기 이후에는 이슬람과 기독교의 정치적 권력 대결, 영토 정복, 무력 대결의 시기가 이어졌고, 중세 아랍 학자들의 고대 그리스 작품 번역도 이루어졌다. 전반적으로 수세기 동안 그리스도인들이 이슬람과 꾸란에 대한 지식이 부족했던 것처럼, 무슬림들도 성경의 내용과 기독교 신앙에 대한 지식이 거의 없었다.

　최초의 라틴어 꾸란 번역은 1142년에 클뤼니(Cluny) 수도원의 수도원장인 페트루스 베네라빌리스(Petrus Venerabilis)가 케톤(Ketton)의 로베르트

(Robert)와 달마티아(Dalmatia)의 헤르만(Hermann)이라는 두 학자에게 의뢰한 결과로 만들어졌지만, 서구 세계가 이슬람과 꾸란의 가르침을 더 집중적으로 다루기까지는 수 세기가 더 지나야 했다.

1542년 개혁자 마틴 루터(Martin Luther)도 꾸란을 라틴어로 정확히 번역한 것을 찾는 데 어려움을 겪었다. 그는 결국 꾸란의 라틴어 번역본을 찾지 못했고, 꾸란의 내용을 간략하게 요약해 놓은 번역본만을 입수할 수 있었다. 이슬람이 등장한 이후 900년 동안 서구 기독교가 알고 있던 이슬람의 이미지는 주로 기독교 변증 자료에 근거한 것이었으며, 이 자료에는 '종교적 타자들'에 대한 잘못된 주장이 다수 포함되어 있었다.

따라서 이슬람이 출현한 후 첫 세기에 이슬람은 서구 학자와 신학자들에 의해 대체로 무시되고 과소평가되었다. 중세에는 모욕과 비방을 받았고, 현대로 넘어가는 시대, 특히 '선교의 세기'에는 기독교보다 훨씬 열등한 것으로 여겨졌다. 이런 모든 태도와 접근 방식은 유럽의 신학자들이 이슬람을 보다 더 객관적으로 다루지 못하게 했다. 오늘날 이슬람은 세계에서 두 번째로 큰 종교가 되었으며, 동시에 종교일 뿐만 아니라 사회 질서이자 누구도 과소평가할 수 없는 권력이 되었다.

21세기의 우리는 역사상 그 어느 때보다도 더 많은 정보를 갖고 있다. 우리는 이전에 알고 있던 것보다 이슬람과 다른 종교에 대해 더 많이 알고 있다. 오늘날 우리는 다른 사람들의 종교를 피상적으로 다루는 데 만족해서는 안 되며, 선입견이나 편견 없이 그들이 자신의 종교를 이해하는 방식으로 그들의 신앙과 사상을 이해하려고 노력해야 한다.

이것은 우리의 관점을 포기하는 것이 아니라 오히려 그 반대다. 자신이 무엇을 믿는지 알고 그것을 주장할 수 있는 사람만이 다른 것을 믿는 사람과 유익한 대화를 나눌 수 있다. 물론 동시에 상대방의 견해를 존중해야 한다. 이슬람의 경우 이 책에서 제시하는 것과 같이 이슬람의 신앙과 사상에 대한 참여가 필수적이다.

1. 이슬람과 기독교의 역사

우리는 무함마드의 생애 첫 4년 동안에 대해 거의 아는 것이 없다. 그는 570년경에 메카에서 태어났다. 그의 아버지는 그가 태어나기 전에 세상을 떠났고, 그의 어머니는 약 576년경 그가 6세였을 때 사망해 무함마드는 고아로 성장했다. 그는 무역업에 종사했으며 유력한 가문 출신이 아니었을 가능성이 높다. 꾸란이 "불신자는 이 꾸란이 두 도시의 지도자에게는 계시되지 아니하였더뇨라고 묻더라"(꾸란 43:31)라고 언급한 것은 그의 재력과 혈통이 선망의 대상은 아니었다는 것을 암시한다.

이슬람은 610년에 아라비아 반도에서 시작되었다. 이슬람 전통(Hadith)에 따르면, 무함마드는 아마도 환상을 통해 알라가 모든 인간을 심판하는 유일한 신이라는 메시지를 많은 신과 영혼을 숭배하던 아랍인들에게 선포하도록 위임했다는 인상을 받았을 것이다.

무함마드는 대략 610년에서 622년 사이에 이슬람을 선포한 메카에서 강한 저항에 직면했다. 무함마드의 고향에 있는 일부 아랍인은 이슬람을 받아들였지만 전반적으로 무함마드는 심각한 반대에 부딪혔다. 메카의 사람들이 그를 위협했기 때문에 무함마드는 615년에 여러 지지자와 함께 현재의 에티오피아인 이웃 국가 아비시니아로 이주했다. 83명의 성인 남성, 여성, 어린이가 이 첫 번째 이주자 집단에 포함되었다.

그러나 메카로부터의 박해의 위협은 줄어들지 않았고, 마침내 622년에 두 번째 이주가 이루어졌다. 무함마드와 그의 충성스러운 추종자는 나중에 무함마드의 첫 후계자(caliph)가 된 충성스러운 동료 아부 바크르(Abu Bakr)와 함께 이웃 도시인 메디나(Medina)로 향했다.

메디나에서 이슬람의 역사는 두 가지 결정적인 전환점을 맞이했다. 무함마드는 더 이상 그의 지지자들의 종교적 지도자가 아니라 적대적인 집단들 사이의 중재자가 되었다. 얼마 후 그는 또한 여러 전쟁을 수행한 군사 지도자가 되었다. 그는 입법자가 되었고 아랍 관습법에 따라 최초의 무슬림 공동체를 위한 결혼과 가족에 관한 법률과 형법 체계를 제정했다. 따라서 이슬람은 종교가 되었고 사회 질서가 되었으며 무함마드의 입장에서는 정치적 통치 체계가 되기도 했다.

622년에 무함마드가 도착했을 당시 메디나에는 두 아랍 부족, 세 유대 부족 그리고 일부 그리스도인이 살고 있었다. 622년에서 632년 사이에 무함마드는 메디나에서 자신을 알라의 예언자이자 군사 지도자로 인정하지 않는 자들, 즉 아랍 부족뿐만 아니라 그를 반대했던 메디나의 유대인들을 물리쳤다.

2. 무함마드, 유대인 그리고 그리스도인

아마도 무함마드는 구약과 신약에 대한 독자적인 연구보다는 다른 사람의 구두 설명을 통해 기독교와 유대교 신앙의 몇 가지 내용을 알게 되었을 것으로 보인다. 무함마드의 생애 동안에는 구약과 신약의 일부만 아랍어로 번역되어 있었고, 아랍어로 된 예수의 어린 시절의 이야기를 포함한 몇몇 외경이 존재했었다. 이런 외경의 흔적은 꾸란과 이슬람 전통에서 찾아볼 수 있다. 이것이 꾸란이 성경의 자료뿐만 아니라 외경을 비롯한 다른 교리의 흔적을 담고 있는 이유이다.

무함마드는 622년에 메디나에서 알라와 그의 활동에 대해 유대인과 그리스도인들과 '종교적 대화'를 시작했던 것으로 보이며, 그는 기본적인 성경 내용과 전통을 알고 있었던 것 같다. 꾸란은 구약과 신약의 여러 측면을 언급하지만 무함마드 자신의 고유한 해석을 제공하고 있기 때문이다. 그 중에서 꾸란에 나오는 예언자들에 관한 이야기는 특히 중요하다. 무함마드는 선지자에 관한 진술에서 하나님의 선지자로서의 자신의 사명에 대한 정당성을 제기했다. 아담, 아브라함, 모세를 창조주이자 심판자의 선지자로 부르신 것처럼, 알라는 무함마드를 '최후의 예언자'(꾸란 33:40)로 임명했다는 것이다.

따라서 무함마드는 처음에는 꾸란보다 앞선 유대교와 기독교 경전의 계시적 성격을 인정하고 유대인과 그리스도인을 '책의 사람들'(ahl al-kitab) 또는 '말씀의 소유자'로 규정했다. 이런 초기 본문 중에서 꾸란은 모세에게 주어진 '율법'(taurah), 다윗의 '시편'(zabur) 그리고 예수의 '복음서'(injil) 등을 언급했다. 이런 이유로 엄밀히 말해서 무슬림은 꾸란을 새로운 계시(꾸란 41:43)가 아니라 창조주이자 심판자이신 알라의 영원한 메시지의 갱신으로 이해하고 있다.

꾸란이 유대인과 그리스도인에 대해 말할 때 다양한 측면을 언급하고 있다. 처음에는 그리스도인들에 대해 무엇보다 긍정적으로 표현한다. 무슬림과 그리스도인 사이에 친밀감이 높아졌던 첫 해에는 그리스도인의 경건함, 사랑, 겸손, 믿음을 특히 높이 평가했다.

꾸란은 "그대는 믿는 신앙인들에게 대적하는 이들을 유대인과 이교도들 가운데서 발견하리라 또한 그대는 우리는 기독교인들이요 라고 말하며 믿는 신앙인들에게 사랑을 표시하는 그들을 발견하리니 이는 오만하지 않는 성직자들과 배움에 열중하는 학자들이라"(꾸란 5:82) 라고 진술했다. 또한, 그리스도인은 하나님과 마지막 날을 믿기 때문에 하나님에 대한 지식을 가지고 있으며, 이런 이유로 심판 전에 두려워할 필요가 없다고 규정하고 있다(꾸란 2:62).

그러나 무함마드와 유대인의 부정적인 관계가 빠르게 전개되었다. 유대인들은 무함마드의 신적 사명을 인정하지 않았다. 꾸란은 '분노에 분노를 초래하였으니'(꾸란 2:90)라고 표현하며 유대인들을 위협했다. 무함마드는 점점 더 유대인의 신앙과 메디나에 있는 유대인의 생활 방식을 거짓되고 기만적이라고 비난했다(꾸란 2:88; 5:13; 2:61 등). 무함마드는 624년에 유대인과 호전적인 대결을 시작해, 627년까지 그는 메디나에서 세 개의 큰 유대인 부족을 포위해 물리치고 도시에서 추방했다.

아라비아 반도에 거주했던 그리스도인들은 비잔틴 제국의 교회에서 분리된 황제파(Melkite), 야곱파(Jocobite) 혹은 네스토리우스파(Nestorian) 시리아 정교회 회원이었을 가능성이 높다. 아직 확고한 부족 집단이나 종교 단체로 조직되지 않은 메디나에 거주하는 적은 수의 그리스도인은 주로 상인, 은둔자, 수도사였다. 무함마드는 이슬람의 초기 단계에서 지지자와 추종자를 얻기 위해 그들과 신학적인 대화를 나눴다.

그러나 무함마드가 유대인뿐만 아니라 그리스도인들로부터도 지지를 얻지 못하자 그의 그리스도인들과의 관계는 더욱 멀어졌다. 무함마드는 자신의 가르침과 일치하지 않기 때문에 기독교 신앙을 거짓으로 규정하고 거부하기 시작했다. 그리스도인을 삼위일체론과 하나님의 아들의 신분과 같은 중대한 오류를 고수해 용서받을 수 없는 우상 숭배의 죄를 범한 불신자로 정죄한 것이다(꾸란 5:72). 그러나 꾸란이 항상 하나님 아버지, 그의 아내 마리아 그리고 그들의 결혼을 통해 태어난 아들 예수로 구성된 삼위일체를 인정해왔던 것은 사실이다(꾸란 5:116).

무함마드가 기독교 입장을 반박하기 위해 이 해석을 취했는지, 아니면 주변의 기독교 공동체가 이와 같은 삼위일체론을 제시했었는지는 불분명하다. 또 다른 가능성은 그가 외경이나 심지어 시리아 교회 혹은 아비시니아(Abyssinian) 교회의 관행에서 이와 같은 교리를 발견했다는 것이다.

꾸란의 이런 오해는 사실상 오늘날 그리스도인들이 대화를 통해 올바른 성경적 가르침을 일깨워주어야 할 필요를 제기한다. 무슬림들이 기독교 신앙을 올바로 이해할 수 있는 기회를 주기 위해서이다. 그러나 함께 대화하는 것 외에 다른 방법은 없다. 그리고 이 대화를 통해 상대방에 대해 배울 것이 많다.

3. 그리스도인과 무슬림: 만남과 대화

오늘날 역사상 처음으로 많은 무슬림과 그리스도인이 이웃으로 함께 살고 있다는 사실은 사회적, 정치적으로 큰 도전일 뿐만 아니라 편견을 깨고 서로의 이야기를 듣고, '처음으로' 서로를 알아갈 수 있는 엄청난 기회를 얻게 되었다는 것을 의미하기도 한다. 오늘날 이슬람 세계와 서구 세계는 그 어느 때보다 긴밀하게 협력해 왔다.

한편으로 이슬람은 창조주와 심판자에 대한 믿음 등을 포함한 많은 기본 교리에서 불교나 힌두교 등의 다른 종교보다 기독교 신앙에 더 가깝다. 다른 한편으로, 무슬림의 관점에서 중요한 것은 창조주와 심판자에 대한 일반적인 믿음뿐만 아니라 무함마드의 사명과 그에 따른 꾸란의 진리에 대한 믿음이다. 이 믿음은 "알라 외에는 신이 없으며 무함마드는 그의 예언자이다"라는 이슬람의 신앙 고백에 표현되어 있다.

이 신앙 고백에 따르면, 예언자로서의 무함마드의 지위는 알라의 유일성에 대한 고백과 같은 수준에 있다. 따라서 비록 많은 무슬림이 기독교를 잘못된 종교라고 생각하지만, 꾸란에 매우 긍정적으로 묘사되어 있고 특별한 위치를 차지하고 있는 예수 그리스도에 대해 더 많은 관심을 가질 수 있다. 이 공통점과 차이점의 역사는 사실상 그리스도인과 무슬림이 자신의 렌즈를 통해서가 아니라 상대방의 렌즈를 통해 상대방의 종교를 더 잘 알기 위해 노력해야 할 필요가 있다는 것을 일깨워 준다.

만남은 그리스도인이든 무슬림이든 진공 상태에서 시작되지 않는다. 꾸란은 이슬람 전통과 신학과 마찬가지로 그리스도인과 그들의 신앙에 대해서도 언급하고 있다. 많은 무슬림은 서구의 모든 사람을 그리스도인으로 간주하고 그들의 정치적 또는 도덕적 행위를 믿음의 결과로 취급한다. 우리는 우리의 삶과 행동을 통해 오해와 편견을 극복하도록 부름받았다. 이 과업을 수행하는 방법은 한 가지 뿐이다.

우리는 서로 이야기해야 한다!
우리는 자주 그리고 자세하게 이야기해야 한다!
이 책은 그렇게 하는 데 귀중한 지침을 준다.

맺음말

계속되는 대화

우리가 집필한 이 책의 내용에 대해 사려 깊은 논찬을 해준 라민 사네, 벨리-마티 케르케이넨, 비노스 라마찬드라 그리고 크리스틴 쉬르마허에게 감사의 마음을 전한다. 그들의 견해는 신선한 통찰과 중요한 문제를 제기하지만, 여기에서 모두 다룰 수 있는 것은 아니다. 우리는 이들의 논찬에 있는 많은 부분에 대해 진심으로 동의하면서도 일부에 대해서는 단순히 그렇게 할 수 없는 부분도 있다.

이것이 바로 건강하고 유익한 대화를 이끌어가는 방법들 가운데 하나일 것이다. 이 다양한 관점의 논찬들로 인해 우리의 이해가 더욱 더 풍부해졌다. 여기서 제기된 문제들을 충분히 다룰 수는 없지만 몇 가지의 간단한 대답으로 이 책을 마무리하고자 한다.

라민 사네는 서아프리카의 감비아에서 무슬림으로 성장하여 종교 간의 관계에 대한 독특한 관점을 갖고 있다. 그가 우리에게 관용과 진리가 상호 배타적이지 않다는 것을 매우 효과적으로 설명해 준 것에 대해 감사한다. 우리는 결정적인 진리라고 생각하는 것을 고수해야 하지만, 여전히 우리와 견해가 다른 사람들을 관대하게 포용할 수도 있어야 한다. 그는 우리가 살고 있는 종교다원주의적 상황이 우리의 믿음을 다른 사람들에게 전하지 못하게 하거나 보편주의나 다원주의를 수용하기 위해 우리의 믿음을 바꾸도록 강요해서는 안 된다고 제안했다.

사네는 기독교 전통이 우리가 비그리스도인의 최종적인 운명에 대해 알고자 하는 모든 것을 알려 주지 않으며, 이 가운데 일부는 하나님의 경이로운 목적에 따라 숨겨져 있다는 것을 인식해야 한다고 조언했다.

비노스 라마찬드라는 예수 그리스도가 교회와 그리스도인들에게 그가 가르친 것을 세상에서 실천하도록 부르신 것과 세상 사람들이 그리스도인의 삶에서 실제로 보는 것 사이의 차이를 탄식했다. 그는 복음주의자들의 불일치, 분열, 경쟁의 문제에 주의를 환기시키면서, 그런 죄에 대한 고뇌와 슬픔을 느끼지 못하는 복음주의자들을 꾸짖었다. 성경의 가르침에 따르면, 다른 사람들에 대한 그리스도인의 사랑과 불의에 대한 분노는 다른 사람들이 복음의 진리를 올바로 분별할 수 있는 방법을 제공한다.

그러나 복음주의자들은 너무 자주 그리스도께서 우리에게 가르치신 방식으로 일치의 본을 보여 주거나 다른 사람들을 사랑하거나 불의와 맞서 싸우는 데 실패해 온 것이 사실이다.

복음주의자들은 예수님의 말씀을 주의 깊게 들어야 한다.

> 너희는 나를 불러 주여 주여 하면서도 어찌하여 내가 말하는 것을 행하지 아니하느냐 (눅 6:46).

> 나더러 주여 주여 하는 자마다 다 천국에 들어갈 것이 아니요 다만 하늘에 계신 내 아버지의 뜻대로 행하는 자라야 들어가리라 (마 7:21).

라마찬드라는 변화된 공동체로 살아가는 교회의 급진적인 성격과 그런 삶의 중심이 기독교의 증거라는 것을 우리에게 강력하게 상기시켜 주었다. 그러나 라마찬드라는 그리스도께서 보여 주신 것과 같은 급진적 행동의 필요성을 지나치게 강조한 나머지 믿음이나 교리를 등한시하는 불필요한 이분법의 함정에 빠져 있는 것으로 보인다. 복음주의자들은 믿음에 지나치게 집중해, 그리스도께서 보여 주신 모범을 실천하는 데 어려움이 있었던 것이 사실이다. 그러나 이와 같은 환원주의적 경향에 대한 대답은 삼위일체에 대한 교회의 가르침을 포함한 믿음을 최소화하는 것이 아니라, 그리스도의 모본과 명령을 실천하는 데 더 큰 관심을 기울이는 것이다.

라마찬드라는 또한 심각한 정치적 논쟁의 상황에서 발생할 수 있는 종교 간의 만남의 복잡성에 주의를 기울이고, 불의한 세상 가운데서 정의를 외쳐야 한다고 강조했다. 이스라엘에 대한 그의 평가는 매우 큰 논쟁의 여지가 있지만, 모든 그리스도인이 모든 당사자를 공정하게 대우하고 무고한 사람들의 권리를 보호하기 위해 노력해야 하는 것을 상기시켜 주었다.

벨리-마티 케르케이넨과 라마찬드라는 이 책의 일부 범주 혹은 용어에 불만을 표시했다. 예를 들어, 케르케이넨은 다원주의라는 용어의 모호성을 지적하고 오늘날 이 용어의 다양한 의미를 파악하는 것이 도움이 될 것이라고 제안했다. 그는 또한 키스 워드(Keith Ward)를 언급하면서 그를 '다원주의자'라로 분류한 것에 대해 의문을 제기했다. 물론 오늘날 다원주의라는 용어가 내포하고 있는 의미의 다양성을 지적한 그의 주장은 정당하다.

우리는 이 책에서 다양한 용어의 의미를 정의했지만 배타주의, 포용주의, 다원주의 혹은 특정주의와 같이 논쟁의 여지가 있는 용어에 관한 일반적인 분류 방식에 주의를 기울이고 있다. 사람들의 성향이나 관점을 분류하는 것은 신중해야 하기 때문에 다른 사람의 견해를 설명하는 데 있어서 일련의 분류 체계를 적용할 때 주의해야 한다. 예를 들어, 워드의 경우를 살펴보면 그의 견해가 다양하기 때문에 워드의 많은 저작물 중 어느 것을 인용하느냐에 따라 많은 것이 달라진다.

예를 들어, 워드는 자신의 관점을 '온건한 다원주의'(soft pluralism)라고 규정해, 존 힉의 '강경한 다원주의'(hard pluralism)와 구분한 바 있다.[1]

케르케이넨과 라마찬드라는 또한 복음주의의 범주 혹은 적어도 제1장에서 설명한 방식에 대해 불편함을 느낀 것으로 보인다. 우리는 복음주의라는 용어가 다양한 상황에서 다양한 의미를 가질 수 있으며, 복음주의의 경계를 설정하려는 시도가 거의 불가능한 작업이라는 사실을 인정한다.[2] 그러나 이와 같은 분류 방식을 유용한 목적을 위해 사용할 때 많은 개념에 적용할 수 있을 것이다. 무엇보다 중요한 것은 자신의 교파적 혹은 신학적 연관성과 다른 많은 문제에 대한 차이점에도 제1장에 언급된 신념과 헌신을 공유하는 그리스도인의 공동체나 운동이 있는지의 여부이다.

이 범주에 속하는 그리스도인들이 유럽과 북미뿐만 아니라 전 세계적으로 발견되고 있으며, 로잔운동과 세계복음주의연맹과 같은 국제단체가 이런 그리스도인들을 위한 제도적 정체성의 표지를 제공하고 있다. 아시아, 라틴 아메리카, 아프리카의 많은 그리스도인이 스스로를 복음주의자로 인식하고 있다. 따라서 복음주의가 단순히 영국과 미국의 문화 제국주의적 용어일 뿐이라는 것은 다소 부정확한 지적이다.

제1장에서 언급한 바와 같이, 우리는 복음주의자들만이 '진정한' 그리스도인이라고 주장하거나 우리가 본문에서 언급한 모든 사람을 복음주의자로 규정하지 않는다. 그리고 복음주의자들에 대한 우리의 이해와 정의는 우리가 전 세계 그리스도인의 새로운 현실을 고려할 때 다소 변경되어야 할 여지가 남아 있다. 그러나 우리의 관심사는 특히 제1장에서 언급한 많은 그리스도인과 함께 관련 주제와 이슈들을 다루는 것이다.

---

1   Keith Ward, "Truth and the Diversity of Religions," *Religious Studies* 26, no. 1 (March 1990): 1-18.
2   자신을 복음주의자라고 자처하는 미국 그리스도인들 사이에서도 이 용어가 무엇을 의미하는지에 대해 이견이 있다. *Four Views on the Spectrum of Evangelicalism*, edited by Andrew David Naselli and Collin Hansen (Grand Rapids, MI: Zondervan, 2011).

케르케이넨과 라마찬드라는 모두 이 책에서 시도한 연구 분야의 성격에 대해 의문을 제기했다. 라마찬드라는 종교신학의 가능성에 관한 근본적인 의문을 제기했다. 물론 이 문제는 종교신학이 의미하는 바가 무엇인가에 달려 있다. 우리는 우리의 견해를 설명했으며, 이 설명이 적합한 것인지에 대한 판단은 독자의 몫이다.

라마찬드라가 비판하는 한 가지 이유는 '종교' 혹은 '종교적'이라는 범주가 너무 좁은 의미로 사용되었고, 종교신학이 원시 종교와 민족주의, 세속적 인본주의, 마르크스주의, 쇼핑몰, 헬스클럽, 축구장 등의 문화 시설 등과 같은 '세속 종교'를 이해하기 위한 신학적 틀을 제공해야 할 것이라는 그의 명백한 신념 때문이다. 우리의 입장은 만약 종교의 범주가 모든 것을 포함하는 것이라면, 종교신학은 '모든 것에 관한 이론'보다 더 나을 것이 없다는 것이다. 이것이 제6장에서 종교의 의미를 제한하는 이유이다.

라마찬드라가 종교신학의 가능성을 의심하는 또 다른 이유는 이 분야의 학문적 탐구가 종교의 타자성을 희석시키는 환원주의적 경향이 있다고 생각하기 때문이다. 만약 우리가 다른 종교를 희화화하거나 피상적인 현상에 집중해 더 깊은 복잡성을 인정하려는 진지한 시도를 하지 않는다면 그런 환원주의가 발생할 수 있다는 데 동의할 수 있을 것이다. 그러나 이 책은 다른 종교를 어떤 특정한 방법으로 분류하거나 설명하려고 시도하지 않는다. 우리는 삼위일체, 계시, 구원, 회심, 기독교 실천, 증거, 신앙과 문화의 관계와 같은 다른 종교를 이해하고 평가하는 기독교의 주요 개념을 살펴보는 데 중점을 두었다.

케르케이넨은 이 책에서 다루지 않은 많은 중요한 주제를 정확하게 지적했다. 그러나 그의 제안은 우리의 연구를 타종교 혹은 비교신학과 같은 조직신학의 방향으로 옮겨가게 할 가능성이 있다. 엄밀히 말해서, 이 책의 방향은 조직신학 분야도 아니고 비교신학도 아니다. 이 책은 많은 비복음주의자들의 연구로부터 유익을 얻고 비판적으로 분석하는 가운데 복음주의자들에게 특별한 의미가 있는 기독교 신학의 삼위일체적 성격을 강조함으로써 종교신학의 특정 문제를 탐구하고자 하는 것이다.

크리스틴 쉬르마허는 종교 간의 만남, 특히 오늘날 무슬림과 그리스도인 사이의 대화가 사회적 혹은 역사적 진공 상태에서 일어나지 않는다는 점을 상기시켜 주었다. 그녀의 지적에 동의한다. 우리는 세계화되고 있는 세상에서 상대방의 말에 귀를 기울이고 평화와 공존을 가로막는 걸림돌을 제거하기 위해 노력하면서도, 동시에 지난 1,400년의 역사적 현실을 인정해야 한다. 역사를 알면 과거의 실수를 반복하지 않고 보다 더 민감하고 효과적인 방식으로 그리스도를 증거하는 데 도움이 될 것이다.

오늘날 우리는 그 어느 때보다 서로 대화를 나누어야 한다. 단순히 상대방에게 일방적으로 말하는 것이 아니라 서로 경청해야 한다. 우리는 그녀가 종교 간의 대화는 최소한의 공동의 관심사에 동의하는 데 머물지 않고, 존중과 우정의 정신으로 우리의 가장 깊은 차이점에 대해서도 기꺼이 대화해야 한다는 데 동의한다. 실제로 차이점에 대해 정중하게 대화하려는 이런 결심이 없이는 대화가 거의 이루어지지 않는다.

위의 논찬자들은 진실한 격려와 비평으로 우리를 명예롭게 해 주었고, 더 많은 성찰과 탐구가 필요한 문제를 제기했다. 다른 사람들은 의심할 여지없이 우리가 충분히 다루지 못하고 남겨 놓은 부분을 선정해, 여기서 제기된 중요한 질문들을 반영해 연구해 나갈 것이다. 대화가 계속되기를 바란다.

인명 색인

ㄱ

가렛 그린(Garrett Green) 350
가브리엘 팩커(Gabriel Fackre) 237
가빈 드코스타(Gavin D'Costa) 143
고타마 붓다(Gautama the Buddha) 180, 348
공자(Confucius) 185, 186, 228, 313, 314, 315, 317, 318, 319, 331
구스타프 아울렌(Gustaf Aulén) 220
그랜츠 스텐리(Grenz Stanley) 84
그렉 보이드(Greg Boyd) 295

ㄴ

나얀 찬다(Naya Chanda) 361
니사의 그레고리우스(Gregory of Nyssa) 265

ㄷ

다마스쿠스의 요한(John of Damascus) 429, 430
달라이 라마(Dalai Lama) 201, 202, 203, 204, 205, 211, 312, 453
데니스 그릴(Denis Gril) 121

데이비드 베빙톤(David Bebbington) 27
데이비드 보쉬(David Bosch) 54, 183, 336, 395
데이비드 헤셀그레이브(David Hesselgrave) 236, 425
도널드 블로쉬(Donald Bloesch) 224
디트리히 본회퍼(Dietrich Bonhoeffer) 292

ㄹ

랄프 코벨(Ralph Covell) 80
랍 벨(Rob Bell) 270
로널드 그린(Ronald Green) 305
로마의 클레멘트(Clement of Rome) 458
로버트 벤(Robert Benne) 19
로버트 보일(Robert Boyle) 49
리처드 백스터(Richard Baxter) 52, 53
리처드 보컴(Richard Baukham) 279

ㅁ

마크 하임(S. Mark Heim) 105, 134, 452
마크 한나(Mark, Hanna) 429
마하트마 간디(Mahatma Gandhi) 258,

302, 461
무라드 윌프레드 호프만(Murad Wilfried Hofmann) 119
밀라드 에릭슨(Millard Erickson) 214, 242

ㅂ

바질(Basil) 265
베르까우어(G. C. Berkouwer) 159
브렌다 콜리즌(Brenda Colijn) 219, 225
빌리 그래함(Billy Graham) 30, 32, 254

ㅅ

쉐버리의 허버트 경(Lord Herbert of Cherbury) 48
스텐리 존스(Stanley Jones) 461
스티븐 베반스(Stephen Bevans) 69

ㅇ

아베로에스(Averroes) 46
아서 글라서(Arthur Glasser) 396
아이다 글래이저(Ida Glaser) 84
아지스 페르난도(Ajith Fernando) 86
안셀름(Anselm) 221
알-가잘리(al-Ghazali) 118
알렉산드리아의 클레멘트(Clement of Alexandria) 44, 188, 194, 271, 429

알베르 까뮈(Albert Camus) 447
앤더슨(J. N. D. Anderson) 35, 79, 117, 187
앤드루 로스(Andrew Ross) 329
앤드루 월스(Andrew Walls) 261 339 379
앤드루 체스넛(R. Andrew Chesnut) 130
앤드루(C. F. Andrews) 63
얀 본다(Jan Bonda) 268
어거스틴(Augustine) 45, 89, 98, 99, 100, 188, 190, 265, 334, 342, 343, 384, 486
에밀 브루너(Emil Brunner) 157, 163, 271, 272
에버리 덜레스(Avery Dulles) 171
요하네스 블라우(Johannes Blauw) 356
요하네스 아그리콜라(Johannes Agricola) 294
윈프레드 코듀언(Winfried Corduan) 84
윌리엄 아브라함(William Abraham) 433
윌리엄 더니스(William Dyrness) 339
윌리엄 어니스트 호킹(William Ernest Hocking) 59
이레니우스(Irenaeus) 44, 238, 265

ㅈ

자크 뒤퓌(Jacques Dupuis) 47, 65, 101, 102, 248
자크 엘륄(Jacques Ellul) 268
장 프레데릭 베르나르(Jean Frederick Bernard) 47

재니 뒤 프레즈(Jannie Du Preez) 183
제이 가필드(Jay Garfield) 368
제프리 잉어(Geoffrey Ainger) 447
제프리 W. 브로밀리(Geoffrey W. Bromiley) 168
조나단 에드워즈((Jonathan Edwards) 30, 50, 88, 144, 154, 187, 314
조셉 디 노이아(Joseph Di Noia) 351, 353
존 골딩게이(John Goldingay) 37
존 니콜 파커(John Nicol Farquhar) 56
존 칼빈(John Calvin) 154
존 힉(John Hick) 39, 73, 81, 91, 136, 148, 205, 212, 227, 268, 289, 452, 453, 479

ㅊ

차오(T. C. Chao) 63

ㅋ

칼 바르트(Karl Barth) 29, 88, 108, 144, 153, 157, 182, 267, 278, 349, 354
칼 베커(Carl Becker) 441
칼 브라튼(Carl Braaten) 230
클라크 피녹(Clark Pinnock) 78, 89, 131, 239, 251
클리포드 기어츠(Clifford Geertz) 337
키스 워드(Keith Ward) 75, 148, 451, 478

키프리아누스(Cyprian) 45

ㅌ

토마스 아퀴나스(Thomas Aquinas) 46, 185, 330

ㅍ

파울 알트하우스(Paul Althaus) 272
폴 그리피스(Paul Griffiths) 432, 433
폴 카루스(Paul Carus) 370
폴 히버트(Paul Hiebert) 323, 337, 386, 403
폴 힌리키(Paul Hinlicky) 19
프랜시스 애드니(Francis Adeney) 86
프레드릭 데니(Frederick Denny) 120
피터 아벨라드(Peter Abelard) 45
피터 바이른(Peter Byrne) 72

ㅎ

한스 우르스 폰 발타자르(Hans Urs von Balthasar) 268
해럴드 카워드(Harold Coward) 208
헤르만 바빙크(Bavinck, J. H.) 382
휴고 그로티우스(Hugo Grotius) 48
힐라리온 알페예프(Hilarion Alfeyev) 269

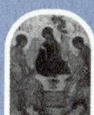

주제 색인

ㄱ

계시(Revelation)의 교리(doctrine of) 147, 381, 382

  와 성경(And Bible) 146, 159, 167

  와 표현 불가능성 162, 163, 164, 165, 166

  와 타종교 175, 176, 177, 178, 179, 180, 181, 182, 183, 184, 185, 186, 187, 188, 189, 190, 191, 192, 193, 194, 195, 196, 197

  의 정의(Definition of) 149, 150, 151, 152

  의 유형 170, 171, 172, 173, 174

  사건으로서의(As event) 161

  명제로서의 (As propositional) 161

  일반(General) 131, 147, 157, 158, 173, 185, 186, 187, 188, 195, 197, 242, 243, 244, 253, 381, 382, 383

  특별(special) 2, 131, 142, 147, 156, 157, 158, 169, 187, 195, 197, 237, 242

  자연(In Nature) 2, 153, 154, 156, 157

양심(conscience) 156, 185, 196, 257, 263, 264, 381, 415, 416

고대 신학(Prisca theologia) 51, 52, 188, 189, 191

교회에 관한 교의 헌장(Lumen Gentium) 66, 67

구원(Salvation) 2, 4, 7, 9, 14, 15, 18, 23, 25, 27, 28, 36, 39, 40, 41, 44, 45, 46, 47, 50, 52, 53, 55, 56, 58, 60, 62, 65, 66, 67, 68, 70, 71, 72, 74, 76, 78, 79, 80, 91, 105, 106, 107, 111, 130, 131, 135, 137, 138, 139, 140, 143, 146, 147, 149, 155, 156, 157, 168, 170, 173, 174, 175, 176, 177, 178, 179, 181, 182, 184, 194, 196, 197, 198, 199, 200, 201, 205, 206, 208, 209, 211, 213, 215, 216, 217, 218, 219, 220, 222, 223, 224, 225, 228, 229, 230, 231, 232, 233, 234, 235, 236, 237, 238, 239, 240, 241, 242, 243, 244, 245, 246, 247, 248, 249, 250, 251, 252, 253, 254, 255, 258, 260, 264, 265, 266, 267, 268, 269, 272, 273, 274, 275, 276, 277, 279, 282, 283, 284, 285, 288, 290, 293, 294, 297, 299, 300, 307, 308, 315, 350, 355, 380, 385, 389, 390, 395, 400, 401, 403, 404, 405,

433, 439, 441, 443, 444, 445, 446, 448, 449, 453, 455, 464, 480, 489

과 회심(And conversion) 2, 254, 260, 264

과 도덕적 행위(And moral conduct) 296, 297, 298, 299, 300, 459, 460, 461, 462, 463, 464, 476, 477, 478, 489, 480, 481

과 타종교(And other religions) 65

과 속죄(Atonement) 239

믿음에 의한(By faith) 296, 297, 298

복음을 듣지 못한 사람의 운명(Destiny of the unevangelized) 35, 36, 37, 38, 66, 67, 68, 232, 233, 234, 235, 236, 237, 238, 239, 240, 241, 242, 243, 244, 245, 246, 247, 248, 249, 250, 251, 252, 253

종교에 관한 다양한 견해(Different views on in religion) 205, 206, 207, 208, 209, 210, 211, 212

구세주로서의 예수(Jesus as Savior) 154

칭의(Justification) 147, 219, 223, 224, 225, 297, 300

중생(Regeneration) 182, 211, 219, 222, 224, 255, 294

보편주의(Universalism) 56, 76, 201, 245, 264, 265, 266, 267, 268,

269, 270, 272, 273, 274, 275, 276, 278, 279, 282, 283, 284, 285, 286, 355, 476

기독론(Christology) 61, 230, 231, 449

예수 그리스도의 신성(Deity of Jesus Christ) 54, 123, 125, 436

뒤퓌의(Dupuis on) 47, 65, 67, 101, 102, 104, 105, 106, 107, 108, 140, 248

하임의(Heim on) 105, 107, 134, 136, 137, 138, 139, 140, 452

예수의 신성에 관한 이슬람의(Islam on deity of Jesus) 123, 124, 125, 126, 127

구세주 예수(Jesus as Savior) 155

니터의(Knitter on) 22, 74, 81, 102, 105, 106, 143, 148, 229, 231, 249, 377, 398, 399, 340, 421, 422

파니카의(Panikkar on) 100, 102, 104, 106, 107, 134, 142

용의 기독론적 기준(Yong on Christological criteria) 101, 102, 103, 104, 127, 128, 129, 130, 131, 132, 133

ㄷ

다종교 세계에서의 그리스도인의 증거 (*Christian Witness in a Multi-Religious World*)

41, 141, 413, 414, 416, 419, 420, 425, 426, 428, 433, 434, 439

ㄹ

로잔운동(Lausanne Movement) 29, 75, 76, 405, 434, 479

    케이프타운 서약(Cape Town Commitment) 81, 82, 405, 409, 410, 413, 415, 425

    로잔언약(Lausanne Covenant) 29, 76, 77, 169, 404, 421

    마닐라선언(Manila Manifesto) 77, 80

ㅂ

배타주의(Exclusivism) 23, 39, 40, 198, 200, 237, 350, 444, 478

복음주의(evangelicalism) 1, 2, 3, 4, 5, 6, 8, 18, 20, 21, 22, 26, 27, 28, 29, 30, 31, 32, 33, 34, 35, 75, 76, 77, 79, 80, 81, 83, 84, 85, 88, 96, 101, 115, 144, 169, 170, 201, 250, 254, 264, 269, 270, 276, 291, 293, 295, 324, 337, 338, 355, 380, 394, 396, 413, 418, 421, 424, 425, 427, 439, 441, 447, 450, 452, 454, 457, 458, 459, 460, 462, 464, 465, 479

    기준의 적합성(Adequacy of category) 207

    와 근본주의(And fundamentalism) 30, 31, 33, 54, 465

    와 자유주의(And liberalism) 2, 32, 34, 54, 55, 56, 59, 61, 222, 266, 295, 351, 465

    와 종교신학(Theology of religions) 1, 2, 5, 6, 7, 8, 18, 20, 21, 22, 24, 26, 34, 35, 36, 37, 38, 41, 58, 64, 69, 71, 75, 80, 84, 89, 90, 93, 94, 100, 101, 102, 127, 133, 134, 138, 141, 142, 145, 147, 148, 170, 187, 301, 320, 321, 323, 333, 349, 351, 354, 355, 380, 387, 393, 402, 439, 468, 450, 451, 452, 453, 455, 464, 466, 480, 481

    의 특성(Characteristics of) 22, 23, 24, 25, 26, 27, 28, 29, 30, 31, 32, 33, 34

복음주의자(Evangelicals) 2, 3, 17, 18, 26, 28, 29, 30, 31, 32, 33, 34, 35, 36, 39, 59, 75, 78, 79, 80, 81, 84, 85, 86, 88, 89, 109, 111, 112, 130, 143, 144, 148, 156, 169, 172, 173, 184, 200, 204, 216, 221, 232, 233, 235, 239, 240, 241, 246, 254, 269, 270, 287, 291, 293, 300, 310, 314, 316, 320, 323, 324, 355, 377, 394, 404, 406, 409, 419, 421, 423, 424, 425, 426, 427, 434, 439, 448, 451, 454, 458, 464, 465, 477, 479

불교(Buddhism) 16, 53, 55, 75, 83, 86, 91, 92, 110, 114, 132, 133, 135, 136, 137, 138, 148, 162, 179, 180, 181, 182, 183, 191, 200, 201, 202,

203, 205, 209, 210, 211, 289, 290,
304, 305, 306, 309, 311, 312, 329,
332, 341, 342, 345, 346, 347, 348,
349, 354, 355, 358, 359, 362, 363,
364, 365, 366, 367, 368, 369, 370,
371, 372, 373, 374, 375, 376, 377,
378, 379, 382, 388, 412, 418, 422,
423, 424, 430, 431, 436, 439, 453,
462, 474, 486

불교적 현대주의 367, 368, 369,
370, 371, 372, 373, 374

윤리적 원리 181, 182, 183

소승 불교(Theravadin Buddhists) 132,
135, 180, 365, 371, 372, 378,
382, 453

정토 불교(Pure Land Buddhism) 181,
182, 354, 355

비그리스도교와 교회의 관계에 대한 선언(Nostra Aetate) 66, 68

ㅅ

삼위일체(Trinity)의 교리(Doctrine of)
124, 144

어거스틴의 관점(Augustine on) 98,
99, 100

바르트의 관점(Barth on) 88, 108, 144

성경적 증거(Biblical testimony) 78,
267, 278, 286

경륜적(Economic) 166

내재적(immanent) 166

하임의 관점(Heim on) 134, 135, 136,
137, 138, 139, 140, 141

불가분성 98, 99, 100

케르케이넨의 관점(Kärkkäinen on)
141, 142, 143, 144, 145

파니카의 관점(Panikkar on) 134

볼프의 관점(Volf on) 111, 112, 113,
114, 115, 116, 117, 118, 119,
120, 121, 122, 123, 124, 125,
126, 127

상황화(Contextualization) 41, 109, 263,
322, 323, 324, 333, 337, 339, 340,
374, 378, 448, 451

선교(Missions) 1, 2, 3, 27, 53, 54, 58, 59,
60, 61, 62, 63, 66, 67, 69, 70, 76, 80,
81, 83, 84, 85, 86, 88, 89, 104, 145,
191, 200, 234, 254, 257, 258, 263,
321, 322, 323, 325, 328, 330, 331,
332, 333, 336, 337, 338, 340, 341,
344, 345, 363, 365, 367, 369, 373,
374, 379, 382, 386, 390, 391, 392,
393, 394, 395, 396, 397, 400, 401,
402, 403, 404, 406, 407, 409, 413,
419, 420, 421, 424, 425, 426, 428,
431, 447, 457, 461, 465, 469, 488

와 증거(And witness) 409, 447

평신도해외선교조사보고서(Laymen's
Foreign Missions Inquiry) 59, 60, 61

성경과 종교적 타자들 35, 36, 37, 38

성령(Holy Spirit) 5, 18, 21, 29, 33, 52, 71, 85, 89, 91, 93, 94, 95, 96, 97, 98, 99, 100, 101, 102, 103, 104, 108, 125, 129, 130, 141, 142, 143, 146, 148, 153, 156, 159, 161, 166, 167, 168, 169, 170, 172, 173, 176, 180, 222, 223, 233, 242, 250, 251, 252, 255, 257, 281, 287, 288, 290, 291, 292, 300, 307, 309, 312, 321, 323, 339, 355, 381, 394, 395, 397, 399, 400, 404, 405, 406, 445, 455, 458, 464

세계복음주의연맹(World Evangelical Alliance) 9, 29, 76, 244, 380, 412, 479

신비주의(Sufism) 51, 230, 346

ㅇ

유교(Confucianism) 148, 185, 313, 314, 315, 329, 330, 331, 332, 333, 365, 366, 378, 431

유대교(Judaism) 26, 46, 49, 51, 93, 177, 190, 209, 289, 290, 294, 312, 324, 342, 382, 384, 418, 429, 430, 438, 471, 472

이슬람(Islam) 9, 16, 17, 46, 48, 49, 53, 55, 63, 79, 92, 110, 111, 112, 115, 116, 117, 118, 119, 120, 121, 122, 125, 127, 133, 148, 178, 190, 207, 209, 264, 289, 290, 295, 296, 302, 307, 308, 309, 310, 311, 324, 325, 339, 341, 342, 343, 345, 346, 347, 349, 358, 362, 373, 375, 378, 382, 388, 412, 415, 418, 423, 427, 429,

430, 431, 438, 439, 441, 442, 447, 448, 453, 462, 466, 468, 469, 470, 471, 473, 474, 485, 487

과 예수(And Jesus) 123, 124, 125, 126, 127

그리스도인과 무슬림(Christians and Muslims) 110, 111, 112, 113, 114, 115, 116, 122, 123, 125, 126, 308, 412, 468, 474

알라의 본질(Nature of God) 119

꾸란(Qur'an) 48, 51, 113, 115, 116, 117, 118, 120, 121, 122, 123, 124, 261, 304, 305, 307, 310, 325, 348, 436, 468, 469, 470, 47, 472, 473, 474

익명의 그리스도인(Anonymous Christian, Rahner) 65, 248

ㅈ

전례 문제에 대한 논쟁(The Rites Controversy) 330, 331, 332

제2차 바티칸 공의회(Vatican II) 40, 63, 64, 65, 66, 67, 68, 69, 71, 247, 248

종교(Religion) 1, 2, 3, 4, 5, 6, 7, 8, 9, 11, 12, 14, 15, 16, 17, 18, 20, 21, 22, 23, 24, 25, 26, 29, 31, 32, 34, 35, 36, 37, 38, 39, 40, 41, 42, 43, 44, 45, 46, 47, 48, 49, 50, 51, 52, 53, 55, 56, 57, 58, 59, 60, 61, 62, 63, 64, 65, 66, 67, 68, 69, 70, 71,

72, 73, 74, 75, 76, 77, 79, 80, 81,
82, 83, 84, 85, 86, 87, 89, 90, 91,
92, 93, 94, 100, 101, 102, 103,
104, 106, 108, 109, 110, 111, 112,
113, 114, 115, 118, 122, 126, 127,
128, 129, 130, 131, 132, 133, 134,
135, 136, 137, 138, 139, 140, 141,
142, 143, 144, 145, 146, 147, 148,
158, 162, 163, 170, 174, 175, 176,
178, 179, 180, 181, 183, 184, 185,
186, 187, 188, 189, 190, 191, 192,
193, 195, 196, 197, 198, 199, 200,
201, 202, 203, 204, 205, 206, 207,
208, 209, 210, 211, 212, 213, 226,
227, 228, 229, 230, 231, 232, 233,
235, 240, 245, 247, 248, 249, 250,
251, 252, 253, 256, 258, 259, 260,
261, 263, 264, 266, 269, 288, 289,
290, 291, 293, 295, 301, 302, 303,
304, 305, 306, 307, 308, 309, 310,
311, 312, 313, 315, 316, 320, 321,
322, 323, 324, 325, 326, 327, 328,
329, 330, 331, 332, 333, 334, 335,
336, 340, 341, 342, 343, 344, 345,
346, 347, 348, 349, 350, 351, 352,
353, 354, 355, 356, 357, 358, 359,
360, 361, 362, 363, 365, 366, 367,
369, 371, 372, 373, 374, 375, 376,
377, 378, 379, 380, 381, 382, 383,
384, 385, 386, 387, 388, 389, 390,
391, 393, 398, 399, 401, 402, 403,
407, 408, 409, 410, 411, 412, 413,
414, 415, 416, 417, 418, 419, 420,
421, 422, 423, 424, 425, 426, 427,
428, 429, 430, 431, 432, 433, 434,
435, 436, 437, 438, 439, 441, 442,
443, 444, 445, 446, 447, 448, 449,
450, 451, 452, 453, 454, 455, 456,
457, 458, 459, 462, 463, 464, 465,
466, 467, 468, 469, 470, 471, 473,
474, 476, 478, 480, 481, 489, 490,
491, 492

와 문화(And culture) 3, 18, 258,
321, 322, 323, 328, 333, 334,
375, 376, 378, 380, 387, 442,
448, 451

현대적 개념의 340, 341, 342, 343,
344, 345, 346, 347, 348, 349

의 도덕적 원리(Moral principles in religions) 306, 307, 308

의 차원(Dimensions of) 347

현대화와(Modernization and) 361, 362

의 현상학적 이해 358, 359, 360, 361

의 신학적 이해(Theological understanding of) 321, 349, 357

종교 간의 대화(Interreligious dialogue) 2,
3, 69, 70, 104, 109, 127, 143, 144,
145, 419, 420, 421, 422, 424, 425,
426, 427, 428, 442, 468, 451, 454,
462, 481

종교 간의 변증 428, 429, 430, 431, 432,
433, 434, 435, 436, 437, 438, 439

종교다원주의(Religious pluralism) 2, 4, 5, 7,
8, 22, 40, 53, 64, 70, 72, 73, 74, 75,
81, 82, 136, 138, 202, 205, 213, 227,
229, 259, 290, 377, 391, 423, 425,

452, 464, 476

종교신학(Theology of religions) 1, 2, 5, 6, 7, 8, 18, 20, 21, 22, 23, 24, 26, 34, 35, 36, 37, 38, 41, 50, 58, 64, 69, 71, 75, 80, 81, 84, 89, 90, 94, 100, 101, 102, 127, 129, 133, 134, 138, 141, 142, 145, 148, 170, 187, 301, 320, 323, 349, 351, 354, 355, 380, 381, 387, 393, 402, 439, 468, 450, 451, 452, 453, 455, 464, 466, 467, 480, 481

정의(definition) 34, 35

종교적 긴장(Religious tensions) 414, 418, 427, 437

죄(Sin) 6, 15, 27, 28, 29, 31, 32, 39, 47, 53, 55, 57, 93, 107, 117, 130, 136, 139, 150, 155, 156, 157, 176, 177, 182, 183, 184, 188, 195, 196, 198, 200, 208, 209, 212, 213, 214, 215, 216, 217, 218, 219, 220, 221, 222, 223, 224, 225, 226, 227, 232, 239, 240, 241, 243, 254, 255, 256, 257, 260, 265, 266, 267, 269, 271, 273, 274, 276, 277, 280, 282, 285, 292, 293, 300, 304, 306, 311, 314, 315, 322, 325, 336, 338, 339, 351, 353, 380, 381, 384, 385, 388, 390, 395, 399, 401, 404, 405, 406, 433, 438, 443, 449, 453, 458, 461, 462, 473, 477, 485, 489

주님이신 예수님(Dominus Iesus) 70, 269, 489

증거(Witness) 2, 3, 7, 14, 28, 34, 36, 45, 48, 50, 52, 62, 77, 78, 80, 82, 83, 86, 87, 90, 93, 94, 95, 96, 98, 99, 112, 116, 118, 120, 121, 129, 152, 154, 155, 156, 160, 161, 168, 176, 185, 186, 189, 191, 193, 195, 200, 214, 222, 225, 226, 242, 245, 246, 251, 267, 275, 278, 279, 283, 284, 286, 298, 299, 300, 305, 393, 394, 403, 404, 409, 413, 414, 415, 416, 419, 420, 425, 426, 428, 433, 434, 439, 444, 446, 447, 448, 449, 463, 477, 480, 481, 486, 487, 489

지상 계명(Great Commandment) 408, 410, 489

지상 명령(Great Commission) 287, 288, 395, 406, 407, 408, 409, 489

지옥(Hell) 50, 135, 136, 139, 209, 265, 266, 267, 268, 269, 271, 273, 274, 275, 276, 277, 278, 281, 282, 285, 292, 316, 317, 368, 489

ㅊ

추상화된 로고스(Logos asarkos/logos) 108, 140, 489

성육신한 로고스(ensarkos) 140

진리의 씨앗(Logos spermatikos) 42, 489

ㅍ

포용주의(Inclusivism) 14, 39, 40, 239, 240, 244, 245, 251, 478, 489

ㅎ

황금률(Golden Rule) 179, 185, 288, 383, 408, 416, 418, 446, 490

힌두교(Hinduism) 17, 53, 57, 58, 63, 83, 86, 92, 96, 100, 110, 133, 137, 148, 162, 181, 191, 209, 210, 258, 289, 290, 302, 305, 311, 341, 342, 345, 346, 347, 348, 349, 354, 364, 365, 372, 375, 377, 378, 388, 392, 411, 412, 418, 431, 436, 438, 439, 453, 457, 458, 459, 474, 490

현대적 의미의(As modern "construct") 344, 345, 346, 347, 348, 349

박티 전통(Bhakti tradition) 179

아드바이타 베단타(Advaita Vedanta) 346, 490